경쟁에 반대한다

왜 우리는 이기는 일에 삶을 낭비할까?

NO CONTEST

민들레

경쟁교육을 넘어서는 길

학교는 경쟁심을 기르는 곳일까? 공식적인 교육과정은 아니지만 사실상 가장 중요한 교육과정이 경쟁의식을 고취시키는 것이라고 해도 틀린 말은 아닐 것이다. 시험성적이라는 하나의 기준으로 평가하는 표준화 교육 속에 경쟁 원리가 내재되어 있기 때문이다. 1등급부터 9등급까지 등급을 매기는 상대평가제도가 경쟁을 더욱 부추긴다.

우리 사회의 경우 구제금융 사태 이후 성적 상위 1%만 교대나 사범대에 진학할 수 있는 상황이 되면서 모범생 출신의 교사들이 학교를 채우게 되었다. 학창시절부터 경쟁이 몸에 밴 교사들은 동료교사들과도 경쟁 관계를 맺는다. 좋은 교육 자료를 공유하기보다 혼자만 알고 있다가 연구수업 때 자신의 탁월함을 과시하는 용도로 활용한다. 교사들의 경쟁 심리는 아이들에게도 전염된다. 요즘은 학창시절의 교사들만큼 공부에 목매달지 않는 아이들이 많다는 것이 다행이라면 다행일까. 하지만 공부로 등수를 경쟁하지 않는 아이들도 다른 분야에서는 치열한 경쟁을 벌이곤 한다.

언제부턴가 예능 프로그램에 경쟁 요소가 가미되면서 '가요무대' 같은 고전적인 예능 프로는 식상한 것이 되어버렸다. 그 식상함은 단순히 흘러간 노래를 부른다는 내용의 문제라기보다 시청자들을 긴장시키는 요소가 없는 형식의 문제로 인식되고 있다(최근 '미스 트롯'의 인기가 이를 증명해준다). '나는 가수다' 같은 프로그램은 최고의 가수를 뽑는다는 명분으로 쟁쟁한 가수들을 경쟁시켜 시청자들의 손에 땀을 쥐게 만든다. 누구는 '나가수'의 방식이 미켈란젤로와 레오나르도 다빈치를 경쟁시키는 것과 다름없다고 말했지만, 시청률이 모든 가치에 앞서는 프로그램 제작자들에게 경쟁은 포기하기 힘든 조미료인 셈이다. 아이들도 그것을 보고 배운다. 학교에서 하는 장기자랑에도 오디션 요소를 가미해 심사위원으로 정해진 아이들이 탈락자들에게 가차 없는 비판을 하곤 한다. 강한 조미료 맛에 중독된 아이들은 이제 오락에서도 경쟁 요소가 없으면 맛을 느끼지 못하게 되었다.

근대 생물학이 절대불변의 진리인 양 주장한 '적자생존' 같은 이론이 인종적, 성적 편견에 가득한 하나의 '설'에 지나지 않는다는 연구 결과가 발표된 지도 오래다. 많은 동물들과 수십 년을 함께 지내면서 관찰한 여성 동물학자들의 연구는 근대 생물학에 유럽의 백인 남성 생물학자들의 편견이 어떻게 작용했는지를 실증적으로 보여주고 있다. 하지만 방목 상태에서는 화목한 닭들도 닭장 속에 가둬두면 난폭해지고 서열을 엄격히 따진다고 한다. 학교나 군대에서 서열을 더 따지고 폭력이 횡행하는 것도 그래서일 것이다.

흔히 경쟁이 경쟁력을 길러준다고 여기지만, 경쟁은 개인의 생명력을 갉아먹을 뿐더러 사회 전체로도 에너지를 낭비하게 만듦으로써 오히려 경쟁력을 떨어트린다. 경쟁은 다만 사람들을 통제하는 손쉬운 방편일 따름이다. 교사나 사회 기득권층의 관점에서는 자신이 통제하고자 하는 대상을 경쟁시키는 것이 효율적인 방법일 것이다. 하지만 경쟁을 '당하는' 이들로서는 죽을 노릇이다. 우리는 흔히 스스로 경쟁을 '하고' 있다고 생각하지만 대개는 착각일 따름이다. 선착순 달리기를 떠올려보면 쉽게 알 수 있는 일이다. 굳이 하지 않아도 될 경쟁, 모두를 피폐하게 만드는 경쟁을 사회구조적으로 방지하는 것이 에너지를 효율적으로 쓰는 길이다.

이 책은 승리를 곧 성공이라 여기는 세태에 문제를 제기하면서 개인의 생명력과 사회의 활력을 좀먹는 경쟁의 폐해를 꼼꼼하게 짚는다. 다양한 사례와 치밀한 분석을 통해 경쟁을 둘러싼 일반인들의 통념을 뒤집는다. 또한 여성성까지 파괴하고 있는 경쟁의 폐해에 대해 조심스레 경종을 울리고 있는 저자의 목소리는 최근의 페미니즘 운동을 돌아보게 만든다.

개정판에 협력학습에 관한 장을 추가할 정도로 저자는 경쟁의 대안으로서 협력의 가치에 새삼 주목한다. 무엇보다 자라나는 아이들이 경쟁에 물들기 전에 협력의 가치를 경험할 수 있게 돕는 일의 중요함을 역설한다. 협력학습의 다양한 사례를 들면서 그 방향에 대해서도 꼼꼼하게 짚는다. 물론 '경쟁은 나쁜 것, 협력은 좋은 것'이라는 단순한 메시지를 전하는 것은 아니다. 저자는 이 책에서 문제를 제기한 보상의 역효과에 대해서도 집요하게 탐구하여 '벌이 되는 보상'이라는 제목의 책을 따로 펴내기도 했다.

알피 콘의 대표 저서인 이 책은 초판이 나온 지 30년이 되었지만 그 메시지는 여전히 유효하다. 한국어판은 90년대 중반에 비봉출판사에서 『경쟁을 넘어서』라는 제목으로 처음 번역 출간되었다 절판된 뒤, 십 년 전 산눈출판사에서 다시 출간되어 또 절판되었다. '2019 대한민국 교육자치 컨퍼런스'에 저자가 강사로 초청되어 한국을 방문하는 것을 계기로 민들레에서 산눈 번역본을 다시 손보아 복간하게 되었다. 경쟁과 보상이 사람들과 세상을 어떻게 망치는지 끈질기게 탐구하면서 전 세계를 돌며 메시지를 전파하고 있는 저자의 집요함과 성실함에 새삼 감탄하며 책을 다시 읽었다. 아무쪼록 아이들의 건강한 성장과 우리 사회의 성숙에 이 책이 조금이나마 도움이 되기를 바라 마지않는다.

2019년 7월
현병호

대부분의 저자들은 자신이 쓰는 글의 주제에 대해 주변의 친구나 가족, 심지어 (그 주제에 심취해 있을 때는) 그저 얼굴 정도만 알고 지내는 사람과도 이야기를 나누려 한다. 나의 경우 딱 한 번 어느 유명한 저자가 인터뷰를 거절했는데, 일에 방해가 되므로 자신은 사람들과 대화를 잘하지 않는다는 이유를 댔다. 솔직히 나는 그 말이 아직도 이해되지 않는다. 어쨌든 나는 지난 10년 동안 말을 할 줄 아는 사람이면 누구든 붙잡고 경쟁에 대해 이야기를 나누면서 생각을 좀 더 잘 가다듬을 수 있었다. 나는 사람들의 말을 듣고, 질문하고, 토론하는 것이 매우 즐거웠다. 특히 내가 살고 있는 보스턴 지역 사람들과 내가 가르치는 대학 학생들, 그리고 한 학기를 통째로 경쟁이란 주제와 씨름해준 케임브리지 성인교육센터로부터 많은 도움을 받았다.

경쟁에 대한 나의 관심은 다음과 같은 맥락에서 이해할 수 있다. 나는 인간의 본성을 어떻게 볼 것인가 하는 문제에 빠져들었다. 인간은 지성을 가진 개별적 존재라기보다 서로 연관되어 있는 유기체이며, 하나의 학문적 이론에 따라 규정할 수는 없다고 생각하게 되었다. 나에게 이러한 문제의식을 일깨운 사람은 롭 베넥슨인데, 그로 인해 나는 심리학을 공부하게 되었고, 비판의식을 가질 수 있었다. 또한 조지 모간은 그러한 문제의식을 잘 다듬도록 도와준 스승 같은 존재이며, 지금은 세상에 둘도 없는 친구가 되었다. 남을 밟고 이기려는 행동이 본능이라면, 남을 돕는 행위 역시 본능이라고 할 수 있다. 우리는 왜 인간의 어두운 측면만을 본성이라고 생각할까? 이것이 경쟁이라는 문제를 고찰하는 출발점이었다.

나의 원래 계획은 경쟁에 대한 여러 연구와 논문들을 모아서 펴내는 것이었다. 그러나 오래지 않아 경쟁에 대해 할 말이 매우 많다는 사실을 깨달았다. 그 말을 글로 옮기는 동안, 많은 이들이 초고를 읽고 애정 어린 비판을 해주었다. 나는 그들의 비판에 실망하지 않았으며, 새로운 관점에서 경쟁을 볼 수 있게 도움을 준 로라 쉔크, 클레어 베이커, 필 코먼, 스튜어트 콘과 에스텔 콘, 조지아 사센에게 감사를 드리고 싶다. 이 책의 초판이 나온 뒤에 많은 이들의 도움으로 협력학습에 대해 공부하게 되었으며, 특히 에릭 샤프스와 데이비드 존슨에게 감사 인사를 전한다. 그들은 새롭게 추가된 협력학습에 관한 내용(10장)을 읽고 많은 조언을 해주었다.

빌 그린스는 각 장의 단락을 나누는 데 도움을 주었다. 그는 모든 내용을 꼼꼼히 읽고 유용한 충고를 해주었으며, 그로 인해 나는 글과 생각을 새롭게 가다듬을 힘을 얻었다. 여러분들이 이 책을 읽고 어떤 평가를 하든, 빌 그린스 덕분에 좀 더 풍성하고 좋은 글이 되었다는 사실은 알아주시길 바란다. 또한 열정을 가지고 책의 편집에 참여해준 래리 케센니히, 존 웨어에게 감사를 전하고 싶다. 이 모든 조언과 도움에도 불구하고 미흡한 부분이 있다면 부끄럽지만 그것은 모두 나의 탓이다.

차례

시험은 일 년에 네 번 치렀는데, 가장 뛰어난 학생에게는 금메달이 수여되었다.
첫 번째 메달이 주어지자 그것은 부러움과 질투, 학교 전체의 불화를 불러일으
켰으며, 학생들은 경쟁에 빠져들었다. 상이 생기자 이전에 우정으로 맺어져 있
던 소년들은 극심한 라이벌 관계가 되었고, 서로를 적으로 바라보기 시작했다.
성적이 좋지 않은 학생들끼리도 상대방이 자신보다 못하기를 바랐고, 다른 아
이의 성과를 깎아내리기 위해 갖은 애를 썼다.

_로버트 코람Robert Coram, 『정치적 연구Political Inquiries』

1장

'1등'에 대한 강박

우리 인생은 끝없는 경쟁의 연속이다. 시계의 알람이 울리는 순간부터 다시 잠들 때까지, 걸음마를 막 뗐을 때부터 생을 마감할 때까지 우리는 남을 이기기 위해 발버둥 친다. 우리는 직장이나 학교, 경기장, 심지어는 집에서조차 이러한 마음가짐으로 살아간다. 이것이 현대인들 삶의 가장 큰 공통점이다.

　그 속에 너무나 깊이 빠져 있기 때문에, 우리는 경쟁에 별 주의를 기울이지 않는다. 말하자면 물고기가 물의 본성에 대해 깊이 생각하지 않는 것과 같다. 워커 퍼시Walker Percy는 이렇게 말했다. "물고기는 물이 없다는 것을 상상할 수도 없으므로 물의 존재에 대해 생각할 줄 모른다."[1] 심지어 연구하고 글 쓰는 것을 업으로 삼는 사람들조차 경쟁의 문제에 놀라울 정도로 무관심하다. 지난 50년간 경쟁의 개념이나 그것이 다양한 삶에서 어떤 방식으로 작동하는지에 대해 깊이 연구한 책은 나온 적이 없다. 나는 오늘날 스포츠계에서 일어나는 일을 개탄하거나, 사업에서 성공하는 비법을 제시하거나, 어떤 실험에서 나온 추상적인 개념에 대해 통계 조작을 시도할 의도는 없다. 그런 것들은 언론에서 거의 매일같이 쏟아져 나오고 있다. 이 책에서는 다른 사람들을 이기려고 애쓰는 것이 진정 무엇을 의미하는지 살펴보면서, 누군가 성공하려면 누군가는 실패해야만 하는 사회적 장치에 대해 신중하게 검토할 것이다.

만약 이러한 분석이 일찍이 이루어졌다면 어느 사회보다 미국 사회가 더 많은 도움을 받았을 것이다. 사회마다 경제체계나 학교교육 또는 오락 등을 구성할 때 경쟁에 의존하는 정도가 모두 다르다. 그 스펙트럼의 맨 끝에는 경쟁 요소가 전혀 없어도 작동하는 사회가 있고, 그 반대편 맨 끝에는 미국 사회가 있다. 사회심리학자인 엘리엇 애론슨Elliot Aronson은 이렇게 말했다.

자기 팀이 졌다고 울음을 터뜨리는 소년야구 리그의 어린 선수들부터 "우리가 최고다!"라고 소리치는 미식축구장의 대학생들까지, 처음으로 전쟁에서 패한 미국 대통령이 되지 않겠다고 누누이 말하면서 거의 확실히 잘못된 판단을 내린 존슨 대통령(Johnson L. Baines, 1963년 케네디가 암살되자 대통령직을 승계했으며 베트남 전쟁의 확대로 국민을 분열시켜 지지를 잃었다-옮긴이)부터 시험에서 월등한 성적을 거둔 친구를 미워하는 초등 3학년 아이까지, 우리는 승리에 대한 강박이 압도적인 문화에서 살고 있는 것이 분명하다.[2]

비슷한 말을 한 다른 사람들도 있다. "경쟁은 우리 사회에서 거의 종교가 되었다"고 말한 사람도 있고,[3] 경쟁을 "우리(미국) 문화가 푹 빠져 있는 중독"이라고 일컬은 사람도 있다.[4] 또한 "경쟁을 반대하는 것은 곧 우리 사회에 반대하는 것이라는 의심을 산다"고 말한 이도 있다.[5]

이런 경쟁적인 문화가 미국에만 있는 것은 아니다. 이 책에서 소개한 여러 사례들은 다른 나라의 독자들에게도 매우 익숙할 것이다. 그러나 그들에게는 그저 익숙한 정도이지만 이곳에서는 종종 우스꽝스럽게 보일 정도로 그 역할이 과장되어 있다. 이는 경쟁적인 활동이 얼마나 확산되어 있는지, 또한 경쟁을 좀 더 잘해내려고 얼마나 애쓰는지를 보면 알 수 있다. 우리의 경제구조는 경쟁에 기초하고 있으며, 교육 현장에서는 학교에 입학하는 순간부터 승리를 넘어서 타인을 성공의 방해물로 여기게끔 가르친다. 우리의 여가 시간 역시 개인끼리, 혹은 팀을 꾸려서 다른 이들을 패배시켜야 하는 고도로 조직화된 게임으로 가득하다. 심지어 가정에서도 우리는 경쟁한다. 물론 사회에서보다는 약하지만, 무슨 희귀한 상품처럼 여겨지는 칭찬과 일종의 트로피처럼 변질되어버린 사랑을 얻기 위해 종종 필사적인 투쟁을 한다.

우리는 경쟁적인 활동에 매우 열광할 뿐만 아니라 거의 모든 일을 경연장으로 끌어들이고 있다. 우리의 집단적인 창조력도 오늘날에는 승리자와 패배자를 만드는 새로운 방법을 고안하는 데 집중하고 있는 것처럼 보인다. 이제는 직장 동료들과 누가 더 생산적인지를 놓고 경쟁하는 것만으로는 부족하며, '이달의 사원'이라는 타이틀을 차지하기 위해 경쟁해야 한다. 다른 회사 사람들과 교류하는 유일한 길은 어떤 경쟁적인 게임에서 그들을 패배시키는 것뿐이다. 이런 것들로부터 벗어나고 싶어서, 말하자면 긴장을 풀기 위해 춤을 추러 갔을 때도 우리는 그곳에서조차 경쟁에 말려든 자신의 모습을 본다. 우리의 삶에서 사소하든 중요한 일이든, 다른 사람과 비교하여 순위를 매기는 강박으로부터 자유로운 곳은 어디에도 없다. 분명 경쟁이 있을 만한 상황이 아닌 경우에도 우리는 경쟁적인 용어를 쓰면서 세상을 해석하려 한다. 예를 들어, 몇 년 전《뉴욕 타임스》는 오페라 가수 플라시도 도밍고를 소개하는 특집기사를 내보내면서 그를 이렇게 소개했다. "세계 최고의 테너 자리를 두고 루치아노 파바로티와 겨루었으며, 많은 사람들은 그가 더 탁월하다고 말한다."6 이제는 오페라까지도 누가 1등인지의 관점에서 바라보지 않으면 즐길 수 없는 것이다.

그러므로 "승리가 모든 것은 아니다. 그것은 유일한 것이다"라는 빈스 롬바디Vince Lombardi의 유명한 말은 한 미식축구 감독의 승리에 대한 광신적인 표현일 뿐만 아니라, 우리의 전반적인 문화를 한 줄로 요약한 것이라고 이해해야 한다.7 우리의 삶은 '다른 사람보다 잘해야 한다'는 의무에 영향 받을 뿐만 아니라 그러한 구조 위에 서 있다. 이제 우리는 일을 하거나 아이들을 교육하거나 또는 기분 전환을 위해 주말을 보내는 것까지도 꼭 누군가를 이겨야 하는 투쟁의 맥락에서 바라보는 지경에 이르렀다. 이런 일들을 하는 데 또 다른 방법이 있다고 상상하는 것조차 힘들다. 아니, 오히려 우리의 경쟁심을 확실히 삶에 투영하고 있기 때문에 애당초 다른 대안에 대해선 생각하지 않는다. 대부분의 사람들은 '삶이란 원래 그런 거'라고 기꺼이 받아들인다.

비즈니스적인 경쟁을 찬양하는 오늘날 이런 주제는 매우 시의적절하다. 지난 몇 년간 위싱턴에서 쏟아져 나온 경쟁에 대한 온갖 미사여구들 덕분에 성공하고 승리하는 법에 대한 가이드북들이 쏟아져 나왔다. 경쟁을 마구잡이로 장려한 결과, 선거로 뽑힌 정치인이 쥐고 있던 권력이 민간 대기업으로 넘어가는 실제적인 효과를 낳았다. 즉 이론적으로 모든 국민들을 책임져야 하는 사람들로부터 기껏해야 이익을 창출하는 극소수의 사람만 책임지는 이들에게로 권력이 이동한 것이다(미국 인구의 1퍼센트가 모든 주식회사 주식의 절반을 가지고 있으며, 나머지 81퍼센트는 단 한 주도 가지고 있지 않다).[8] 앞으로 몇 년 뒤에 대기업들의 성공 비결에 대한 인기가 시들해지거나, 혹은 현재 거의 민간 기업의 응원부대 정도의 역할을 하는 정부 관리들이 스스로를 그렇게 여기지 않을 때가 오더라도, 우리의 경제제도는 근본적으로 경쟁에 기초하므로 이 주제에 대한 탐구는 앞으로도 유용할 것이다. 더욱이 이 책은 비즈니스 세계의 음모보다 훨씬 폭넓게 많은 일들과 관련되어 있다. 경쟁은 우리 생활에 매우 깊이 뿌리를 내리며 삶의 일부가 되었으므로, 이제 그것이 우리를 어떻게 생각하고 행동하게 만드는지 보다 면밀히 살펴보아야 한다.

우선 경쟁이라는 말의 의미를 좀 더 정확히 하는 것에서 시작해보자. 먼저 구조적 경쟁 structural competition과 의도적 경쟁 intentional competition으로 개념을 나누어 살펴보는 것이 유용할 듯하다. 구조적 경쟁이란 어떤 상황에 의한 것이고, 의도적 경쟁은 태도에 관한 것이다. 즉 구조적 경쟁이 승리와 패배라는 구조와 관련된 외부적인 것이라면, 의도적 경쟁은 1등이 되고 싶다는 개인의 욕망과 관련된 내부적인 것이다.

어떤 활동이 '경쟁적 구조를 띠고 있다'는 말은 '상호 배타적인 목표를 달성하는 것'을 특징으로 한다는 뜻이다. 이는 간단히 말해서 당신이 실패해야만 내가 성공할 수 있다는 뜻이다. 우리는 서로에게 해를 끼치는 운명으로 묶여 있다. 소위 제로섬 게임zero-sum game이라 부르는 포커에서처럼, 한 명이 이기기 위해서는 우리 중 누군가는 정확히 그만큼 잃어야 한다. 상호 배타적인 목표 달성이라는 장치 아래에서는 두 명이나 그 이상의 개인들이 결코 모두는 달성할 수 없는 하나의 목표를 달성하기 위해 경합한다. 몇몇 사회과학자들이 말했듯이 이것이 바로 경쟁의 본질이다.9

모두 같은 현상이지만 어떤 때는 이를 '부족함의 상황(희소성)'이라고 표현하기도 한다. 이는 경쟁에 관한 설명이 아니라 경쟁을 다른 말로 바꿔 부른 것일 뿐이다. 내가 원하는 것을 얻기 위해서는 당신이 져야만 한다. 그럴 때 내가 원하는 그것이 바로 '부족한 무엇'이 되는 것이다. 그러므로 이러한 부족함과 뭔가가 객관적으로 모자라는 것을 혼동하지 않도록 조심해야 한다. 배고픈 두 사람이 한 그릇의 음식을 놓고 다툴 수는 있다. 그러나 대부분의 경쟁이 목표로 하는 것은 간단히 말해 '높은 지위'이다. 구조적 경쟁이란 대개 몇몇 개인들을 서로 비교하여 그중 최고인 단 한 사람만을 결정하는 방식이다. 경쟁 그 자체에 승리라는 목표가 설정되어 있다. 그렇기 때문에 이 부족함이란 것은 원래 부족함이 없던 곳에서 만들어진 것이다.

구조적 경쟁은 몇 개의 기준으로 구별할 수 있다. 예컨대 경쟁은 얼마나 많은 승리자가 나올 수 있는가에 따라서 달라진다. 대학에 지원한 모든 수험생들이 합격할 수는 없지만, 자신의 합격을 위해서 꼭 다른 사람이 불합격해야 하는 것은 아니다(다른 이의 합격 가능성이 조금 줄기는 하겠지만). 반면 매년 열리는 미스 아메리카 대회는 단 한 명의 여성에게만 왕관을 주는데, 미스 몬타나가 뽑혔다면 미스 뉴저지는 절대 뽑힐 수 없다. 위에서 예를 든 두 가지 경쟁은 누군가의 주관적인 판단에 의해 승리자가 가려진다. 이와 다른 경쟁의 예로는 이를테면 팔씨름 대회를 생각해볼 수 있다. 여기서는 미리 정해지고 합리적인, 아주 간단한 기준에 의해 승자를 가린다.

미인 대회나 대학 입시에는 또 하나의 공통점이 있다. 경쟁자들 사이에 어떤 직접적인 상호작용도 필요하지 않다는 것이다. 단지 한 명의 성공이 다른 경쟁자의 기회를 박탈하거나 줄일 뿐이다. 반면 자신의 성공을 위해서는 반드시 상대방을 실패하도록 해야 하는 보다 강력한 구조적 경쟁도 있다. 전쟁이 하나의 예이다. 테니스 역시 그렇다. 테니스 선수들은 서로를 패배시키기 위해 더욱 적극적이다. 반면 번갈아 가면서 게임을 하는 두 명의 볼링 선수는 우승을 위해 상대방을 방해할 필요가 없다. 어떤 태도를 취할 것인지는 그 게임의 규칙, 그리고 그와 관련된 구조적 경쟁의 유형에 따라 달라진다.

이에 반해 이제 살펴볼 의도적 경쟁은, 실제로는 꽤 복잡하고 미묘한 차이가 있긴 하지만, 훨씬 더 정의하기 쉽다. 쉽게 말해 이것은 개인의 경쟁심, 즉 다른 이들과 비교하여 최고가 되고자 하는 우리의 성향에 관한 것이다. 이는 앞서 살펴본 구조적 경쟁이 없는 곳에서 벌어질 수 있다. 파티에 가서도 그곳의 누구보다 더 지적이고 매력적으로 보이는 것에만 온통 정신을 쏟는 사람이 있을 수 있다. 그 누구도 그런 것에 신경 쓰지 않고, 무슨 상을 주는 것도 아닌데 말이다. 정신분석학자인 카렌 호나이Karen Horney는 신경증(neurotic, 노이로제) 환자를 이렇게 묘사했다. "전혀 그럴 필요가 없는 상황에서도 끊임없이 스스로를 다른 사람과 비교한다."10

이와 반대되는 상황, 즉 의도적 경쟁이 없는 곳에서 구조적 경쟁이 벌어지는 경우도 있다. 다른 사람보다 더 잘하는 데는 전혀 신경 쓰지 않고 단지 스스로 최선을 다하는 데만 집중할 수도 있지만, 그런 것이 필연적으로 경쟁 상황을 초래하기도 한다. 이렇게 성공을 곧 승리로 규정하는 상황은 사람들이 의도하기 때문이 아니라 그러한 구조 때문에 발생한다. 이러한 구조 아래서는 경쟁에 반대하는 사람조차 스스로의 의지대로 경쟁을 피하는 일이 불가능하다. 이는 많은 사람들이 알고 있듯 불쾌한 스트레스를 낳는다. 의도하지 않은 구조적 경쟁의 가장 극단적인 예는 자신은 의식조차 하고 있지 않은데 누군가 개인의 등수를 매기고 상을 주는 경우이다. 동료를 이기는 데 별 관심이 없는 학생일지라도 타의에 의해 등급이 매겨지고, 일정한 기준에 따라 분류된다(경쟁을 두 가지로 구별하는 것은 이러한 시나리오를 이해하는 데 매우 유용하다).

마지막으로 경쟁은 개인뿐만 아니라 집단 간에도 일어난다는 명백한 사실을 염두에 두자. 물론 집단 간에 경쟁을 하는 동안에도 개인적인 경쟁을 배제하지는 않는다. 비록 두 개의 기업이나 국가 혹은 농구팀이 서로 경쟁한다고 해도, 그 안의 개인들은 또 돈이나 지위를 놓고 서로 경쟁을 벌인다. 집단 사이의 경쟁은 '인터그룹intergroup 경쟁'이라고 하며, 그것과 동시에 벌어지는 집단 내 개인 간의 경쟁은 '인트라그룹intragroup 경쟁'이라고 불린다. 이것의 구별이 왜 중요한지는 다음 장에서 자세히 살펴볼 것이다.

경쟁이 학교나 직장을 조직하는 유일한 방법은 아니다. 이는 논쟁거리가 없는 말이지만, 우리는 경쟁을 너무나 당연하게 받아들이므로 대안을 생각하지도 않는다. 대부분의 사회심리학자들이 그러는 것처럼, 나는 여기서 자신의 목표를 달성하는 방법을 세 가지로 나누어 살펴보려 한다. 우선 '경쟁적으로competitively'라는 말은 남들과 겨루어 이기는 것으로 목표를 달성하는 것이고, '협력적으로cooperatively'라는 말은 다른 사람들과 더불어 하는 것이며, 마지막으로 '독자적으로independently'라는 말은 다른 이들과 관계 맺지 않고 혼자서 뭔가를 이루는 것이다. 우리는 가끔 어떤 사람이나 문화에 대해 '경쟁적이며 개인주의적'이라고 말하곤 하는데, 그 두 가지 말이 같은 뜻이 아님을 깨닫는 것이 중요하다. 한 사람이 성공하기 위해서 누군가는 꼭 실패해야 하는 상황과 그의 성공이 타인의 성패와 전혀 상관없는 상황은 서로 전혀 다른 것이다. 당신과 나의 성공은 경쟁적으로든 협력적으로든(물론 반대의 경우이지만) 서로 연결되어 있다. 만약 독자적으로 일한다면 나의 성패는 남들과 무관하다.

우리는 종종 누군가와 경쟁을 할 때에만 어떤 목표와 기준을 설정할 수 있다고 여긴다. 하지만 그렇지 않다. 경쟁이 전혀 없더라도 일을 완수할 수 있으며, 자신이 어느 정도로 발전하고 있는지 알 수 있다. 단적인 예가 어제보다 단 몇 그램이라도 더 들어 올리려 노력하는 역도 선수의 경우이다. 이런 것을 '자신과의 경쟁'이라고 표현하는 사람도 있지만, 나는 이런 말이 경쟁을 이해하는 데 도움이 되지 않으며, 오히려 그릇된 표현이라고 생각한다. 자신의 과거 기록이나 객관적인 기준에 현재의 성취를 비교하는 것은 경쟁의 사례가 될 수 없다. 단지 목표를 향해 노력하는 것과 남과 겨루어 이기려는 것을 혼동하면 안 된다.

경쟁이란 말은, 이를테면 키스라는 말처럼 기본적으로 서로에게 영향을 미치는 말이다. '자신과의 경쟁'이라는 말은 의미를 너무 확장한 것으로, 그 단어가 뜻하는 범위를 넘어선 것이라 볼 수 있다. 더욱이 그러한 부정확한 표현은 때때로 경쟁이 필연적이고 좋은 것이라는 인상을 주고자 할 때 이용된다. 즉 자신의 한계를 넘어서려고 노력하는 것도 어쨌든 일종의 경쟁이고, 게다가 누구의 실패도 야기하지 않으므로 경쟁은 그다지 나쁘지 않다는 논리를 펴는 것이다. 물론 이런 주장은 의미 있는 경쟁 옹호론이 아니라 단지 말장난일 뿐이다.

이제 앞으로 가장 중요한 역할을 할 '협력'이라는 대안을 살펴보자. 이 말은 단지 비경쟁을 뜻하는 것이 아니라, 어떤 목표를 달성하기 위해 함께 일할 것을 요구하는 일종의 제도를 의미한다. 구조적 협력이란 우리가 힘을 모아 함께 노력해야만 한다는 뜻이다. 왜냐하면 나의 성공은 당신이 성공하는 경우에만 가능하며, 그 반대도 마찬가지이기 때문이다. 노력의 대가는 개인이 아니라 집단의 성취에 의해 결정된다. 요컨대 협력적인 교실이란 단지 학생들을 함께 앉히거나, 서로 얘기하도록 하거나, 자료를 공유하도록 한다고 만들어지는 것이 아니다. 그것이 의미하는 바는, 어떤 일의 성취는 개인이 아니라 그 반의 모든 학생들에게 달려 있으므로 그들은 서로 상대방이 잘 되기를 바라는 마음을 가져야 한다는 뜻이다.

협력이라고 하면 사람들은 흔히 개념이 모호한 어떤 이상주의와 연관하여 생각하거나, 기껏해야 아주 소수의 사람들이 모인 경우에나 가능한 것으로 여긴다. 이것은 아마도 협력과 이타주의를 혼동하기 때문이다. 협력에서는 서로 돕는 것이 가장 중요하며, 반면 경쟁에서는 '자신의 이익'만을 추구하면 되기 때문에 개인의 성공을 위해서는 경쟁이 훨씬 유리하다고 생각하기 쉽지만, 그것은 절대 진실이 아니다. 구조적 협력은 흔히들 생각하는 '이기주의가 아니라면 이타주의'라는 식의 이분법에 맞서는 개념이다. 그것은 상대방을 돕는 것과 스스로를 돕는 일이 동시에 일어날 수 있도록 해준다. 비록 처음의 동기는 이기심이었다고 해도, 협력은 서로를 같은 운명으로 묶어준다. 협력은 현명하며 매우 성공적인 전략이다. 직장이나 학교에서 경쟁하는 것보다 훨씬 더 좋은 효과를 내는 실용적인 선택이며(이는 3장의 주제이다), 타인과의 경쟁 없이도 자신의 능력을 실험하고 즐길 수 있는 놀이를 만들어내는 기초(이는 4장에서 살펴본다)가 된다. 협력이 정신 건강에 좋은 영향을 끼치며, 서로에게 호감을 가질 수 있도록 도와준다는 많은 증거들이 있다.

아무리 경쟁적인 문화라 하더라도 협력하거나 독자적으로 일을 하는 경우가 많이 있다. 사실 사무실의 하루를 살펴보면 이 세 가지 방식이 동시에 일어나는 것을 알 수 있다. 여기서 가장 흔히 볼 수 있는 조합은 집단 내의 협력과 집단 간의 경쟁이다. 다른 집단에 이기기 위해 서로 협력하여 일하는 것이다. 미식축구 선수들은 다른 팀을 이기기 위해 협력하고, 기업의 직원들은 다른 회사보다 더 많은 수익을 올리기 위해 협력한다. 그렇지만 협력과 경쟁이 같은 비율로 벌어지지 않는다는 것은 명백한 사실이다. 우리 사회에서 경쟁을 위해 협력하는 경우와 협력이란 전혀 없이 경쟁해야만 하는 경우를 비교하여 어떤 일이 더 자주 벌어지는지 살펴보라. 로버트 벨라Robert Bellah와 그의 동료들은 이렇게 평가했다. "개인주의 세상에서 경쟁은 일상적으로 벌어진다. 그러나 조화로운 세상은 협력하는 것이 서로의 목표를 이루는 데 도움이 된다는 사실을 어렴풋이나마 알아채는 어떤 연대감이 잠시 일어날 경우, 그때에만 아주 가끔씩 실현된다."11

대부분의 사람들이 경쟁의 대안을 조금도 생각지 않는다는 사실은 지금껏 사회화가 매우 효과적으로 이루어지고 있음을 입증한다. 우리는 경쟁하는 것뿐만 아니라 경쟁이 당연하다고 믿도록 지속적으로 훈련받는다. 경쟁에 대한 얘기를 할 때면 우리는 별생각 없이 예전부터 했던 말들을 반복한다. 그러나 불행히도 우리들 대부분이 배웠던 경쟁 옹호론을 세밀하게 검토해보면 그 신빙성은 매우 떨어진다. 이 옹호론은 경쟁에 반대하는 사람들은 단지 경쟁 자체를 두려워할 뿐이라고 말하는 수사학적인 책략과 경쟁을 투쟁이나 성공과 혼동하게 만드는 개념의 결여에 기대고 있다. 또한 경쟁 옹호론은 경쟁의 욕구와 단순한 생존상의 필요를 마구 뒤섞어서 스스로 왜곡하고 있다. 오래 전에 버트런드 러셀

Bertrand Russell은 이를 다음과 같이 표현했다. "삶을 위한 투쟁은 사실 성공을 위한 (경쟁적인) 투쟁일 뿐이다. 사람들이 두려워하는 이유는 내일 아침거리에 대한 걱정 때문이 아니라 이웃보다 더 잘살지 못하는 것에 대한 불안함 때문이다."12

무엇보다 경쟁 옹호론은 수많은 잘못된 정보에 기초하고 있다. 엄밀히 말하면 그것은 네 개의 신화를 중심으로 구성되어 있다. 이 신화들은 널리 퍼져 있는 순서대로 이 책의 네 장을 구성하는 토대가 된다.

첫 번째 신화는 경쟁이란 피할 수 없는 현실이며 '인간 본성'의 한 부분이라는 것이다. 이런 억측은 별생각 없이(그리고 증거도 없이) 만들어진 것이지만, 신중히 다뤄져야 한다. 만약 이 말이 사실이라면, 본성을 어떻게 할 수는 없으므로 경쟁에 대한 논쟁 자체가 필요 없어진다.

두 번째 신화는 경쟁이 우리가 최선을 다하도록 동기를 부여한다는 것이다. 더 나아가 만약 경쟁하지 않으면 우리는 더 이상 생산적이지 못할 것이라는 가정이다. 이러한 주장은 학교 성적에서부터 자본주의에 이르기까지 우리 삶의 거의 모든 법칙을 설명할 때 사용된다.

세 번째는 놀 때도 경합을 벌이는 것이 시간을 재미있게 보내는 최선의(유일하지는 않지만) 방법이라는 주장에 관한 것이다. 우리는 놀이를 할 때도 경쟁한다.

마지막 신화는 경쟁이 인격을 형성하고 자신감을 갖게 한다는 것이다. 이 주장은 앞의 얘기들보다 자주 들을 수는 없는데, 그 이유는 경쟁에서 심리적인 충격을 받은 우리 자신의 경험에 비춰 볼 때 모순되기 때문일 것이다.

나는 인간의 삶에서 경쟁이 존재하는 모든 영역들을 살피고, 교육학, 사회심리학, 사회학, 정신분석학, 진화생물학, 문화인류학, 여가 연구 등 여러 분야에서 이루어진 경쟁에 관련한 연구를 검토하여 앞서 제시한 신화들을 반박할 것이다. 또한 철학이나 문학에서도 많은 인용을 할 것이다. 사실 경쟁이라는 주제를 연구하려면 이렇게 여러 분야에서 동시에 접근해야만 한다. 하지만 많은 학자들은 자기 영역에만 몰두하므로 이러한 주제(혹은 다른 중요한 사회적 문제들)를 연구하는 데 한계가 있다. 경쟁이라는 문제는 여러 학문 분야와 복잡하게 얽혀 있다.

이러한 연구에서는 앞서 했던 대로 용어를 먼저 정의하고 시작하는 것이 표준이라고 볼 수 있다. 내가 경쟁의 개념을 명료하게 정리한 것은 쟁점을 명확히 드러내는 데 도움이 될 뿐만 아니라, 비판의 근거가 되기 때문이다. 경쟁을 신화로 만드는 추론들을 모두 없애고, 우리가 별생각 없이 받아들이고 계속해서 되풀이하는 주장들을 반으로 가르면, 본질만이 남을 것이다. 즉 한 사람의 성공을 위해선 다른 이들은 실패해야 한다는 '상호 배타적인 목표 달성'만이 그 안에 있다. 여러 잡다한 설명을 다 빼고 본질만을 본다면 경쟁이라는 제도 자체에 무엇인가 매우 잘못된 점이 있다는 것을 바로 알 수 있을 것이다. 다른 이들을 패배시키는 데에만 에너지를 쏟고, 또한 그들이 우리를 패배시킬 거라는 공포에 사로잡혀 있으면서 어떻게 최선을 다할 수 있다는 말인가? 정말 이러한 투쟁이 즐거운 시간을 보내기 위한 최선의 방법일까? 우리의 자존감이란 그저 옆 사람과 비교하여 자신이 무엇을 얼마나 더 잘하는가에 의해 좌우되는 것인가? 무엇보다 중요한 것은 이러한 경쟁적인 제도가 인간관계에 미치는 강력한 영향이다. 즉 서로를 이기기 위해 적대감이 생길 수밖에 없는 구조적 원인이 경쟁 자체에 있다.

다시 말하지만, 이 결론은 경쟁의 본질에서 나오는 것이다. 또한 이러한 결론은 우리가 경험하고, 연구에 의해 밝혀진 많은 증거들에 의해 확실히 입증된 바다. 그럼에도 불구하고 '경쟁한다고 말할 때 그것이 진정 의미하는 것이 무엇인가'라는 기본적인 질문을 하기 전까지, 우리는 그 많은 증거들에 대해 별로 생각하지 않는다.

이 주제에 대해 자세히 연구할수록 경쟁이란 본래 바람직한 것이 아니며 '건전한 경쟁'이라는 용어 자체가 모순이라는 것을 더욱 확신하게 되었다. 경쟁에 관해서는 대체적으로 두 가지 입장—열렬히 지지하거나 제한적으로 지지하거나—만이 인정되므로 내 생각은 이단에 가깝다. 대체적으로 전자는 보수적인 입장이라고 할 수 있고, 후자는 진보적(자유주의적)인 입장이라고 할 수 있다. 보수적인 사람들은 모든 종류의 경쟁을 옹호하며, 앞서 인용한 "승리는 유일한 것"이라는 롬바디의 말을 따른다. 진보적인 이들의 가장 전형적인 모습은 '지나친 경쟁'에 대한 비판과 어떤 대가를 치르더라도 승리해야만 한다고 부추기는 지금의 상황에 대한 개탄이다. 어쨌든 경쟁 그 자체는, '적당한 균형'을 잡을 수 있다면, 생산적이고, 즐겁고, 활기찬 것이라고 생각한다.

이러한 입장이 경쟁에 대한 비판의 전반적인 견해이며, 나는 그들의 주장을 계속하여 인용할 것이다. 하지만 내가 보기에는 그들은 자신들의 직관, 그리고 어떤 경우엔 논리적인 결론을 이끌어내는 자신들의 데이터조차도 제대로 보려 하지 않는 것 같다. 그 이유는 그들이 만약 경쟁 그 자체가 불합리한 것이라고 주장한다면 경쟁을 최고의 가치로 여기는 우리 사회에서 신뢰를 잃을 수도 있다고 생각하기 때문일 것이다. 따라서 그들은 경쟁 자체에는 아무런 문제가 없으며 단지 경쟁하는 방법 혹은 극단적인 경쟁심이 문제라고 말한다. 그러한 온건한 의견은 사람들의 존경을 받을지는 모르지만, 나는 이 책을 쓰면서, 그리고 여러 분야의 연구를 살피면서, 경쟁의 문제가 경쟁 그 자체에 있다는 사실을 더 확실히 깨닫게 되었다. 내가 보기엔 경쟁에 반대하는 것은 너무나 당연하며, 따라서 경쟁적인 것이 때때로 건설적일 수도 있다는 취지의 제한적인 말조차도 모순되고 부당하다고 생각한다.

그 뒤로는 앞서 살펴본 경쟁의 네 가지 신화―필연적이며, 더 생산적이고, 더욱 즐겁고, 인격을 형성한다는―에 기초하여 더욱 근본적인 비판을 해나갈 것이다. 6장에서는 경쟁이 인간관계에 미치는 영향을 살펴보고, 7장에서는 속임수나 폭력 같은 추악한 일들이, 원래 경쟁 자체는 깨끗하지만 인격적으로 모자란 사람들이 경쟁을 타락시켰기 때문에 벌어지는지, 아니면 경쟁 속에 이미 내재해 있는 어떤 문제 때문에 발생하는지를 논할 것이다. 8장에서는 남성들과 마찬가지로 많은 여성들도 점차 경쟁적으로 변해가는 오늘날의 추세를 살피고, 9장에서는 경쟁을 대신할 협력적인 대안들을 고찰할 것이다. 마지막 10장은 경쟁적으로 혹은 독자적으로 공부하는 것을 넘어서 학생들이 함께 배울 수 있게 돕는 희망적인 대안에 초점을 맞추었다. 끝으로 덧붙인 후기에서는 이 책을 독자들이 어떻게 받아들였는지, 그리고 초판이 출간된 후 미국 사회에 어떤 변화 혹은 정체가 나타났는지를 살펴볼 것이다.

2장

경쟁은 필연적인가 : 경쟁이 '인간 본성'이라는 신화

인간의 마음에 영향을 미치는 사회적, 도덕적 제도의 중요성을 무시하려는
모든 천박한 방법 중 가장 천박한 방법은 품행과 품성의 다양성을
타고난 본성의 차이로 돌려버리는 것이다.

-

존 스튜어트 밀John Stuart Mill, 『정치경제학원리』

본능이라는 카드 게임

경쟁은 바람직한 것이라고 주장하는 많은 사람들은 그것이 인간 본성의
한 부분이라고 단언한다. 경쟁은 최선을 다하도록 만들어주는 매우 좋
은 것일 뿐만 아니라, 인간에게 필연적이라는 것이다. 물론 엄밀히 말
하면 '필연적'이라는 주장은, 최선을 다하도록 만든다는 앞의 말을 별
의미 없게 만들어버린다. 어쨌든 이 주장에 의하면 경쟁은 이미 불가피
한데, 피하기 어려운지 아닌지에 대한 논의가 도대체 무슨 소용인가?
그러므로 경쟁을 비판하는 관점에서 우리는 경쟁의 폐해를 밝히기 전에

경쟁이 반드시 필요한 것은 아니라는 사실을 먼저 밝힐 필요가 있다.

그래서 2장의 목적은, 널리 인정되지만 전혀 검증되지 않은 '경쟁은 필연적'이라는 주장을 자세히 따져보는 것이다. 그러기 위해서는 보다 큰 주제인 '필연적이다'라는 것 자체가 무엇을 의미하는지 살펴보아야 할 것이다. '인간 본성'의 일부이기 때문이라는 주장에는 어떤 의미가 담겨 있는가? 그런 의견은 입증될 수 있는가? 그 주장에서 이익을 얻는 사람은 누구인가? 이런 질문에 답을 한 후에야 경쟁이라는 특정한 주제에 대해 생각해볼 수 있을 것이다.

인간의 본성에 관한 논쟁에는 두 가지 견해가 있다. 첫 번째는 특정 인간 집단 사이의 차이점은 선천적이라는 것이다. 즉 여성과 남성(혹은 백인과 유색인종)이 어떤 사회에서 차별 대우를 받는다면 이것은 생물학적으로 당연하며, 진화생물학과 유전학의 다양한 발견은 성차별주의자와 인종차별주의자들의 악습이 불가피한 것이었음을 보여주려는 의도로 이용된다.

2장에서 집중적으로 살펴볼 인간 본성에 대한 두 번째 논쟁은 이미 인간의 일부가 되어 있는 어떤 특성들은 어쩔 수 없다는 것이다. 이러한 특성들은 배우는 게 아니라 타고난 것이며, 말하자면 '양육'이 아니라 '본성'이라는 것이다. 이런 논쟁은 예전부터 있었으며, 세대를 거듭할수록 생물학적 결정론에 푹 빠져 있는 과학자들에 의해 새로운 연구 결과물들이 계속 나오고 있다. 한 세대 전에 시릴 버트Cyril Burt는 지성intelligence이 거의 유전자에 의해 결정된다고 '증명'했다. 그가 제시한 증거들은 거짓으로 밝혀졌지만, 그 주장이 얼마나 오랫동안 사실로 받아들여겼는지, 그의 데이터가 조작된 거라고 알려진 후에도 그가 제시한 수많은 주장들이 오늘날까지 인정받고 있는지 안다면 놀라지 않을 수 없다.[1] 오늘날 생물학적 결정론은 주로 신경생물학자와 정신의학자들에 의해, 다른 한편으로는 에드워드 윌슨Edward O. Wilson이 키워낸 사회생물학파에 의해 옹호되고 있다.

어쨌든 '인간 본성'이라는 말은 우리가 겪는 다양한 인간의 행동을 아주 간단히 설명하려 할 때에 이용된다. 우리는 맞닥뜨리는 거의 모든 것들에 그저 어깨를 으쓱하며 인간은 원래 그렇다고 단정해버린다. 흥미로운 것은 이러한 방식으로 설명하는 인간의 특성은 대부분 불미스러운 것들이다. 반면 관용의 행동에 대해선 그것이 '단지 인간 본성이기 때문'이라는 설명은 거의 하지 않는다.*

근본적으로 인간이 선한지 악한지에 대한 논쟁은 제쳐두고, 어떤 특성이 인간 본성의 일부라는 것을 입증해야 할 책임은 바로 그 주장을 하는 사람들에게 있음을 명심하자. 누구든 진지하게 검토해야 할 어떤 주장을 펴는 사람들에겐 그럴 책임이 있으며, 그것이 절대적─인간의 어떤 특성이 모든 인종과 서로 다른 문화와 인류의 역사를 통해 공통적으로 나타나며, 그것이 바로 인간의 본성이라고 말하는 것─이라고 말하려면 그 짐은 더욱 무거워진다. 더 나아가 본성 때문이라는 주장은

---

* 예외적인 사람들도 있다. 아브라함 매슬로, 칼 로저스 같은 인본주의 심리학자들은 인간은 근본적으로 선하다고 말한다. 윤리적인 행동이 생물학적 본성에 의한 자연스런 경향이라고 보는 것이다. 그들은 에리히 프롬과 카렌 호나이를 포함한 신프로이트파의 전통에 귀를 기울이며, 장 자크 루소까지 거슬러 올라간다. 이타주의가 선천적이라는 가설을 지지하는 최근의 증거들은 발달심리학에서 찾을 수 있다.

미래에도 모든 인간은 거기에서 벗어날 수 없다고 말하는 것과 같다.

실제로 인간의 본성에 관한 주장은 입증되었는가? 이런 논쟁에는 여러 갈래가 있기 때문에 단정하기 어렵다. 사실 '인간 본성'이라는 말은 인간의 다양한 특성들을 논하는 여러 사상을 가진 학파들이 공통적으로 사용하는 용어이며, 따라서 인간의 삶에서 단 한 가지라도 절대 피할 수 없는 어떤 특성이 있다는 것을 규명하는 일은 매우 어렵다. 그러나 우리의 경험에 비춰볼 때도 이러한 주장은 대부분 그다지 믿을 만하지 못하다. 이 책에서 생물학적 결정론에 대해 일일이 반론할 필요는 없는데, 왜냐하면 다행히도 많은 이들이 그러한 주장과 그들이 내세우는 여러 사례의 문제점에 대해 이미 비판했기 때문이다.[2]

사실 이러한 논쟁들은 복잡한 이론을 가지고 있기 때문에 어떤 것이 인간 본성의 일부인가를 확실하게 증명하는 것은 쉬운 일이 아니다. 대부분의 사람들은 어떤 문제에 관해 과학자들이 증거들을 모아 제시하면 그것이 정답이라고 생각하기 쉽다. 예를 들어 정신분열증이 유전과 관련 있는지를 알고 싶다면 그 문제에 대한 자료들을 모아 쉽게 해답을 얻을 수 있다고 생각하며, 바로 다른 문제로 넘어가버린다. 과학의 성과에 대한 이러한 보편적인 관점은 아마도 고등학교 때 배웠을 것이다. 이는 윤리 시간에 배우는 정치가 현실 사회구조를 가장 잘 설명하는 것이라고 생각하는 것과 같다. 우리는 어떻게 과학적 논쟁의 구조가 만들어지는지, 특정 용어가 얼마나 다양하게 해석되면서 쓰이는지, 과학에서 무엇인가를 발견했을 때 그것이 어떻게 적용되며, 그 중요성은 어느 정도인지 등에 대해 토론하는 법을 배우지 못했다. 각종 자료data들은 단순히 모으는 게 아니라 해석되는 것이며, 그 해석은 각 이론에 대한 개인의 입장뿐만 아니라 무엇을 증거로 채택하느냐에 따라 달라진다.

가장 딱딱한 과학이라 일컬어지는 현대 물리학에서도 어떤 실험을 통해 모두가 만족하는 답을 내놓기 어려운데, 인간을 주제로 하는 연구는 말할 것도 없다. 오늘날엔 사회생물학자들조차 인간의 행동을 결정하는 어떤 특정한 유전자가 있다는 이론에 대해 거의 공상적인 추측이라고 인정하고 있다(생물학적 결정론에 비판적인 사람들은 원칙적으로 인간의 행동을 결정하는 특정 유전자가 발견되었는지를 묻는다. 인간의 행동은 유전자들의 복잡한 상호작용에 의한 것이며, 또한 그 복잡한 유전자들과 사회와의 더욱 복잡한 상호작용에 의한 것이라는 사실을 생각한다면, 사회생물학자들의 주장은 그 시작부터 잘못된 것이다).*

예를 들어 누군가 공격성은 '인간 본성'이라는 것을 증명한다고 생각해보자.4 어떻게 증명할 수 있을까? 이를 위해서 우선 공격성은 모든 인류에게 보편적이라는 증거가 필요할 테지만, 그것으로 충분치 않다. 증명을 위해서는 먼저 공격성에 대해 정확한 정의를 내려야 할 것이다.

---

* 유전자와 사회의 상호작용에 관한 문제는 본성과 양육을 둘러싼 논쟁과 관련해서 주목할 만한데, 생물학적 결정론을 비판하는 사람들은 일반적으로 완전한 환경결정론(tabula rasa environmentalism)에도 동의하지 않는다. 그럼에도 가끔씩 그들이 동의하는 것처럼 보이는 이유는 생물학적 결정론을 주장하는 사람들이 자신들을 비판하는 이들을 좀 더 쉽게 비난할 수 있기 때문에 그렇게 보이도록 유도하는 것일 뿐이다. 왜냐하면 단순한 환경결정론은 오늘날 그 신뢰를 잃었으므로, 마찬가지로 우리가 인간은 단지 "생존을 위한 기계, 즉 유전자로 알려진 이기적인 분자들의 보전을 위해 프로그램 되어 있는 로봇"3이 아니라고 주장한다 해서 생물학적 결정론의 전제와 같이 외부 자극을 통해 인간의 행동을 얼마든지 변화시킬 수 있다는 스키너학파의 행동주의에 우리의 운명을 내던질 필요는 없다. 우리는 또한 인간의 자유의지를 확신하는 좀 더 나은 관점에서 생물학적 결정론에 대항할 수 있다.

하지만 이 단계에서조차 선한 신념을 가진 사람들은 과연 공격성을 구성하는 것이 무엇이며, 어떤 문화에서 실제로 존재하는가에 대해 그것이 본성이라고 주장하는 사람들과 의견을 달리할 것이다.

지금까지의 논의는 인간 본성이라는 주장의 진실과 거짓에 관한 것이다. 그러나 우리는 그러한 주장들이 어떤 입장에서 사용되고 있는지를 무시해서는 안 된다. 물론 각각의 주장들이 어떤 작용에 이바지하는가를 밝힌다고 해서 경험적 논쟁들이 해결되는 것은 아니다. 그러나 어떤 논쟁에 대해 다음과 같은 질문을 하는 것은 여전히 유용하다. 과연 그 주장으로 인해 누가 이익을 얻는가?

공격성이나 경쟁심이 인간 본성이라는 주장처럼 어떤 것이 필연적이라는 주장은 전형적으로 현상을 유지하기 위해 이용된다.* 이제 생물학적 필연성을 주장하는 사람들에게 변화를 저지하려는 의도가 있는지 물어봐야 한다. 또한 이러한 주장을 지지하며 기꺼이 받아들이는 배경에 어떤 정치적 의도가 있는 것은 아닌지도 물어야 한다. 무엇인가를 필연적이라고 여기는 관점이 현실에서 중요한 결과를 초래한다는 점은 논쟁의 여지가 없다. 규제 없는 자본주의가 '본성'이라는 믿음, 혹은 현실에서 벌어지는 모든 일들이 우리의 어떤 본질적인 특성 때문이라는 믿음이 과연 누구에게 이익이 되는가? 명백히 이것은 현상을 유지하려

---

* 항상 그런 것은 아니다. 어쩔 수 없다는 것을 주장하는 사람들 중에는 변화에 반대하지 않는 이들도 있다. 2,500년 전 그리스 철학자 헤라클레이토스는 변화가 바람직하다고 말하지는 않았지만 변화를 당연하다고 여겼다. 전통적인 마르크스주의자들 역시 역사의 '필연성'에 대해 말하면서도 당연히 일어날 '변화'에 대해 골몰했다.

는 사람들에게 도움이 되는 믿음이다.

어떤 것이 인간 본성이라는 주장은 변화를 더디게 하며, 온갖 미사여구로 포장된다. 이상과 개혁은 이루어질 수 없는 것으로 여기며, 변화는 우리에게 '이미 주어진' 삶에 맞선다는 이유로 부정된다. "당신의 이상은 훌륭하지만 안타깝게도 인간의 본성은 탐욕스러워(또는 공격적이거나 경쟁적이거나 이기적이거나 게으르거나 너그럽지 못해) 그 이상은 실현되기 어려울 것이오." 바람직하지 않다는 측면(즉 가치의 문제)에서는 논쟁의 여지가 있지만 가능성의 측면(즉 실현할 수 있느냐의 문제)에서는 논쟁의 여지도 없다는 것이다. 현실을 직시하라는 이유로 얼마나 많은 이상들과 그것을 생각한 사람들을 쉽사리 배제하였던가(이러한 현상에 대해서는 마지막 장에서 다시 살펴볼 것이다).

마지막으로 나는 인간 본성을 주장하는 것이 심리학적인 이유에 기대고 있다는 것을 말하고 싶다. 우리는 자신이 유지하는 어떤 태도에 대해 비판을 받으면 이렇게 대답하고 싶은 마음이 생긴다. "이봐, 이게 내가 교육받은 방식이라고." 때때로 문화상대주의에 호소하는데, 그 속뜻은 "도대체 누가 옳고 그름을 판결할 수 있단 말인가!"이다. 하지만 사실 이는 다음과 같은 결정론의 주장에 기대고 있는 경우가 더 많다. "나는 그러한 믿음 외에 다른 것을 선택할 여지가 없다." 내가 변할 수 없는데(이미 결정되었는데) 변해야 한다는 당위가 도대체 무슨 소용이란 말인가.5 이것이 바로 비판을 익숙하게 피하는 우리의 행동(혹은 가치)의 이유라고 짐작할 수 있다. 최근에는 거의 모든 인간 행동이 신경전달물질(체내의 신경 세포에서 방출되며 인접하는 신경 세포나 근육에 정보를 전달하는 물질로 아세틸콜린, 아드레날린 등이 여기에 속한다-옮긴이)이라는 것에 묶여 있다고 여겨지면서 정신분석학을 대신하여 인간의 행동을 합리화하는 데 새로운 구실이 되고 있다. "예전 사람들은 '이것은 내 잘못이 아니야. 부모가 나를 이렇게 키웠어…'라고 말하곤 했는데, 이제 그들은 '이건 내가 아니야. 나의 뇌에 생화학적인 이상 증상이 이렇게 만든 거야'라고 말한다."[6] 하지만 이러한 합리화보다 훨씬 더 그럴듯한 구실은 모든 인간이 다들 그렇게 행동할 것이라고 믿는 것이다.

스스로의 행동에 대해 직접 해명하지 않아도 되는 경우에도, 어쨌든 자신의 행위나 태도는 불가피한 것이었다고 여기는 것은 매우 편리하다. 자유라는 것은 명백히 두려운 것이라고 할 수는 없지만, 사람들을 불안하게 만들 수는 있다.[7] 심리학적으로 얘기하자면, 오늘날 신학적 예정설(하나님이 구원할 사람들을 미리 정해두었다는 그리스도교의 교리-옮긴이)을 대체하고 있는 것이 과학적 결정론이다. 역설적이게도 책임을 벗어남으로써 자유롭게 된다고 느끼는 것이다. 또한 많은 사람들은 스스로 어떤 가치를 판단하는 것을 매우 불편하게 여기기 때문에, 어떤 일들은 이미 그렇게 결정되어 있다고 호소하는 주장에 쉽게 이끌리기도 한다. 따라서 어떤 측면에서 보자면 인간의 본성 때문이라는 주장은, 구체적으로 입증할 수는 없지만 참으로 매력적이다. 그런 주장은 사회 구조를 공고하게 하며, 논쟁할 때 수사학적으로 유리하고, 심리적으로 삶을 편안하게 해준다. 우리의 마음속에 담아둔 이와 같은 생각들은 앞으로 경쟁에 대한 특정 쟁점들을 살펴보는 데 매우 중요한 역할을 할 것이다.

경쟁은 불가피한가?

다른 어떤 특성들보다 경쟁이 인간의 본성이라고 주장되는 경우가 많기 때문에 누군가는 이러한 주장을 입증하는 구체적인 증거와 논의들이 많이 있을 거라고 생각할지도 모른다. 하지만 놀랍게도 이와 관련된 문헌들을 자세히 살펴보면 구체적으로 드러나는 것이 거의 없음을 알 수 있다. 경쟁의 필연성에 대해 사람들은 그냥 묵시적으로 그렇다고 생각하거나, 당연하다고 그저 단언할 뿐이다. 경쟁은 불가피하다는 주장에 반대되는 증거들을 살피기 전에 우선 경쟁이란 좋은 것이라고 확언하는 사람들이 쓴 글들을 검토해보자.

경쟁이란 피할 수 없다고 믿는 사람들 중, 놀이에 관해 고전으로 평가받는 책을 쓴 두 명의 저자가 있다. 로제 카이와Roger Caillois와 요한 하위징아Johan Huizinga인데, 둘 다 인간은 필연적으로 경쟁을 하게끔 만들어진 피조물이라고 생각했다. 카이와는 "게임은 본능을 더욱 훈련하고 제도화한다"[8]라고 말했는데, 그는 인간의 경쟁적인 성향을 본능과 같은 것이라고 생각했으며, 굳이 그것을 증명하려 하지도 않았다. 또한 하위징아는 놀이와 경쟁을 사실상 호환할 수 있는 개념으로 생각했다. 경쟁이 인간 본성의 한 부분이라고 믿는 사람들은 비경쟁적인 놀이도 있을 수 있음을 전혀 생각하지 못한다.

1917년에 경쟁을 주제로 글을 쓴 존 하비John Harvey와 그의 동료들은 많은 사람들에게 "게임의 기쁨은 승리하는 것이 아니라 경쟁 그 자체에 있다"고 말했다. 여기에 곧바로 덧붙여서 "그러므로 인간의 본성

속에는, 꼭 성공하지 못하더라도 뭔가 다른 사람들보다 좀 더 잘하고자 노력하는 데서 만족을 얻는 순수한 경쟁 본능이 있다"[9]라고 성급한 결론을 내렸다. 이것은 말하자면 많은 사람들이 목적지에 도착하는 것보다 순수하게 운전하는 것을 더 좋아하므로, 자동차 여행을 즐기는 것이 인간의 본성이라고 주장하는 것과 같다.

사회학자인 제임스 콜먼James S. Coleman은 1960년대 후반에 미국 고등학생들을 연구했는데, 여기에서도 앞서 얘기했던 의심스러운 논리들이 사용된다. 그는 "비교의 기초가 되는 학업 성적을 없앤다 하더라도 청소년들 사이에서 경쟁은 줄어들지 않는다. 단지 교과 성적에서 다른 영역으로 이동할 뿐이다"라고 단언했다. 그가 제시한 다른 영역이란 "한 명의 남학생을 사이에 둔 두 여학생 간의 경쟁"[10]이다. 물론 경쟁이 학업 이외의 분야에서도 벌어진다는 것은 맞는 말이지만, 그렇다고 이것이 스스로가 원하든 원치 않든 모든 분야에 경쟁심이 존재한다거나, 우리가 할 수 있는 최선은 이런 저런 영역을 옮겨 다니면서 경쟁하는 것뿐이라는 그의 맹목적인 주장을 입증하는 것은 아니다.

최근에 나온 경쟁을 주제로 한 책들 중에 하비 루벤Harvey Ruben이 쓴 『경쟁하기 Competing』라는 자기계발서가 있는데, 그 첫 문장은 다음과 같다. "인생에서 경쟁은 피할 수 없는 현실이다."[11] 왜 그런가 하면 "우리는 실로 경쟁이라는 코드의 염색체를 갖고 있기 때문이다."[12] 이 놀라운 주장은 입증은커녕 제대로 설명할 수조차 없다. 루벤은 그저 경쟁이 널리 퍼져 있고, 어렸을 때부터 경쟁을 한다는 이유만으로 우리가 경쟁적 유전자를 갖고 있다고 철석같이 믿는 듯하다.

비록 이런 내용들이 증명되지는 않았더라도 경쟁이 인간 본성의 일부라고 생각하는 하나의 이유가 될 수는 있을 것이다. 그러나 이러한 가정을 정당화하기 위해서 더 많이 쓰이는 것은 수사학적인 속임수, 혹은 인간성에 대한 근거 없는 비방이다. 루벤 같은 사람들의 주된 수법은 간접적이든 어쨌든 경쟁적인 행동은 넓게 퍼져 있는 반면 비경쟁적인 태도는 거의 존재하지 않는다고 주장하는 것인데, 이는 매우 효과적이다. 예를 들면 "아기들이 인지하든 안 하든 엄마가 다른 형제자매에게 젖을 먹일 때 자신은 기다려야 한다는 것을 배우는 것도 처음으로 경쟁에 대해 학습하는 것과 같다."[13] 또한 "별로 경쟁적으로 보이지 않는 사람들이라도 실제로는 남들보다 눈에 띄지 않을 뿐이지 자신이 원하는 것을 갖기 위해 간접적으로 경쟁하는 것은 마찬가지"[14]라고 말한다. 그리고 루벤은 어떤 집단에 속하든 개인적으로든, 무엇인가 서로 비교하는 모든 행위들은 본질적으로 경쟁적인 행동이라고 이야기한다. 이런 글들은 사실 그가 설명하고자 하는 이 세상의 이치보다는 저자 그 자신에 대해 더 많은 것을 말해준다.[15]

경쟁적이지 않은 사람도 알고 보면 모두 경쟁을 하고 있다는 논리는 반박 자체를 할 수 없도록 하는 가설이다. 비경쟁적인 개인이나 문화의 사례를 드는 것으로 경쟁이 인간의 타고난 본성이 아니라는 것을 입증할 수 있는데도 루벤은 그러한 수많은 예들을 모두 쓸모없는 것으로 만들어버린다. 그는 경쟁적으로 행동하지 않을 수도 있다는 '가능성'마저 부인함으로써 경쟁의 필연성을 '입증'한다.

루벤의 경우 자신의 주장을 꽤 길게 서술하고 있으므로, 그 의도를 쉽게 파악할 수 있다. 그러나 대부분의 다른 저자들은 설득력 있어 보이지만 사실은 속임수와 같은 비슷비슷한 개념을 사용하여 아주 짧고 강렬한 문장으로 경쟁에 대한 확신을 심어준다. 해럴드 반더츠버그Harold J. Vanderzwaag는 "종종 사람들은 그들의 경쟁 본능과 충동을 감추려 한다. 그러나 운동 경기를 할 때에는 대부분 그 본능이 드러난다"[16]라고 말했다. 이 얘기의 속뜻은 이런 것이다. 인간은 경쟁적인 경우도 있고 그렇지 않은 경우도 있는데, 전자는 본연의 모습이고 후자는 그저 자신의 감정을 숨기는 것뿐이라는 말이다. 이 견해 역시 그렇지 않다는 경험적 증거가 아무리 많아도 경쟁은 불가피하다는 가설을 부정할 수 없도록 되어 있다.

어떤 이는 경쟁이란 자연적이며 선천적이라는 주장에 의문을 제기하는 사람들에 대해 거의 인신공격을 하기도 한다. 메리 앤 오로크Mary Ann O'Roark는 「경쟁은 부정적인 단어가 아니다」라는 제목의 기사에서 "내 생각에 우리는 경쟁이 인간 본성이라는 것을 당당히 밝히는 것을 두려워하는 것 같다"[17]고 썼다. 이는 경쟁의 불가피성을 의심하는 모든 사람들을 그저 진실을 두려워하거나, 혹은 명백하지만 곤란한 진실을 받아들일 용기가 부족한 사람으로 치부하는 것이다. 유명한 생물학자인 가렛 하딘Garrett Hardin의 말은 이보다 더 심해서, 경쟁을 옹호하지 않는 사람들에 대한 비난에 가깝다.

우리는 젊은이들이 어른들의 보살핌으로 살아가면서 종종 경쟁의 필연성을 제대로 인식하지 못하는 것에 대해 별로 놀라지 않는다. 정작 놀라운 것은 한 집단 내에서의 인간 행동을 전문적으로 연구하는 어른들(이를테면 사회학자나 심리학자) 역시 경쟁을 매우 과소평가한다는 것이다.[18]

경쟁이 필연적이고 바람직하다는 논쟁 자체를 떠나서, 하딘은 무엇인가 다른 것을 생각하는 새로운 사회과학자들이 있다는 것조차도 전혀 고려하고 있지 않은 듯하다. 그러나 그 앞에 있는 젊은이들의 특권에 대한 말은 사실 흥미로운 부분이다. 그 말의 핵심은 경쟁할 필요가 없는 사람들(누군가의 보살핌으로 자신의 필요가 충족되므로)은 경쟁을 피할 수도 있다고 믿는다는 것이다. 그런 사람들이 옳은 것이라면 어떻겠는가? 누군가의 "필요를 보살핀다"는 말의 의미를 일반화하면, 우리는 여기에서 흥미로운 사실을 알게 된다. 즉 경쟁은 우리의 본성 때문에 하는 것이 아니고 (원칙적으로는 채워질 수 있는) 경제적 혹은 심리적 결핍 때문에 행해지는 것이다.

내가 지금까지 인용한 이러한 부당한 단언들, 단순한 말장난, (경쟁을 피하는 사람은) 쓸모없는 인간이라는 모욕은 어렵게 찾아낸 것이 아니다. 이것들은 사실상 경쟁에 대해 이야기하는 대부분의 문헌들에 공통적으로 있는 말이다. 경쟁이 필연적이라는 주장에 대한 더 명백한 논리는 찾을 수 없었다.[19] 그러므로 이제 이와는 반대되는 입장을 살펴보도록 하겠다. 경쟁이 인간이 살아가는 데 필연적이라는 주장에 대해선 일반적으로 두 가지 반론이 가능하다. 첫째, 인간 사회에서 협력 역시 최소한 경쟁만큼 필수적이며, 둘째, 경쟁은 타고난 본성이 아니라 학습되는 현상이라는 점이다. 우선 첫 번째 의견에 대해 살펴보자.

다른 종種들(그리고 자연계 전체)도 서로 협력한다는 점은 바로 다음 글에서 살필 텐데, 그 사례를 살펴보면 인간의 삶에 깊이 뿌리박고 있는 협력의 역할을 우리가 매우 과소평가하고 있다는 사실을 알게 될 것이다. 단지 협력보다 눈에 잘 띄는 경쟁과 투쟁의 사례에 더 관심을 보이는 것이다. 교육심리학자인 데이비드 존슨과 로저 존슨David and Roger Johnson에 따르면 "우리(미국) 사회뿐만 아니라 다른 모든 사회 구성원의 주된 상호작용은 경쟁이 아니라 협력이다."20

이는 인류학자인 애슐리 몬터규Ashley Montagu가 예전부터 주장하던 것이다. "구성원들이 협력하지 않았다면 사회는 유지되지 못했을 것이다. 인간 사회는 그 구성원들이 생존을 위해 서로 협력했기 때문에 존속할 수 있었다."21 비교적 경쟁적인 사회에서조차 협력적인 상호작용이 도처에서 이루어지고 있으며, 이것은 인간이 태어날 때부터 경쟁적이라는 일반적인 믿음에 반하는 강력한 증거이다. 인간이 사회를 이루어 함께 살고 일한다는 사실은, 사회심리학자 모턴 도이치Morton Deutsch의 말대로, 우리의 삶이 "생각보다 훨씬 더 상호의존적"이라는 것을 보여준다. 이것은 모든 사회에서 마찬가지다. 즉 사회 자체의 고유한 개념이다. 우리에게 경쟁은 피할 수 없는 본성이라고 주장하는 것은, 비록 간단하게 거짓이라고 말할 수는 없을지라도, 진실을 완전히 오도하는 것이다.

어떤 일을 할 때 서로 반목하기보다는 협력하는 이러한 경향은 어린 아이들, 심지어는 유아들 사이에서도 찾아볼 수 있다. 최근에 와서야 조금씩 연구되고 있는 소위 '친사회적 행동'22(prosocial behaviors, 사회 구성원 모두의 복지나 권리, 이익 등을 고려하는 행동을 일컫는 심리학 용어-옮긴이), 이를 테면 협력하기, 서로 돕고 나누기, 격려하기 등은 대부분의 아이들 사이에서 매우 자주 나타나는 현상이다. 세 살 이하 아이들을 보면 장난감을 다른 친구에게 주고 자발적으로 자기 차례가 오기를 기다리면서 노는데, 이러한 행동은 경쟁심이 인간의 선천적인 본성이라고 여기는 모든 사람들을 주저하게 만들 것이다.[23]

물론 나는 이러한 예를 통해 타인을 돕는 행위가 '인간 본성'이라고 주장하려는 것은 아니다. 그러한 주장은 앞서 살펴보았듯 많은 문제를 안고 있으며, 경쟁이 본성이 아니라면 협력 역시 본성이 될 수 없을 것이다. 사실 협력을 연구한 몇몇 사람은 그것이 본성이라는 결론을 명백히 부인했으며, "사회를 유지하려는 행동은 경험에서 나오는, 즉 학습되는 것"[24]이라고 말했다. 협력은 인간 사회를 유지하는 데 꼭 필요하지만 불가피한 것은 아니다. 그렇다면 협력이든 경쟁이든 인간에게 불가피한 본성이라고 불릴 만한 것은 아무것도 없다.

자연 세계의 실제 모습

경쟁과 협력 중 어느 것이 더 일반적인가를 살펴보기 위해 이제 자연으로 눈을 돌릴 필요가 있다. 우리는 대부분 자연 세계가 냉혹한 곳이라는 선입견을 가지고 있다. 사실 동물들의 세계는 경쟁이 인간 본성의 일부라는 주장의 강력한 증거로 자주 인용된다. 그러나 그러한 증거를 자세히 살피기 전에 우리는 동물에 대한 연구를 인간에게 그대로 적용

해도 되는지 의문을 가질 필요가 있다. 어떤 종이 누군가 생각하듯 경쟁적이라고 해도, 여타 종들의 다른 어떤 성질과 마찬가지로, 그것을 인류에게 그대로 적용하기에는 한계가 있다. 마셜 사린스Mashall Sahlins 나 리처드 르원틴Richard Lewontin 등 사회생물학의 비판자들은—여기서 자세히 열거할 수는 없지만—인간에게는 다른 종들과 달리 문화를 조정할 수 있는 능력이 있음을 보여주었다. 오직 인간만이 상징을 조작하며, 스스로 생각한다는 사실을 자각하고, 의문을 가지며, 가치판단을 하고, 부조리를 인식하며, 제도를 만들고, 그 제도의 한계에 대해 고민한다. 이러한 이유 때문에 역사학자인 리처드 호프스태터Richard Hofstadter의 다음과 같은 말은 절대적으로 옳다. "사람들이나 기업, 혹은 국가 사이의 경쟁에 대한 가치 판단은 이른바 생물학적 결정론이 아니라 사회규범과 구조에 그 바탕을 두어야 한다."[25]

이러한 논의를 위해 우선 중요한 문제, 즉 자연은 어떻게 작동되고 있는지에 대한 의문부터 시작해보자. 자연에 대한 각종 다큐멘터리와 보편적인 생각들을 접하면서 내 마음속엔 일련의 이미지들이 떠올랐다. 어떤 종인지도 모르는 힘세고 우람한 수컷 두 마리가 거의 목숨을 건 싸움을 하고 있고, 그 옆에는 전리품격인 암컷 한 마리가 냉랭한 모습으로 앉아 있다. 바다에서는 거대한 물고기가 커다란 입을 벌린 채 그보다 작은 고기들을 쫓고 있다. 사나운 고양잇과 동물이 자신보다 느린 동물을 사냥하고 있고, 관광객들이 카메라를 끄고 점심을 먹는 동안에도 경쟁에서 뒤처진 동물들은 먹잇감이 되어 구석에서 썩어가고 있다. 이것이 우리가 항상 보아오던 자연 세계의 모습이다. 고요하고 아름다운 봄날 숲속 어딘가는 온통 붉은 피로 물들어 있다. 지금 이 순간에도 짚신벌레부터 하마까지 모든 생명체는 승자와 패자로 나뉘고 있다.

휴머니스트로서(이 말의 한 측면에서) 나는 자연계의 이러한 모습에 낙담하며, 또한 휴머니스트로서(다른 측면에서) 나는 그러한 모습을 반박할 위치에 있지 않다. 물론 그러한 모습에 진실의 요소가 없다는 것은 아니다. 내가 텔레비전을 통해 본 것은 완전한 사실이다. 두둑한 보수를 받는 늑대들이 스턴트 연기를 한 것이 아니라는 말이다. 그러나 20세기에 들어서면서 몇몇 동물학자들이 지적한 것처럼 동물들의 세계는 우리가 예상하듯 꼭 그런 곳은 아니다.

왜 그런가를 이해하기 위해서 인류 사상의 역사에서 위대한 진보적 개념 중 하나인 '자연선택natural selection'을 고찰해보자. 이 이론은 어떤 하나의 종이 환경, 정확하게는 환경의 변화에 더 잘 적응할수록 미래에 살아남을 가능성이 더 높아진다는 뜻이다. 적응은 생식生殖이 가능하다는 것이고, 생식은 곧 생존이다. 논쟁의 여지도 없다. 그러나 오랫동안 일부 생물학자들과 행동생물학자들은 자연선택이 경쟁과 거의 같은 개념이라고 널리 퍼트렸다. '적자생존'(다윈이 아니라 스펜서가 새로운 개념으로 사용했던 용어)은 투쟁을 암시하는 것처럼 보인다. 어떤 어려움 속에서도 승리한 자만이 살아남을 수 있다는 듯이.

사실 자연선택과 경쟁적인 투쟁은 별 관계가 없는 말이다. 진화생물학자인 스티븐 제이 굴드Stephen Jay Gould는 이렇게 말했다.

자연선택을 경쟁을 통한 성공과 동일한 것으로 여기는 것은 문화적 편견에 가깝다.··· 성공을 더 많은 자손을 남기는 것으로 정의한다면··· 그 목표는 상호부조와 공생을 포함하는 다양한 전략을 통해 달성될 수 있으며, 이것을 우리는 협력이라고 부른다. 일반적으로 자연선택이 선험적으로 경쟁이나 협력 행동 중 어느 쪽을 더 선호한다는 것은 사실이 아니다.26

굴드 주장의 핵심은 경쟁을 요구하는 진화란 없다는 것이다. 다윈 역시 '생존 투쟁'이란 용어를 "다른 생물에 의존하는 것을 포함하여, 아주 폭넓고 비유적인 뜻으로 사용했다"27고 분명히 밝혔다. 그러면 우리가 실제로 보는 것은 무엇이란 말인가? 놀랍게도 자연선택은, 우리가 보는 그 흥미진진한 다큐멘터리에도 불구하고 보통 별다른 투쟁 없이 일어난다. 고생물학자인 조지 게이로드 심슨George Gaylord Simpson의 이야기를 들어보자.

투쟁도 가끔 일어나기는 하지만 보통은 그렇지 않은데, 투쟁은 오히려 자연 선택을 반대로 작용하게끔 할 가능성도 있다. 다양한 재생산에 유리한 것은 대부분 평화적인 과정이며, 여기서 투쟁이라는 개념은 실로 부적절하다. 이 러한 평화적인 과정은 생태 환경을 자연의 균형에 맞게 적절하게 사용하며, 이용할 수 있는 식량을 효율적으로 분배하고, 미성숙한 개체들을 보호하며, 재생산을 방해하는 집단 내부의 불화(투쟁)를 억제하고, 또한 경쟁의 대상 이 아니거나 다른 이들이 별로 이용하지 않는 환경을 사용 가능하도록 개 발하는 것 등을 포함한다.28

자연선택은 경쟁을 필요로 하지 않는다. 오히려 경쟁을 꺼린다. 생존을 위해 일반적으로 각 개체들이 서로 대립하기보다는 협력하기를 요구하며, 여기엔 같은 종뿐만 아니라 서로 다른 종들과의 협력도 포함된다. 이것이 진실이다. 또한 자연선택이 진화의 엔진, 이른바 자연의 중심 테마라면, 대다수 동물들이 서로 협력하고 있다는 사실을 깨닫는 것은 어렵지 않다. 우리 또한 그렇다.

동물들 사이의 협력이 얼마나 일반적인가를 처음 밝힌 사람은 표트르 크로포트킨P. Kropotkin인데, 1902년에 발표한 『상호부조론Mutual Aid』 (한국어판 제목은 『만물은 서로 돕는다』-옮긴이)에서 그는 개미부터 들소에 이르기까지 동물들의 습성을 관찰한 후 이렇게 결론 내렸다.

> 동물들 간의 경쟁은 예외적인 기간에 한정적으로 일어난다. … 보다 좋은 생존 환경은 상호부조와 원조 등으로 경쟁을 억제할 경우 만들어진다. … "경쟁하지 마라! 경쟁은 언제나 같은 종에 피해를 입힌다. 그리고 당신에겐 경쟁을 피할 수 있을 만큼 충분한 자원이 있다." 이것이 비록 우리가 잘 깨닫지는 못하지만 항상 존재하는 자연의 본질이다. 이것이 덤불과 숲, 강과 바다가 우리에게 들려주는 외침이다. "그러므로 서로 화합하고 도와라…" 바로 이것이 자연이 우리에게 주는 가르침이다.[29]

그로부터 50여 년이 지난 후 알리W. C. Allee는 『동물들 사이의 협력 Cooperation Among Animal』[30]이라는 책에서 이 원칙을 재확인했으며, 몬터규는 그와 같은 결론에 이른 여러 과학자들이 쓴 인상적인 문헌들을 하

나로 모았다.31 동물학자인 마빈 베이츠Marvin Bates는 이러한 결론을
대표하는 다음과 같은 글을 썼다. "이러한 경쟁과 투쟁은 본질적으로는
상호의존적인 관계 위에 놓여 있는 매우 피상적인 것일 뿐이다. 자연계
의 기본적인 테마는 경쟁보다 협력이다. 자연에서의 협력은 너무나 넓
게 퍼져 있고 완전히 서로 얽혀 있어서 그것을 따로 떼어내서 구별하기
란 매우 어렵다."32

말하자면 하나의 샘물을 두고 두 사람(혹은 두 종의 생명체들)이 서로
경쟁하지 않는 편이 모두에게 이익이 된다는 얘기다. 한 집단이 다른
곳으로 이주하는 것도 두 집단이 모두 생존할 수 있는 방법 중 하나가
될 수 있다. 그러나 분명히 하자면 이러한 주장을 하는 저자들이 말하
고자 하는 것은 동물들이 단지 경쟁을 회피한다는 것이 아니라, 그것을
압도하는 어떤 특징이 있다는 것이다. 바로 협력이다.

그렇다면 여기서 질문이 하나 떠오를 것이다. 이러한 견해가 과학자
들 사이에서 폭넓게 받아들여졌고, 크로포트킨이 오래 전에 쓴 협력에
관한 내용이 오늘날까지 인정받고 있는데, 왜 홉스나 스펜서의 주장(만
인의 만인에 대한 투쟁이나 적자생존 등 인간은 원초적으로 경쟁적이라는 주장)
이 이토록 널리 퍼져 있는 것일까? 자연계가 협력을 통해 지속적인 생
존을 추구해왔다는 사실을 왜 많은 사람들은 깨닫지 못할까?

여기에는 몇 가지 대답이 있을 것이다. 첫째, 알리의 말대로 협력은
"항상 두드러지게 보이지는 않는 반면 경쟁은… 쉽게 눈에 띈다."33 댕
기물떼새(lapwing, 도요목 물떼새과에 속하는 조류-옮긴이)들은 다른 새들을 천적
들로부터 보호하며, 비비와 가젤은 함께 위험을 탐지하고(비비는 눈으로,

가젤은 소리와 냄새로), 침팬지는 협력하여 사냥하고 그 먹이를 서로 나누어 먹으며, 펠리컨 역시 서로 협력하여 물고기를 잡는다. 식물이 산소를 만들고 동물이 이산화탄소를 만드는 것은 실로 더욱 명백하고 확실한 고등생물들의 협력적 상호작용이라고 할 수 있다. 그러나 이런 것으로는 재미있는 텔레비전 프로그램을 만들 수 없다. 흥미를 유발시키지 못하는 것은 쉽게 무시당한다.

둘째, 연관된 언어들의 모호함 때문이다. 다윈을 따르는 몇몇 생물학자와 동물학자들[34]은 '경쟁'을 자연선택을 언급할 때에만 은유적으로 사용한다. 만약 예전에는 몇몇 종족들이 섞여 살았던 어떤 지역에 지금은 단 하나의 종족만이 살고 있다면 우리는 이 과정을 '경쟁'이란 말로 설명할 수도 있다. 어떤 측면에서 관찰했는가 혹은 어떻게 추론했는가의 문제가 아니라 단지 정의定義의 문제라면 이 용어 자체에는 문제가 없을지도 모른다. 즉 우리는 '이 시나리오는 경쟁이다'라는 식으로 이 용어를 사용한다. 그러나 우리가 경쟁의 두 가지 의미, 살아 있는 모든 것들을 묘사할 때 쓰는 넓은 의미의 경쟁과 의도적으로 누군가를 꼭 이겨야 한다고 하는 좁은 의미에서의 경쟁을 혼동하여 사용한다면 문제가 될 수 있다. 이를 혼동하면, 가렛 하딘이 그랬듯이, 인간의 삶에서 경쟁은 필연적이라는 것을 주장하는 데 이용될 수 있다.

이러한 혼동은 불합리한 결론을 이끌어내는 다음과 같은 교묘한 3단 논법에 자주 사용된다. 1. 자연계는 본질적으로 경쟁적이다.(대전제) 2. 인간은 경쟁적이다.(소전제) 3. 그러므로 인간의 경쟁 역시 본질적이다.(결론)[35]

왜 우리는 자연을 경쟁적인 것으로 여기고 상호부조의 확실한 증거들은 간과하는가에 대한 세 번째 설명은 다음과 같다. 일반적으로 관찰자는 자신이 관찰하는 대상에 스스로를 투영하는 경향이 있는데, 예를 들어 신화에 대해 글을 쓰는 사람들은 거기에 나오는 여러 신(히브리, 그리스 기타 등등)과 뚜렷한 유사성을 갖는 것을 볼 수 있다. 생물학자인 존 빈스J. Wiens는 상당히 유력한 증거들을 제시하면서 "경쟁은 많은 생태학자들이 믿듯이 그렇게 보편적인 경향이 아니다"라고 말하며 "그런데 그들은 왜 그렇게 경쟁에 집착하는가?"라고 묻는다. 그 답은 다음과 같다. "경쟁은…서구 문화의 중심이다. 우리는 그것으로 스포츠, 경제, 우주개발, 국제정치나 전쟁 등을 표현한다. 따라서 사회생태학자들이 사회를 구성하는 주된 요소가 경쟁이라고 여기는 것도 별로 놀랄 일은 아니다."36

자연선택을 경쟁으로, 다양한 재생산을 착취로 변형시키는 것은 사회경제적 편견에 기초하여 생물학적 이론을 만들려는 경향을 반영한다(우리는 무의식적으로 자연이 우리와 똑같다고 생각한다). 그리하여 자연이 어떠한지에 대한 이야기 속에 응축되어 있는 이러한 생물학적 이론은 사회문화적 문제를 정당화하는 데 이용된다(우리는 의식적으로 스스로를 정당화하는 데 자연을 이용한다). 이것을 깨달은 몇몇 사상가들37 중에 프리드리히 엥겔스F. Engels는 이런 명쾌한 말을 남겼다.

생존경쟁이라는 모든 다윈주의자들의 학설은 홉스의 만인의 만인에 대한 투쟁 이론과 맬서스의 인구론과 같은 경쟁적인 부르주아 경제학 이론을 사회에서 자연으로 간단하게 변용시킨 것이다. 이런 마법사의 속임수 같은 것이 재주를 부리면… 이 주장은 다시 자연에서 인간의 역사로 변용되어서, 이제는 그것이 인간 사회의 불변의 법칙으로 입증된 것처럼 자신들의 정당성을 주장하는 이론이 된다.38

이 논의를 시작하면서 동물에 관한 데이터를 인간에 적용하는 데는 한계가 있다고 말했는데, 여기에 다음과 같은 한 가지 조건을 붙이면서 마치고자 한다. 우리가 인류 전체의 생존에 관심을 기울인다면 자연으로부터 배울 것이 있다. 그 가르침이란 일반적으로 경쟁보다 협력이 좀 더 생존율을 높여준다는 점이다. 다윈도 인정했듯이 이것은 특히 인간에게 더 부합하는 진실이다. 몬터규는 이 내용을 다음과 같이 요약했다.

> 특히 인간의 경우, 난폭하고 공격적인 경쟁에 사람들이 적응할 만한 가치가 있었다고 해도(물론 아주 의심스럽지만), 어쨌든 현대사회에서는 그렇게 적응해야 할 이유가 별로 없다.… 아마 인류 역사상 협력적 행동에 대한 적응 가치가 오늘날처럼 절실히 필요한 때는 없었을 것이다.39

경쟁을 논하는 데 있어 협력은 매우 중요하다. 다음 장에서는 협력을 보다 자세히 (경쟁과 비교하여) 살펴볼 것이다. 이 장의 목적은 인간의 삶에서 경쟁이 정말로 불가피한 것이냐를 논하는 것이고, 우리는 경쟁을 최소화해야 하며 또한 그럴 수 있다고 추정함으로써 경쟁이 필연적이 아니라는 것을 살피는 것이다.

학습되는 경쟁 또는 협력

자연계에서 협력이 더욱 일반적이라는 논의를 했으니 이제 경쟁은 불가피하다는 주장에 대한 또 다른 반론, 즉 경쟁은 본성이 아니라 학습되는 것임을 살펴보도록 하겠다. 경쟁에 대해 조사한 주요 이론가들과 연구자들의 문헌들을 살펴보면, 경쟁을 지향하는 태도는 대부분 확실히 학습된 것이라고 결론 내리는 것을 볼 수 있다. 이론적으로(그리고 바로 뒤에 보겠지만 실제적으로도) 습득된 지식은 버릴 수도 있는 것이다.

이 주제에 대한 포괄적인 첫 연구는 1937년 사회과학연구협회Social Science Research Council 후원을 받아 이루어졌다. "그 분야에 대해 조사된 문헌들의 대표적인 지식들"을 24가지로 분류하여 보고한 마크 메이 Mark A. May와 레너드 두브Leonard Doob는 처음을 이렇게 시작한다. "인류는 목표를 향해 노력하는 타고난 본성이 있으나 그 목표를 남들과 함께할 것인가(협력), 아니면 대립하면서 이룰 것인가(경쟁) 하는 행동 양식은 학습된 것이다."40 이어서 "두 가지 중 어느 것이 유전적으로 더 근본이며 기초적(또는 원초적)이라고는 말할 수는 없다"41고 했다.

이 결론은 지난 반세기 동안 여러 분야에서 교차적으로 연구되었지만 이를 뒤집는 학설은 나오지 않았다. 사회심리학 분야에서 현대 경쟁 연구의 아버지라고 불리는 콜롬비아 대학의 모턴 도이치는 1973년에 "모든 사람이 승자가 되고 싶어 하는 성향을 타고났다고 추정하는 것은 불합리하다"42고 썼다. 스포츠 심리학자인 토마스 투코T. Tutko와 윌리엄 브룬스W. Bruns도 모든 연령대의 선수들과 함께한 경험을 바탕으로 의견을 제시하면서 위와 같은 사실에 동의했다.

경쟁은 학습되는 현상이다. … 사람들은 이기려는 동기나 경쟁하려는 성향을 타고 나는 것이 아니다. 우리는 어떤 활동이든 할 수 있는 가능성을 갖고 태어나며, 모두 생존본능을 갖고 있다. 그러나 승리에 대한 의지는 가정과 사회로부터 영향과 훈련을 받으며 얻어지는 것이다. "가르침을 신중하게 받아들여라"라고 남태평양 사람들은 노래한다.[43]

미국 사회는 아이들이 어렸을 때부터 승리를 가장 중요하게 여기게끔 교육한다. 그 결과 사회가 유지되기 위해 꼭 필요한 최소한의 협력을 제외하고 미국인들은 유독 비협력적으로 보인다. 저명한 사회학자인 데이비드 리스먼David Riesman은 재미있는 아이러니를 발견했다. 그것은 계속해서 경쟁하도록 부추기는 사회의 인위적 시스템에 의해 끊임없이 재생산되어야만 경쟁은 유지될 수 있는데, 역설적이게도 미국인들은 경쟁이 자연스러운 것이라고 믿는다는 것이다.[44] 우선 우리는 경쟁하도록, 또한 경쟁을 원하도록 제도적으로 사회화되는데, 그것이 경쟁이 필연적이라는 증거로 활용되는 결과를 낳는다.

이 사회화의 중요성에 대해 살펴보자.

(심리학자 엘리엇 애론슨에 따르면) 지난 2세기 동안 우리의 교육 제도는 경쟁에 기초한 것이었다. … 선생님이 어떤 학생에게 문제를 냈을 때, 만약 당신이 정답을 알고 있다면 그 아이가 틀리기를 바라는 마음으로, 선생님에

게 자신이 얼마나 똑똑한 아이인지를 보여줄 기회가 오게 해달라고 기도할 것이다. … 실로 (아이들의) 같은 반 동료는 패배시켜야 할 적이다.45

경쟁은 적절하고, 바람직하고, 필요하며, 피할 수조차 없는 것이라는 가르침이 유치원부터 대학원에 이르기까지 계속해서 주입되고 있다. 이 것이 모든 수업의 숨은 뜻이다. 줄스 헨리Jules Henry는 예리한 인류학 자의 눈으로 우리의 이러한 문화를 지적했다.

보리스는 12/16을 약분하는 문제에 어려움을 느끼며, 겨우 6/8까지 만들 었다. 선생님은 아이에게 그보다 더 낮은 숫자로 약분할 수 없는지 조용히 묻고, 좀 더 생각해보라고 얘기한다. 다른 아이들은 손을 들고 흔들면서 그 아이가 틀린 문제를 맞히려고 안달이다. 보리스는 비참한 기분을 느끼며 정 신적인 충격을 받고 있다. … 선생님은 학생들을 돌아보며 "자, 그럼 누가 보리스에게 답을 알려줄까?"라고 묻는다. 많은 아이들이 손을 번쩍 들고, 선생님은 페기를 호명한다. 페기는 4로 분자와 분모를 나누면 된다고 대답 한다. 이렇듯 보리스의 실패로 인해 페기는 성공을 맛보게 된다. 보리스의 낙담이 페기의 행복이 되고, 그의 비참함이 그녀의 기쁨이 된다. 이것이 우 리 초등학교 교실의 일반적인 모습이다. … 호피, 다코타 같은 인디언 부족 들에게 페니의 행동은 믿을 수 없이 잔인하게 보일 것이다.46

여기엔 분수보다 훨씬 중요하고 지속적인 가르침이 있다. 혹시 나중 에 보리스는 페기와 같은 여자를 만나면 경멸하게 될지도 모르며, 그의 분노는 모든 여자들, 혹은 승자로 가득한 어떤 집단을 향해 분출될지도 모른다. 더 나아가 그 분노를 다스리지 못하고, 자신은 실패한 인생이라고 단념하며 살아갈 수도 있다. 어쨌든 보리스와 페기는 그 교실에서 동일한 교훈을 얻었다. 같은 반의 아이들은 동료가 아니고 적이며, 잠재적으로 친구보다는 라이벌이 될 거라는 사실이다.

극단적인 경쟁 사회에서는 이러한 훈련을 아무리 일찍 시작하더라도 이르지 않다고 생각한다. 최근에는 "더 좋은 유치원에서의 치열한 경쟁"[47]을 위해 거의 젖먹이에게도 '선행 학습'이라는 교육 프로그램이 등장했다. 초등학교에 들어가면 이미 1등에 대한 압박은 새로울 것도 없으며, 단지 경쟁이 체계화되고 수치화될 뿐이다. 예를 들어 자신의 숙제에는 그저 웃는 얼굴의 도장이 찍혔는데, 다른 아이의 공책에는 그 도장과 함께 '참 잘했어요'라는 문구가 찍혀 있다면, 그 1학년 학생의 마음은 실망감으로 가득 찰 것이다.

학생들의 성적은 순위를 매기는 형식으로 이루어진다. 모턴 도이치는 "교육의 성과는 이미 정해져 있는 어떤 분류체계를 따르는 방식으로 측정된다. 사회에서 교육을 측정하는 대부분의 방식은 객관적인 기준에 의해 개인적인 성취도를 평가하는 것이 아니라, 경연을 통해 다른 학생들과 비교하는 것으로 이루어진다"[48]고 말했다. 이렇게 정교하게 만들어진 경쟁의 실험실에서 아이들이 어떻게 협력에 의한 성취를 조금이라도 경험할 수 있을까? 사실 대부분의 교사는 협력이라는 말 자체를 오해하고 있다. 그들은 복종을 언급할 때 그 말을 쓴다. 협력한다는 말을 지시를 따른다는 뜻으로 사용하는 것이다.[49] 또한 몇몇 사람이 지적했듯이 우리는 진정한 협력적 노력을 다른 의미로 쓰기도 한다. 바로 부정행위cheating이다.*

수업이 끝나도 교훈은 계속된다. 아이들은 모든 놀이조치도 승자와 패자가 있어야 한다는 사실을 배운다. 피터 버거와 브리짓 버거Peter and Brigitte Berger는 이렇게 썼다. "아주 어린 아이들만이 가끔 '모두 이길 수는 없을까'라는 바람을 품는다. 그러나 그 아이들도 곧 그것이 '불가능함'을 깨닫는다."50(미국 사회에서는 그렇지만 다른 사회에서는 실제로 아이들이 '모두가 이기는 놀이'를 즐기기도 한다.) 모두가 이길 수 있다는 생각은 짐짓 미소를 짓게 만들지만, 아이들은 머지않아 경쟁을 자연스러운 것으로 받아들인다. "누가 이겼지?", "우리 둘 다 이겼어요.", "그래도 최고로 많이 이긴 사람은 누구지?" 이것은 장 피아제Jean Piaget가 그의 역작 『아이들의 도덕 판단The Moral Judgement of the Children』에서 여섯 살짜리 꼬마와 나눈 대화이다.51 피아제는 이 꼬마에게서 배우고 있을 뿐만 아니라, 경쟁을 가르치고 있다.

일부 부모들은 교실이나 운동장에서 끊임없이 경쟁을 가르치는 이러한 상황에 좌절하기도 한다. 아이가 남들과 대립하기보다는 협력하면서 사는 법을 배우기를 바라는 부모들도 그러한 가치관을 마음속으로만 품는데, 자신의 아이들만 세상에서 동떨어진 존재로 키울 수 없기 때문이다. 이런 것들로부터 자유로워지기로 마음먹은 부모들조차 교육을 위한

---

* 물론 모든 협력을 부정행위로 부를 수 없는 것처럼(우리의 교실은 협력이 이루어지기에 적당하지 않은 곳이므로), 우리가 부정행위라고 말하는 모든 것을 진정한 협력이나 훌륭한 행동이라고 부를 수는 없다.

그들의 모든 노력들을 무너뜨리는 사회의 단단한 경쟁 구조와 싸워야만 한다. '바깥세상에서' 최선을 다한다는 뜻은 곧 다른 이들을 이겨야 한다는 의미이기 때문이다(이것은 성차별, 폭력, 무조건적인 복종, 유해 식품, 그리고 우리 사회가 용인하는 많은 모순으로부터 아이들을 보호하려는 싸움과 똑같은 것이다).

하지만 경쟁 문화와 부딪히는 부모는 예외적인 경우이다. 보통 가정은 사회의 관습을 효과적으로 전달하는 역할을 하며, 그 관습에 맞서는 경우는 드물다. 대부분의 부모는 자신들이 배운 가치관대로 자식을 키우며, 이러한 과정을 통해 보다 큰 사회문화가 만들어진다. 아주 어렸을 때부터 우리는 경쟁을 아무런 비판 없이 받아들이도록 훈련받는다. 학교에서나 직장에서 잘 경쟁할 수 있도록 준비하는 것이다. 경쟁에 대한 사회화는 아이들이 자람에 따라 가정의 안팎에서 동시에 진행된다. 학교에 입학하면 성적이나 스포츠, 그리고 참여하는 모든 활동에서, 단지 잘하는 것이 아니라 다른 사람보다 월등해야 부모에게 자랑거리가 될 것이라는 압박을 받게 된다. 만약에 아버지가 학창시절 야구에서 아주 높은 타율을 기록했다면, 아들도 당연히 그래야만 한다. 설령 아버지가 최고의 선수가 아니었더라도 아이는 최고가 되어야 한다. 즉 대리만족을 줘야 하는 것이다. 부모가 학교를 잘 다닐 수 없었던 환경이었다면, 아이는 부모가 갖지 못한 기회를 살려서 최고의 모범생으로 학교를 다녀야 한다. 아이들에게 전달되는 이러한 압박 사례는 얼마든지 있다. 자신들이 깨어 있다는 것을 보여주고 싶은 몇몇 부모들은 남들 들으라는 듯 이런 말을 하기도 한다. "우리는 아이에게 그저 최선을 다하라고만 얘기한답니다." 하지만 아이들은 이러한 형식적인 태도에 속을 만큼 순진하진 않다. '최선을 다한다'는 말은 바로 자신의 동료들을 이겨야 한다는 뜻임을 잘 알고 있다. 대부분의 부모들은 나쁜 부모여서가 아니라 자신이 그렇게 교육받은 대로, 승리하지 못하면 실망할 거라는 무의식적인 메시지를 아이들에게 계속해서 전한다.

가정은 바깥 세계의 경쟁을 권장하고 유지할 뿐만 아니라, 안에서도 경쟁 구도를 만든다. 이는 핵가족에서 더 특징적으로 나타나는데, 우선 우리는 핵가족이 아이들을 양육하는 유일한 방식이 아님을 기억할 필요가 있다. 남태평양 사람들을 연구했던 일련의 조사에 따르면 "경쟁적인 반응은 … 전통적인 대가족 제도보다 서구적인 핵가족 제도에서 자란 아이들에게서 더 많이 나타났다"[52]고 한다. 왜 그럴까? 첫째, 많은 부모들이(보통은 무의식적으로) 가정을 아이들이 서로 경쟁하는 곳으로 만들곤 한다. 경쟁의 열렬한 지지자인 하비 루벤조차도 아이들을 겨루게 함으로써 보다 쉽게 길들이는, "분할하여 지배하는"(divide and conquer, 반대세력의 결집을 방해하기 위해 지배세력이 피지배자들을 경제, 사회, 지역적으로 대립시켜 통치하는 것, 식민지 지배의 전형적인 방식–옮긴이) 양육 방식에 소름이 돋았다고 한다. 가장 귀여운 아이가 되기 위한 자녀들 간의 경쟁은 바로 엄마에게 가장 이득이 된다. 말하자면 엄마의 사랑을 독차지하기 위해 다른 형제보다 먼저 설거지를 하려 할 것이다. 그러나 이보다 더 중요한 것은 부모 역시 감정적인 보상을 원한다는 것이다. "부모도 아이들과 마찬가지로 모든 면에서 칭찬, 애정, 지지가 필요하며, 불행히도 많은 경우 이런 것들은 경쟁을 조장함으로서 가장 쉽게 얻을 수 있다."[53]

어떤 부모는 아이의 사랑을 독차지하려고 부부끼리 경쟁하기도 한다. "누굴 더 사랑하니?"라고 노골적으로 묻거나 종종 이와 같은 질문을 염두에 둔 행동을 하기도 한다. 가정 내의 이러한 거의 병적인 현상과 그것이 구성원들에게 미치는 끔찍한 영향에 대해 여기서 모두 살펴볼 수는 없다. 요점은 이러한 행동이 가정 내에서 경쟁을 부추기는 동력이 된다는 것이다. 아이들은 사랑이 무슨 희귀한 상품—계속해서 참여하여 필사적으로 경쟁해야만 얻을 수 있는 상—이라도 되는 것처럼 생각하며 자란다. 우리는 사랑받는 것과 경쟁에서 이기는 것을 연관시켜 생각하는데, 이것은 우리가 흔히 애정을 표현하는 것이라고 생각하는 말들(예를 들어 "누가 이 세상에서 제일 훌륭한 아이일까?") 때문에 벌어지는 일이기도 하다. 애정을 구하는 일뿐만 아니라, 이제 일상의 모든 영역에서 1등이 되어야 한다는 필요성은 우리를 경쟁하게 만든다.

아이들을 경쟁적으로 만드는 사회화 과정은 때때로 암묵적으로 진행되기도 한다. 이를테면 아이를 앉혀두고 "얘야, 이제 너도 누군가는 이기고 누군가는 져야 하는 놀이만이 재미있다는 사실을 배워야 할 때인 것 같구나"라고 말하는 부모는 거의 없을 것이다. 경쟁에 대한 태도는 말이 아니라 행동으로 익히게 된다. 또한 인간은 경쟁적인 환경에서 최고의 능률을 발휘한다는 것—이에 반해 비경쟁적인 경제체제 아래서는 일할 동기를 찾지 못한다는 것—은 여러 다른 말로 표현되곤 하지만 어쨌든 우리가 많이 듣는 주장이다. 이보다 더 일반적인 믿음은 경쟁엔 선택의 여지가 없다는 것이다. 즉 경쟁은 인간이 살아가는 데 불가피한 것이며, 따라서 우리는 빨리 거기에 적응해야 한다는 것이다. 어떤 부모들은 이런 말을 철석같이 믿으며, 또 다른 이들은 자신의 경쟁심에 혼란스럽고 모호한 죄책감을 느끼기도 한다. 어쨌든 인간은 경쟁적일 수밖에 없다고 확신하고, 자신의 아이들에게도 그렇게 가르친다면 오히려 살아가기가 좀 더 편해질지도 모른다. 여기서 논의한 여러 이유들로 인해 경쟁은 필연적이라는 믿음을 깨뜨릴 수도 있으나, 그 믿음은 '자기실현적 예언 self-fulfilling prophecy'의 형태로 나타나기도 한다. 즉 경쟁은 불가피하다는 것을 계속 주입시켜서 아이들이 그렇게 행동하게 함으로써 실제로 경쟁을 불가피한 것으로 만들고, 결국 그 주장이 진실이되게 한다. 이것이 사회화 과정의 핵심이다.

문제를 더욱 복잡하게 하는 것은 경쟁 자체에 스스로 끊임없이 반복하는 자기 영속성이 있다는 사실이다. 사람들이나 집단 간의 분쟁—더 일반적으로 말하자면 사회적 상호작용—을 오랫동안 연구해온 도이치는 어떤 유형의 상호작용이든 스스로를 증식한다는 사실을 알아냈다. "협력의 경험은 협력을 증가시키는 따뜻한 순환을 불러오며, 경쟁의 경험은 경쟁을 강화하는 차가운 순환을 불러온다."[54] 게임 참가자들이 협력 혹은 배신을 선택하는 소위 죄수의 딜레마 Prisoner's Dilemma, PD에 관한 많은 연구에서도 이것을 확인할 수 있다.* 더욱이 해럴드 켈리 Harold H.

---

* 죄수의 딜레마 게임은 많은 연구자들이 특히 좋아하여, 누군가는 "사회심리학의 나쁜 병균"[55]이라고 부른다. 이 게임에 참여하는 피험자는 서로 협력할 때 서로 배반할 때보다 더 많은 보수를 받게 되지만, 상대방은 협력하는데 자신이 배반한다면 훨씬 많은 보수를 받는다. 전통적인 사회과학(특히 경제학)의 패러다임은 개인의 합리성에 기초를 두는데, 죄수의 딜레마는 개인의 합리적인 행동이 서로에게 불합리한 결과를 가져오는 매우 역설적인 게임이다. 이에 관해서는 다음 장에서 살펴본다.

Kelly와 앤소니 스탈스키Anthony Stahelski는 죄수의 딜레마 실험에서 보통 협력적인 사람도 상대방이 경쟁적이면 그를 닮아간다는 사실을 발견했다. 즉 경쟁은 협력을 해체한다고 말할 수 있다.[56]

이미 경쟁적인 성향을 갖고 있는 사람은 어떨까? 왜 그들의 자신의 방식을 고집하는가? 켈리와 스탈스키에 따르면 협력적인 사람은 세상에 협력적인 사람도 있고 경쟁적인 사람도 있다고 현실을 정확하게 인식하지만, 경쟁적인 사람들은 다른 사람들 역시 경쟁적이라고 믿는다고 한다.[57] 이 역시 또 다른 자기실현적 예언이다. 즉 경쟁적인 사람들은 다른 이들도 자신과 같다고 (잘못) 생각하며, "세상은 강자만이 살아남는다"고 외치는 그들에겐 다른 이들보다 이런 치열한 경쟁 구조를 만든 것에 대한 더 큰 책임이 있다. 그들은 또한 그들의 경쟁적 성향을 스스로 증폭시킨다. 이것은 다른 몇몇 연구자들에 의해서도 확인된 사실이다.[58]

경쟁이 바람직하다는 것과 그것을 실행하는 전략은 어렸을 때부터 우리가 배우는 것이다. 이런 성향은 스스로 재생산된다. 주목할 점은, 리스먼도 지적했듯이, 인간은 경쟁적인 성향을 타고났다고 주장하면서도 인위적으로 교육하여 경쟁을 사회화해야 한다는 사실이다(경쟁이 본성이라고 주장하는 사람들은 전형적으로 이러한 훈련 과정을 열성적으로 장려한다). 그들의 주장보다 설득력 있는 것은 우리가 경쟁심을 타고 나지는 않기 때문에 그러한 교육과 훈련이 꼭 필요하다는 가설일 것이다. 우리가 경쟁하는 것은 그렇게 하도록 배웠기 때문이다.

이러한 가설이 단지 설득력 있는 주장이 아니라 옳다는 것을 입증하려면 아이들을 협력적으로도 가르칠 수 있다는 근거가 필요하다. 그렇게 해서(즉 협력을 쉽게 배우고, 협력에서 즐거움을 찾으며, 계속해서 협력을 활용함으로써) 아이들의 협력적인 성향이 길러진다면, 경쟁은 필연적이지 않다는 증거가 될 것이다. 내가 아는 한 이에 관한 장기적인 연구는 아직 진행되고 있지 않다(경쟁과 협력의 문화를 비교한 각종 자료들은 많지만, 이것을 일반적인 증거로 적용할 수 있느냐에 대해선 논쟁이 있을 것이다). 하지만 어린아이들의 교육과 관련하여 이에 근접한 연구가 있다.

몇 년 전에 아델피 대학의 제럴드 사고츠키Gerald Sagotsky와 동료들은 초등학교 1~3학년 학생 118쌍을 대상으로 교실에서 몇 가지 게임을 하는 데 서로 협력하도록 훈련했다. 여기엔 직접적인 지시와 모방 교육(다른 이들의 바람직한 모습을 보고 따라하도록 하는 것)이라는 두 가지 방법이 함께 사용됐다. 약 7주 뒤에 새로운 실험자들이 학교를 방문하여 다른 종류의 게임을 했는데, 아이들은 그 기조를 계속해서 유지하며 서로 협력하면서 게임을 했다. 나이가 많은 아이들은 특히 더 그러했다. "이 연구는 비교적 간단하고, 직접적인 조정을 통해 아이들이 협력하도록 효과적으로 훈련할 수 있다는 사실을 보여준다."[59] 5학년을 대상으로 한 연구에서도 비슷한 결과가 나왔고,[60] 3학년에 대한 또 다른 연구에서도 마찬가지였다.[61] 이보다 앞선 좀 더 기초적인 조사에서는 협력에 대한 훈련을 잠시 중단하더라도, 아이들 스스로 협력적인 행동을 유지한다는 사실을 발견했다.[62] 최근 애론슨은 협력을 배우는 능력을 키우는 실험에서 주목할 만한 성과를 거두었고, 뿐만 아니라 실험이 끝난 몇 년 후에도 교사들이 계속 그 방법으로 수업을 하고 있다는 사실을 알아냈다.63 도이치는 성인들 역시 협력적인 행동에서 보상을 얻을 수 있음을 알자 스스로 협력하기 시작했다고 보고했다.64

경쟁이 필연적이지 않음을 입증하는 데는, 이 연구 결과보다 영국의 어느 초등학교를 방문한 뒤에 쓴 데이비드 캠벨David N. Campbell의 보고서가 더 효과적일 것 같다. 그와 함께 간 미국인 교사가 아이들에게 누가 가장 영리하냐고 물었는데, "아이들은 그가 무슨 말을 하는지 알지 못했다. 그 아이들은 그런 것에 대해 생각해본 적도 없었다. … 그 학교엔 낙제, 등수, 시험, 그리고 우등생 도장도 없었으며, 아이들이 쓴 글이나 그림은 모두 평등하게 벽에 전시되어 있었다. 누구에게 진다거나, 남들보다 무엇인가를 꼭 잘해야 된다거나, 매주 반복되는 등급별 받아쓰기 시험 같은 것들은 그곳에 없었다." 캠벨은 미국으로 돌아와서 자신의 학급도 덜 경쟁적으로 만들어야겠다고 다짐한다.

변화가 생기는 데는 단 3주밖에 걸리지 않았다. 제일 먼저, 아이들은 친구들이 만든 작품을 부수지 않았다. 그 뒤로 협력의 정신과 서로 도우려는 마음을 공유하게 되었다. 결국 내가 성공의 기준으로 삼았던, 내가 그토록 바라던 일들이 일어나기 시작했다. 아이들은 교실을 방문한 어른이나 낯선 사람들과 자연스럽게 대화를 나눴으며, 두려움이나 의심, 낯가림 없이 그들의 손을 잡고서는 자신이 만든 작품에 대해 설명했다. 이런 변화는 우등생을 가려내거나 등수 매기는 것을 멈추자 나타났다.65

오타와대학 테리 올릭Terry Orlick 교수는 '오락적 협력'에 관한 가장 흥미로운 연구를 행했다. 유치원 때부터 초등학교 2학년이 될 때까지 일단의 아이들에게 협력적인 게임을 하도록 가르쳤는데, 후에 그 아이들은 자기들끼리 놀 때도 협력적인 행동이 3~4배 정도 증가한 것으로 조사됐다. 이에 반해 대조군(control group, 실험 집단과의 비교를 위해 실험 요건을 가하지 않은 반대 그룹-옮긴이)의 아이들은 해가 갈수록 점점 경쟁적이 되었다.66 올릭은 또한 아이들이 협력적인 게임을 할 때 더 행복해한다고 썼다. "스스로 선택하게 하자 9~10세 남자아이들의 2/3와 모든 여자아이들은 승자와 패자가 나뉘는 놀이보다 모두 지지 않는 놀이를 택했다."67 또한 6학년 아이들의 65퍼센트가 교실에서 협력을 배우는 것이 더 좋다고 얘기했다. 이 실험 집단에는 성공과 실패가 스스로의 탓이라고 생각하는 아이들과 그것이 운명, 혹의 남의 탓이라고 생각하는 아이들을 정확히 반반씩 섞어 넣었다. 중요한 것은 두 그룹 모두 협력을 배우기를 선호한 쪽이 대다수였다는 점이다.68 사람들이 독자적으로나 경쟁적으로 목표를 이루기보다는 협력하는 것을 더 선호한다는 연구 결과는 현재 7건이 있다.69

나는 어떤 식으로든 협력적인 과제를 경험해본 사람이 나중에 경쟁을 더 선호하게 되었다는 연구 결과를 보지 못했다. '경험해봤다'는 것이 중요한 조건이다. 경쟁을 더 좋아한다고 말하던 사람도 승자와 패자로 나뉘지 않는 환경에서 놀이나 일을 접한 후에는 마음이 바뀌는 경우가 많다.70 이는 대학생들도 마찬가지이다.71 아이들이 협력을 배울 수 있으며, 그들에게 선택권을 주면 협력 방식을 더 선호한다는 연구 결과는 경쟁이 인간의 본능이 아니라는 증거로 매우 설득력이 있다.

아이들이 몇 살이 되어야 협력을 배울 수 있는가는 아직 명확치 않다. 피아제의 발단단계를 따르는 전통적 입장에서는 6~7세에 이르기까지 아이들은 의미 있는 방법으로 협력하거나 경쟁할 수 없다고 한다.[72] 이는 보통 아이들이 커감에 따라 경쟁심도 높아진다는 것을 나타낸다. 이 말은 경쟁심이 두드러지기 전까지 아이들은 협력적이라는 뜻이 아니고, 단지 경쟁이 존재하지 않는다는 말일 뿐이다(이 두 가지는 전혀 다른 것이다). 혹은 어떤 목표를 향한 고도의 활동이 존재하지 않는 상태라고도 볼 수 있겠다. 즉 협력의 능력이나 경쟁의 능력 모두 거의 비슷한 시기에 발달한다는 얘기다.[73]

아주 어린 아이들은 경쟁하지 않는다는 사실이 그렇게 중요한 것은 아니다. 어린아이들에게 체모가 없다고 해서 체모가 학습된 현상이라는 것을 의미하지는 않듯이, 보통 아이들이 자라면서 점점 경쟁적이 되어간다는 것[74] 역시 경쟁이 학습된 현상이라는 증거가 될 수 없다. 왜냐하면 대부분의 어린 아이들은 협력적 상호작용을 경험해보지 못했기 때문이다. 한편 어린 아이들이 협력할 수 없다는 것에 누구나 다 동의하는 것은 아니다. 앞서 살펴보았듯이 자발적인 친사회적 행동은 이미 유년기에 나타나기 때문이다.[75] 안나 프로이트Anna Freud는 생후 19개월된 아기들이 나무블록을 교대로 쌓으면서 탑을 만드는 광경을 지켜보았는데,[76] 이것은 피아제와 그 추종자들이 틀렸음을 의미하는 것일 수도 있다. 비록 그렇게 서로 도와가면서 노는 것을 진정한 협력이라고 주장할 수는 없어도, 4~5세 아이들이 협력을 배울 수 있다는 증거들은 존재한다. 올릭은 "어린아이가 모험적이고 도전적인 협력을 더욱 잘 받아들인다"는 것을 발견했다. 왜냐하면 "더 어릴수록 우리 사회의 경쟁적 환경에서 살아온 기간이 짧기 때문에 협력하는 놀이를 더 기꺼이 받아들인다."77 밀라드 메드센Millard Madsen의 연구도 올릭의 견해를 뒷받침한다. 그는 협력으로 풀어야 하는 문제를 아이들에게 제시했는데, 그 결과 "어린아이들이 나이 많은 아이들보다 협력하는 방법으로 그 문제를 더 많이 해결했다."78 이에 반해 사고츠키는 피아제의 이론이 예측한 대로 나이가 좀 더 많은 아이들(7~8세)이 협력을 더 쉽게 배웠다고 서술했다.79 어쨌든 이 모든 연구자들이 동의하는 것은—또한 이 책에서 확신하는 바는—협력은 배울 수 있으며, 따라서 경쟁이 피할 수 없는 본성은 아니라는 점이다.

다른 문화에서의 삶

마셜 맥루한Marshall McLuhan이 "상호의존하는 현대사회"라는 말로 정의한 '지구촌 시대'에도 자문화중심주의ethnocentrism는 여전히 존재한다. 자문화중심주의의 두 가지 형태 중 하나는 우리에게 낯선 문화는 그 자체로 열등하다고 판단하는 것(우리와 다른 것은 나쁘다)이고, 또 하나는 우리에게 익숙한 것은 모든 사회와 세계에서 보편적일 것(여기가 이렇다면 다른 곳도 마찬가지다)이라는 믿음이다. 후자의 입장에서 지금 여기에 경쟁이 만연해 있으므로 어디서나 그럴 거라고 직관적으로 추정하는 태도에 대해 살펴보고자 한다. 이런 추측이 틀린 것이라면 경쟁은 본성이 아니라 결국 후천적으로 습득하게 되는 것임을 확인할 수 있을 것이다.

1장에서 미국이 유난히 더 경쟁적인 것 같다고 얘기한 바 있다. 이는 다른 문화를 관찰하고 그 주민들을 연구한 사람들도 지적한 것이다. 인류학자 비어트리스와 존 화이팅Beatrice and John Whiting은 미국(뉴잉글랜드의 작은 도시)을 포함하여 6개의 문화권에서 접촉, 비난, 도움, 모욕 등의 행위가 얼마나 자주 나타나는지 기록했다. 이 중에서 미국은 타인을 돕는 행동이 가장 적은 것으로 나타났다.[80] 또한 북유럽 4개국과 영국, 미국에서 어린이 양육 방침과 남성다움의 기준이라는 두 가지 주제에 대해 조사했는데, 미국은 다른 나라들보다 경쟁이 훨씬 많이 강조되고 있었다.[81] 백인과 멕시코계 아이들을 대상으로 실험한 두 심리학자는 백인 아이들이 "서로 다투면 오히려 더 장난감을 가질 수 없는데도 다툼을 멈추지 않았다"고 한다. 그들은 이러한 경향을 '불합리한 경쟁'이라고 적절하게 표현했다. 아무런 제지가 없자 그 아이들은 자신이 얻는 것이 아무것도 없는데도 다른 아이의 장난감을 뺏으려 했다.[82]

미국인들Americans*의 경쟁심에 대한 이러한 자료들은 다른 문화권과 비교할 수 있기 때문에 아주 유용하다. 그러면 이제 문화인류학자들과 문화비교 연구자들이 경쟁에 관해 여러 문화권의 사람들을 조사하여 기록한 것을 살펴보도록 하자. 앞으로 보게 되겠지만 미국은 다른 어떤 문화권보다 더 경쟁적인 나라로 보인다. 사실 몇몇 문화권은 거의 경쟁이 없는 것같이 보이기도 한다.

---

* 미국에 사는 사람들을 '아메리칸'이라고 말하는 것 자체가 자문화중심주의에 속하는데, 미국이 아메리카 대륙에 존재하는 유일한 나라는 아니기 때문이다.

우선 생각해볼 것은 많은 사람들이 매우 경쟁적일 거라 여기는(동굴 속에서 서로 으르렁거리며 생존경쟁을 하는 이미지와 결합하여) 원시문화에 대해서이다. 동물 세계에 대한 생각과 마찬가지로 이러한 인식은 매우 잘 못된 것이다. 선사시대 사람들은 실제로 매우 협력적이었으며, 사실 이러한 장점이 그들을 다른 영장류와 뚜렷하게 구분해준다. 점점 많은 생물학자들이 최초 인류의 특징을 협력—두뇌의 크기나 도구의 사용이 아니고, 공격성은 더더욱 아닌—이라고 결론내리고 있다.[83] 뛰어난 생물학자인 조지 푸G. E. Pugh는 이런 글을 썼다.

원시사회는 매우 활발하게 협력 활동을 했다는 점에서 다른 영장류들과 뚜렷이 구분된다. 그 시대 삶의 방식은 '함께 나누기'였다. … 비단 음식뿐만 아니라 다른 자원도 마찬가지였다. 희소한 자원들은 공동체 안에서 필요에 따라 대략 균형을 이루면서 공유했다고 결론 내릴 수 있다.[84]

혈족관계의 유대를 통해 협력 구조를 발전시킨 원시시대 사람들은, 마셜 사린스의 말을 빌리자면, 명백히 유리한 삶의 조건에 순응한 것이었다. "원시 사람들은 자연과 생사를 건 투쟁을 해야 했으므로 사회적 투쟁이라는 사치를 부릴 여유가 없었다. 절대적으로 필요한 것은 경쟁이 아니라 협력이었다. … 자연 상태에서 벌어진다는 홉스의 '만인의 만인에 대한 투쟁'은 진실과는 동떨어진 거의 환상 같은 얘기다."[85] 이는 지금까지 수렵과 채집 생활을 유지하며 살아가는 부족들, 콩고의 피그미, 칼라하리의 부시맨, 호주 원주민, 아마존의 와오라니 등을 보면

알 수 있는데, 그들 모두 협동을 통해 사회와 삶을 유지하는 경향이 압도적이다.86

오늘날에도 여전히 비경쟁적인 문화를 가진 몇몇 부족들과 우리를 비교하여 살펴보면 우리의 경쟁심이 더 두드러져 보일 것이다. 마가렛 미드Margaret Mead와 동료들은 현존하는 원시 부족들의 이러한 특성에 최초로 관심을 기울였는데, 『원시 종족들 간의 협력과 경쟁Cooperation and Competition Among Primitive Peoples』이라는 책에서 그러한 문화들을 자세히 소개했다. 몇 가지 예를 들자면 다음과 같다.

> 주니 인디언 : "모든 제도가 거의 예외 없이 협력의 원칙을 지향하며, 개인주의적이지 않은 행동이 주니 족 문화의 생활양식이다."87 개인 재산을 모으는 것을 바람직하지 않다고 생각하며, 자원은 자연스럽게 순환하므로 경제 영역에서도 경쟁이 존재하지 않는다. 주요 놀이에는 종교적 의식을 겸한 6.5킬로미터 도보 경주가 있다. 누구나 참여하는 이 경주에선 우승자가 특별히 인정받는 일도 없으며, 그 이름이 공표되지도 않는다. 또한 매번 승리하는 사람은 경주 참여가 제한된다.88
>
> 이로쿼이 인디언 : "생산에서 최대한 효율성을 올리기 위해 필요한 협동뿐만 아니라, 특히 농업 분야에서는 집단 노동의 기쁨을 경험하기 위한 목적으로 협력이 행해진다."89
>
> 바통가 족 : "모여 사는 마을 단위로 이들 사회는 고도로 협력적이며, 다른 사회, 경제적 관계에서도 본질적으로 비경쟁적이다. … 경제구조나 기술 체계, 사회관계에서 경쟁이 발현될 여지는 별로 없다."90

이 책을 구성하는 십여 가지 주제의 문화 연구를 기본으로 하여 미드는 이렇게 말했다.

이 학술조사에서 얻어진 가장 기본적인 결론은 사회 구성원의 경쟁과 협력 행동은 그 사회가 전적으로 중요시하는 것에 의해 결정된다는 것이다. 즉 개인이 노동하는 목표는 문화적으로 결정되며, 외적인 상황이나 규범에 따르지 않는 개별 인간의 본성에 의해 결정되지 않는다.[91]

이와 같은 비교문화 연구는 미드의 조사 이후 지난 반세기 동안 계속 확장되어왔다. 또한 그 연구들은 서로 다른 문화권의 사람들은 경쟁심에서도 상당한 차이가 있다는 미드의 연구 결과를 입증하고 있다. 다음을 살펴보자.

블랙풋 인디언 아이들은 일련의 실험 게임에서 캐나다 도시 아이들보다 훨씬 더 효과적으로 협력했으며, 이러한 현상은 아이들이 보상을 집단으로 받든 개인으로 받든 상관없이 일어났다.[92]

이스라엘 키부츠의 아이들은 도시의 아이들보다 더 효과적으로 협력했다. 이스라엘 도시에 사는 아이들은 "비합리적인 경쟁이 그들 모두에게 이익이 되지 않는다는 것을 확실히 깨달은 후에도 경쟁을 멈추지 못했다." 그러나 키부츠 아이들은 자신들이 받은 상품을 자발적으로 나누어 가졌다.[93] 또 다른 실험에서도 "키부츠 집단은 도시 집단에 전형적으로 나타나는 절제 없고 혼란스러운 투쟁과 대조되는 고도의 조직성을 특징으로 한다."[94]

케냐의 키쿠유 족 아이들은 협력이 필요한 게임에서 미국 아이들보다 효과적으로 대처했다.[95]

멕시코 시골 아이들은 미국의 멕시코계 미국인 아이들보다 협력적이었고, 멕시코계 미국인 아이들은 미국의 백인 아이들보다 협력적이었다. 백인 아이들은 협력이 이익이 되는 상황에서도 계속 경쟁하는 경향을 보였고, 심술을 부리며 다른 아이들의 장난감을 빼앗는 빈도가 멕시코계 아이들에 비해 두 배로 높았다.[96]

미국 아이들은 협력을 통해 풀어야 할 문제들을 종종 놓쳤는데 "이러한 게임에 대해 '너무 어렵다' 혹은 '누구도 이기지 못하는 게임이다'라고 말했으며, 어떻게 하면 장난감을 상으로 받을 수 있었겠냐는 질문에 경쟁에 익숙한 아이들은 '내가 혼자 했다면' 또는 '다른 아이와 교대로 하지 않고 내가 한 번 이상 움직일 수 있었다면'이라고 대답했다."[97] 이러한 문화 차이를 가져오는 중대한 이유는 "멕시코 시골의 엄마들은 아이들의 실패나 성공에 상관없이 보상을 하는 것에 비해 미국 백인 엄마들은 엄격히 아이들의 성과에 따라서만 보상을 주는 경향이 있다."[98] 다른 아이들을 몇 명이나 이겼냐를 따지지 않고 아이들은 무조건적으로 사랑받고 인정받아야 한다는 생각은 많은 미국인들에게 매우 기이한 것처럼 보인다.

멕시코 믹스텍 족(훅스뜰라와까Juxtlahuaca 지역에 사는)은 "질투와 경쟁심을 작은 범죄로 여긴다."[99]

뉴기니의 탕구 족은 경쟁적인 게임보다는 두 팀이 팽이를 돌리는 타케탁taketak이라는 경기를 좋아하는데, 이 게임의 목적은 두 팀이 정확히 무승부에 이르도록 하는 것이다.[100]

캐나다의 이누이트(에스키모)는 사실상 경쟁 구조 없이 생활한다. 그들의 놀이 역시 경제체제와 마찬가지로 협력적이다.101

호주 원주민은 "협력적인 행동"을 훨씬 더 선호하며, 한 실험에서 그들은 자신의 종족 구성원뿐만 아니라 다른 종족과도 기꺼이 협력했다.102

노르웨이 사람들은 협력을 실험하는 게임에서 거의 매번 협력 행동을 보였고, 이에 반해 미국인의 협력 횟수는 그 절반으로 떨어졌다.103

일본의 교육 환경은 미국에 비해 훨씬 덜 경쟁적이다. 루스 베네딕트 Ruth Benedict는 1940년대 중반에 "일본인들은 언제나 직접적인 경쟁을 피하는 방법을 만들어낸다"고 썼다. "일본의 초등학교는 미국인들이 거의 불가능하다고 생각할 만큼 경쟁을 최소화한다."104 이러한 문화는 1980년대까지 이어졌다. "교사들은 서로 다른 능력을 가진 아이들의 균형을 맞추려고 노력하며, 학생들이 서로를 돕도록 장려한다."105 1982년에 출간된 또 다른 문건에는 이렇게 쓰여 있다. "교실의 모든 학생들이 참여할 수 있는 문제를 내고, 서로 상의하고 돕도록 권장하며, 때로는 틀릴 수도 있다고 생각한다. 종종 나이 많은 학생들이 교실로 와서 어린 후배들을 돕기도 한다."106

중국인들은 예전보다 스포츠에 더 열광하며,107 최근에는 학교에서 경쟁을 장려하는 제도를 도입하기도 했으나, 미국에 비하면 훨씬 협력적이다. 아이들도 경쟁보다는 협력 활동이 더 좋다고 말한다. "서로 돕는 것을 중시하는 또래 집단의 규범을 통해, 또한 혼자 하는 것보다 함께 공부하는 것이 더 즐겁다는 경험을 통해 아이들은 자신이 얻는 이익보다 더 많은 도움을 제공해야 함에도 불구하고 서로 협력한다."108

각각의 연구를 이렇게 요약한 것으로 비경쟁 사회, 또는 각기 다른 문화에서 경쟁심 수준의 차이를 모두 설명할 수는 없다. 그러나 이러한 개관만으로도 경쟁이 인간 본성이 아니라 사회구조의 문제라는 것을 알 수 있다. 경쟁은 현대 서구 사회의 특정 제도(이를테면 자본주의 같은)에서는 없어서 안 될 요소일지 모르나, 삶에서도 핵심적인 요소여서 피할 수 없는 것으로 볼 수는 없다.

이러한 비교문화 연구 자료는 다음과 같은 일반화를 가능케 한다. 첫째, 분명한 점은 "모든 문화에서, 이익이 일치하지 않더라도 상호간에 도움이 필요한 상황이라면, 도시 아이들보다 시골 아이들이 협력적"109이라는 사실이다. 그리고 도시 생활은 일반적으로 의도적 경쟁과 구조적 경쟁이 결합되어 있다고 잠정적으로 결론 내릴 수 있다. 물론 이것이 모든 시골이나 농촌 사회는 비경쟁적이며, 모든 도시 지역은 똑같이 경쟁적이라는 의미는 아니다. 둘째, 경쟁 사회는 아이들을 빨리 어른이 되도록 재촉하는 경향을 보이는데,110 몇몇 비평가들은 이를 미국 사회의 특징으로 꼽으면서, 이를 비판하기도 한다. 셋째, 한 사회에서 '가진 자'와 '못 가진 자'로 정의되는 집단의 존재가 뚜렷이 구분될수록 그 사회의 경쟁심은 높았다.111 경제적 불평등과 경쟁의 상관관계는, 미드를 비롯한 연구자들이 조사한 대로, 협력적인 문화에서는 강한 소유욕과 축적 행위가 없다는 결론과 일치하는 것으로 보인다.

이 연구 결과들 덕분에 우리는 경쟁에 대해 널리 받아들여지는 몇몇 추정들을 반박할 수 있다. 첫째, 경쟁과 성취 사이엔 필연적인 관계가 없다는 것이다. 개인적인 수준에서 봐도 이는 사실이다.(자세한 것은 다음

장에서 살펴볼 것이다.) 사회적 수준에서는 어떠한지 58개 문화에 대한 조사 결과를 세밀히 검토한 로데릭 고니 Roderic Gorney의 견해를 듣는 것이 좋을 듯하다. 그는 성취를 예술, 과학, 법률, 그리고 그 밖의 다른 분야에서의 복합적인 업적이라고 정의했는데, 이러한 면에서 볼 때 놀랍게도 성취와 경쟁의 연관성은 존재하지 않았다고 한다.112

둘째, 몇몇 심리학자들이 정신건강을 표현하는 데 쓰는 강한 자아 ego 발달에 경쟁은 필요조건이 아니라는 사실이다. 미드의 말에 의하면 "강한 자아의 발달은 개인주의적인, 경쟁적인, 혹은 협력적인 모든 사회에서 가능하다."113 사실 경쟁은 자존감과 정신건강에 별로 좋지 않는데, 이것은 5장에서 살펴볼 것이다.

마지막으로 협력은 자원이 풍족한 지역이나 시대에만 가능한 사치이며, 흔히 말하듯 자원이 희소한 곳에서는 경쟁적인 행동을 한다는 견해에 관한 것인데, 이는 전적으로 틀린 주장이다. 미드와 동료들은 이와 반대되는 사례를 찾아냈다. 즉 경제적으로 풍족하지만 경쟁적인 사회(예를 들어 북아메리카의 콰키우틀 족)와 가난하지만 협력적인 사회(예를 들어 동아프리카의 바테이가 족)가 있음을 확인했다. 한 사회 안에서 경쟁심의 정도를 결정하는 것은 문화적 규범이지 자원의 풍족함이나 부족함이 아닌 것이다. 미드가 말했듯이 "사회 구성원이 경쟁하여 획득할 것이냐 협력하여 나눌 것이냐를 결정하는 것은 필요한 재화의 실제 공급량이 아니라 사회구조가 개인 간의 경쟁이나 협력 중 무엇을 더 강화하느냐에 따라 달라진다."114 사실 미드는 여기서 더 나아가 몇몇 사회에서 상대적으로 자원이 풍부해 보이는 것은 그들의 협력구조에 의한 '결과'

이지 그 원인은 아니라고 지적했다.[115] 다시 말해 협력은 그 사회가 가진 재화를 최대가 되도록 하는 보다 효율적인 방법이기에 희소성에 대한 합리적인 대응으로도 적절해 보인다. 이것이 앞서 말한 '명백히 유리한 삶의 조건에 순응한 것'이라는 마셜 사린스의 말과 일맥상통하는 것이다. 윌리엄 존슨W. O. Johnson은 더 직접적으로 "개척자들은 경쟁적이 아니라 협력적인 사람들이다. 그렇지 않았다면 그들은 살아남지 못했을 것이다"[116]라고 말했다. 자원이 충분하지 않을 때 사람들은 자연히 경쟁적이 된다는 말은 부정확할 뿐만 아니라, 우리의 문화 기준을 얼마나 쉽게 일반화시키는지를 보여주는 하나의 예이기도 하다.

경쟁의 필연성에 대한 심리학적 논의들

프로이트의 인간 발달 모델을 수용하는 사람들은 경쟁은 피할 수 없다는 추론을 쉽게 인정하는 경향이 있다. 물론 프로이트가 경쟁에 대해 명백히 그런 주장을 하지는 않았지만, 그 사상에 깃들어 있는 의미를 생각해볼 때, 프로이트의 정신분석 이론[117]을 간략하게나마 살펴보는 것이 좋을 듯하다.

프로이트의 견해로는 인간은 그저 하나의 욕구 덩어리일 뿐이며, 때문에 우리는 만족을 위해 울어대는 것으로 인생을 시작한다. 또한 계속 그렇게 살다 죽는 것이다. 인격적 성숙은 그 만족을 좀 미뤄두고, 몇몇 욕망을 다른 모습으로 바꿀 줄 알아야 가능하다. 즐거움을 찾는 자기중심적인 동물인 인간의 자아ego는 언제나 본능적 충동id에 봉사한다. 또한 "남자는 사랑 받기를 원하는 부드러운 동물이 아니라 … 본능적으로 강한 공격성을 공유하는 동물이다."118 이 견해에 따르면 누군가 타인과의 협력을 추구한다면 그는 둘 중 하나의 경우일 것이다. 첫째, 그는 어떤 목적을 위해 다른 사람을 이용하고, 그것을 협력처럼 보이게끔 하는 영악한 방법을 알아낸 것이다. 아니면 그의 적대성을 스스로 깨닫지 못하도록 무의식중에 그와 반대되는 감정을 드러낸 것이다. 타인은 나 자신의 만족(특히 성적인 만족)이나 패배시켜야 할 라이벌로 존재할 뿐이다. 이와 대조되는 어떤 견해가 있더라도 그것은 우리의 기본적인 본능을 길들이려는 문화의 필사적인 시도라고 보면 된다. 어쨌든 그러한 시도는 실패할 것이다. 왜냐하면 "본능을 향한 열망이 이성 理性보다 강하기 때문이다."119 3세기 전의 홉스는 삶을 더럽고 야비하고 짧은 것이라고 했지만, 프로이트에겐 이 상황에서 인간을 구출해줄 홉스의 정치관마저 없다.

이러한 입장에서 보면 경쟁은 당연히 필연적이다. 경쟁은 일찍이 부모-자식 관계에서부터 정교하게 발전된다. 부모의 사랑을 독차지하기 위해 끊임없는 투쟁이 시작된다. 또한 부모를 내면화한다는 것은 이미 오래 전에 부모를 잃은 성인들도 자신의 아이들과 마찬가지로 계속 승리를 위한 경쟁을 한다는 의미이다. 정신분석학자들 역시 경쟁, 특히 남성들 간의 경쟁을 오이디푸스 콤플렉스로 설명하려 한다. 즉 아버지는 항상 적이고, 그와 싸워 어머니를 차지해야만 한다. 경쟁을 좀 주저하는 것처럼 보인다 해도 그것을 이성적인 결정에 근거한다고 볼 수 없다(궁극적으로 고전적 정신분석자들에게 그렇게 보이는 것은 아무것도 없다). 이는 아버지를 이긴다는 것이 불러올 상징적 영향력에 대해 무의식적인 불안감을 갖는 것일 뿐이다. 그러니까 경쟁은 자연스러우며, 다른 충동들처럼 숨기거나 승화시킬 수는 있어도 절대 피할 수 없다. 안나 프로이트에 따르면 회피는 현명한 방법이 아니다. "과시욕, 호기심, 공격성, 경쟁 등을 억제하는 것은 나이의 많고 적음을 떠나 모두의 인격을 손상시킨다."[120]

이러한 입장을 반박하는 것은 바로 프로이트 사상의 핵심에 대한 논쟁이 되므로 이 책의 논의를 벗어난다. 그러나 본장의 대부분은 위의 가설에 대한 반론이며, 이러한 주제에 관심이 있는 독자들은 자아심리학자ego psychologists, 신프로이트학파(특히 카렌 호나이), 인본주의 심리학자humanistic psychologists의 책들을 참고하기 바란다. 사실 정신분석학으로 기울어진 심리학자들에게서도 경쟁은 불가피하다는 갑옷의 틈새를 찾아낼 수 있다. 영국의 심리학자 이안 수티Ian Suttie는 경쟁을 개인의 본능이 아니라 "사회통합과 연대감에 대한 안전과 만족을 찾는 행위"라고 보았다.[121] 그리고 로데릭 고니는 인간 발달을 "생존을 위해 타인에게 의존하는 것"에서 "타인이 우리에게 의존하도록 하는" 쪽으로 진행하는 것이라고 표현했다. 또한 인간은 일생을 협력과 연관되어 살아간다고 말했다.[122] 또 다른 예로 정신분석학자 허버트 헨딘Herbert Hendin은 아들과 오이디푸스 콤플렉스 관계에 있는 아버지에 대해 이렇게 말했다. "대체로 아들을 경쟁 상대, 불안한 상황에 놓아두거나 그의 독립 능력을 방해한다. 아버지와 아들의 관계에서 주를 이루는 이런 경쟁 상황은 아들이 앞으로 다른 남자들과 관계 맺는 데 하나의 모델이 된다."[123] 여기서 명백한 시사점은 자녀 양육에서 오이디푸스 콤플렉스의 원형이 경쟁적 상호작용을 지향한다는 것이다. 이것은 물론 소수의 의견이지만, 어쨌든 정신분석학의 이론체계는 경쟁과 정신건강의 관계를 탐구하는 데 매우 유용하다(이는 5장에서 자세히 살필 것이다).

경쟁의 필연성에 대한 또 다른 주장은 사회적 비교 심리, 즉 자신과 타인을 비교하려는 욕구에 관심을 갖는 사회심리학에서 나왔다. 우리의 정체성은 사회생활과 연관되어 있다. 다시 말해 우리가 누구인가는 타인에 의해 규정된다. 때문에 우리는 자신을 항상 남들과 비교하며, 우리의 행동이나 성과 역시 타인에 의해 주변 사람들과 비교된다. 이런 비교 과정은 정체성이 형성되는 어린 시절에 특히 중요하다고 한다. 이런 사회적 비교는 자신의 행위가 바람직한지 아닌지를 알려주므로 살아가는 동안 끊임없이 계속된다. 이러한 주장의 다음 단계는 이 비교가 경쟁을 암시한다는 것이다. 즉 상대방과 나를 비교한다는 것은 당연히 상대방보다 자신이 더 나아지기를 바란다는 뜻이 된다.[124]

이것은 익숙하고 설득력 있는 주장이므로 논의가 필요하다. 사실 이 주장을 매력적으로 보이게 하는 논리의 단순성이 오히려 그 설득력을 약화시킨다. 남들은 어떻게 하는지 항상 비교하는 것이 사실일지라도, 그것이 자신이 하고 있는 바를 점검하는 유일한 방법은 아니다. 라이너 마텐스Rainer Martens의 다음과 같은 말을 생각해보자. "자신의 능력을 평가하기 위해서는 최소한 자신의 성과와 비교할 어떤 외부 요소가 필요하다. 즉 자신의 성과와 다른 기준을 비교하는 것인데 … 여기에는 다른 개인이나 다른 집단의 결과, 또는 자신이 과거에 거둔 성과, 그리고 스스로 생각하기에 이상적으로 보이는 어떤 기준이 포함된다."125 비교의 요소가 꼭 다른 사람일 필요는 없다는 점에 유의하자. 마텐스가 위에서 제시한 비교의 4가지 요소 중 뒤의 두 가지는 반드시 남들과의 경쟁을 필요로 하는 것이 아니다(물론 '이상적이라고 생각하는 어떤 기준'은 다른 사람의 성과에서 비롯된 것일 수도 있다).

자신의 능력이나 정체성에 대한 인식이 본성적으로 사회적(타인과의) 비교를 통해서만 가능하다는 것은 사실이 아니다. 중요한 것은 지금 이 순간 자신이 어떤 일을 하고 있으며, 어떤 문화에서 살고 있느냐 하는 것이다. 특히 후자는 중요하다. 심리학자인 앨버트 반두라Albert Bandura 는 "누군가의 성공이 다른 사람의 실패를 의미하는 경쟁적이고 개인주의적인 사회에서는 사회적 비교를 통해 자신을 평가하는 경우가 많다" 고 했으며,126 제롬 카간Jerome Kagan은 또 이렇게 말했다.

사춘기 이전 몇 년간 아이들의 중요한 경험은 원하는 것을 성공적으로 얻을 수 있다는 확신을 갖는 것이다. 옥수수밭에서 여덟 살짜리 아들에게 농사짓는 법을 가르치는 아버지는 그런 경험을 얻게 하는 것이 쉽다는 것을 안다. 그러나 서른 명의 학생들과 한 교실에 있는 교사는 그것이 쉽지 않다는 것을 깨닫는다. 학생의 입장에서 보면 자신의 개인적인 발달 정도는 다른 친구들이 이룬 성과와 비교되어 평가된다.127

대부분의 사람들은 조용한 옥수수밭보다 북적이는 교실에서 더 많은 시간을 보냈으며, 그래서 우리는 다른 이들과의 비교를 자라면서 어쩔 수 없이 겪어야만 하는 것으로 생각한다. 그렇기 때문에 스스로 만족할 만한 성과를 이루었다고 생각하는 것은 거의 불가능하다. 자신의 성과는 스스로의 만족감과는 무관하게 남들보다 더 잘했느냐에 의해 평가되기 때문이다.

자기존중이나 처음 우월성을 느끼는 계기가 타인과의 비교를 통한 것이라 하더라도 그것은 일시적이며, 발단단계 중 하나일 뿐이다. 조셉 베로프Joseph Veroff는 "매우 경쟁적인 제도의 학교나 지역에서는" 경쟁이 자기규정의 기본 토대가 될 수도 있으나 "가치 있는 특성들에 대해 사회적 비교를 충분히 경험한 사람은 그것으로부터 벗어날 수 있으며…자신의 발전을 위해 남들과의 비교 없이 독자적인 노력을 하게 된다"[128]고 말했다. 다시 말해 합리적이고 건강한 자아개념을 가진 성인은 "어떻게 해야 하지?" 하고 다른 사람에게 계속 묻거나, 더 나아지기 위해 다른 사람과 자신을 비교할 필요가 없다는 것이다. 흥미로운 점은 많은 심리학자들이 사람들의 정신건강을 평가할 때 스스로 자신을 어떻게 평가하는지 묻는 항목을 꼭 포함시킨다는 사실이다.[129]

지금껏 내가 했던 말은 자신의 능력을 입증하기 위해 항상 다른 사람들과 자신을 비교해야만 하는가에 대한 논의였다. 그렇다면 이제 '그런 비교를 한 다음에는 꼭 경쟁을 해야 하는가?'라는 질문을 할 차례이다. 그 대답이 '아니다'라는 것은 곧 알게 될 것이다. 누군가는 자신의 취미(혹은 신발이나 자동차)를 타인과 비교하면서 누구 것이 더 훌륭한지를 따지지 않을 수도 있다. 또 자신이 다른 사람과 별 다를 게 없음을 확인하기 위해 비교하는 경우도 있다. 즉 사회적 비교는 통합을 위한 장치가 될 수도 있다. 그러나 그렇지 않은 경우에도—그리고 그 비교가 '더 낫다, 아니다'라는 판단으로 가득하더라도—꼭 상대방에 대한 경쟁의 감정을 가져야 하는 것은 아니다. 남아프리카의 바통가 족은 우리가 흔히 그러듯이 누가 물고기를 더 많이 잡았는지 서로 비교하지만, "상대방을 이기기 위해 애쓰는 경우는 없다."130 예를 들면 나는 내 글을 셰익스피어 작품(혹은 현대의 어떤 작품들)과 비교해 그보다 못하다고 느낄 수 있지만, 이는 스스로 좀 더 나아지도록 동기를 부여하거나, 내가 감탄한 작품의 장점을 모방하도록 자극할 수 있다. 그러나 이것이 내가 그들보다 더 우수해져야 한다는 의미는 아니다. 누군가와 달리기 시합을 했는데 상대방이 나보다 훨씬 잘 달렸다면, 좀 더 잘 달리고 싶다는 자극을 받을 수도 있지만, 꼭 그와 다시 맞붙어 이겨야 한다는 마음을 갖는 것은 아니다. 존 하비는 이와 관련하여 이렇게 말했다. "남들보다 더 뛰어나고 싶은 욕망 때문에 하는 행동이 있다. 그러나 다른 사람의 유사한, 혹은 반대되는 활동에 자극을 받아 하는 행동은, 그와 경쟁하여 이기려는 행동과는 전혀 다른 것이다."131

개인의 능력 차이는 항상 존재한다고 주장하는 경쟁 지지자들에게는 차이 그 자체 때문이 아니라, 차이에 중요성을 부여하는 태도 때문에 경쟁이 발생한다고 답할 수 있다. 누군가와 능력에서 차이가 난다는 것을 발견하면, 그때 해야 할 일은 경쟁해서 상대방을 이김으로써 그 차이를 없애는 것이라고 여기는 사람이 있다고 생각해보자. 그가 그렇게 생각하는 이유는 어렸을 때부터 그렇게 배워왔기 때문이지, 본능적으로 그렇게 타고났기 때문이 아니다. 개인이 가진 경쟁심의 정도는 남들보다 더 나아야 한다는 욕구를 얼마나 자주, 그리고 얼마나 강하게 느끼는가로 나타낼 수 있다. 그러나 이러한 성향이 우리의 삶에서 피할 수 없는 특징이라는 증거는 전혀 찾을 수 없다.

구조적이든 의도적이든 경쟁은 필연적이지 않다는 것이 진실이라고 해도, 경쟁은 우리 사회에 너무 넓게 퍼져 있어 그 문화를 변화시키는 것은 쉽지 않다. 우리는 당장 이 사회를 비경쟁적으로 만들 수도 없고, 지금 그런 것을 주장하는 것도 아니다. 그와 동시에 경쟁이 우리의 고유한 문화라는 주장에 대해서도 경계해야 한다. 경쟁이 파괴적이라는 말에 대해 어떤 이들은 우리가 할 수 있는 일은 아무것도 없다고 대답한다. 그들은 다른 비경쟁적인 사회에 대해선 전혀 관심을 두지 않는다. 어쩔 수 없다는 말은 사회의 여러 문제들을 변화시킬 수 있는 가능성을 일축하는 주장에 많이 쓰인다. 이러한 말은 또한 우리가 맞닥뜨리는 자기실현적 예언의 또 다른 변형이 되며, 의도하지 않더라도 결과적으로는 매우 보수적인 자세를 만드는 것이다.

비경쟁적인 행동을 하는 사람들의 모든 사례만으로도 경쟁이 인간 본성이라는 주장을 반박하는 데에 충분할 것이다. 또한 나는 변화의 가능성과 우리 삶의 현실적인 대안을 제시하기 위해 비경쟁적인 문화와 그 구성원들의 행동을 하나의 예로 보여주었다. 이것이 본장의 핵심이다. 이제 '할 수 있다'에서 '해야 한다'로 바꿔야 할 차례이다. 경쟁은 꼭 필요한 것이 아니라는 것을 확인했으므로, 이제 우리는 그것이 바람직한지 아닌지를 좀 더 자유롭게 고찰할 수 있다.

3장

경쟁은 더 생산적인가 : 협력과의 비교

이기심을 본능으로 하는 경쟁은 에너지 낭비의 또 다른 표현이며,
협동은 생산성을 효율적으로 하는 비결이다.

―

에드워드 벨라미Edward Bellamy, 『과거를 돌아보며』

경쟁에 관한 논문을 읽거나 사람들과 이야기를 나눠보면 늘 어떤 확신
에 맞닥뜨리게 된다. 우리가 경쟁을 하지 않는다면 탁월함은 말할 것도
없고, 최소한의 생산성마저 잃을 거라는 믿음이다. 즉 경쟁은 우리가
최선을 다하도록 만들고, 목표를 향해 노력하고, 능력을 계발하고, 성공
에 이르게 한다는 것이다. 경쟁 없는 사회란 스피로 애그뉴Spiro Agnew
의 비유를 빌면 "재미없는 경험… 낙오자들의 파도 없는 바다… 실패의
껍질을 뒤집어쓴 자기만족의 평범함… 그들의 심리적 피난처"[1]이다.

 경쟁이 우리를 '성공'(이 말의 정의가 무엇이든)에 이르게 하는지 아닌
지는 제시할 수 있는 증거가 비교적 많이 있으므로 간단한 질문처럼 보

인다. 그러나 대부분의 사람들은 이것을 경험적인 문제로 생각하지 않기 때문에 그 많은 증거들을 보지 못한다. 경쟁을 옹호하는 사람들의 가장 흔한 생각은 성공(혹은 생산성, 목표달성)이 곧 경쟁을 의미한다는 것이다. 이러한 생각엔 경쟁 없이는 아무것도 얻지 못한다는 그들만의 확실한 전제가 깔려 있다. "미국인들은 특히 성공과 승리를 동일시하고, 남을 이기는 것과 잘하는 것이 똑같은 거라고 여기도록 훈련되었다"[2]고 엘리엇 애론슨은 말한다.

그러나 경쟁과 성공은 전혀 같은 것이 아니다. 명확히 말하자면 목표를 세우고 이루는 것, 혹은 자신의 능력을 스스로에게나 남들이 만족할 만큼 입증하는 것은 경쟁 없이도 가능하다. "목표 달성이 남을 이기는 것에 달려 있지 않은 것과 마찬가지로 목표 달성의 실패가 남에게 지는 것을 의미하는 것은 아니다."[3] 조금만 생각해봐도 이것은 부정할 수 없는 진실이다. 나는 당신보다 더 잘하려고 애쓰지 않고서도 뜨개질이나 글쓰기에 성공할 수 있다. 아니, 그보다 더 좋은 것은, 예를 들어 저녁을 준비하거나 집을 짓는 일처럼, 나와 당신이 함께 일하는 것이다. 많은 사람들이 경쟁하지 않으면 목표도 없이 방황할 것이라고 여긴다. 그러나 사실 경쟁이란 간단히 말해서 타인의 목표 달성은 방해하면서 자신의 목표를 이루려고 하는 것이다. 경쟁은 어떤 일을 이루는 하나의 방법이 될 수는 있지만, (다행히도) 유일한 방법은 아니다. 어떤 기술을 연마하여 그 성과를 보이거나, 하나의 목표를 세우고 이루는 데 경쟁이 꼭 필요한 것은 아니다.

성공과 경쟁은 개념적으로 서로 다른 것인데, 현실 세계에선 그것들이 어떻게 관련되어 있는가? 경쟁은 어떤 일을 완벽하게 해내도록 실제로 우리에게 동기를 부여하는가? 맡은 일을 잘하게 하는가? 좀 더 잘 배울 수 있도록 해주는가? 과연 성취와 생산성이란 무엇인지를 살피고, 그것을 위해 꼭 경쟁이 필요한지를 밝혀보자.

성취와 경쟁

3장의 제목엔 비교할 대상이 필요하다. 즉 경쟁이 '어떤 것'보다 더 생산적이란 말인가? 경쟁이 누군가에게 성취 동기를 부여했는가라는 개인 수준의 질문을 넘어, 경쟁 상황이 다른 상황에 비교해서 더 생산적인가를 물어야 한다. 아니, 그보다 경쟁이 그 비용을 능가할 정도로 다른 방법보다 월등히 뛰어난지를 묻는 것이 좋겠다. 다른 방법이란 1장에서 말했듯이 협력(나의 성공이 당신의 성공과 결부되도록 함께 일하는 것)이나 독자적 노력(나의 성공이 당신의 성공에 아무 영향이 없는, 혼자 일하는 것)을 뜻한다. 이제 살펴볼 연구 중 일부는 경쟁과 다른 방법들을 하나씩 따로 비교했지만, 결국엔 이 세 가지(경쟁, 협력, 독자적 노력)에 대한 비교가 한눈에 보일 것이다.

내가 하고 싶은 질문은 이것이다. 타인을 패배시키려고 노력하는 것이 다른 사람과 함께, 혹은 독자적으로 하는 것보다 더 좋은 성과를 올릴 수 있게 하는가? 물론 이를 실험하려면, 하고자 하는 일의 종류, 성과의 기준, 피험자의 연령이나 성격, 실험 방식 등 수많은 변수들이 존재한다. 하지만 위의 질문에 대해서는 증거가 너무 명백하고 일관적이므로 '거의 그렇지 않다'고 확실히 대답할 수 있다. 여러 연구들을 검토해 본 결과 월등한 성과를 내기 위해선 경쟁이 필요 없을 뿐만 아니라, 대체로 경쟁하지 않는 편이 더 나아 보인다.

이런 결과는(데이터들은 일관되게 이 결과를 증명한다) 대부분의 독자, 심지어는 경쟁에 비판적인 사람들마저 놀라게 할 것이다. 2장에서 말했듯 우리는 경쟁하도록, 뿐만 아니라 경쟁이 더 좋은 성과를 올린다고 믿도록 훈련 받아왔다. 이러한 믿음은 특히 우리 사회에서 진실로 받아들여지고 있어서 이에 대한 반증을 살펴보는 것은 학교나 직장 조직에 큰 충격을 줄 수 있다(아니, 충격을 줘야 한다).

본장에서 인용한 연구는 대부분 교육과 관련된 것이다. 좀 더 정확히 말하면 철자 바꾸기, 카드놀이, 문제 풀이 같은 학습 과제이다. 일부는 교실에서 진행되었고, 교과과정 안에 있는 교재들을 사용한 연구도 있다. 피험자들의 연령은 취학 전 아동부터 성인까지 다양하지만 대부분은 대학생과 초등학생들이다.

마거릿 클리퍼드Margaret M. Clifford는 많은 사람들이 그렇듯 초등학교 5학년 아이들이 경쟁적인 게임을 하면 어휘를 배우는 데 도움이 될 거라고 생각했다. 그녀는 "그러나 예상과는 달리 단어를 배우고 기억하는 능력이 별로 향상되지 않았다"고 했다. 경쟁이 약간의 흥미를 느끼게 하는 것처럼 보이기는 했으나, 그런 모습은 대부분 게임에서 이긴 아동들에게만 나타났다.[4] 모턴 골드먼Morton Goldman과 그의 동료들은 철자 바꾸기를 하는 대학생들이 서로 경쟁할 때보다 협력할 때 더 효과적으로 문제를 해결한다는 사실을 발견했다.[5] 어바이네 워키Abaineh Workie

역시 고등학생들의 카드놀이를 지켜본 후 "협력이 경쟁보다 눈에 띄게 생산적"이라고 말했다.[6] 모턴 도이치가 대학생들을 상대로 1948년에 실시한 일련의 실험에서도 같은 결과가 나왔으며, 그는 25년 뒤에 같은 주제를 연구하면서 자신의 실험과 같은 결과를 얻은 13건의 다른 연구들을 인용할 수 있었다.[7]

13건의 연구가 모두 경쟁의 좋지 않은 결과를 보여주고 있다는 점이 인상적이다. 또한 데이비드와 로저 존슨은 1981년에 야심찬 메타분석(meta-analysis, 다른 연구 결과에 대한 분석) 결과를 출간했다.[8] 이 주제에 관한 연구 중 가장 결정적인 것으로, 그들은 북아메리카에서 행해진 경쟁, 협력, 독자적 구조 아래서의 성취나 수행능력에 대한 연구 중 122건(덧붙이자면 그들이 분석한 1924년부터 1980년까지의 연구 중 오직 한 건만이 도이치의 목록과 중복되었다)을 모두 검토했다. 그 결과는 주목할 만하다. 협력이 경쟁보다 더 많은 성과를 거둔다는 연구가 65건, 그 반대의 경우가 8건이었으며, 통계적으로 중요한 차이가 없었다는 연구가 36건이었다. 또한 독자적으로 할 때보다 협력할 때 더 큰 성과를 거둔다는 연구가 108건, 그 반대가 6건, 별 차이가 없다는 42건이었다. 모든 분야와 연령층에서 협력이 더 우월한 것으로 평가되었다.[9]

이러한 결론에는 여러 조건들이 제시되었는데, 협력은 집단이 작을수록[10], 그리고 임무가 복잡할수록 더 효과적인 것으로 나타났다(특히 고도의 문제해결능력을 필요로 할 경우 더욱 그러했다).[11] 협력이 얼마나 더 효율적인지는 하려는 일이 얼마나 상호의존적인가에 따라 달라진다. 물론 상호의존적일수록 협력은 더 도움이 된다.[12] 어떤 경우에는 경쟁이 더 나은 결과를 낳는다는 주장이 있는데, 그것은 기계적인 판독 작업이나 물건 옮기기처럼 아주 단순하거나 상호의존이 전혀 필요 없는 일에 한정된다. 그러나 이러한 주장도 의심스럽다. 존슨 형제는 최악의 경우라 하더라도, 어떤 임무든 협력의 우월성 정도가 줄어드는 것이지 우월함 자체가 없어지는 것은 아니라고 주장했다.

어떤 일에서든 협력적인 노력이 경쟁적, 독자적 노력보다 덜 효과적인 경우는 없다. 특히 개념 익히기, 언어 문제 해결하기, 구별하기, 공간 문제 해결하기, 순서를 매기고 기억하고 운동신경 기르기, 추측하고 판단하고 예측하기 같은 보다 중요한 학습 과제를 해내는 데는 더욱 그러하다. 이러한 일은 협력함으로써 더욱 효율적으로 성취할 수 있다.[13]

예전의 연구 주제 중에는(도이치를 포함하여) 집단 내에서는 타인과 협력하지만 집단 간에는 서로 경쟁하는 협력조건을 설정한 것도 있다(이는 미국에서 상당히 주목 받는 일본 기업의 구조와 비슷한 면이 있다. 즉 회사 안에서는 직원들끼리 협력하면서 애사심을 갖도록 장려하지만 다른 회사와는 끊임없이 경쟁하도록 하는 것을 말한다). 이러한 협력 . 경쟁 구조에 대해 일부 학자들이, 협력이 큰 성과를 내는 것은 사실 집단 간의 경쟁 때문 아니냐고 의문을 갖는 것은 충분히 있을 수 있다. 그러나 지금은 많은 연구자들이 이러한 변수에 대해 조사를 했기 때문에 확실히 그렇지 않다고 말할 수 있다. 분명히 "협력은 집단 간의 경쟁이 있든 없든 성과에 도움을 준다"고 에미 페피톤Emmy Pepitone은 말한다.[14] 이는 "집단 안에서는 협력하지만 집단 간에는 경쟁 상황에 있는 학생들이 집단 간의 경쟁은 존재하지 않는 것처럼 행동한다"[15]는 관찰 결과 때문이다.

최근 도이치는 과제의 설정뿐 아니라, 임무 완수에 따른 보상의 분배 방식에 대해서도 조사했다. 그 방식에는 승자 독식(대부분의 경연에서 그렇듯이), 성과에 비례하는 배분, 그리고 균등 배분이 있다. 우리는 대부분 경쟁이 성과를 높인다고 생각하므로 앞의 두 가지 분배 방식이 더 열심히 일하게 할 것이라고 여긴다. 즉 탐나는 보상을 승자 몫으로만 하면 최고의 성과를 올릴 수 있다고 믿는다. 이러한 추론이 맞는지를 알아보기 위해 콜롬비아 대학생을 대상으로 6개의 실험을 실시했는데, 여기엔 일본어로 된 시의 해석과 항아리 속에 들어 있는 젤리의 개수를 추산하는 등의 과제가 포함되었다. 결과는 이렇다. 독자적으로 수행할 수 있는 과제(상호의존도가 낮은 과제)에서는 보상의 분배 방식이 일을 잘하고 못함에 별 영향을 끼치지 못했으며, 모두가 균등한 보상을 받았을 때보다 성과에 비례하여 보상을 주었을 때가 더 생산적이라는 증거는 전혀 찾아볼 수 없었다. 그러나 일의 성패가 협동에 달려 있는 경우(상호의존도가 높은 과제)엔 명백한 차이를 보였는데, 도이치는 균등 배분 방식이 "최고의 결과를 가져왔으며, 승자 독식은 최악의 결과를 낳았다"[16]는 것을 알아냈다.

내가 검토한 연구 중 대부분은 성과를 보다 관습적, 양적으로 측정했다. 말하자면 교실에서 배운 것을 측정하기 위해 전통적으로 사용되어 온 표준시험 방식은 경쟁에 유리하도록 편향되어 있으며, 이것이 어쩌면 일부 연구에서 경쟁과 협력의 중요한 차이를 발견하지 못한 원인일 수도 있다.[17] 그런데 이러한 전통적인 측정 방법에서조차 경쟁이 별 다른 성과를 거두지 못한다는 것은 주목할 만하다.

일하는 속도, 풀어낸 문제의 수, 기억해낸 정보의 양 같은 양적인 성과 측정법에서 성과의 질적인 면으로 관심을 돌리면 경쟁은 오히려 훨씬 나쁜 결과를 낳는다는 것을 알 수 있다. 1920년에 실시된 실험에서, 단순하고 기계적인 일을 할 때 사람들을 경쟁시키면 속도는 빨라지지만 작업의 질은 훨씬 떨어진다는 것을 알아냈다.[18] 최근의 연구에서는 "경쟁적인 상황보다는 협력적 상황에서 확실히 더 복잡한 결과물이 만들어졌으며"[19], 또한 "학습을 할 때 경쟁적 혹은 독자적으로 추론하는 것보다는 협력 집단 안에서 토론하는 과정이 질적으로 더 높게 인지능력을 계발하고 발전시킨다"[20]는 것이 확인되었다. 대학생들을 대상으로 한 실험에서도 경쟁이 창의적인 문제 해결 능력을 저해하는 것으로 나타났다.[21] 1983년 독일에서 초등학교 4학년을 대상으로 한 실험에서도 경쟁이 성적에 부정적이라는 것이 밝혀졌다.[22]

서로 경쟁하게 만드는 것은 오히려 능률을 떨어뜨리는 결과를 가져온다. 교실이 경쟁의 장이 되면 아이들은 오히려 잘 배울 수 있는 기회를 놓칠 것이다. 확실히 교사 입장에서 보면 학생들의 주의를 끌고 집중력을 높이기 위해 경쟁적인 게임으로 진행하는 수업을 선호할 수도 있다. 그러나 이런 방법의 실질적인 매력은 더 쉽게 가르치는 데 있지, 더 효과적으로 배우도록 하는 데 있지 않다. 즉 가르치는 방법에 대한 해결책이 아니라 회피책인 셈이다. 아이들이 그것을 즐기는 것처럼 보인다 해도 얼마나 잘 가르쳤느냐에 대해선 사실 아무 말도 할 수 없다.

즐기는지조차도 확실치 않다. 아이들이 흥미를 느끼는 것은 게임에 경쟁적 요소가 있어서가 아니라 이러한 게임이 평소의 지루한 수업을 대신했기 때문일 수도 있다. 많은 교사들은 협력이라는 대안을 시도해보지도 않고 오로지 경쟁이 학생들의 주의를 더 끌 수 있다고만 생각한다 (마지막 장에서도 살펴보겠지만 협력 수업을 한번 경험한 아이들은 계속해서 그것을 선호하게 된다).

우리의 교육은 대부분 매우 개인주의적이며, 경쟁적인 평가 구조가 그 경향성을 부채질한다. 개인 간이든 집단 간이든 종종 경쟁은 교육과정 자체에 들어 있기도 하다. 좋은 성적을 위한 끊임없는 경쟁은23 명백히 학생들에게 경쟁이 매우 자연스러운 것이라는 생각을 심어준다. 이와 반대로 이런 모든 연구에서 묘사되는 협력은 우리뿐만 아니라 교사들에게도 낯선—사실대로 말하자면 매우 추상적인—것이다. 그러므로 우리는 협력적인 교실이 실제 어떤 방식으로 작동되는지를 좀 더 자세히 살펴볼 필요가 있다.

협력은 사람들을 단지 어떤 집단에 소속시키는 것보다 더 큰 의미가 있다. 그것은 공통의 노력이 결과물로 산출되고, 목표를 서로 공유하며, 각 개인의 성공이 다른 사람의 성공과 연결되는 어떤 도전적인 과제에 집단으로 참여하는 것이다. 특히 협력은 아이디어와 도구를 공유하고, 때로는 분업을 하고, 그 일이 성공하면 받을 수 있는 보상도 모두에게 공평하게 돌아간다. 예를 들어 애론슨은 '조각그림 퍼즐 방법jigsaw method'이라는 학습법을 생각했다. 어떤 위인의 생애를 배우는 과제를 낸다면 그룹의 각 개인에게 위인의 특정 시기의 정보를 따로따로 주는 것이다. 그들은 서로에게 의지하여 각자가 배운 시기를 모두 통합해야만 한 사람의 생애를 온전히 알 수 있다.[24] 이에 반해 존슨 형제는 이보다는 좀 덜 구조적인 분업(한 그룹 안에서 각기 다른 물건을 얼마나 많이 찾아내서 계속 촛불을 켜놓을 수 있게 하는가)으로 과제를 완수하는 방법을 고안했다.[25] 그들은 또한 다양한 수준의 학생들을 그룹으로 만들어 서로를 돕도록 했다. "그룹 안에서 모두 다 문제를 해결할 수 있게 되면 아이들은 다른 그룹을 찾아가서 도움을 주었으며, 이로써 그 학급의 모든 학생들이 문제 푸는 방법을 이해하게 되었다."[26]

"어떤 문제를 그룹을 이루어 해결하는 것이 개별적으로(설령 그들이 전문가라 할지라도) 하는 것보다 대부분 더 좋은 성과를 거두기"[27] 때문에 학생들이 협력할 경우 더 잘 배울 수 있다는 사실은 별로 놀랍지 않다. 그러나 학생들이 서로 돕는 공부 방법은 수준이 낮은 학생이 일방적으로 공부 잘하는 학생의 도움을 받는 것이 아닌가 하는 의문을 갖게 한다. 사실일까? 다행히 지식이란 제로섬 게임이 아니다. 누군가 많이 안다고 해서 다른 사람의 지식이 줄어드는 것은 아니라는 뜻이다. 누군가를 가르쳐본 사람은 남을 가르치는 일이 타인의 지식을 늘려줄 뿐만 아니라 자신도 그 문제에 대해 더 잘 이해하게 된다는 사실을 알 것이다. 진부하지만 선생들도 학생들만큼 배운다는 말은 사실이며 협력적인 교실에서는 경쟁하거나 독자적으로 배우는 것보다, 도와주거나 도움을 받는 학생 모두가 실제로 이익을 얻을 수 있다. 존슨 형제는 이렇게 결론을 내린다.

특히 수준이 낮거나 중간 정도인 학생이 각각 다른 능력을 가진 학생들과 협동하여 학습하면 더 잘 배우게 되는 것은 의심의 여지가 없다. 그러나 높은 수준의 학생들도 혼자 공부할 때보다는 성적이 좀 떨어지는 아이와 협력하여 공부할 때 더 좋은 성과를 올린다는 사실이 입증되었다. 최악의 경우라 하더라도 능력이 뛰어난 아이들이 손해를 보는 일은 없었다.[28]

이와 같은 주제로 1985년에 존슨 형제가 인용한 다른 연구 결과를 보면, 협동 수업이 재능 있는 학생들에게 이익이 된 경우가 3건이었고, 별 차이가 없었다는 결론은 1건이었으며, 손해를 보았다는 경우는 한 건도 없었다.[29] 또한 비슷한 시기에 미국 중서부 75개 학교의 초등학교 2학년을 대상으로 한 조사에서는 "능력이 높든 낮든 모든 학생들이 서로 다른 수준의 협동 학습 그룹에 참여하여 더 잘 배우게 되었다."[30] 또한 이보다 앞선 조사를 보면 학습 성과가 그룹 내에서 공유되면 학생들은 자발적으로 서로를 가르쳤으며 "장기적으로 봤을 때, 이러한 상황에 대해 불평하는 학생들은 찾아 볼 수 없었다." 다시 말해 "재능 있는 학생들도 독자적인 학습보다 협력적 학습에서 더 많은 이득을 얻게 된 것이다."[31] (교육에서 협력 구조가 갖는 이점이 단지 성과에만 있는 것은 아니다. 협력과 경쟁이 인간관계에 미치는 영향에 대해선 6장에서 살펴볼 것이다).

이런 연구는 대부분 학습 성과에 관한 것이며, 꼭 실제는 아닐지라도 교실을 전형적인 공간으로 상정하여 실시했다. 그러면 그 밖의 다른 곳은 어떠한가? 경쟁 상황, 혹은 개인의 경쟁심이 더 나은 성과를 가져오는 것은 아닐까?

전통적인 직장 환경에서의 생산성과 경쟁에 관한 연구는 교실에 대한 데이터만큼 많지 않지만, 학습에 관한 연구 결과와 일치하고 있다. 그중 사회학적인 조사로는 고전에 속하는(1954년에 실시한) 피터 블라우 Peter Blau의 연구를 살펴보자. 블라우는 직업소개소의 상담사를 두 그룹으로 나누어 비교했다. 한 그룹은 일자리를 소개하는 데 서로 치열하게 경쟁하는 상담사들로 구성되었고, 다른 그룹은 상호 협력하는 사람들이 모여 있었다. 성과에 매우 집착하는 첫 번째 그룹의 상담사들은 공개모집 공고를 몰래 감추었다. 이런 일은 자신을 방어하고 남보다 더 높은 성과를 거두기 위해 계속해서 일어났다. 반면 서로 협력하는 두 번째 그룹 구성원들은 일자리에 관한 정보를 서로 나누었는데, 결과적으로 두 번째 그룹이 더 많은 사람들에게 일자리를 소개할 수 있었다. 이것은 분명 업무 성과에 대한 지표로 볼 수 있다.[32]

25년 뒤에 텍사스대학의 로버트 헬름라이히 Robert L. Helmreich와 동료들은 성취도, 업무 지향성, 숙달 정도, 도전적 과제의 선호도와 경쟁심 사이의 관계를 조사한 결과를 발표했다. 이 조사는 과학 분야에서 박사학위를 받은 남성 103명을 대상으로 실시되었는데, 그들의 업적은 자신들이 쓴 논문이 동료 과학자들에 의해 얼마나 자주 인용되었는지를 기준으로 평가되었다. 그 결과 "가장 많이 인용된 이들은 업무와 숙달 면에서는 높은 평가를 받았으나, 경쟁심은 낮은 사람들이었다."

경쟁심이 부정적 영향력을 발휘할 거라고는 전혀 예상하지 못한 헬름라이히는 이런 결과를 놀라워했다. 이것이 우연일까? 그는 다시 심리학자들을 대상으로 조사를 했으나, 결과는 마찬가지였다. 헬름라이히는 또 다시 두 건의 연구를 진행했는데, 하나는 남성 기업인에 대해 그들의 연봉으로 성취도를 측정했고, 또 하나는 1,300명의 남녀 대학생에 대해 그들의 평균학점으로 성취도를 측정하였다. 그 결과 경쟁심과 성취도 사이에는 서로 부정적인 연관관계가 있다는 것을 알아냈다.[33] 그는 특히 기업인에 대한 연구에 대해 흥미를 느꼈는데, 왜냐하면 이 실험에 의해 "보통 성공적인 기업인은 매우 경쟁적이다"라는 고정관념에 의문이 제기되었기 때문이다.[34] 이러한 사실은 그의 동료인 자넷 스펜스Janet Spence가 말한 대로 "경쟁심이 기업가로 성공하기 위해 가져야 할 매우 중요한 요소라는 주장을 극적으로 반박하는 것이다."[35]

헬름라이히는 여기서 멈추지 않고 1985년까지 세 건의 연구를 더 진행했다. 첫 번째는 초등학교 5, 6학년을 대상으로 경쟁심과 표준 성적을 비교한 것이고,[36] 두 번째는 비행기 조종사들의 경쟁심과 성과의 상관관계에 대한 조사였으며,[37] 세 번째는 항공사의 예약 담당자들의 경쟁심과 업무 능력에 관한 연구였다.[38] 그 결과는 한결같이 경쟁심이 성적이나 성과, 업무 능력과 부정적인 관계에 있다는 것이었다. 다양한 표본 집단과 측정 방식으로 진행된 총 7건의 연구는 모두 경쟁이 저조한 업무 성과로 이어진다는 것을 보여주었다.

헬름라이히의 연구에서 특히 주목할 점은 성공하고 싶은 마음이 생기게 하는 여러 동기들 중에서 경쟁심이라는 요소를 분리시켰다는 것이다. 그의 연구가 발표되기 전까지 많은 학자들은 동기를 유발하는 모든 요소들(물론 경쟁심도 포함하여)은 더 좋은 성과를 가져오게 한다고 믿었다. 이제 그러한 요소들 중 경쟁심은 별로 그렇지 못하다는 것이 밝혀졌다. 이와 비슷한 방법을 사용한 다른 연구자들 역시 같은 결론을 도출하였다. 독일에서는 초등학교 4학년을 대상으로 한 연구를 진행했는데, 경쟁적인 학생들이 더 좋은 성적을 얻지 못했다는 것을 알아냈다. 심리학자인 조지아 사센Georgia Sassen은 남학생과 여학생 사이의 차이점에 관한 연구를 하던 중에 경쟁심과 성취 사이에는 부정적인 관계가 있음을 알아냈다.[39]

이제 예술에서의 창조성에 대해 살펴보자. 이 분야의 여러 조사에서는 경쟁이 학습에 도움이 되지 않는 것처럼 창조성에서도 마찬가지라는 결론이 나왔다. 한 실험을 예로 들자면, 7세에서 11세에 이르는 소녀들에게 마음대로 콜라주 작품을 만들어보라고 한 다음, 몇몇은 상을 준다며 경쟁하도록 했고, 몇몇에겐 보상이 전혀 없다고 했다. 그리고 7명의 예술가에게 23개의 객관적 항목에 따라 개별적으로 평가하게 했는데, 결과는 "상을 위해 경쟁하도록 한 그룹의 아이들은 대조군 아이들에 비해 독창성이 현저히 떨어졌다." 경쟁하도록 유도된 아이들의 작품은 자발성, 복잡성, 다양성면에서 부족함이 드러났다.[40]

장기적으로 보면 경연이라는 제도 역시 공연 예술가들에게 최고의 성과를 거두지 못하게 한다. 음악평론가 윌 크러치필드Will Crutchfield는 피아노 경연대회에 대해 이런 말을 말했다. "경쟁이 더욱 치열해지는 라운드가 진행될수록 참가자들의 정서는 메마르며, 쇼팽의 연주곡을 위한 감수성은 경연에 별 필요가 없어진다."[41] 승패의 구조 속에서 성공은 경쟁에 가장 적합한 기질을 가진 사람에게 돌아가기 마련이다. 그러한 기질은 예술적 재능과는 전혀 다른 것이며, 오히려 두 가지는 서로 반대되는 것이라고도 할 수 있다.

다른 분야를 살펴봐도 경쟁이 최선의 결과를 가져온다는 가정은 더욱 의심스럽다. 언론을 생각해보자. 뉴스 취재를 위한 치열한 경쟁은 기자들을 매우 불안하게 만든다.[42] 그런데 이러한 경쟁의 결과로 우리는 더 좋은 기사들을 볼 수 있는가? 기자들이 신문의 1면을 차지하기 위해, 혹은 텔레비전 뉴스의 첫머리를 장식하기 위해 경쟁하는 것은 장기적으로 봤을 때 언론의 질을 떨어뜨릴 것이며, 언론사 간의 구독 경쟁이나 시청률 경쟁 역시 마찬가지이다. 특히 언론사 간의 경쟁은 이목을 끌기 위한 선정적인 제목, 그리고 판매 촉진을 위한 끝없는 다툼을 낳는다. 과학 전문 기자들과 인터뷰를 하고, 27건의 과학 기사를 조사한 제이 윈스턴Jay Winsten은 이런 결론을 내렸다.

인터뷰를 통해 드러난 가장 뚜렷한 점은 '경쟁이 지배하는 저널리즘'에선 기사를 왜곡하는 경향이 매우 높아진다는 사실이다. … 여러 매체에서 일하는 과학 담당 기자들은 자기 기사를 더 눈에 띄게 하기 위해 경쟁하는 것이 취재 내용을 왜곡시키는 주요 동기라고 말했다.[43]

지면을 차지하기 위한 경쟁은 정확한 기사가 아니라 '과장된 이야기'를 만들어낸다. 윈스턴은 이러한 경향이 자신을 더 선전하고 싶어 하는 과학자, 의사, 교수 같은 취재원에 의해 더 부풀려진다고 말한다. 둘의 결합으로 기사는 더욱 왜곡된다.[44] 또한 어떤 언론이든 마감의 압력을 받는데, 이는 다른 경쟁자보다 몇 초라도 먼저 방송해야 하거나, 다른 신문이 아직 보도하지 못한 뉴스를 먼저 취재해야 한다는 부담감으로 인해 더욱 심화된다. 장기적으로 보면 이는 각 언론기관이 협력하여 일하는 것보다 대중들에게 더 적은 정보를 전해주게 된다. 더 나아가 이러한 경쟁의 결과로 기사는 부정확해지며, 심지어 무책임하게 되기도 한다. 1985년 이슬람 시아파에 의해 항공기가 납치되었을 때의 보도 행태에 대해 누군가 이렇게 비난했다. "뉴스 방송사의 지나친 경쟁으로 테러 사건의 보도는 왜곡되고 과도하게 노출되었다."[45] 또 다른 사람은 "어떻게 책임을 질 것인가를 생각하지 않고, 단지 경쟁에서 이기기 위해 결정되는 경우가 너무 많았다"[46]라고 논평했다.

경쟁적인 저널리즘 구조 아래서는 직업적, 윤리적인 입장에 서서 보도를 삼가거나 아니면 최소한 잠시 멈춰 그 기사의 파장을 고려하거나 혹은 사실 관계를 재차 확인하는 것이 라이벌 관계에 있는 언론사가 먼저 특종을 보도하지 않을까 하는 두려움에 항상 압도되는 상황이 벌어진다. 이는 대중들뿐만 아니라 그 누구에게도 도움이 되지 않는다. 남과 경쟁하며 일하는 것은 생산적이라기보다 파괴적이다. 지금껏 살펴본 자료들은 이 주장을 뒷받침하고 있다. 따라서 우리는 경쟁의 유용성에 대한 많은 가정들을 재고해봐야 한다.

경쟁은 왜 실패하는가?

경쟁이 뛰어난 성과를 내지 못한다는 사실을 이해하기 위해 경쟁의 생산성에 대한 여러 추측들을 모아 정리하는 작업을 해보고자 한다. 일반적으로 경쟁이 왜 최상의 성과를 거두지 못하는지를 이해하려면 '잘하려고 애쓰는 것과 남을 이기려고 애쓰는 것이 전혀 다르다'는 사실을 깨달아야 한다. 선생님의 주의를 끌려고 애쓰면서 손을 치켜들고 "저요! 저요!" 외치는 아이를 생각해보자. 결국 지목받았으나 얼이 좀 빠진 것 같은 아이는 "근데 문제가 뭐였죠?"라고 묻는다. 아이는 다른 친구들을 이기고 싶은 마음이 앞서 문제에 대한 집중력을 잃은 것이다. 앞서 말한 두 가지가 서로 전혀 다르다는 사실은 경쟁이 왜 성공에 방해가 되는지 설명하는 데 큰 도움이 된다. 뛰어나다는 것과 이긴다는 것은 다른 '개념'일 뿐만 아니라 전혀 다른 '경험'이다. 우리는 그저 일을 열심히 할 수도 있고, 다른 사람을 이기기 위해 열심히 할 수도 있다. 그런데 후자는 전자의 희생을 요구하기도 한다.

물론 경쟁에서 승리는 상대적으로 누가 더 나은 성과를 올렸는지를 통해 결정되지만, 이것으로 경쟁이 더 좋은 성과를 낸다고 단언할 수는 없다. 왜냐하면 자신이 질 거라고 생각하는 사람은 최선을 다하지 않을 수도 있으며, 자신이 이길 거라고 확신하는 사람도 마찬가지다. 물론 이는 부분적인 이유이다.[47] 또한 이런 일이 생기지 않을 만큼 승패를 확신하지 못하는 경우에도, 단지 경쟁자에게만 신경을 쓰며 승리를 쫓다 보면 실제로 일에 전념하지 못하기도 한다. 헬름라이히는 경쟁이 실로 비생산적이라는 그의 놀라운 발견에 대해 이렇게 설명한다. "경쟁적인 학자들은 … 남을 제치고 자신이 앞서는 데 너무 신경 쓰느라 과학적 이슈에서 벗어나며, 피상적이고 일관성이 떨어지는 연구 성과를 낳는다."[48] 간결하게 말하자면 "이기는 데 집착하기 때문에 … 경쟁에 신경 쓰느라 자신이 해야 할 일에 몰두하지 못하게 된다."[49]

이런 일이 여러 분야에서 어떻게 벌어지고 있는지 살펴보자. 앞서 피
아노 경연대회 사례에서 보았듯, 예술가들이 경쟁을 중시하면 탁월한
예술성을 잃는 일이 벌어지기도 한다. 똑같은 이유로 대통령 선거에 뛰
어드는 후보자들은 그 자체로 그 일에 맞지 않을 수도 있다. 즉 경쟁적
인 선거운동을 기꺼이 즐기거나 또 거기에 필요한 기술을 가진 사람은
우리가 원하는 방식으로 국가를 운영할 수 없는 사람일지도 모른다(물
론 이론상으론 훌륭한 지도자이면서 뛰어난 선거운동가인 사람이 있을 수도 있으
나, 그 두 가지 능력은 아주 다른 것이며, 만약 그것이 일치한다면 거의 우연일
가능성이 크다). 이런 현상은 스포츠에서도 찾아볼 수 있는데, 철학자인
존 맥머티John McMurty는 이를 다음과 같이 설명했다.

사실 승리를 추구하는 것은 진정한 스포츠 정신을 발휘할 기회를 줄어들게
한다. 이기는 데 집착하다 보면, 경기력 자체가 우수한지에 대한 관심은 자
연히 사라진다. 우리가 흔히 이와는 정반대로 생각하는 것, 즉 상을 타기
위해 경쟁하는 구조와 최선을 다해 경기하는 것에 어느 정도 인과관계가
있다고 가정하는 것은 어쩌면 오늘날 사람들이 흔히 그럴 거라고 믿는 여
러 생각들 중에서 가장 뿌리 깊은 편견일지도 모른다.[50]

또 다른 예로 경쟁적인 토론을 생각해보자. 이런 토론은 매우 치열하
며 미식축구만큼이나 힘든 일이다. 고등학생이나 대학생들은 어떤 공공
정책 문제에 대한 토너먼트 방식의 토론을 위해 밤낮없이 준비한다. 1

라운드에서는 한 그룹이 나와 어떤 결의안에 대한 지지 의사를 밝히고, 그 다음 그룹은 거기에 대한 반대 의견을 제시한다. 이런 토론에서 중요한 것은 주제를 충분히 이해하거나, 그 문제에 관해 어떤 확신을 갖는 것이 아니라 논리와 설득을 통해 상대방이 반박할 수 없도록 몰아세우는 것이다. 토론을 준비하면서 어느 정도의 전문 지식을 갖추기도 하지만 그것은 단지 승리를 위한 수단일 뿐이다. 사실 확신이나 신념을 갖는 것은 별로 좋지 않다. 그런 것은 승리의 능력을 깎아내릴 뿐이다. 이러한 토론 대회는 서로 반대 의견을 들을 수 있다는 이유로 옹호되곤 하지만, 보통은 반대자들에 대한 냉소주의를 키우는 것에 불과하다. 어느 쪽 입장이든 나름대로 옹호의 논리가 있으므로 어느 쪽이 더 낫다고 말하기는 힘들다. 언젠가 '연간소득보장'이라는 사회보장 제도에 대한 토론이 벌어졌을 때(이것은 그 해 전국 고등학교 논술 주제였다), 지지 여부를 묻는 질문에 한 토론자는 그 순간 자신이 어떤 상황에 처해 있는지에 따라 달라진다고 대답했다. 한 신문기사에는 다음과 같은 적절한 제목이 달려 있다. "알바니의 젊은 토론자들이 누가 최고인지를 결정하다."[51] 경쟁적인 토론 대회는 그 주제와는 별 상관없이 누가 더 말을 잘하느냐에 전적으로 초점이 맞춰진다.

우리 법제도의 기본이 되는 대심(對審, 소송 양쪽 당사자가 출석하여 변호하는 심리제도)도 토론 대회와 비슷하기 때문에 우리는 그러한 제도가 진정 사법정의에 기여하는지 아니면 지금껏 살펴본 여러 예들처럼 그저 이기려는 쪽으로만 작용하는지를 물어야 한다. 이러한 의문을 품기 시작한 일부 법학자들 중 마빈 프랭클Marvin E. Frankel은 이렇게 말했다.

이해 당사자들 간의 변호에 의한 소송절차가 종종 진실을 밝힌다고 해도, 그것은 부수적인 일이거나 우연에 가까운 것이다. 간단히 말해 변호사가 하는 일이란 가능하면 법을 어기지 않고 이기는 것이다. … 그들은 진실을 추구하는 것이 아니라 승리를 원할 뿐이다. … (그리고 진실과 승리는) 사건을 맡은 대부분의 변호사에게는 양립할 수 없다.52

넬슨 로즈I. Nelson Rose는 「변호사의 오류Litigator's Fallacy」라는 에세이에서 이렇게 말했다. "대심 제도가 정의롭다고 믿으면, 그저 쉽게 정의는 자기편이라고 생각해버린다. 변호사는 무조건 고객이 옳다고 스스로에게 최면을 거는데, 만약 그렇게 하지 않고서 어떻게 전쟁터로 가는 검투사가 될 수 있겠는가?"53 이렇게 해서 의뢰인의 이익을 위해 수단을 가리지 않는 비윤리적인 행동을 하게 되고, 결국 다툼은 비능률적이고 부당한 방법으로 해결된다. 어떤 이는 우리의 사법제도에 대해 이렇게 풍자했다. "서로가 과장함으로써 과장을 없앤다. 서로 격렬하게 대립하며 다툼으로써 진실이 밝혀진다고 믿는다. 물론 합리적이지 않은 사람들만 이런 방식으로 정의를 지킬 수 있다고 생각할 것이다."54

아마 잘하려고 노력하는 것과 남에게 이기려고 애쓰는 것이 가장 극명하게 드러나는 곳은 교실일 것이다. 존 놀스John Knowles는 『갈라진 평화Separate Peace』라는 그의 소설에서 기숙학교 학생들 사이에서 벌어지는 경쟁과 배움에 대한 태도의 극명한 차이를 그려내고 있다.

나는 체트 더글라스처럼 공부 그 자체에 대해 진정한 흥미나 열정을 갖지 않았다. … 그러나 나는 체트가 배움 그 자체를 진짜 재미있어 했으며, 그래서 오히려 더 뒤처진다는 것을 알았다. 그는 거의 무아지경이었다. 이를테면 입체기하학에 빠져들었기 때문에 삼각함수는 나만큼 잘하지 못했다. 우리는 볼테르의 캉디드를 읽어야 했는데, 체트는 거기서 세상을 보는 새로운 눈을 떴으며, 다른 급우들이 이미 다른 저자의 책을 읽을 때에도 프랑스 원어로 된 볼테르의 다른 소설들을 섭렵했다. 여기에서도 그의 약점이 드러났는데, 사실 나에게는 볼테르나 몰리에르, 뉴턴의 운동 법칙, 마그나 카르타, 감상적 오류(Pathetic Fallacy, 무생물이나 동물 등을 의인화하는 시의 기법-옮긴이), 그리고 토마스 하디의 테스도 모두 비슷한 것이었다. 나는 좋은 성적을 위해 이 모든 것을 마구잡이로 읽었다.[55]

여기서 체트가 '뒤처지고', '약점을 드러냈다'는 것은 단지 경쟁 구조 속에서 승리만을 생각하는 사람의 눈에 그렇다는 뜻이다. 체트는 등수에 관심을 두지 않고 자신의 공부에만 열중하는 데 비해, 말하는 이는 배움 자체보다 경쟁에서 이기는 데 더 관심을 갖는다. 그의 목적은 다른 학생들을 이기는 것이고, 이 목표는 학습에 대한 진정한 열의를 버려야만 성취할 수 있다. 우리 교육제도에서 가장 '성공한 학생'이란 이렇듯 자신의 신념을 포기하고 승리에만 집착하는 학생이다. 그리고 이러한 교육제도를 떠받치고 있는 것이 바로 경쟁이다.

사실 진정한 교육을 받도록 하는 것은 학교교육에서 중요한 것도 아니며, 주요 목적도 아니다. 교육 평론가인 조지 레너드George Leonard가 "학생들에게 여러 과목을 학습시키는 이유는 그들의 인생을 돕고자 하는 것이 아니라, 경쟁 그 자체를 가르치기 위한 것이다"[56]라고 말했듯이, 중요한 것은 '경쟁'이다. 데이비드 캠벨 역시 이렇게 말했다. "너무나 광적이고 비이성적으로 남에게 이기는 것을 핵심 가치로 여기는 학교, 그리고 그와 비슷한 여러 공공기관들은 … 기업과 정부를 위해 뒤떨어지는 아이들을 싼 값에 미리 분류하는 인력소개소 같은 역할을 한다. … 승리와 패배는 학교의 모든 것이며, 교육은 그 뒤에 있다."[57] 일률적으로 등수를 매기는 시험이 학생들에게 높은 등수만을 위해 공부하라고 끊임없이 강요하는 것처럼, 경쟁은 자체의 관성으로 계속되면서 꼭 배워야 할 뭔가를 배제해버린다.

아이들에게 경쟁을 강요하는 것은 종종 다음과 같은 이유로 옹호된다. 일찍부터 경쟁을 경험하면 어른이 되어서도 경쟁에 보다 효과적으로 대처할 수 있다는 것이다. 어느 정도는 맞는 말이다. 경쟁을 반복적으로 경험하면서 이길 수 있는 전략을 배우는 것은, 자신의 성공을 위해 다른 사람은 단지 방해물로 보게끔 아이들의 의식을 바꾸어놓는다.[58] 그러나 다른 사람을 이기는 것과 일을 잘하는 것이 서로 다르다는 사실은 미래에도 변함없기 때문에, 경쟁에 자주 노출되어 승리하는 법을 배운다고 해서 훗날 일을 더 효과적으로 잘할 수 있는 것은 아니다. 오히려 어린 시절 경쟁을 통해 실패를 경험한 사람들은 나중에 오히려 경쟁을 회피할 가능성이 커진다.

잘하려고 노력하는 것과 이기려고 애쓰는 것이 완전히 다르다는 사실은 동기부여 이론가들의 의견을 살펴보면 더 잘 이해할 수 있다. 어떤 일이든 그 일을 가장 잘할 수 있는 방법은 일 자체를 즐기는 것이다. 본질적이지 않은 외적 동기(outside motivator, 돈이나 성적 등)는 일하는 것 자체가 하나의 보상인 즐거운 활동을 결코 대신할 수 없다. 마가렛 클리퍼드는 "외적 동기가 성과에 영향을 줄 수 있을지는 몰라도, 성과란 기본적으로 학습에 달려 있는 것이고, 학습은 주로 내적 동기에 의해 영향 받는다"고 말한다. 또한 "그 성과가 매우 복잡한 일에 관한 것이라면 내적 동기가 더 중요하다"[59]고 구체적으로 말했다. 여러 연구 결과를 보면 성취 동기가 강한 사람일지라도, 그 동기가 외적 보상에 좌우되면 일을 잘해 낼 수 없다.[60]

경쟁은 돈이나 성적 등 여러 가지 외적 동기들과 똑같은 방식으로 작동한다. 이 주제에 대해 연구한 에드워드 데시Edward Deci는 이렇게 썼다. "외적 동기를 바탕으로 보상을 받기 위해 하는 행동은, 행동 그 자체와는 별개의 것이다. 경쟁의 전형적인 보상은 승리(타인이나 다른 팀을 패배시키는 것)이므로 경쟁 자체가 바로 어떤 활동에서 외적 동기가 되는 것이다."[61] 이는 경쟁적인 사람들의 주관적인 고백에서도 확인할 수 있는데, 즉 그들은 스스로 외적 동기 때문에 경쟁적인 행동을 한다고 말한다.[62] 다른 외적 동기와 마찬가지로 경쟁은 활동 그 자체를 즐기는 것만큼의 성과를 올리지는 못한다.

하지만 이는 기껏해야 이야기의 절반일 뿐이다. 데시를 비롯한 여러 연구자들이 밝힌 대로 외적 동기를 이용하는 방법은 내적인 동기부여를 저해하며, 장기적으로는 어떤 일을 수행하는 데 역효과를 가져온다. 말하자면 금전적인 보상은 그 일 자체를 즐기는 내적 동기를 옆으로 밀어낸다. 즉 이런 식으로 보상을 받기 시작하면, 이전엔 아무런 보상 없이

하던 활동도 보상이 주어지지 않으면 하지 않게 되어버린다. 돈은 "활동을 위한 내적 동기를 '매수'하는 기능을 할 수도 있다. 그리고 이러한 내적 동기의 감소는 (실험을 통해 보았을 때) 일시적인 현상이 아니다."63 다시 말해 외적 동기는 비효율적일 뿐만 아니라 내적 동기를 잠식하기까지 한다. 그것은 이미 좋은 결과를 낳고 있는 내적 동기까지 갉아먹는다.

이러한 결과는 경쟁을 할 경우 구체적으로 드러난다. 1981년, 대학생 80명에게 공간 관련 퍼즐을 풀게 하는 실험이 이루어졌다. 몇몇에겐 다른 학생들보다 더 빨리 풀어야 한다는 지시가 내려졌고, 다른 그룹은 그럴 필요가 없다고 했다. 학생들이 퍼즐을 푸는 데 걸린 시간과 흥미를 느낀 정도에 대해 내적인 관심도를 측정했다. 그 결과 경쟁을 하도록 지시받은 학생들이 그렇지 않은 학생들에 비해 내적 동기가 약했음을 알 수 있었다. 결론은 다음과 같다.

다른 사람을 이기려고 하는 것은 본래 외적인 것이며, 이는 어떤 목표를 위해 활동하는 사람들의 내적 동기를 약화시키는 것으로 나타났다. 서로 경쟁하는 상황이 조장되면, 사람들은 그 일을 잘하려고 노력하는 데서는 아무런 만족감을 얻지 못하고, 단지 그 활동을 다른 사람을 이기기 위한 수단으로 보려는 경향이 뚜렷해졌다. 그러므로 경쟁은 내적 동기를 약화시킨다는 점에서 다른 많은 외적 보상과 같은 기능을 하는 것으로 보인다.64

경쟁에 사로잡혀 어떤 일을 하면 승패에만 신경 쓰기 때문에 정작 그 일에는 집중력을 발휘하지 못하며, 일 자체에서 느끼는 흥미도 줄어든다. 그러므로 장기적으로 보면 경쟁은 오히려 일의 성과를 떨어뜨린다. 여성 운동선수에 관한 논문을 쓴 제니퍼 레빈Jenifer Levin은 두 가지 연구 결과를 언급하며 이렇게 말했다. "사람들은 경쟁할 때 내적 동기가 급속히 감소하는 경향을 보이는데, 여성의 경우엔 더욱 그렇다."[65] 경쟁으로 인해 내적 동기가 줄어드는 경향은 특히 교실에서 두드러지는데, 이에 대해 존 홀트John Holt는 이렇게 말했다.

> 우리는 어렸을 때부터 배움의 의지가 강했던 학생들에게 하찮고 저급한 보상들, '참 잘했어요'라는 도장, 벽에 붙어 있는 100점짜리 시험지, A라고 쓰여 있는 성적표, 우등생 명단, 우수한 졸업생들만 가입할 수 있는 클럽의 열쇠, 즉 간단히 말하면 다른 학생들보다 내가 좀 더 낫다는 저열한 만족감을 장려하고 강요하는 것으로 아이들의 그 의지를 꺾어버린다.[66]

이런 과정은 여러모로 부끄러운 것이지만, 여기서 특히 강조하고 싶은 것은 경쟁이 결과적으로 학습 능력을 떨어뜨린다는 사실이다. 어떤 외적 동기도 성과를 떨어트리는 것처럼, 경쟁 역시 그렇다.

마지막으로 덧붙이고 싶은 얘기는 외적 동기가 어떤 긍정적인 효과를 불러온다 해도, 그중 가장 강력한 동기는 돈이나 승리가 아니라 다른 사람에 대한 책임감이라는 점이다. 이 책임감은 협력이 만들어내는 것이다. 즉 타인이 내게 의지하고 있음을 깨닫는 데서 비롯되는 책임감은 협력을 가능케 하며,[67] 그 어떤 외적 보상보다 더 큰 성과를 이루게 한다. 이에 반해 경쟁 상황에서 다른 사람의 일에 관심을 갖는 경우는 단지 그의 실패를 확인하고 싶은 마음이 생길 때뿐이다.

잘하려고 노력하는 것과 남을 이기려고 애쓰는 것이 서로 다르다는 것이 경쟁이 생산적이지 않다는 설명의 전부는 아니다. 경쟁은 또한 협력에 비해 자원을 낭비하게 만든다. 존슨 형제의 연구에서 볼 수 있듯이 집단적 협력이 성공하는 이유는, 협력적인 집단은 구성원 개개인의 능력을 모두 합한 것보다 더 큰 능력을 발휘하기 때문이다. 물론 모든 활동이 반드시 그런 것은 아니다. 독자적으로 일하는 것이 가장 좋은 방법일 때도 있다. 그러나 사람들이 생각하는 것보다 훨씬 자주, 협력은 구성원이 가진 재능을 효율적으로 사용하며 또한 상호작용을 통해 개개인의 능력을 향상시키는 신비하지만 부인할 수 없는 상황을 만들어 낸다. 도이치 말대로 사람들은 같이 일할 때에만 공동 노력과 분업이 가능해진다.[68] 이에 반해 비협력적인 방법들은 거의 항상 노력이 중복될 수밖에 없다. 혼자 일하는 사람은 이미 누군가가 맞닥뜨리고 극복한 문제에도 시간과 에너지를 쏟아야 하기 때문이다. 예를 들어 어떤 과학 기술상의 문제가 발생했을 때 과학자들(다른 국가의 과학자들까지 포함하여)이 서로 경쟁하기보다 그들의 재능을 모은다면 빠른 시간 내에 창의적으로 해결할 수 있다.

경쟁만이 특별히 비생산적이라는 주장은 아니다. 독자적으로 하는 어떠한 일이라도 이러한 결점이 있을 수 있다. 그러나 구조적 경쟁은 사람들을 서로 의심하고 적대시하게 만들어 협력을 적극적으로 막는 실제적인 효과를 발휘한다. 이는 피터 블라우와 로버트 헬름라이히가 자신들이 발견한 결과를 해석하면서 알아낸 사실이다. 앞서 얘기한 직업소개소의 경쟁적 직원들은 "얼마나 많은 일을 소개하는가에만 열중하여 … 종종 동료들과의 관계를 등한시했다." 한편 비경쟁적인 직원들은 "사회적 인간관계를 즐겼으며, 그럼으로써 더 협력하고 능률적으로 일했다."69 헬름라이히는 "매우 경쟁적인 사람은 타인을 멀리하고 적대시하느라, 다른 사람들이 자신의 일을 돕고 지원해줄 수 있다는 것을 깨닫지 못했다"70고 말한다.

협력은 상호 간의 노력을 좀 더 능률적으로 만드는 데 비해, 경쟁하는 사람들은 서로 믿고 의지할 때 얻을 수 있는 이익을 누리지 못한다. 또한 존슨 형제가 지적했듯이, 타인에게 인정받는다고 느끼는 사람은 인간관계에서 오는 안정감으로 인해 더 자유롭게 문제를 탐구하고, 모험에 도전하며, 가능성을 즐기고, "또한 비웃음을 피하기 위해 자신의 실수를 감추기보다는 그 실수에서 배움을 얻는다."71 타인이 잠재적인 협력자가 아닌 적대적인 사람인 상황에서는 이런 일이 결코 일어나지 않는다. 이것이 바로 경쟁 자체에 포함되어 있는 문제이다.

협력이 훨씬 효율적이라는 것 말고도 경쟁은 불쾌한 경험이므로 좋은 성과로 이어지기 힘들다. 많은 사람들이 경쟁적 놀이를 즐기는 것 같지만, 대부분은 경쟁 상황을 별로 유쾌하게 여기지 않는다. 앞서 살펴보았듯이 미취학 아동부터 대학생까지, 놀이든 학습이든 모두 협력을 더 선호했다(49~51쪽 참조). 대체로 협력은 재미있고 더 생산적이기 때문에 선순환 구조를 가져오며 더 좋은 성과를 올릴 수 있다. 또한 교실에서도 "수업에 보다 적극적인 태도를 보이기"72 때문에 내적 동기를 강화시켜 꾸준히 뛰어난 학습 능력을 유지하게 된다. 여기서 경쟁이 성공에 매우 방해가 될 뿐만 아니라 실패의 원인이 된다는 사실을 다시 한 번 확인할 수 있다. 경쟁은 높은 성과를 거두는 기쁨을 주지도 못할 뿐더러, 오히려 근심의 원인이 된다. 실제적인 보상(돈, 트로피, 성적)은 그리 큰 것이 아닐지라도 심리적 부담은 항상 크기 때문이다. 어떠한 경쟁에서든 대부분의 사람들은 승자가 못 되고, 소수의 사람들만 승리한다. 실패에 대한 예상은 예전에 겪었던 패배의 기억을 통해 그리고 이를 동력으로 해서 성과를 저해하는 동요와 신경과민의 감정을 불러온다. 루스 베네딕트는 경쟁 상황에 처한 일본인들을 이렇게 묘사했다.

경쟁자가 나타나자 실수를 저지르기 시작했으며 동작은 굼떠졌다. 그들은 자신이 예전에 거둔 성과와 비교하며 일할 때는 최선을 다했지만, 다른 사람과 비교되자 그러지 못했다. … 그들은 경쟁에서 일종의 공격성을 느꼈으며, 그래서 일에 열중하지 못하고 경쟁자를 의식하기 시작했다.73

물론 경쟁의 이러한 효과가 모든 문화의 사람들에게 일률적으로 나타나는 것은 아니다. 하지만 이런 데 익숙한 우리처럼 매우 경쟁적인 사회에서 이 효과는 널리 퍼져 있다. 블라우는 협력하는 집단이 더 높은 생산성을 올리는 또 하나의 이유로 불안감 감소를 들었다.74 다른 연구에서도 경쟁하는 사람들은 불안감이 커서 좋은 성과를 올리지 못한다는 것을 밝혀냈다.75 한 사회심리학 조사에서도 경쟁을 전기 충격에 가까운 혐오스러운 자극으로 여기는 것을 볼 수 있다. 어떤 사람들은 경쟁 상황에서 더 빨리 일을 하곤 하는데, 이는 어쩌면 경쟁이 낳는 불쾌함에서 빨리 벗어나기 위한 것일지도 모른다.[76]

경쟁을 옹호하는 사람들도 경쟁이 불안감을 가져온다는 것을 부인하지는 않는다. 그러나 그 불안감이 일을 더 잘하게 하는 동기가 된다고 주장한다. 약간의 불안감이 생산성을 높일 수 있다는 것은 사실이다. 이른바 여키스-도슨 법칙Yerkes-Dodson Law으로 알려진 이론에 따르면 어떤 일이든 그 수준에 맞는 적당한 자극(불안감)은 최고의 성과를 올리게 해주지만, 일이 복잡하고 어려울수록 그 자극 수준은 낮아져야 한다. 하지만 경쟁은 효율성을 떨어뜨릴 정도의 높은 불안감을 조성한다. 스트레스가 심한 경쟁 상황에서 사람들은 더 나은 성과는커녕 그저 실패하지 않는 데만 급급하다. 실패를 피하기 위해 애쓰는 것과 성공하기 위해 노력하는 것은 전혀 다르다. 잘 알려진 동기부여 이론가인 존 앳킨슨J. Atkinson은 이렇게 말했다. "실패를 피하려는 경향은 … 성취 지향적인 행동을 억제하는 작용을 한다."[77] 실패를 맛보고 싶지 않은 사람은 오히려 경쟁의 영역 자체에 들어가려 하지 않을 것이다. 직장을 구하거나 진급을 하려 하지도 않을 것이며[78], 경쟁적인 놀이에 참여하지 않고, 교실에서도 침묵할 것이다. 실패를 피하려는 사람을 경쟁하도록 강요한다면, 그는 마음의 동요를 이겨내지 못하고 실패할 것이며, 이는 일의 성격이나 어려움의 정도를 떠나 언제든 일어날 수 있다. 사람들이 독창성을 발휘하여 문제를 해결하는 데에 경쟁은 별로 좋은 환경이 되지 못한다.

이러한 결과는 광범위하지만, 옳건 그르건 자신이 이길 가능성이 별로 없다고 믿는 사람들에게 가장 많이 나타날 것이다. 경쟁은 이러한 사람들의 성취욕을 저하시키며 결국 집단 전체의 성과에 심각한 영향을 끼칠 것이다. 우리 사회가 경쟁을 불쾌한 것으로 생각하는 사람들을 다루는 방법 중 하나는 "패배를 두려워한다"고 비난하는 것이다. 이 말은 어떤 사실에 대한 설명이 아니라, 전형적인 폄훼의 목적으로 사용된다. 이런 말들이 암시하는 것은 경쟁을 반대하는 유일한 이유는 '두려움' 때문이라는 것이다. 이를테면 마이클 노박Michael Novak 같은 사람은 경쟁을 불쾌하게 여기는 사람들을 일컬어 "우리 사회의 경쟁심을 개탄(그리고 남몰래 두려워)하는 사람들"79이라고 표현했으며, 크리스토퍼 래쉬 Christopher Lasch는 경쟁에 대한 비판을 '불신'이라고 바꾸어 표현하고, "만약 경쟁에 제한을 두지 않으면 무의식의 충동과 환상이 우리를 압도할 것이라는 공포에서 비롯하는 것"80이라고 주장했다.

이는 자신의 놀이 친구를 겁쟁이라고 조롱하는 말과 같다. 그들의 글에 쓰인 행간을 잘 읽으면 경쟁을 비판하는 사람들이 용기가 없다며, 남자답지 못하다고 비웃는 것임을 알 수 있다. 이는 또한 매우 영리한 수사학적 비난이다. 경쟁을 옹호하는 사람은 논리적인 반면 비판하는 사람은 감정적(공포, 두려움)이라는 사실을 내포한다. 또한 경쟁을 비판하는 사람들은 패배의 두려움 때문에 경쟁을 회피하려고 하며, 따라서 그런 나약한 사람들은 좋은 성과를 거둘 수 없다는 점을 암시한다. 그러나 실상 두려움을 퍼트리는 사람들은 "그런 압력을 견디지 못하는 패배자들은 낙오해도 상관없어" 하면서 경쟁을 열렬히 지지하는 이들이다. 나는 지금 여기서 그런 잔인한 입장에 대해 장황하게 논하거나, 그런 사람들의 심리를 분석하지는 않을 것이다. 하지만 분명히 말하고 싶은 것은 긴 안목으로 보면 사람들이 경쟁을 한다면 업무 수행의 질이 떨어지며, 앞서 많은 증거를 제시했듯이 뛰어난 성과를 거두지 못한다는 사실이다.

생산성이란 무엇인가? : 개인의 관점을 넘어서

일반적으로 경쟁 상황에서 우리가 최선을 다하지 못한다는 사실은 어떤 사람들에게는 별로 공감되지 않은 얘기로 들릴지 모른다. 배고픈 사람은 두 명인데 식사는 1인분밖에 없다면, 열 명의 실업자가 있는데 일자리는 하나밖에 없다면 그들이 경쟁하는 것 말고 도대체 무엇을 할 수 있단 말인가? 경쟁이 가장 생산적이지 않은가? 그리고 가장 합리적이지 않을까?

나는 이에 대한 대답이 우리가 어떤 관점을 받아들이는가, 그리고 합리적이란 말을 어떻게 정의하는가에 따라 달라진다고 말하고 싶다. 어떤 문제를 생각할 때 우리가 가진 기본적인 전제에 의문을 품으면 그저 습관처럼 당연하게 여기던 해결책이 불변의 진리가 아님을 깨달을 수 있다. 충격을 받은 사람이 똑같이 총을 쏘는 도덕적 딜레마에 대해 생각해보자. 우리는 여기에 명확한 의견, 혹은 어떠한 의견이든 제시할 수 있지만, 그것은 먼저 총을 쏜 행동만을 딱 잘라낸 후 그 상황(단 한 문장으로 표현할 수 있는)에 대한 어떤 가설을 액면 그대로 받아들일 수 있을 때만 가능한 것이다. 즉 한 장면이 아니라 영화처럼 처음부터 끝까지 그 사건을 보았다면 여러 의문이 생길 것이다. 총에 총으로 똑같이 대응한 사람은 어쩌면 자신의 집에 무단 침입한 괴한 때문에 그런 행동을 했을 수도 있다. 그렇다면 총보다 덜 치명적인 정당방위 수단은 없었을까? 총으로 반격하면 무고한 다른 사람이 다치지는 않을까?

경쟁의 경우도 이와 비슷하다. 하나의 일자리, 한 그릇의 식사를 두고 경쟁하는 것이 합리적 선택이라고 할 수 있지만, 그것은 한 시점만을 딱 잘라내서 원인과 결과, 그러한 일이 벌어지게 된 배경 등을 무시한 채 그때의 상황만으로 결론을 내릴 때에만 그렇다. 우리는 왜 많은 사람이 원하는 재화(일자리를 포함하여)의 공급량이 이렇게 부족한지, 처음부터 이런 상황에까지 이르게 하지 않을 방법은 없었는지, 또한 경쟁이 앞으로 사람들의 관계에 어떤 영향을 미치고 또 어떤 결과가 발생할지도 고려해야 한다.

나는 이 문제에 대해 관점을 변화시키는 두 가지 방법을 제시하고자 한다. 하나는 급진적이고 다른 하나는 온건하지만, 공통적으로 우리에게 경쟁이 덜 필요하고, 덜 생산적임을 알게 해줄 것이다. 우리가 평소별로 하지 않는 질문, 즉 '누구에게 가장 이익이 되는가?'에 첫 번째 변화의 방법이 있다. 서양의 전통, 특히 고전경제학 이론에서 보면 합리적 행동이라는 사상은 바로 개인과 관련된 것이다. 모든 결정은 한 사람의 비용과 이익을 기초로 이루어지며, 사회는 단지 그런 개인들의 집합체일 뿐이다. 이론적으로 보면 개인은 자신의 이익이 직결되는 경우에만 사회적 부담을 받아들인다는 것이다. 이러한 관점은 서구사회에서 인간의 제2의 천성처럼 여겨지는데, 다른 가치나 행동들과 마찬가지로, 이것이 인간의 삶을 영위하는 데 불가피한 것이라는 증거는 어디에도 없다. 공업화가 덜 이루어진 사회는 말할 것도 없고 중국이나 일본 등 일부 아시아 국가조차도 이와는 다른 세계관을 가지고 있는데, 여기서는 집단의 행복이나 복지가 어떤 결정을 내리는 기준이 된다. 특정 개인의 손해나 이익은 별로 고려되지 않는 사회도 있다. "그렇게 하면 내게 무슨 이익이 있지?", 서구에서는 별 부끄러움도 없이 계속되는 이 질문은 어떤 사회에선 너무도 이기적이거나 이해조차도 어려운 질문인 것이다.

이러한 집단주의 혹은 전체론의 관점 역시 서구사회의 개인주의처럼 '인간의 천성'이라고 주장할 수 있다. 생물학자 윈 에드워드V. C. Wynne Edward에 따르면 진화는 각각의 유기체 수준이 아니라 집단의 수준에서 더 잘 이해할 수 있다고 한다. 동물들의 많은 행동—희생을 포함해서 이타주의적인 여러 행동들—은 집단의 이익과 관련해서 해석해야 이해할 수 있다.[81]

경쟁할 때 우리는 주로 자신만의 이익을 위해 그렇게 한다. 그 이익이 집단의 목표가 된다면 협력이 더 자연스러울 것이다. 집단을 이루어 함께 일하는 것은 개인의 이익을 최대한으로 하기 위한 전략이 아니라, 우리 모두에게 이익이 되는 것이 무엇일지를 생각한 논리적 결론이다. 전체가 무엇인가를 얻기 위해서라면 나는 잃어도 괜찮은가? 종종 이러한 일이 발생하기도 하겠지만, 그것이 무슨 엄청난 재앙은 아닐 것이다. 다시 말하면 이러한 질문은 우리 사회와 다른 가치관을 가진 곳에서는 아예 성립하지도 않을 것이다. 그들이 보기에 이런 질문은 조깅을 할 때 다리가 "나의 희생을 통해 몸 전체가 이익을 얻는 것이 과연 옳으냐"고 묻는 것과 같을 것이다.

집단 전체의 이익으로 관심을 돌리면 세상을 보는 눈이 달라지는 것을 포함하여 인생의 목표가 변할 것이다. 심지어 우리가 가지고 있는 개인주의 관점에서 보더라도, 스스로를 만족시키기 위한 우리의 경쟁적인 전략들은 그렇게 합리적이지 못하다. 타인을 패배시키려고 애쓰는 이유는 다른 사람이 실패해야만 내가 성공할 수 있다는 전제가 있기 때문이며, 이러한 전략은 일시적으로만 생산적일 뿐이다. 장기적인 관점에서 성공을 생각한다면(즉 개인의 이익에서 집단의 이익으로 조금만 관점을 바꾼다면) 협동은 개인적인 차원에서도 이익이 된다. 이에 대한 예로 가렛 하딘의 '공유지의 비극tragedy of the commons'을 생각해보자. 소를 키우는 농민의 입장에서 보면 공공의 목초지는 자유롭게 이용할 수 있으므로, 자신은 소의 개체수를 계속해서 늘려가는 것이 이익이다. 그러나 다른 농민들 역시 같은 생각을 할 것이다. 각자가 모두 자신의 이익대로만 행동한다면 풀은 고갈되고, 결국 모두에게 손해가 된다(만약 농민들이 자신의 소를 더 많이, 더 먼저 먹이려고 경쟁하면 고갈 과정은 더욱 빨리 진행될 것이다. 즉 경쟁하면 할수록 모두가 더 빨리 손해를 입는다).[82] 이런 것을 고려한다면 우리는 성공과 이익을 집단의 관점에서 생각해야 한다. 물론 우리의 진정한 목적이 개인의 이익을 추구하는 것이라 하더라도, 협력이 더욱 생산적이라는 사실은 명백하다. 경쟁적으로 혹은 독자적으로 이익을 추구하는 것보다 협력이 훨씬 좋은 방법이라는 예는 셀 수 없이 많다. 몇 가지만 인용하자면 다음과 같다.

- 다른 사람들이 모두 까치발을 한다면 군중 속에 있는 사람은 까치발을 해야만 잘 볼 수 있다. 하지만 아무도 까치발을 하지 않으면 모두 다 잘 볼 수 있다.[83]

- 화재 시 먼저 출구로 달려가는 것이 가장 좋은 방법이라고 생각하지만, 서로 배려하고 협력하여 차례로 탈출하는 쪽이 더 많은 생명을 구한다.

- 아이스하키 선수들은 헬멧을 쓰면 시야가 좁아지기 때문에 별로 좋아하지 않는다. 그러나 불편을 감수하면서 선수들이 다 같이 헬멧을 쓴다면 부상당할 위험이 줄어들어 모두에게 이익이 된다.[84]

- 모든 노동자들에게 이익이 되는 사회변화는, 더 많은 인센티브를 얻기 위한 개개인의 경쟁적 투쟁이 아니라 집단행동이라는 단결을 통해서만 이루어낼 수 있다. "단기적인 물질적 만족은 집단행동을 불합리한 것으로 여기게 만들며, 개인적 관점에서 구성원 모두의 이익을 생각하는 집단(노동조합)의 급진적인 투쟁에 참여하는 것을 비합리적인 일로 생각하게 한다."[85] 이것은 왜 '분할하여 통치한다'는 이념이 (집단행동을 통해 전체의 이익을 도모하는 이들을 무력화시키는 전략과 함께) 현상을 유지하는 데 그렇게 효과적인지, 그리고 개인주의자들의 세계관이 왜 그렇게 보수적인지를 보여준다. 이런 개인주의적 관점은 본래 변화를 억누르는 성향을 갖는다.

협력이 어떻게 개인의 이익에 더 효과적인지, 또한 서로 다른 목적을 가지고 일하는 것이 어떻게 모두에게 불이익이 되는지를 명확하게 알

수 있는 예가 바로 '죄수의 딜레마' 게임이다(60쪽 각주 참조). 두 명의
참가자가 '협력'이나 '배신'을 동시에 선택하고 그 결과가 서로의 보상
에 영향을 미친다.

    둘 다 협력하는 경우 : 당신-3, 타인-3
    당신은 협력하고 타인은 배신하는 경우 : 당신-0, 타인-5
    당신은 배신하고 타인은 협력하는 경우 : 당신-5, 타인-0
    둘 다 배신하는 경우 : 당신-1, 타인-1

이 게임이 흥미로운 것은 타인이 배신할 경우, 자신도 배신해야만 손
실을 줄일 수 있으며, 타인이 협력한 경우라도 자신은 배신해야 최대한
의 이익을 얻을 수 있다는 점이다. 확실히 개인의 관점에서 보자면 어
느 경우든 자신은 배신하는 것이 합리적이다. 하지만 표를 보면 알 수
있듯 두 명이 협력하는 경우에 최선의 결과를 얻는다. 물론 이 게임은
다소 인위적이지만 그것이 의미하는 바는 실생활에 바로 적용할 수 있
다. 많은 사람들은 자신의 이익이 즉각적으로 최대가 되는 경우만 생산
적이라고 생각하지만 세상을 보는 눈을 조금만 넓힌다면 이러한 전략이
사회는 물론 자신에게도 전혀 이득이 되지 않음을 알 수 있다.
  정치학자인 로버트 액셀로드R. Axelrod는 각 국가가 협력과 경쟁 중
무엇을 선택하는 것이 서로에게 이득인지를 알아내기 위해 이 죄수의
딜레마 게임을 이용했다. 그는 게임이론 전문가들의 도움을 받아 죄수
의 딜레마 게임 전략을 컴퓨터 프로그램으로 만들었다. 이 프로그램에

서 나온 가장 훌륭한 전략은 상대방이 하는 대로 똑같이 응수하는 것이었다. 액셀로드는 "상대방을 패배시키는 것이 아니라, 상대방의 협력을 어떻게 이끌어내느냐에 따라 성공이 결정된다"고 말하고, 이런 결론을 내렸다. "상호 이익에 기초한 협력은 현재와 같이 명백히 비협력적인 세계에서부터 시작될 수 있으며, 서로 다른 조건과 환경에서 협력하는 방법을 찾아내고, 그 방법이 자리를 잡으면 계속 유지될 수 있다."[86] 그는 또 앞으로도 계속 관계를 맺을 수 있다고 예상하는 경우 사람들(혹은 국가들)은 더 잘 협력할 것이라고 말했다(죄수의 딜레마 게임을 연구한 다른 학자들도 참가자들이 게임에 참여하기 전에 대화를 나눌 경우 게임을 더 잘한다는, 즉 일관되게 협력한다는 사실을 알아냈다).[87]

첫 번째 관점의 변화─나만의 이익을 고려하는 것에서 집단의 이익을 고려하는 것으로─는 서구의 정치학과 경제학이 근본적으로 잘못된 판단에 기초하고 있음을 깨닫게 해준다. 아담 스미스Adam Smith는 각 개인이 자신의 이익을 극대화하기 위해 노력한다면 결국 모두에게 이익이 돌아갈 것이라고 주장했다. 그러나 개인주의적 윤리를 거부하는 사람들에게 이러한 논리는 처음부터 잘못된 가정에서 시작된 것이다. 이런 분석은 현실 세계에서는 거의 존재하지 않는 고립된 개인을 상정하여 선험적인 믿음에 근거하여 이루어지고 있다. 두 번째, 좀 더 온건한 관점의 변화─세계관은 스미스의 것과 비슷할지 몰라도 좀 더 장기적으로 세상을 바라볼 수 있게 해주는 것─는 이 중요한 자본주의 이론가가 틀렸음을 알려줄 것이다. 우리가 사익만을 위해 다른 사람과 경쟁하는 것은 그 누구에게도 이익이 되지 않는다. 이는 증거를 검토하면 바로 알 수 있다. 개인에게 합리적인 것과 집단에 합리적인 것을 구별하는 것은 사람들을 오도하는 것이다. 왜냐하면 "집단에게 해로운 것은 결국 개인에게도 해로운 것이기 때문이다."[88]

그러나 이런 온건한 결론도 현대인들의 제로섬 심리 상태zero-sum mentality에 비추어 보면 급진적으로 보인다. 다시 말해 당신이 잘못될수록 내가 잘된다는 (반대도 마찬가지다) 태도가 뿌리 깊게 박혀 있어서 모두에게 유리한 합의나 어떤 종류의 협동도 받아들이지 않는다. 이러한 태도는 전혀 효율적이지도 생산적이지도 못하며, 비용만 더 늘어나게 만들 뿐이다. 예를 들어 멕시코시의 악몽 같은 상황에 대해 시장은 이렇게 말했다. "과거 그리고 현재까지도 집단의 이익보다 개인의 이익을 앞세우는 우리의 태도가 이 도시를 이토록 무질서하게 만들었다."[89] 또한 핵전쟁은 아무에게도 이익을 주지 못하지만 어떤 미국인들은 러시아가 군축협정을 지지한다는 이유만으로 반대하기도 한다. 그들에게 이익이 되는 것이면 자동적으로 우리에게 손해가 된다는 논리다. 다른 사람을 이기려고 애쓰는 것이 일을 가장 잘할 수 있는 방법이라는 편협한 선입견을 넘어서지 못한다면 우리는 서로에게 이익이 되는 (협력)전략의 거대한 잠재력을 이용하거나, 심지어는 이해하지도 못할 것이다.

경쟁적인 경제제도

앞서 생산성의 문제를 살피면서 미국의 경제체제에 나타나는 경쟁에 대해서도 잠깐 언급했다. 이 주제는 경쟁이 문화에 어떤 영향을 주는가를 탐구하는 데 꼭 필요하다. 즉 특정 경제체제는 다른 여러 종류의 경쟁에 하나의 원형을 제공한다.[90] 다시 말해 자본주의는 오늘날 이 사회에 만연한 경쟁심의 핵심이라고 할 수 있다.

흥미롭게도 자본주의 비판가들 대부분은 이 체제를 떠받치고 있는 경쟁 자체에는 별로 주의를 기울이지 않고, 그 경쟁의 불공평만을 문제 삼는다. 물론 이런 비판은 가치 있는 것이다. 누군가는 빈곤의 그늘에서 시작하고, 누군가는 막대한 자금을 갖고 시작하는 경주는 참으로 기묘하다. 다국적 기업들은 막대한 자본과 세금 혜택을 받으며 작은 기업들을 폐업시키거나 간단히 합병할 수 있는데, 경쟁 시장이란 것이 무슨 의미가 있을까. 기업은 일단 충분히 커지면 도산할 수 없는 체제가 되어버린다. 그 결과 경제 부문은 대기업에 더욱 집중되고, 거대 기업들은 대부분의 시장을 독점하게 된다. 경쟁의 불공평(좀 더 완곡하게 표현하자면 '불완전')으로 인한 경제적 불공정성은 뚜렷하게 존재한다. 미국의 250대 대기업 중 절반 이상이 지난 3년간 적어도 1년 동안은 세금을 내지 않았거나 환급을 받았는데[91], 미국인들 중 4~5천만 명 정도는 절대 빈곤 속에 살고 있다.[92]

완전 경쟁 시장과 우리의 실제 경제체제 사이에는 매우 큰 차이가 있음에도 경쟁은 여전히 이상적인 제도로 평가된다. 기업인들이나 관료들은 회사나 나라를 '좀 더 경쟁력 있게' 만드는 방안을 논의하면서 경쟁을 매우 영예로운 말처럼 사용하지만, 경쟁 시스템이 진정 우리가 만들 수 있는 최선의 구조인가에 대해선 별로 생각하지 않는다. 어느 정도 진보적인 지식인들조차 완전 경쟁(별로 실현 가능성 없는)을 이상적이라고 생각하며, 가격 담합이나 결탁 등을 협력으로 오해하면서 그것을 악으로 규정한다. 물론 이는 그들이 진정한 협력을 거부한다는 의미는 아니다. 단지 그들은 자본주의와 기업인들의 용어와 전제를 단순하게 (종종 무의식적으로) 받아들이는 것뿐이다. 이런 상황에서 '협력'이란 말은 그저 독점금지법을 위반한다는 뜻으로 사용될 수밖에 없다. 그러나 경제제도의 비판자들이 저지르는 더 큰 실수는 경쟁을 이론적으로 좋은 것이라고 생각하고, 어떻게 경쟁을 좀 더 잘하느냐에 많은 관심을 기울인다는 것이다. 이러한 태도는 경제 문제에 대한 논의를 무위로 돌리며, 다른 영역에까지 영향을 미친다. 사람들은 다른 분야에서도 경쟁이 바람직한 것이라는 전제를 갖고 그 대안을 의심하게 된다.

우리는 경쟁 자체의 생산성에 의문을 가져야 하며, 단순히 경쟁이 잘못된 방법으로 행해지고 있다고 생각해서는 안 된다. 이제 살펴볼 논의들은 경제제도에 관한 모든 비판을 포괄적으로 제공해주지는 못하겠지만, 경쟁적인 경제체제가 갖고 있는 문제점에 대해 여러 측면에서 의문을 제기할 것이다.

경제학은 상품을 어떻게 생산하고, 분배하고, 소비할 것인가를 연구하는 학문이다. 대부분의 경제학자들은 상품을 가장 효율적으로 공급하는 방법을 찾아내려고 노력한다. 이 과정에서 경쟁은 가장 효율적이고, 나아가 경제성장에 도움이 된다는 이유로 정당화된다. 여기서 제기되는 첫 번째 질문은 경제성장이 항상 바람직한가에 관한 것이다. 폴 워첼 Paul Wachtel은 『풍요의 빈곤The Poverty of Affluence』이라는 책에서 무조건적인 경제성장이 어떻게 우리의 건강과 안전을 해치는지, 노동을 불행한 것으로 만들고(소비자 입장에서는 생활의 질을 높이는 것 같지만, 생산자 입장에서는 그만큼 잃게 된다), 경제적 공정성을 없애는지를 살핀다. 또한 경제성장이란 것이 실제로는 심리적, 사회적인 결핍을 보상하기 위한 필사적이고 헛된 노력일 뿐임을 보여준다.[93]

어쨌든 여기서는 논쟁의 진행을 위해 더 많은 재화를 생산하는 것이 정당한 목표라고 추정해보자. 그렇다면 경쟁적인 구조가 이러한 목표를 이루는 최선의 방법일까? 아니라고 할 만한 여러 이유가 있다. 타인과의 경쟁을 통해 자신의 이익을 최대로 늘리고자 하는 것이 장기적으로 비생산적이라는 것은 이미 살펴보았다. 헬름라이히가 이미 검토한 바와 같이 경쟁심은 사람들을 생산적으로 만들지 못하며, 이는 노동자뿐만 아니라 기업인들 경우도 마찬가지다. 여러 데이터를 보면 구조적 경쟁이 협력보다 덜 효율적이라는 사실을 알 수 있으며, 이는 경제 시스템에도 적용될 수 있다. 한 조사에서는 사회경제적으로 낮은 계층의 아이들에게 경쟁적 행동이 더 자주, 많이 발생하는 것으로 나타났다.[94] 이 결과의 해석은 신중해야 하는데, 아이들은 빈곤에 대응하는 방법으로 경쟁만을 배웠을 수도 있고, 그들에겐 경쟁이—비록 잘못된 시도이더라도—삶을 개선하기 위한 절박하고도 유일한 방법일지도 모른다. 저소득층 지역의 학교에서는 경쟁이 더욱 강조되는 것 또한 사실이다.[95] 그러나 경쟁이 빈곤을 해결해주지 못하는 현실을 볼 때, 결코 빈곤을 벗어나기 위한 효율적인 방법이 아님을 알 수 있다.

경제제도에서 경쟁이 바람직하다는 주장은 보통 재화가 희소하다는 가정에 기초한 것이다. 마가렛 미드는 어떤 사회에서 경제제도가 경쟁적인지 아닌지를 결정하는 요인은 문화의 규범이지 재화의 희소성 때문이 아니라고 강조했지만, 여전히 희소성에 대한 가장 좋은 해결책은 경쟁이라고 주장하는 사람들이 있다. 이 주제는 주의 깊게 살펴봐야 한다.

우리는 대부분 '희소성'을 재화 공급이 부족하다는 의미로 생각한다. 즉 어떤 물건(상품)이 모두가 사용할 만큼 '충분'하지 못하다는 것이다. 이 충분하다는 말이 정확히 얼마 만큼인지 명백히 알 수는 없지만, 분명한 사실은 이 지구상에는 모든 인류가 먹고도 남을 정도의 식량이 있다는 것이다.[96] 토지와 재생 가능한 에너지 역시 마찬가지다. 이제 중요한 문제는 왜 생필품의 분배가 이토록 불균형한지에 대한 것이다. 예를 들어 세계 인구의 5퍼센트를 차지하는 미국이 왜 지구 자원의 40퍼센트를 소비하는가? 희소성이나 부족함의 문제는 다시 살펴보면 분배의 문제라는 것을 알 수 있다. 그러나 주류 경제학자들은 분배 문제엔 별로 관심을 두지 않는다. 그들은 단지 어떤 시스템이 생산적인가, 혹은 효율적인가에만 관심을 갖는다.

그러므로 우리는 이제 "누구를 위한 것이냐?"고 물어야 한다. 높은 국민총생산을 달성한다고 해도 누가 그 재화들을 차지하느냐에 대해선 아무도 말하지 않는다. 특정 개인이나 국가에 재화가 부족하다면 우리는 다른 누군가가 너무 많이 갖고 있지 않은지를 물어야 한다.

핵심은 다음과 같다. 모두가 사용할 만큼의 생필품이 있는데도 많은 이들에게 그것이 부족하다면, 우리는 경쟁에 의해 분배 문제가 해결될 수 없다는 사실을 깨달아야 한다. 불공정이 경쟁 자체의 탓은 아니라고 하더라도, 더욱 중요한 문제는 경쟁으로 이 문제를 해결할 수 있느냐이다. 하지만 그런 일은 벌어지지 않는다. 처음부터 자원을 많이 가진 사람이 이길 가능성이 높으며, 이로써 그는 더 많은 자원을 가지고 또 다시 경쟁에서 승리한다. 그리고 이 경쟁은 상대방이 완전히 패배하거나, 그 경쟁이 필요 없어질 때까지 계속될 것이다. 정부의 규제, 빈곤층 지원제도 같은 복지는 불공평의 정도가 지금보다 더 악화되는 것을 막기에 급급할 뿐이다. 어떤 이유를 들어 경쟁을 옹호하든, 승자가 모든 것을 독식하는 경쟁에서 공평성은 찾아볼 수 없다. 분배를 어떻게 할 것인가는 경쟁을 통해 해결할 수 없다.

경제학자들은 희소성을 논할 때 그 용어를 공급 부족이라는 의미로 쓰지 않고 대신 다음과 같은 뜻으로 사용한다. 첫째, 하나의 재화를 선택하면 다른 재화를 가질 수 있는 기회를 잃는다, 둘째, 인간은 얼마나 많이 가졌던 간에 그보다 더 많이 갖기를 원한다.

우선 첫 번째는 이른바 기회비용을 일컫는데, 수요자가 어떤 재화를 얻기 위해 다른 것을 포기해야 하는 경우를 희소성이라고 정의하는 것이다. 말하자면 상품의 상호 배타적인 관계가 희소성이라는 것이다. 이는 세상을 보는 어떤 관점을 제공하는 데는 유용할지 모르지만, 상품 자체의 절대적인 가치에 대해선 아무런 설명도 하지 못한다. 무엇인가 포기하는 대가가 희소성이라면 세상의 모든 유한한 재화는 '언제나' 부족한 것이 된다. 각 재화는 다른 재화들과의 관계를 통해 평가되고, 어떤 경제 시스템도 이를 해결할 수 없으며, 따라서 경쟁도 희소성에 대처하는 방법이 될 수 없다.

두 번째 주장은 인간 본성에 대한 편견을 바탕으로 한다. 인간은 언제나 예전보다, 혹은 자신의 이웃보다 더 많이 갖기를 바란다는 전제 하에 경제 이론의 기초를 세운 것이다. 그러나 이런 전제는 인간 본성이 아니라 탐욕이나 경쟁적인 문화에 의한 것이라고 보는 것이 타당할 것이다. 폴 위첼은 이렇게 말했다. "더 많이 갖고자 하는 우리의 강박은 인간 본성이나 경제학에서 말하는 어떤 불변의 법칙이 아니다. … 그것은 문화적, 심리적 현상이며, 우리가 스스로의 삶에 그러한 의미를 부여했기 때문에 생긴 것이다."[97] 즉 희소성이란 객관적인 사실이라기보다 심리(인식 혹은 욕망)의 문제라는 것이다.

더 많은 것을 갖기 원하기 사람들의 심리 때문에 경쟁이 발생하는 것이 아니라, 오히려 경쟁의 결과로 이러한 심리가 나타나는 것이다. 구체적으로 말하자면 결핍(희소성)을 만들어내는 것은 자본주의 경제 시스템이다.[98] 자본주의는 이윤추구를 목표로 한다. 이 목표를 이루기 위해서는 지속적인—실제로는 끊임없이 확대되어야만 하는—소비가 필요한데, 상품은 소비자가 원할 때만 팔릴 수 있다. 그러므로 광고는 끊임없이 새로운 욕망을 만들어내고, 지금 가지고 있는 것에 불만족을 느끼게 만든다. 그리고 이 상품을 구매하면 이런 만족감을 느낄 거라고 선전한다.(물론 광고비는 상품 가격에서 큰 비중을 차지하게 되고, 그 부담은 소비자에게 전가된다. 이것 또한 경쟁의 효율성을 의심할 만한 이유 중 하나이다.) 우리는 저칼로리 음식, 최신 휴대폰, 신형 캠코더를 원하도록 '교육'받는다.

사회학자인 필립 슬레이터 Philip Slater는 이 주제에 대해 명쾌한 글을 썼는데, 좀 길지만 인용할 가치가 있다.

희소성이란 가짜다. … 오늘날 희소성이란 그것에 의존하며 유지되는 제도를 위해 존재하며, 인위적으로 만들어진 것임을 날이 갈수록 깨닫는다. … 희소성의 결과로 나타난 불평등은 이제 인위적으로 희소성을 만들어내는 수단이 되었다. … 희소성은 (우리들의 삶을 지배하는) 구식 문화old culture의 기반이 되며, 매우 중요하고 신성한 가치를 지닌다. 그러한 문화는 현대의 풍요로움 속에서 희소성을 유지하기 위해 불공평을 첫 번째 가치로 확립했다. … 구식 문화에 젖어 있는 사람들이 자신이 가진 것에 만족감을 느낄 때는 다른 많은 사람들이 그것을 갖지 못한다고 확신하는 경우이다. … 그들에게 사회란 재화가 언제나 부족하다는 가설 위에 존재하기 때문에, 사회에 참여한다는 것은 곧 경쟁에 참여한다는 의미다.[99]

경쟁적인 경제제도가 희소성(수요자가 상품을 충분히 얻지 못하는 것으로 정의하자)을 해결하는 방법으로 제시되지만, 사실 이런 제도 자체가 희소성을 촉진한다. 그 결과 경쟁적 제도를 영속시키고 의도적 경쟁을 조장한다. 자본주의는 이를테면 밤에는 남의 집 창문을 깨뜨리면서 낮에는 서비스를 제공한다고 떠벌리는 유리회사와 똑같은 원리로 작동한다.

물론 만들어진 희소성은 경제에만 나타나는 것이 아니다. 모든 경연(제일 많이 외우는 사람, 가장 빨리 달리는 사람, 최고의 미인 등을 뽑는)은 예전엔 없었던 욕망과 희소한 가치를 만들어낸다. 사회심리학자인 에미 페피톤은 인위적으로 만들어지는 가치에 대해 이렇게 설명했다.

오직 한 사람만 가질 수 있을 만큼 희귀한 필수품이란 거의 없다고 봐도 무방할 것이다. 자연은 대부분의 물자를 많은 사람들이 공유할 수 있게 제공한다. … 희귀함 또는 유일함이란 단 한 사람만 목표를 이룰 수 있게 하는, 즉 인위적으로 조작된 활동을 고안해낸 인류에 의해 발명된 것이다.[100]

이런 과정은 정식 경연 대회가 아닌 곳에서도 일어난다. 한 예로 찰스 더버Charles Derber는 대화 중에 더 관심을 받으려고 경쟁적으로 남의 말을 끊고 끼어드는 사람들의 모습을 묘사하며 이렇게 말했다. "관심은 본래 '희소한' 것이 아님에도 마치 할당이라도 받아야만 하는 것으로 느끼는 사람의 입장에서는 희소한 것이 되어버린다."[101] 누구 얘기가 가장 괜찮았는지, 누구를 제일 많이 배려했는지 따지는 것은 관심이나 사랑을 한정된 상품처럼 취급하는 것이다.

다시 경제의 관점으로 돌아와서, 희소성을 전문용어로 정의하든 상식적인 뜻으로 정의하든 그것에 대처하는 합리적인 방법으로 '경쟁'을 꼽을 수는 없다. 희소성을 끊임없이 확대되는 욕망과의 함수관계로 본다면, 이런 상태는 보통 우리에게 해결방법으로 제시되는 그 제도에 의해 만들어지는 것이다. 또는 희소성을 객관적인 부족 상태로 본다면, 진짜 문제는 분배에 있을 것이다(경쟁은 그 상황을 더 악화시킬 것이다). 어쨌든 가장 좋은 성과를 올릴 수 있으므로 경쟁적 경제체제가 생산적이라는 주장은 우리가 앞서 살폈듯이 잘못된 것이다.

경쟁적 경제체제에 어떤 장점이 있다고 주장한다면, 그것은 단점과 비교하여 평가해야 할 것이다. 경쟁에서 비롯되는 불안 심리와 인간관계의 손실은 다음 장에서 살펴볼 것이고, 여기서는 그 외에 경제 영역에서 벌어지는 경쟁의 특별한 문제점을 살펴보고자 한다.

앞서 경쟁이 자원의 불공정한 분배를 가져온다고 말했다. 또한 경쟁은 많은 경제학자들이 선호하는 기준으로 봤을 때도 실패한 것이라는 문제가 있다. 로렌스 프랭크Lawrence Frank는 1940년대에 경쟁적 경제제도 때문에 생기는 손실 목록을 작성했다. 거기엔 사업 실패, 대량의 소송, 유휴 설비, 품질 저하, 위험한 노동조건, 그리고 이러한 문제를 막기 위해 민간 부문에 대한 정부 규제의 필요 등이 포함되어 있다.[102] 이런 문제점은 19세기 자유방임주의 경제체제하에서 가장 극적으로 드러났는데, 경제학자 존 컬버트슨John Culbertson은 이 시대를 이렇게 평했다. "(경제는) 제대로 작동하지 않았으며, 개혁과 규제를 요구하는 소리가 곳곳에서 들려왔다. 국가의 '생산 기적'은 2차 세계대전 중의 전시 '경제통제'로 인해 일어났다."[103]

경쟁을 시장에 적극적으로 도입하기 위해 규제를 완화하면, 우리는 경쟁의 진짜 모습을 볼 수 있다. 즉 경쟁의 장점이 환상이거나 아주 단기적이거나 선택적으로만 벌어지는 일이라는 것을 알 수 있다. 몇 가지 예를 들자면 다음과 같다.

• 항공업계에 대한 규제 완화로 과밀노선의 요금이 내리기는 했지만, 그 대신 이용객이 많지 않은 노선의 요금은 훨씬 비싸지거나 노선 자체가 없어져버렸다.[104] 버스업계에 규제 없는 경쟁이 도입되었을 때도 마찬가지였다. 각 버스회사들은 "이익이 별로 없는 곳의 노선을 폐지했으며, 어린이나 노

인들, 저소득층에 지원되던 할인 혜택은 상당히 축소되었다."105

• 거액의 예금을 유치하기 위한 경쟁이 일어나면서 은행들은 높은 이자를 주는 금융상품을 제공했다. 어떻게 그럴 수 있었겠는가? 위험성이 높은 곳에 높은 이자율로 대출하고, 수수료를 인상하고, 소액 예금의 최저 금액을 상향조정해 저소득층을 더욱 불리하게 만듦으로써 가능했다.

• 출판사들이 좋은 원고의 저작권을 확보하기 위해 서로 경쟁하는 것은 모두에게 이익이 될까? 유명 저자들의 원고료는 높아질지 모르지만 다른 저자들(대량 판매 부수를 확신할 수 없는)에게 돌아갈 원고료는 줄어든다. 뿐만 아니라 책을 낼 수 있는 기회마저 사라질 수도 있다. 그 결과 다양한 책을 볼 수 없는 독자들 역시 손해를 입게 된다.

• 미국의 각 주는 기업을 유치하기 위해 법인세 등을 경쟁적으로 인하한다. 이런 경우 일부 대기업에게는 이익이 되겠지만, 세입의 감소로 인해 세금 부담이 일반 시민들에게 전가되며, 또한 공공 서비스 부문이 취약해진다.

이런 예들은 경쟁의 종류만큼이나 다양하다. 나는 '불공정한 경쟁'보다는 경쟁 자체의 문제에 더 주목해야 한다고 생각한다. 거대한 두 대기업 간의 가격 경쟁은 오히려 중소기업을 시장에서 추방하는 결과를 가져오며, 자본주의를 옹호하는 이들도 이것이 별로 바람직한 현상이 아님을 안다. 거의 모든 경제 부문에서 이러한 집중화가 벌어진다는 것은 경쟁 결과를 보여주는 사례이다. 즉 불공정은 잘못된 경쟁 때문이 아니라, 경쟁 그 자체가 필연적으로 불러오는 결과인 것이다.

경쟁의 장점이란 것도 의심스럽기는 마찬가지다. 경쟁이 가격 인하를 가져온다는 고전 경제학파의 주장도 사실 명백히 옳은 것은 아니다. 그들에게 반대 사례들을 보여주면(이를테면 항공료 등), 그들은 높은 가격 역시 '자연가격'(natural price, 경제학에서 수요와 공급이 균형을 이룰 때 자연스럽게 발생하는 가격-옮긴이)이므로 적절한 것이라고 대답한다. 하지만 무슨 의미에서 자연적이란 말인가? 경쟁적인 수요와 공급 시장에서 결정된 것이라면 모두 타당한 가격이라는 뜻일까? 경쟁은 옳으므로 그러한 제도로 인해 벌어지는 일은 모두 정당하다는 말인가? 우리가 의심해야 할 것은 '경쟁이 대체로 가장 능률적인 제도'라는 믿음이다. 이 책으로 그러한 믿음을 모두 깰 수는 없겠지만, 최소한 그러한 독단적 사고는 재고해봐야 한다는 것이 나의 생각이다.

가격뿐만 아니라 경쟁이 품질에 미치는 영향을 살펴보자. 경쟁적으로 속도를 올리고 생산량을 늘려 이익을 추구하면 품질의 측면에서 손실이 발생할 수 있다. 예를 들어 노먼 리어Norman Lear는 텔레비전 프로그램들이 이토록 수준 이하가 된 직접적인 이유는 방송사들 간의 시청률 경쟁 때문이라고 말했다.[106] 1등이 되려고 애쓰는 것과 무엇인가를 잘하려고 노력하는 것은 전혀 별개의 얘기라고 이미 말했는데, 이것은 경제에도 적용된다. "경쟁의 목적은 좋은 상품의 생산이 아니라 시장에서의 승리이다. 경쟁은 존재하지도 않는 우수성을 입증하려 한다. 경쟁은 상품의 질이 아니라 어떻게 소비자를 공략할 것인가에 중점을 둔다."[107] 라고 아더 콤스Arthur W. Combs는 말했다. 이와 똑같은 맥락으로 싱클레어 루이스Sinclair Lewis는 지붕 재료를 판매하는 자신의 친구 얘기를 들려준다. "너도 알겠지만, 내 일은 지붕 재료를 판매하는 것이 아니라 경쟁업체들이 그 재료들을 제대로 공급하지 못하도록 방해하는 거야. 이것은 너도 마찬가지지. 결국 우리는 서로를 방해함으로써 사회에 손해를 끼치고 있어."[108] 오늘날 1등이란 무엇인가를 훌륭하게 해냈다는 뜻이 아니라, 효과적으로 다른 이들을 방해했다는 의미로 쓰일 수도 있다. 이와 비슷한 사례는 경쟁이 벌어지는 곳 어디서나 볼 수 있다.

경쟁은 품질뿐만 아니라 안전성에도 문제를 일으킨다. 모든 생산품이 그렇듯이 항공기 역시 "경제적인 관점에서 가장 좋은 설계는 사실 안전성 면에서는 최악이다."[109] 제작사들 간의 경쟁이 치열해질수록 안전성에 문제가 생길 수도 있다는 뜻이다. "의도적으로 안전성이 떨어지는 항공기를 제작할 리야 없겠지만, 경쟁의 압력이 판단에 영향을 미쳐서 … '뒤처지지 않기 위한' 경쟁이 위험을 내포할 수도 있다."[110] 이런 문제는 경쟁사를 이기기 위해 안전성이 검증되지 않은 약품을 서둘러 시판하는 제약회사, 오염 방지 시설을 설치하면 경쟁력이 떨어질까 봐 폐기물을 무단 폐기하는 공장 등의 사례에서도 찾아볼 수 있다.

마지막으로 경쟁적 경제체제가 불러오는 비경제적 손실, 즉 공동체 의식과 사회성의 상실,[111] 이기주의의 증가,[112] 그리고 불안감, 적대감, 강박관념, 개성의 억압[113] 등의 손실도 간과해서는 안 된다.

지금까지의 논의들이 완벽하지는 않지만, 경제에서 가장 생산적인 방법이 경쟁이라는 주장에 의심할 만한 여지가 많다는 점을 여러 측면에서 보여주었다고 생각한다. 나는 불공정 경쟁을 비판하는 것이 잘못됐다거나, 모든 종류의 경쟁이 다 똑같은 정도로 나쁘다고 말하는 것은 아니다. 많은 사람들이 별 의심 없이 받아들이는 주장(경쟁은 동기를 부여하고, 생산성을 높인다)에 대해, 그와 반대되는 많은 증거들을 제시한 것이다. 물론 나는 현 경제체제의 근원적인 기반에 여러 의문을 제기했지만, 그에 맞는 대안은 별로 내놓지 못했다. 개인적 이익이 아니라 집단적 이익에 기반을 둔 어떤 경제체제가 있다고 해도 그곳에 아무런 경쟁도 존재하지 않는다고 말할 수는 없을 것이다. 그러나 그것이 경쟁이 불가피하다는 주장이 옳음을 입증하는 것은 아니다. 어쩔 수 없다고 체념하기보다는 분산화의 가능성, 이를테면 소규모 협동조합 운동을 연구하면서 대안을 모색할 필요가 있다. 직장 내에서 다양한 협력 모델이 경쟁적인 방법보다 더 생산적이라는 많은 연구 결과와 증거들이 있다.114 또한 경제 부문에서 경쟁의 대안을 모색할 때에는 생산성에 관한 것뿐이 아니라 경쟁이 높은 성취를 불러온다는 신화에 도전한, 본장에서 살펴본 다른 많은 연구들이 도움이 될 것이다.

4장

경쟁은 더 재미있는가 : 스포츠와 놀이

애야, 그런 건 재미있는 게 아니란다.

-

랜디 뉴먼Randy Newman

개인적 성취나 생산성 같은 무거운 주제에서 이제 재미나 놀이라는 주제로 관점을 돌려보자. 경쟁이 성과를 올리는 데 좋은 방법은 아닐지 몰라도 경쟁적인 놀이는 즐거운 것이라고 생각할 수 있다. 직장에서 지위, 명성, 연봉 등을 두고 치열하게 싸우는 것을 즐기는 사람은 별로 없을 것이다. 여기서 말하는 즐거운 경쟁이란 보통 재미로 즐기는 놀이를 말한다. 말하자면 휴일로 옮겨진 경쟁 옹호론이다.

놀이로서의 경쟁은 분명 우리가 살아오면서 경험했던 다른 많은 경쟁과는 차이가 있다. "그 일 자체의 중요성 외에는 어떠한 부담감도 가질 필요가 없는 활동에서 바로바로 결정되는 승리의 희망과 패배의 두려움을 느끼는 것과 경쟁적 산업사회에서 패배자가 되어 나락의 언저리에서 평생을 사는 것은 전혀 다르다"라고 존 하비는 썼다.[1] 그러나 앞에서 살펴보았듯이, 경쟁이 불쾌함 때로는 근심의 원천임을 기억해야 한다. 경기장에서 느끼는 승리에 대한 압박과 사무실에서 느끼는 앞서야 한다는 부담감이 완전히 다른 것은 아니다. 따라서 우리는 경쟁을 통해 즐거움을 얻을 수 있다는 명제에 의심을 품을 수 있다. 우리 사회에서 가장 인기 있는 오락 활동은 개인이나 팀이 상대방을 이겨야 하는 구조로 되어 있다. 특히 스포츠는 그 자체가 이미 경쟁적이지만, 조지 레너드는 이런 게임에서의 경쟁심을 "과도하고 제도화된 승리에 대한 숭배"[2]라고 정의했다.

경쟁이 스포츠의 두드러진 특징인 것과 마찬가지로, 스포츠는 미국 사회의 상징이다. 미식축구와 야구 용어들은 일상생활에서 그대로 쓰인다. 우리는 다양한 경쟁 게임의 결과가 자동적으로 '뉴스'가 되는 놀랄 만한 사실을 아무렇지도 않게 받아들인다. 모든 신문이나 방송 뉴스는 게임의 결과를 보도하기 위한 지면과 시간을 따로 두고 있다. 매년 수천만 가구가 미식축구 결승전인 슈퍼볼을 시청하는 데서 알 수 있듯, 스포츠는 우리 시대의 가장 인기 있는 오락이다. 사회학자인 해리 에드워즈Harry Edwards는 약간의 장난기를 섞어서 '스포츠가 정치에 미치는 영향'을 조사했다. 뉴욕의 시장선거 열기가 한창 뜨거울 때 그는 150명의 시민들에게 "누가 이길 것 같은가?"라는 질문을 던졌다. 34명의 시민만이 시장 후보자의 이름을 말했으며, 대부분의 사람들은 "뉴욕 메츠 야구팀"이라고 대답했다.[3] 이 얘기는 농담처럼 받아들일 수도 있으나, 어느 대학교의 이사가 자신은 미식축구팀이 자랑스러운 대학을 원한다고 한 말은 심각하게 생각해봐야 할 문제이다.

놀이란 무엇인가?

스포츠 관련 직업을 가진 사람들을 제외한 보통 사람들은 스포츠가 다른 놀이들처럼 단지 즐거움을 위해 존재한다고 생각한다. 따라서 우리는 경쟁적 게임이 가장 즐거운 놀이 방법인가에 대해 생각해봐야 한다. 우선 문제의 범위를 좁혀서 가장 순수한 형태의 놀이란 무엇인가에 대해 살펴보자(그 뒤에 즐거움을 얻기 위해선 경쟁하는 것이 좋은가에 대해 고찰할 것이다).

2장에서 보았듯이, 이 주제에 관한 고전 중 하나인 하위징아의 『호모 루덴스』(Homo Ludens, 놀이하는 인간)'에서는 놀이와 경쟁을 거의 같은 뜻으로 사용한다.4 로제 카이와, 장 피아제 같은 놀이 연구가들도 경쟁이 놀이의 원형까지는 아니더라도, 그 종류 중 하나라고 생각했다. 나는 하위징아의 극단적인 입장뿐만 아니라 경쟁과 놀이가 양립 가능하다는 보다 소극적인 주장에 대해서도 반론을 펴고 싶다. 그전에 우선 놀이란 무엇인가를 살펴야 할 것이다.

놀이에 대한 여러 문헌들을 보면5 그 연구에 상당히 중복되는—일치된 결과를 뜻하는 것이 아니라—내용이 있다는 것을 알 수 있다. 하위징아는 놀이를 문명의 시금석이라고 주장하며, 넓게 정의한다. "상당히 의식적으로 '일상의 바깥'에서 '심각하지 않게' 행해지는 자유활동이지만, 동시에 참가자들은 매우 강렬하게 거기에 빠져들며… 정해진 규칙에 따라 특정 공간과 시간과 의미 안에서 발생한다."6 나는 여기서 중요한 것이 자유에 대한 언급이라고 생각한다. 놀이는 마땅히 스스로 선택하는 것이며, 즐겁기 때문에 선택하는 것이다. 다른 활동들은 목적에 유용하거나 그 목적을 이룰 수단으로 행해진다. 그러나 놀이는 본질적으로 만족스러운 것이며, 그 자체가 목적이다. 우리는 기술을 익히거나 성취를 위해 놀이를 하지 않으며, 만약 그렇게 된다 해도 그것은 놀이에 따라오는 부수적인 일이다. 체스터튼G. K. Chesterton은 놀이의 핵심을 정확히 파악했는데, "무엇인가 할 만한 가치가 있다면, 잘 못할 가치도 있다."7 다시 말해 그 자체가 좋아서 하는 행위라면 결과는 별로 상관없다는 뜻이다(이런 얘기가 이상하게 들리는 것은 놀이를 바라보는 우리의 세계관이 그만큼 좁기 때문이다). 놀이란 '과정 지향'을 대표하는 것으로, 그 행위 자체에 집중하는 것임에 반해, '결과 지향'은 지금의 활동이 어떤 목적을 이루기 위해 행해지는 것을 뜻한다. 놀이가 일과 반대되는 개념을 갖는 것은 당연하며, 그 활동을 하는 것 외에는 아무런 목적도 없는 것이다. 물론 이 말은 놀이가 자아를 발전시키는 데 유용하지 못하다거나, 그런 목적으로 장려할 수 없다는 뜻은 아니다.

아이들보다 결과 지향적인 어른들은 아이들의 놀이를 좀 심각한 시선으로 보려는 경향이 있다. 그 관점은 다음과 같다. 첫째, 놀이 참가자는 역할과 규범을 경험하고, 자기 계발을 하며, 자신의 능력에 대해 깨닫는다.8 둘째, 놀이를 통해 무의식적인 두려움을 없애는 기회를 얻는다.9 셋째, 정신과 의사나 정신분석의가 아이의 내면을 볼 수 있게 해주는 도구가 된다. 넷째, 아이들에게 어떤 가치관을 가르치는 방법이 된다.[10] 그러나 아이들은 그저 즐기기 위해 놀지, 이런 목적이나 또 다른 목적을 위해 놀이를 하는 것이 아니다. 놀이가 결과 지향이 되거나, 놀이에 외적 동기가 개입하면 그것은 이미 놀이가 아니다.

놀이의 본성에 대한 마지막 두 가지 특징은 다음과 같다. 첫째, 우리는 때때로 놀이가 긴장을 푸는 방법이라고 말하지만, 그것이 평정심을 주지는 못한다. 오히려 반대로 놀이 참가자들은 도전하고 극복하는 것을 더 즐긴다.[11] 둘째, 인간의 행동은 어느 정도 규칙의 지배를 받는데, 놀이 역시 그러한 구조 속에서 이루어진다. 놀이는 자유로움을 그 속성으로 하는데, 그럼에도 규칙에 따르면서 놀이를 하는 것은 어느 정도 자발적인 참여가 이루어진다는 것을 뜻한다. 이런 점에서 규칙은 놀이에 꼭 적대적인 것은 아닐지라도, 그 순수함을 조금은 훼손할 수 있다. 어떤 활동이 놀이에 가까운지 아닌지를 알 수 있는 방법 중 하나는 규칙이 얼마만큼 강제적이냐에 달려 있다고도 볼 수 있다.

"스포츠는 점점 제도화, 조직화되고 있으며, 순수한 놀이의 특성은 사라지고 있다. … 진짜 놀이 정신은 사라질 위기에 있다"[12]라고 하위징아는 말했지만, 이러한 불만을 터뜨린 사람은 그가 처음도 마지막도 아닐 것이다. 그가 이 글을 쓴 것은 1944년인데, 그 이후로도 여전히 스포츠의 타락에 대한 책들이 출간되고 있다.[13] 가장 큰 불만은 바로 놀이 자체의 즐거움이 줄어들고 있다는 것이다. 말하자면 여가 활동은 이제 우리를 소외시키는 노동으로부터 아무런 휴식을 주지 못한다. 그 대신 여가도 노동과 비슷해졌다.

오락 활동이 노동과 닮아가는 주된 이유는 그것이 점점 경쟁적이 되어가기 때문이다. 그러나 스포츠는 원래 경쟁적이다. 그러므로 스포츠는 애당초 놀이가 될 수 없다. 우리가 일반적으로 알고 있지는 않지만, 놀이에 대한 대부분의 정의는 경쟁을 배제시킨다. 첫째, 경쟁은 항상 규칙에 지배받는다. 프랭크 위너Frank Winer는 "참여하는 사람들이 서로를 적으로 간주하지 않는다면, 대부분의 규칙은 무의미한 것이다"[14]라고 말했다(이는 엄밀히 말해 경쟁이 없으면 규칙도 없다는 뜻은 아니다. 비경쟁적인 게임도 규칙이 있을 수 있다. 다만 경쟁적 활동에서 규칙은 더욱 많아지고 더욱 엄격해진다). 둘째, 경쟁은 보통 보상(칭찬이나 트로피)을 받기 위해 행해지는데, 이는 외적 동기이며 따라서 놀이에 적합하지 않다. 셋째, 이것이 가장 중요한데, 경쟁은 어떤 탁월한 성과, 즉 타인에 대한 승리를 목표로 한다. 마이클 노박은 "놀이는 심각하지 않기 때문에 놀이인 것이다. 그것은 우리를 심각함에서 해방시킨다"[15]고 말했는데, 이는 매우 정확한 얘기다. 반면 경쟁은 너무나 심각하며, 그 심각함을 피할 수 없다. 다음은 조셉 헬러Joseph Heller의 소설 『무슨 일이 생겼다Something Happened』에서, 체육교사가 한 학생의 부모에게 아이의 문제점을 이야기하는 장면이다.

저는 아이에게 승리에 대한 의지를 심어주려고 노력했습니다. 그런 의지가 별로 없거든요. 농구를 할 때도 일부러 상대팀에 패스를 합니다. 그래요, 정말 일부러 그런 겁니다, 슬러컴 씨. 제가 봤거든요. 장난처럼 상대방에게 공을 주는 겁니다. 상대팀에게 골을 넣게 하거나 자기 편 아이들이 놀라는 모습을 보려고 장난치는 거죠. 그저 장난일 뿐이에요. 릴레이 경주를 할 때, 자신이 앞서 있으면 어떻게 하는지 아십니까? 웃기 시작해요. 계속 웃습니다. 그리고 속도를 줄이면서 다른 아이가 따라오기를 기다리죠. 이해가 되십니까? 자기 팀의 아이들은 애가 타죠. 그건 경주가 아닙니다. 슬러컴 씨, 경주를 그런 식으로 해도 된다고 생각하세요?

"안 되죠." 나는 고개를 흔들면서 웃음을 참았다. 잘 했다, 애야. 나는 큰 소리로 응원하고 싶었다. 왜냐하면 진정으로 즐거워서 미소 지으며, 이따금 큰 웃음소리를 내지르며 앞장서 달리는 나의 아이가, 다른 아이에게 같이 웃으며 나란히 달리자고 넉넉한 마음을 쓰면서, 힘들지만 즐겁게 달리는 모습이 떠올랐기 때문이다. 아이들은 같이 달리면서 노는 것뿐이다(어쨌든 그것은 단지 놀이이니까).16

위에서 묘사한 변덕스럽고 장난끼 많으며, 상대방을 배려하면서 순간의 즐거움을 만끽하는 아이와 적수를 이기기 위해 쓰러질 때까지 연습하고 규정을 지키는, 엄격하고 결연한 운동선수들을 비교해보라. 명백히 경쟁과 놀이는 다른 것을 지향한다. 이기기 위해 애쓰면 순수하게 놀이에 집중할 수 없다. 많은 연구자들이 그런 결론을 내렸다. 엘리스 M. J. Ellis는 놀이를 연구하면서 이렇게 말했다. "자신이 뛰어난 사람이라는 확신, 혹은 승자에게 주어지는 트로피나 상금은 놀이의 과정에서 외적인 문제이다. 외부의 압력에 의해 경쟁이 지속되면 그것은 이미 놀이가 아니다. … 이러한 면에서 볼 때 경쟁과 놀이는 서로 상반되는 것이다."17 귄더 뢰센Günder Lüschen도 이와 비슷한 말을 했는데, 스포츠가 보상을 많이 받을수록 "그것은 놀이라기보다는 일이 되어버린다."18 하지만 트로피나 상금 같은 것을 강조할 필요도 없다. 다른 누군가를 패배시키는 경험 자체가 이미 놀이가 아닌 외적 동기에서 비롯된 것이기 때문이다. 경쟁 속에는 이미 이러한 보상의 구조가 있으므로, 그것은 놀이로 볼 수 없다. 다음은 해리 에드워즈의 말이다.

> 일상생활에서 놀이를 분리해보면, 그것은 전혀 실용적이지 않은 어떤 제한된 영역에 속해 있음을 알 수 있다. 그러므로 다음과 같은 사람은 결코 놀이에 집중하고 있다고 볼 수 없다. 고된 업무 중에 휴식을 취하기 위해 배드민턴(스쿼시나 핸드볼일 수도 있다) 시합을 하는 사무직 노동자나 회사임원, 프로 미식축구 선수, 장학금을 타거나 직업선수가 되려고 축구대회에 참여하는 대학생이나 고등학생들, 상금을 타려는 목적으로 카드 게임이나 체스를 하는 사람들.19

에드워즈는 이러한 주장을 일반화시키지 않았지만, 요점은 승리를 목표로 하는 어떤 활동도 놀이가 될 수는 없다는 것이다. '몰입 flow'이라는 경험(무엇인가에 몰입하여 시간의 흐름, 혹은 자기 자신마저 잊어버리는 경험)에 대한 연구에서 칙센트미하이 Mihaly Csikszentmihalyi는 이런 견해를 제시했다. "농구가 작곡처럼 흐름(몰입)을 만들지 못한다면, 그 이유 중 하나는 경쟁 구조 때문에 농구를 일상에서 분리시킬 수 없으며, 따라서 자신을 잊을 정도의 몰입이 어렵기 때문이다."20

끝으로 스포츠는 일상에서 분리되어 있지 않을 뿐만 아니라(놀이라면 마땅히 그래야 한다), 사람들을 이 사회에 적응하도록 훈련시키는 것이라고 주장하며 윌리엄 새들러William A. Sadler는 이렇게 말했다.

선수들은 자신들이 놀이를 하고 있는 게 아님을 잘 알고 있다. 그들의 훈련은 매우 고된 일이다. 또한 경기에서 승리하기 위해 그들은 더 힘들게 일해야 한다. 스포츠는 우리 생활양식의 밖에서 경험되는 것이 아니다. 스포츠는 생활의 일부이다. … 말하자면 우리 사회에서 다음과 같은 뻔한 격언은 진실이다. '스포츠는 인생을 준비시킨다.' 그렇다면 당연히 이런 질문이 떠오를 것이다. '어떤 인생을 말하는 것인가?' 우리 사회의 맥락에서 보자면, 그것은 '경쟁하는 인생'을 말한다.[21]

경쟁적 오락 활동은 '목표 지향'이라는 일상의 노동에서 전혀 벗어나지 못한다. 그 안에는 승리라는 확실한 목표가 있다. 또한 외적인 목표도 분명한데, 그것은 참가자들을 훈련하는 것이다. 무엇을 훈련하는가? 목표 지향적인 모델을 받아들이도록 훈련하는 것이다. 이렇게 스포츠는 놀이와 상당히 멀리 떨어져 있다.

이제 학문적 논의를 떠나서 얘기해보자. 놀이에 대해 특별한 견해를 갖고 있지는 않지만, 스포츠 옹호론자들은 놀이가 우리의 삶에서 '잠시 휴식'하는 시간이라고 주장한다. 아무리 잔인하고 권위적인 스포츠라 하더라도 그것은 사회성이 들어 있지 않은, 즉 삶에서 진공상태 비슷한 것이라고 말한다. 이런 주장은 경기장에서 일어나는 일은 사회적 잣대로 평가할 수 없으며, 무슨 일이든 용납할 수 있다는 뜻으로 쓰인다.(레이건 대통령은 캘리포니아 주지사 시절, 한 대학 미식축구 팀 선수들에게 이렇게 얘기했다. "상대에 대해 깨끗한 증오심을 가져라. 그런 증오심은 오직 그 유니폼을 상징할 뿐이다.")22

스포츠에 사회성이 들어 있지 않다는 주장은 경쟁적 오락 활동이 우리 사회의 가치와 매우 밀접한 관련이 있음을 은폐하는 기능을 한다. 하지만 이 둘의 관계는 새들러의 말대로 매우 상호적이다. 스포츠는 우리 사회를 지배하는 관습을 그대로 반영함과 동시에 그것을 영속시킨다. 스포츠는 사회화의 매개 역할을 하며, 사람들로 하여금 계급적 권력구조의 현실을 그대로 받아들이도록 조장한다. 1981년에 뉴욕 주와 코네티컷 주에서 소년 축구와 하키 교육 프로그램을 연구한 버라지 Berlage G. I.는 더 구체적으로 이렇게 말했다. "이런 프로그램의 구조는 기업과 비슷하다. … 아이들의 경쟁적 스포츠에서 강조되는 가치 역시 기업이 추구하는 가치와 닮았다."23 그러므로 경쟁적인 스포츠를 즐길 뿐만 아니라 열렬히 지지하는 사람들이 정치적으로 보수적이라는 사실과 보수적인 지역에서 스포츠에 대한 관심이 더 높다는 사실은 결코 우연이 아니다.24 조지 세이지George Sage는 『체육과 오락 활동Journal of Physical Education and Recreation』이라는 잡지에 이런 글을 기고했다.

학생들의 교육 프로그램부터 프로 선수들이 하는 스포츠에 이르기까지 조직화된 스포츠는 놀이와는 전혀 상관없다. 그 대신 스포츠는 사회의 지배구조 속에서 사람들로 하여금 노동자로서의 운명을 받아들이도록 사회화시키는 역할을 한다. 스포츠 지지자들이 제시하는 신화와 달리 스포츠는 인간성

을 잘 드러내는 도구가 아니라 진전 없는 사회를 만들기 위한 도구이다.25

　다시 말해 스포츠는 개인의 인격을 키우는 것이 아니라 사회구조에 가장 적합한 사람을 기르기 위해 존재한다. 우리 사회와 경제제도의 관점, 다시 말해 그 제도를 조종하고 거기서 이익을 얻는 사람들의 관점에서 보면, 사람들을 서로를 경쟁자로 여기게 만드는 것은 매우 유용하다. 스포츠는 이러한 목적을 달성하는 데 많은 역할을 하며, 참가자들은 단합이나 집단적 노력 대신 서로 적대시하는 것을 자연스럽게 받아들인다. 어떤 팀의 선수가 되면 그는 협력을 오직 승리의 수단으로만 생각하며, 적대감과 공격성도 정당하다고 여기고, 승리를 위해 권위주의에 복종한다. 오늘날 스포츠에 참여한다는 것은 일종의 인생수업을 받는 것이고, 데이비드 리스먼이 말했듯 "임원들의 회의실로 가는 길은 스포츠 클럽의 락커룸을 통해서 가능하다."26

　경쟁의 눈에 띄지 않는 특성―결과 지향적이라는 측면에서―중 하나는 수량화를 중요시한다는 점이다.27 경쟁은 명백히 등수를 정하는 과정이다. 누가 최고이고 2등인지, 그 뒤는 누구인지를 정하는 과정이며, 여기에 필요한 정보 역시 숫자로 표기된다. 누가 결승선에 제일 먼저 들어왔는가는 눈에 보이기 때문에 예외적이지만, 경쟁은 보통 얼마나 많이 들어 올렸는지, 얼마나 많은 골을 넣었는지, 얼마나 많이 벌었는지 등등 특정 수치와 결합되어 있다. 경쟁은 숫자에 집중할 뿐만 아니라, 사람들을 숫자에 집착하게 만들고 그것을 강화시킨다. 경쟁은 사람들을 수량화에 의존하도록 만들고 모든 것을 숫자로 환원시켜서, 누군가 말했듯 '상상력 없는 마음'을 만들고, 이러한 현상은 경기장 밖으로 퍼져나가게 된다.[28] 반면 놀이는 수량화에 관심이 없는데, 왜냐하면 숫자로 환원시킬 성과 자체가 없기 때문이다. 일곱 살짜리 어린애가 얼마나 빨리 달렸냐는 질문에 "내가 할 수 있는 한 최대한 빨리"[29]라고 대답한 것처럼, 과정 지향적인 활동을 하는 사람은 숫자와 같은 척도, 특히 누가 최고인가를 결정하는 정확한 척도 대신 순수한 즐거움을 선택한다. 즐기는 사람은 점수를 묻지 않는다. 사실 즐거운 놀이에는 기록할 점수도 없다.

끝으로 경쟁적 게임에는 '경쟁 과정'이라고 부르는 현상이 있음을 지적해야겠다. 말하자면 이것은 최고라는 찬사를 받기 위해 싸우는 바로 그 시점에서 경험하는 것으로, 마지막 승리를 위해 애쓰는 그 자체가 목적이 되는 것이다. 미식축구 감독인 조 파테르노Joe Paterno의 다음과 같은 말은 더욱 확실한 설명이 될 것이다. "우리는 1등이 되려고 싸운다. … 그러나 이기든 지든 우리에게 즐거움을 주는 것은 바로 경쟁이다."[30] 다른 사람을 이기기 위한 '과정'에서 즐거움을 얻는다는 것은 어쩌면 놀이와 비슷한 것일지 모르겠다.

그러나 우리가 물어야 할 것은 그것이 경쟁적 오락 활동의 핵심인가 하는 것이다. 경쟁 과정에 온갖 찬사를 보낸 스튜어트 워커Stuart Walker는 이렇게 말한다. "소위 참가하는 데 의의가 있다고 말하지만, 경기에 참여한 이들이 받는 질문은 '누가 이겼는가?', '누가 메달을 땄는가?'다. 오늘날 경쟁하는 사람들은 칭찬과 존경과 인정을 받기 위해 반드시 이겨야 한다고 생각한다."[31] 사실 이러한 현상은 최근에 나타난 것이 아니다. 누가 이겼는지에 대한 관심은 경쟁의 고유한 특징이다. 경쟁에서 누가 1등 했는지에 대한 관심은 오늘날에 더 두드러지는 것이 아니다.

어떤 일이든 경쟁적 구조를 가지고 있다면 거기에 참여하는 사람들은 바로 경쟁에 돌입하게 되고, 이를 유지하기 위해선 승리라는 확실한 목표를 설정해주어야 한다. 경쟁의 '과정'이라는 것이 어쩌면 작은 영역으로나마 존재할지도 모르나, 그 전체를 보면 결국 결과 지향적이 될 수밖에 없다. 게다가 이 작은 영역조차도 점차 없어지리라고 당연히 예상할 수 있다. 앞서 우리는 외적 동기가 내적 동기를 잠식하는 것을 살펴보았다. 어떤 놀이든 외적인 보상이 주어진다면 놀이 자체에서 느끼는 즐거움도 줄어들 것이다. 그리고 보상이 없는 경쟁은 존재하지 않는다. 따라서 우리는 이런 결론에 이른다. 놀이의 순수한 즐거움을 얻으려면 스포츠와 같은 경쟁적 활동은 배제되어야 한다.

경쟁 없는 즐거움

경쟁이 놀이와 동일시되는 데 반론을 제기했다고 해서 경쟁적 오락 활동이 즐거움을 주지 못한다는 점을 증명한 것은 아니다. 다만 우리가 여가 시간을 규칙에 얽매인, 결과 지향적인 활동으로 보내고 있을 뿐이다. 그것이 놀이든 아니든 상관없이 스포츠는 매우 인기가 있다. 경쟁적 놀이 활동에 열광적인 사람들은 그것만이 가지고 있는 장점을 열거하며 우리에게도 권장한다. 그러니 그 장점을 자세히 따져볼 필요가 있다. 그들이 내세우는 장점은 다음과 같다.

운동 : 참가자들은 힘을 기르고 건강과 몸의 균형을 증진시킬 수 있다.

팀워크 : 팀을 이루어 하는 스포츠는 집단에 대한 충성심과 협동심을 키워주며, 이는 상대팀에게 승리해야 한다는 공동의 목표가 있어야 가능하다.

열정 : 흔히 경쟁이 없다면 오락 활동에 별 흥미를 느끼지 못할 것이라고 말하는데, 경쟁에 비판적인 조지 레너드조차 "경쟁은 약간의 소금처럼 게임과 인생에 열정을 더 해준다"[32]라고 했다. 베티 리언 해래건Betty Lehan Harragan 역시 비슷한 비유를 했다. "경쟁적 자극은 목표 의식 없는 운동이라는 맛맛한 음식에 소금이나 후추와 같은 양념 역할을 한다. 경쟁은 모든 활동을 가치 있게 만든다."[33]

진취적 기상 : 경쟁 참가자는 승리를 위한 투쟁에서 자신의 한계를 시험하고, 도전하는 것에서 활력을 느끼며, 땀에 젖은 성취를 통해 만족감을 경험한다.

전략 : 적수와 맞섰을 때엔 육체적인 움직임뿐만 아니라 상황에 대한 판단도 빨라야 한다. 상대의 움직임을 예측하고 대처하는 것은 방해물을 극복해 가는 과정이며, 이는 큰 재미를 느끼게 해준다.

완전한 몰입 : 스포츠에 열광하는 사람들은 완전한 연대의 경험을 통해 시간이 어떻게 가는지 모르겠다고 얘기한다. 이러한 몰입은 스포츠 예찬에 가장 많이 등장하는 소재이다. 또한 몰입이라는 주제에 대해 여러 심리학자도 긍정적인 평가를 내린 바 있다.[34]

자기존재에 대한 확신 : 스포츠 예찬론자들은 시합을 통해 완벽함과 자유, 그리고 죽음마저 극복하는 확실한 존재감을 느낀다고 말한다. 워커는 경쟁하는 사람에 대해 "도전, 위험, 불확실의 세계에 들어가 그곳을 자기의 의

지대로 재창조한다"[35]라고 했고, 마이클 노박 역시 그들에 대해 "완벽을 추구하는 최고의 열망을 분출하며, 자신을 넘어서는 사람이 된다"[36]고 했다. 게리 워너 Gary Warner는 경쟁에 대해 "모든 삶에는 환희의 순간이 필요하기 때문에 가치 있는 것"[37]이라고 했으며, 전 예일대 총장 버틀렛 지아마티는 승리를 "다른 무엇으로도 대체할 수 없는 순수한 기쁨을 가져다주는 것"[38]이라 평했다.

승리의 전율 : 끝으로 타인을 패배시키는 것은 본질적이고 지속적인 만족의 경험을 준다고 말하는 사람들도 있다.

위에서 말한 경쟁적 오락 문화가 주는 여러 이점들을 자세히 살펴보면 실제로 '경쟁'을 반드시 필요로 하는 것은 마지막의 '승리의 전율'뿐이라는 것을 알 수 있다. 이것을 윌리엄 새들러는 이렇게 표현했다.

우리는 도전과 경쟁을 같은 것으로 취급하는 실수를 저지르면 안 된다. 재미있고, 개인과 집단의 능력과 숙련도를 시험하며, 조화와 행복을 가져다주고, 운동을 할 수 있도록 해주며, 일상에 변화를 주고, 최고의 인간적 가치를 증명할 수 있는, '경쟁이 필요 없는' 스포츠도 많다.[39]

이제 앞에 나온 경쟁적 스포츠의 장점을 하나하나 살펴보자. 우선, 신체의 건강은 명백히 경쟁, 심지어 규칙에 지배받는 어떠한 게임도 필요로 하지 않는다. 에어로빅 등 인기 있는 운동을 보면 알 수 있듯 승패 구조가 없는 상태에서도 충분히 운동을 할 수 있다. 둘째, 팀워크에서 나오는 동지애는 바로 협력적 활동의 장점이며, 그 본질이 바로 공동 목표를 위해 함께 일하는 것이다. 집단 간 경쟁—공공의 적을 만들고 우리 대 그들이라는 구조를 확립하는 것—은 집단의 동질감을 키우기 위해 필요한 것이 아닌데, 이는 6장에서 살펴볼 것이다. 팀을 이루어 하는 경쟁의 특징은 참가한 사람들의 딱 반수에게만 호감을 가지고 활동한다는 것이다. 만약 이것으로 팀워크를 키운다고 말할 수 있다면, 모두와 함께 협력하는 모델은 그보다 두 배 더 많은 동질감을 느끼게 해줄 것이다(물론 두 배보다 더 많을 수도 있다. 여기서는 집단 경쟁에서 볼 수 있는 상대편에 대한 의심, 경멸, 폭력성 등을 고려하지 않았다).

경쟁이 소금과 같은 역할을 한다는 주장은 그 비유를 그대로 적용하면 다음과 같다. 소금은 자연의 맛을 대체하며, 너무 많이 섭취하면 건강에 해롭다. 즉 소금에 의존하면 소금이 안 들어간 음식은 맛이 없다고 느낄 것이다. 이와 마찬가지로 경쟁적 놀이는 일종의 중독 현상이며, 그렇기 때문에 오락 활동에서마저 승리라는 보상이 없으면 재미없다고 느끼는 것이다. 버트런드 러셀은 "경쟁의 논리에 중독되는 것은 일뿐만이 아니라 여가에서도 마찬가지다. 고요하고 편안함을 주는 여가는 지루하다고 느낀다"[40]라고 말했다. 텔레비전에 빠져 있는 아이들에게 독서를 유도하는 것을 비슷한 예로 들 수 있겠다. 텔레비전에 익숙한 아이들은 책을 읽을 때 집중력을 금방 잃어버린다. 어떤 이는 텔레비전을 '유리 젖꼭지'라고 불렀는데, 이것으로부터 아이들을 빨리 떼어놓는 것은 소금 없는 음식이나 경쟁 없는 놀이에서 즐거움을 느끼게 해주는 것과 같다고 볼 수 있다.

경쟁적 스포츠를 통해 성취감을 얻거나 자신의 능력을 시험한다는 것도 진실은 아니다. 한 개인은 어떤 객관적인 기준이나 자신이 예전에 세웠던 기록*에 도전할 수 있다. 불행하게도 이러한 노력을 '자신과의 경쟁'이라고 표현하는 사람들도 있다. 어쨌든 경쟁 없는 노력 역시 만족감을 가져다주며, 승패를 정하지 않는 협력적 놀이에서도 기술과 힘을 사용할 수 있고, 활기차게 즐길 수 있다. 협력 게임은 극복해야 할 것이 꼭 다른 사람일 필요는 없다는 것을 깨닫게 해준다. 많은 이들이 도전을 위해 경쟁한다고 생각하는 것은 어쩌면 당연할지 모른다. 그것은 성취와 경쟁을 혼동하는 데서 비롯된다. 우리 사회의 주된 놀이가 경쟁적 게임이라는 것을 감안한다면 이해할 수도 있다. 이러한 환경에서는 모든 노력이 오직 승리를 위한 것이 되므로 사람들은 이 두 가지를 동일시하게 된다.

몰입에 관해서는 더욱 그렇다. 몰입을 위해서는 경쟁은 말할 것도 없고, 신체적 활동조차도 필요 없는 경우가 많다. 앞서 말한 칙센트미하이는 춤을 추거나 혼자 등산을 하는 비경쟁적인 활동만큼 스포츠가 '몰입'을 가져다주지는 못한다고 구체적으로 언급했다. 물론 경쟁을 통해 몰입을 경험하는 것도 가능하지만, 단지 몰입을 경험하기 위해 경쟁할 필요는 거의 없다고 보면 된다.

---

* 물론 경쟁의 심리적 해로움은 꼭 이기고자 하는 상대방이 있을 때만 발생하는 것은 아니다. 어떠한 활동도 수치화된 목표를 향해 자신을 닦달하면 강박으로 변할 수 있다. 이러한 정신적 스트레스가 직장뿐 아니라 달리기나 수영, 역도 같은 오락 활동에까지 이어지면 상황은 더욱 악화된다.

이제 '승리의 전율'이 남았다. 이런 말은 다른 사람이나 팀을 패배시키면 자신의 우월성이 입증되며, 그것이 바로 기분 좋은 일이라고 사람들을 현혹하는 표현이다. 이런 태도는 이론적으로 다른 만족감과 구분해내기 힘들다. 경쟁에서 만족감을 느낀다고 생각하지만, 실제로는 전혀 경쟁이 없는 상태에서 만족감을 느끼는 경우가 더 많기 때문이다. 그래서 남들을 이기는 것으로 더할 수 없는 즐거움을 느끼는 경우가 얼마나 널리 퍼져 있는지 알기 힘들다. 어쨌든 이러한 주장이 마냥 틀린 것이라고는 얘기할 수 없다. 즉 "그런 것에서 즐거움을 느끼는 사람은 당신뿐이다"라고 말할 수 없다는 뜻이다.

한편으로 그런 즐거움이 심리와 어떤 역학관계가 있는가를 검토할 필요가 있으며, 이것은 다음 장에서 살펴볼 것이다. 지금은 간단히, 경쟁에서 이길 때 느끼는 순수한 기쁨은 매우 흥분한 상태에서 상대방에게 주먹질하는 것과 거의 비슷한 것임을 말해두려 한다. 두 경우 모두 심리적으로 따져보면, 당사자들에게 미치는 영향이 좋지 않으므로 그런 즐거움은 조장하지 않는 편이 좋다. 개인적으로 또 사회의 구성원으로서 좀 더 건설적인(아니면 덜 파괴적인) 활동에서 즐거움을 얻는 것이 우리 모두를 위해 바람직한 일이다. 우리 자신이나 아이들을 위해서라도 우리의 가장 나쁜 취향을 반영하는 여가활동을 지속해서는 안 된다.

오락 활동에서 경쟁이 주는 즐거움의 요소들을 살펴보면 사실 대부분의 경쟁이 불필요하다는 걸 알 수 있다. 행복한 시간을 보내기 위해 다른 사람을 이겨야 할 필요는 없다. 그런데 왜 이렇게 경쟁적인 게임이 인기가 있을까? 첫째, 참가하는 사람들의 숫자를 기준으로 본다면 경쟁적 게임의 인기는 그렇게 높지 않다고 볼 수 있다. 능력이 부족하거나, 관심이 없거나, 혹은 힘든 훈련 등의 이유로 스포츠를 하지 않는 사람들도 물론 많겠지만, 또한 많은 이들이 그런 활동은 너무 경쟁적이라는 이유로 회피한다. 스포츠 심리학자 테리 올릭은 "많은 아이들에게 경쟁적 스포츠는 '불량품'을 가려낼 뿐만 아니라 많은 '우량품' 역시 그만두게 만드는, 즉 '패배자 생산 공장' 같은 역할을 한다. 북아메리카에서 스포츠클럽에 참여했던 아이들 중 80~90퍼센트가 15세 이전에 탈퇴한다"[41]라고 썼다. 단지 오락 활동이 아닌 것에 대한 조사에서 첫 경쟁에서 패배한 사람들은 계속 움츠러들며,[42] 다시 패배를 맛보는 악순환에 빠져든다는 것을 알아냈다. 다른 조사에서도 이런 사람들은 어떤 계기가 찾아오면 곧 그만둔다는 사실이 밝혀졌다.[43]

경쟁을 옹호하는 사람들은 '적자생존' 원칙을 들먹이며 이런 게임을 장려한다. 학교 역시 우수한 선수들이 있는 종목에만 투자하면서 그런 원칙을 적용한다. 많은 이들이 중간에 그만두는 것에 개의치 않는 태도를 보이는 것은 특히 오락 활동의 경우엔 더 부당하다. 폭넓은 참여와 즐거움을 주지 못하는 놀이가 정말 놀이일까? 훌륭한 (또는 잠재적인) 기량을 갖고 있는 많은 선수들이 경쟁의 압력에 염증과 부담을 느끼고 스스로 그만둔다. 이제 소년야구 같은 아동 스포츠마저 너무나 경쟁적이 되었다고 개탄하는 기사와 책들이 나오고 있다. 부모들이 아이들에게 자신을 대신해 승리할 것을 요구하면서 경기에 진 자식들에게 공개적으로 면박을 주는 모습은 보기에 불편한 광경이다. 여기에서 비롯되는 각종 속임수와 폭력들은 뒤에서 살피기로 하고, 경쟁의 불쾌한 경험으로 인해 스포츠를 그만두는 아이들에 대해 생각해보자.

이러한 대대적인 이탈은 나쁜 일일까? 나는 꼭 그렇다고 확신할 수 없다. 아이들이 떠나는 현상을 유감스러운 일로 여긴다면, 그것은 다음과 같은 가정을 전제한 것이다. 즉 경쟁 그 자체는 괜찮은 것이지만(비록 즐겁다고 할 순 없어도), 잠재력 있는 아이들이 단지 부담감을 이기지 못해 그런 것이라는 가정이다. 그러나 나는 경쟁의 정도에 비례하여 결과가 점점 나빠진다면 결국 비난받아야 할 것은 경쟁 그 자체라고 생각한다(비록 그 결과가 개인의 기질과 특정한 경험에 따라 달라질 수 있다고 하더라도 말이다). 모든 아이들이 스포츠를 즐길 수 있을 정도로 '낮은 경쟁심' 따위는 존재하지 않는다. 이런 입장에서 보자면 아이들이 경쟁적인 스포츠를 싫어한다는 사실(신체 활동 자체를 싫어하는 것이 아니라)을 유감스럽게 생각할 필요는 없다.

많은 사람들이 경쟁 때문에 스포츠에서 멀어진다는 말은 그것이 비극일 뿐만 아니라, 경쟁과 즐거움의 관계가 보통은 표면적인 것에 지나지 않음을 (본장의 주제에 관련되어) 뜻하는 것이다. 물론 스포츠를 아예 그만두는 사람이 있는가 하면, 순수한 즐거움 이외의 여러 이유(이를테면 자기 과시욕 같은 이유) 때문에 계속해서 경쟁적 스포츠에 참여하는 사람들도 있다. 이러한 활동을 즐기는 사람들은 어떤가? 이러한 문제는 다른 문화와 비교해보면 알 수 있는데, 앞서 말했듯 어떤 문화에서는 협력이 훨씬 많은 부분을 차지하며 놀이 역시 비경쟁적인 것을 선택한다. 이것이 의미하는 바는 무엇일까? 우리는 경쟁적 게임이 재미있는 시간을 보내기 위한 가장 좋은 방법이라고 여기도록 사회화되었다는 말이다. 우리는 오락 활동에서조차 승패를 나누어야 한다고, 즐겁기 위해 선 누군가 져야 한다고 배워온 것이다.

사람은 어렸을 때부터 재미있게 즐기던 것을 어른이 되어서도 즐긴다. 미국 문화에서 자란 아이들은 친구들과 즐긴다는 것을 '모두가 이길 수는 없는 놀이를 하는' 것으로 생각한다. 그런 놀이를 자신이 직접 하지 않을 때엔 다른 사람들이 하는 것을 보러 간다. 어렸을 때부터 이러한 사회화가 공고히 이루어졌기 때문에 경쟁적이지 않은 다른 놀이가 있다는 것을 생각조차 하기 힘들다. 우리는 "아무도 이기지 못하는 것이 어떻게 게임이 될 수 있어?"라고 곤혹스러워 하며 묻는다. 이런 질문은 협력적인 교육에 대한 이야기에서도 제기된 바 있다.

경쟁적 오락 활동에 반대하는 많은 진보적인 사람들은 승패에 좀 더 관대해야 한다고 말한다. 이를테면 점수 기록을 그만두고, 승리에서 재미로 초점을 옮겨야 한다는 것이다. "모든 어린 선수들은 그들 자신이 성취한 것으로만 평가되어야 하며, 다른 사람들과 비교하여 성적을 측정해서는 안 된다"[44]라고 스포츠 심리학자인 토마스 투코와 윌리엄 브룬스는 말했다. 이는 비록 경쟁 구조를 가진 환경에서도 의도적 경쟁은 최소화해야 한다는 뜻이다. 그러나 제도적 문제에 대한 대부분의 개혁주의자들의 접근 방식이 그렇듯이 이러한 권유는 크게 효과가 없을 듯하다. 물론 골프처럼 상호성이 덜한 게임에서는 가능할지도 모르나, 더 상호의존적인 게임에서는 그런 태도를 취하기 매우 힘들다. "테니스 시합을 하면서 상대방이 공을 치기에 적당한 위치로 보내는 것은, 그럴 만한 기술을 갖추고 있다고 해도 거의 기대할 수 없다. 오늘날 우리가 알고 있는 스포츠에서는 그럴 이유가 전혀 없다. 게임은 승리를 위한 것이다."45 한 사람만이 이기게 되어 있는 테니스에서는 상대방이 칠 수 없는 곳으로 공을 보내야 한다. 대부분의 스포츠는 (체스나 포커 등의 게임을 포함하여) 그러한 구조로 되어 있다. 이런 구조 속에서 참가자들에게 경쟁심을 늦추라는 말은 순진함에 가깝다.

경쟁을 즐거운 일로 여기게끔 우리가 사회화된다는 말은 어렸을 때부터 승리의 중요성을 가르칠 뿐만 아니라, 오직 이기는 것이 중요한 놀이만이 아이들에게 제공된다는 뜻이다. 여기에 진정한 대안은 오로지 경쟁 자체가 없는 놀이뿐이다. 앞서 살펴보았듯이 아이들도 경쟁하지 않는 놀이를 한번 접해보면 보통은 계속해서 그쪽을 선호한다. 이런 결과가 암시하는 바는 매우 크다.

그렇다면 그런 게임은 어떻게 하는 걸까? 모든 게임은 각종 방해를 극복하고 목표를 달성하는 것이 주된 내용이다. 예를 들어 미식축구는 이곳에서 저쪽으로 공을 이동하는 것이 목표이며, 상대팀은 그것을 방해한다. 경쟁적이지 않은 게임에서는 방해물이 다른 사람(팀)이 아니라 그 게임 속에 이미 포함되어 있다. 목표를 이루기 위해서는 서로 도와야 하므로 이런 게임에는 경쟁이 포함되지 않을 뿐더러, 서로 협력하는 것이 필요하다. 협의에 의한 게임을 진행하기 위해선 일정한 규칙이 필요하다. 경쟁 활동은 특히 더 규칙에 얽매이는데(규칙의 적용 또한 엄격하다),46 이런 경쟁의 대안이라고 해서 꼭 "달리고 싶을 때 달리고, 멈추고 싶을 때 멈추는" 저 『이상한 나라의 엘리스』에 나오는 '코커스 경주'47처럼 아무런 규칙이 없어야 하는 것은 아니다. 그것은 그저 순수

한 놀이에 더욱 가까울 뿐이며, 경쟁하지 않는 게임이라 하더라도 보통
은 규칙이 있기 마련이다. 따라서 규칙이 있다는 것 자체만으로 꼭 경
쟁이 존재하는 것은 아니다.[48]

비경쟁적인 게임 역시 규칙을 갖기 때문에 경쟁자가 있는 게임만큼
도전적이다. 또한 재미를 느낄 수도 있으며 "모두가 이겼으니 다함께
상을 받는"[49] 코커스 경주처럼 행복한 결과를 가져올 수 있다.

예전부터 흔히 하는 의자 차지하기 게임을 생각해보자. 이 게임에서
는 인위적으로 희소성을 만드는 어떤 원형을 볼 수 있는데, 음악이 멈
추면 참가자들은 사람 수보다 하나가 더 적은 의자에 먼저 앉기 위해
경쟁한다. 게임이 한 번 끝날 때마다 한 명씩 탈락하고, 의자 역시 줄
어들며, 마지막 승자가 남을 때까지 게임은 계속된다. 한 명의 승리자
외의 다른 모든 참가자들은 지는 것이고, 그들은 그저 밖에 서서 게임
이 끝나기를 기다릴 뿐이다. 여기서 테리 올릭은 게임 규칙을 바꿔, 의
자만 하나씩 빼면서 참가자들이 모두 남은 의자에 앉게 했다. 게임이
진행될수록 의자의 숫자는 줄어들고 모두 앉기는 점점 어려워지지만 더
욱 재미있어진다. 마지막엔 낄낄거리는 한 무리의 아이들이 하나 남은
의자 주위에 모여들어 다함께 앉기 위해 궁리한다.

이는 올릭이 만들거나 발견한 수많은 비경쟁적 게임의 하나일 뿐이
며, 이러한 놀이는 『협력적 스포츠와 게임 The cooperative Sports and Game
Book』과 그 속편에 수록되어 있다.* 몇 가지를 살펴보면 중국식 체커

---

* 제프리 소벨 Jeffray Sobel의 『모두가 승자 : 아이들을 위한 비경쟁 게임들 Everybody

게임은 두 사람이 자신의 말을 더 빨리 움직여서 이기려고 애쓰는 것이 아니라, 서로 협조하여 둘이 동시에 상대방의 진영에 말을 옮기는 것을 목표로 한다. 협력하는 볼링 게임 역시 비슷한 목적으로 "참가자 전원이 한 번씩 공을 굴려 10개의 핀을 모두 쓰러뜨리는 것"인데, 참가자들이 하나의 목표를 향해 도전하는 것이다.[50] 이런 게임들의 공통점은 어떤 목표를 위해 참가자 전원이 일정한 기여를 하거나, 모든 사람들이 일정한 점수를 함께 달성하게 하는 방법이 이용된다. 또한 올릭은 전통적인 게임에서 점수 기록 방법이나 구성을 바꾸는 것으로 경쟁 요소를 없애는 방법을 생각해냈다. 예를 들어 '범프 앤 스쿳Bump and Scoot'이라 이름 붙인 배구는 상대방 진영으로 공을 넘긴 사람은 즉시 그쪽으로 건너가는데, "양팀의 공동 목표는 공을 최소한으로 떨어뜨리면서 팀의 진영을 완전히 바꾸는 것이다."[51] 모든 경쟁적인 게임들은 규칙을 약간 변화시키거나 구조를 조금 바꾸면 협력적인 게임으로 만들 수 있다. 그렇더라도 그 게임들은 공동의 목표가 있기 때문에 경쟁하는 것만큼 재미있다. 자신뿐 아니라 상대방의 입장에서도 생각하면서 더 좋은 전략을 짜내야 한다.

적대시해야 할 상대방이 협력의 파트너가 되는 것은 단지 글자만의 변화가 아니다. 게임의 구조가 바뀌고, 참가자 상호 간의 태도가 바뀐다. 앞서 얘기했듯이 아무리 우호적으로 테니스를 친다 해도 그 게임

Wins : Non-competitive Games for Young Children』도 매우 좋은 책이다. 일찍이 1950년대에 시어도어 렌츠Theodore F. Lentz와 루스 코넬리우스Ruth Cornelius는 협력 게임 설명서를 출판한 바 있다.

자체의 구조를 무시할 수 없다. 두 선수는 서로 상대방이 패배하도록 공을 쳐야만 한다. 경쟁하는 선수들은 협력 게임이 가져다주는 좋은 기분, 곧 상대방의 성공에 기쁨을 느끼는 그 기분을 알지 못한다. 협력적인 놀이 활동을 해본다면 왜 경쟁이 우리가 그동안 생각했던 것처럼 즐겁지 않은지 알게 될 것이다.

5장

경쟁은 인격을 키우는가 : 심리적 고찰

경쟁적 문화는 인간성을 해치며 존속한다.

-

줄스 헨리, 『사람과 맞서는 문화Culture Against Man』

이제 앞서 검토했던 것을 무시하고, 좋은 성과를 내기 위해서는 경쟁이 꼭 필요하다는 신화가 사실이라고 생각해보자. 그렇다고 해서 경쟁을 바람직하다 할 수 있을까? 전혀 그렇지 않다. 경쟁이 생산성을 올리는 데는 효과적이어도, 경쟁하는 사람들에겐 그렇지 않기 때문이다. 일의 성과에서 사람에게로 관점을 돌리면 경쟁에 반대해야 할 더 많은 이유들이 보일 것이다.

보통 경험적 연구에서 무시되지만, 심리적 충격은 생산성 문제보다 인간에게 더 깊게 연관되어 있다. 경쟁이 유용하다는 진부한 말에 별 의문을 제기하지 않는 사람들조차 자기 자신과 주변 사람들이 경쟁 때문에 불안감을 느낄 수 있다고 생각한다. 만약 선택의 기회가 주어지면 대부분의 사람들은 너무 경쟁이 심한 조직이나 활동은 피하려고 할 것이다. 더 중요한 것은 경쟁심이 강한 사람들 역시 회피의 대상이 된다는 점이다. "그는 내가 아는 사람들 중 가장 경쟁적인 사람이야" 같은 말을 듣는 사람은 보통 친구로 사귀고 싶어 하지 않는다. 그런 사람들은 다른 이들에게 완전히 외면당하지는 않아도 마음을 터놓을 수 있는 상대라고 여겨지지 않는다. 우리는 스스로의 경쟁심을 발견할 때도 조금은 마음이 불편해진다. 그러므로 경쟁으로 인해 어떤 이익이 있다 하더라도, 우리 사회의 '치열하고 무의미한 경쟁'으로 인해 사람들이 치러야 하는 심리적 대가가 무엇인지를 고려해야 할 것이다.

5장에서는 이 대가에 대해 고찰할 것이다. 좀 더 면밀히 검토할수록 경쟁의 폐해에 대해 더 잘 알 수 있을 것이다. 경쟁의 영향력은 때때로 감추어져 있어 잘 보이지 않을 때도 있지만, 거의 언제나 정신 건강에 해롭다. 우선 경쟁의 결과를 고찰하기 전에 그 원인을 먼저 살피는 것이 현명한 방법이 될 것이다. 이제 곧 살펴보게 되겠지만 이 두 가지 문제는 보기보다 더 밀접하게 관련되어 있다.

왜 우리는 경쟁하는가?

다른 사람의 실패를 대가로 자신이 성공하고자 하는 이유는 매우 다양하며 복합적이다. 다른 많은 경우처럼 사회학자나 인류학자들은 이를 문화 규범과 관련지어 설명한다. 이러한 사회적 규범은 경쟁을 구조적으로 고착시키며, 직장이나 학교, 경기장에서 비경쟁적인 대안을 사라지게 한다. 이렇게 구조적 경쟁이 성립하면 그것이 우리의 태도나 신념을 형성하고 이로써 의도적 경쟁이 조장된다. 반면 행동심리학자들은 규범보다는 사람들이 경쟁적이 되도록 훈련받는 구체적인 방식에 더 관심을 갖는다. 우리는 경쟁적 행동을 통해 보상을 받으며, 또한 다른 사람이 보상받는 모습을 보기도 한다. 2장에서 보았듯 두 가지의 결합은 효과적인 학습 프로그램을 만들어낸다. 간단히 말해 우리가 경쟁하는 이유는 그렇게 교육 받았고, 다른 사람들도 모두 그렇게 하고 있을 뿐더러 그 대안은 한 번도 생각해본 적이 없으며, 우리 문화에서 성공하려면 그래야 하기 때문이다.

여기에 인간 행동의 무의식적 근원과 관계되는 심층심리학(혹은 정신분석학) 관점을 덧붙인다고 해서 앞선 설명들의 유용성이 감소하는 것은 아니다. 정신분석학자들은 인간이 스스로를 어떻게 생각하는지를 밝히는 데 많은 기여를 했으며, 그중 핵심─이것이 경쟁과 관련되어 있다는 것은 곧 알게 된다─내용은 다음과 같다. 인간은 스스로가 바라거나 두려워하는 것을 무의식중에 반대로 표출할 수도 있다는 사실이다. 이는 여러 방식으로 나타난다. 즉 절대적인 적대감이 지나친 관심으로 바뀌어 나타날 수도 있다. 또한 잠재적인 동성애자가 다른 동성애자들을 비웃는 것처럼, 치명적인 매력을 느끼는 무엇인가에 대해 극단적인 혐오감을 드러내는 경우도 있다. 마지막으로 너무나 두려워하는 것에 스스로를 노출함으로써 그 불안감에 대처하는 경우도 있다. 예를 들어 외로움에 불안을 느끼는 사람이 무의식적으로 그것을 극복하기 위해 일부러 사람들을 피하는 극단적인 사생활 옹호론자가 될 수도 있다.*

이러한 역전 현상을 이해한다면 심층심리학이 우리에게 말해주는 것을 확실히 알 수 있다. 즉 명백히 반대되는 행동이 같은 원동력에 의해 일어날 수 있다는 사실이다. 사생활에 너무나 집착하는 사람이나, 자신에게 해가 되는 인간관계조차 정리하길 거부하는 사람 모두 분리불안(separation anxiety, 타인에 대한 의존도가 너무 높아 혼자서는 거의 아무것도 하지 못하는 상태-옮긴이)의 징후가 있다고 볼 수 있다. 겉으로는 매우 다른—실제로는 상반된—성격처럼 보이는 것도 그 속을 들여다보면 같은 뿌리에서 비롯되는 경우가 있다는 뜻이다.

이러한 현상은 자존감의 경우에 더욱 명백히 드러난다. A씨는 자만하는 것처럼 보인다. 그는 자신의 재능과 이뤄낸 성과에 대해 항상 떠벌리기를 좋아한다. 이에 반해 B라는 여성은 자신은 무엇을 하든 실패할 것이라고 생각하며, 이로 인해 무기력하다. 두 사람 모두, 프로이트를 아는 사람들은 예상할 수 있듯, 자존감이 매우 낮을 가능성이 크다. 여기에 여성을 유혹하는 데 많은 시간을 들이는 C라는 남성과 자신에 대해서는 아무것도 드러내지 않으면서 그저 타인의 사생활을 캐내는 것으로 그들을 지배하고자 하는 D라는 여성을 추가하자. 또한 지나치게 빡빡한 하루 계획을 세우고 어긋나면 매우 불안해하는 E라는 여성과 항상 약속시간에 늦거나 잘 까먹으며, 자신의 시간도 제대로 관리하지 못하는 F라는 남성이 있다. 이런 사람들은 모두 다른 어떤 것보다 자존

---

* 정신분석학자들은 앞의 두 가지 현상을 '반동형성(reaction formation, 억압된 욕구가 반대 경향의 행동으로 나타나는 것)'에 의한 '방어기제(defense mechanism)'라고 부르고, 마지막 예는 '역공포행동(counterphobic behavior)'이라고 부른다.

감의 결여라는 말로 이해할 수 있다.

어떤 사람이 왜 그러한 행동을 했는지 이해하는 데 자존감이란 개념은 매우 유용하다. 자존감이 강하다는 것은 실제로 매우 중요하다. 그것은 건전한 인격을 형성하는 데 필수적이다. 그것은 쉽게 흔들리지 않는 자신에 대한 존경과 믿음을 나타내며, 스스로의 가치를 지속적으로 인정하고 있다는 것을 의미한다. 사실 자존감은 그저 높은 것이 아니라 무조건적인 것이다. 자존감은 다른 사람의 인정을 필요로 하지 않으며, 비록 나중에 후회할 일을 했다고 하더라도 쉽게 희망을 잃지 않게 해준다. 그것은 우리 삶을 구축하는 핵심이며 기초가 된다.*

반면 자존감의 결여는 다양한 심리적 장애를 일으키는 근원이다. 카렌 호나이는 모든 신경증(노이로제)을 스스로에 대한 '기본적 믿음'의 결여로 설명했다.1 또 한 명의 신프로이트학파 이론가인 해리 스택 설리번Harry Stack Sullivan은 "뿌리 깊은 자존감의 결여는 다른 사람에 대해 좋은 감정을 느끼기 어렵게 만든다"2고 말했다. 인본주의 심리학자인 아브라함 매슬로 역시 "자존감의 충족은 자신감, 가치, 정신력, 능력, 만족, 그리고 자신이 유용하고 필요한 존재라는 느낌을 갖게 한다. 반대로 이러한 욕구가 좌절되면 열등감을 느끼며, 실망감, 보상심리, 신경증 경향을 불러온다."3 또한 어느 사회심리학자는 "긍정적인 자존감이

---

* '자존감'은 스스로의 한계를 정확히 모르거나 알려고 하지 않는다는 뜻이 아니다. 오히려 자존감이 강한 사람은 자신의 한계를 잘 인지하며, 그로 인해 자신에 대한 믿음이 더욱 확고해진다. 자신은 잘못할 리 없다고 확신하는 사람이 오히려 자존감이 낮은 사람일 가능성이 크다. 또한 자존감은 인격의 성장에 해가 되지 않는다. 자신에 대한 기본적인 신뢰는 성장을 저해하는 소위 '자기만족'과는 전혀 다르다.

행복한 삶의 핵심이라는 데 동의하지 않는 심리학자는 거의 없다"[4]고 말했다. 우울증부터 나르시시즘까지, 심각한 인격 장애부터 인간관계의 실패에 이르기까지 여러 정신적 문제를 이해하는 데 자존감은 매우 유용하다. 인간의 복잡한 정신적 문제를 좁은 이론의 틀에 억지로 끼어 맞추는 일은 항상 경계해야 하지만, 인간의 심리 문제는 거의 대부분 우리가 스스로를 어떻게 느끼는가에서 비롯된다고 볼 수 있다.

나는 인간의 행동이 때때로 자신의 진정한 동기와는 반대되는 형태로 나타나며, 인성의 형성에 자존감이 중대한 역할을 한다고 강조했다. 이 두 가지를 함께 생각하면 우리는 경쟁심에 대해 더 잘 이해할 수 있다. 특히 내가 말하고 싶은 것은 다음과 같다. 우리는 자신의 능력을 근본적으로 의심하기 때문에 경쟁을 하며, 결국 낮은 자존감에 대한 보상을 위해 경쟁한다는 것이다.*

이 두 가지 요소를 자세히 살펴보자. 첫째, 어떤 일에 자신이 없는 사람은 그 일을 경쟁적으로 한다. 가장 멋진 연인이 되고자(혹은 가장 많은 연인을 만들고자) 애쓰는 것은 실제로는 자신이 별로 사랑스럽지 않을지도 모른다는 두려움 때문이다. 다른 사람들을 압도하는 권위적인 직업을 갖고자 애쓰는 것은 자신의 능력이 실제로는 부족할지도 모른다는 의심 때문이다. 둘째, 그러한 특정 부분에 능력을 발휘하고자 하는 것

---

* 물론 이것은 과학적으로 증명 가능한 가설은 아니다. 이러한 주장의 설득력은 이것이 우리의 경험을 얼마나 잘 반영하며, 인간을 이해하는 데 얼마나 도움이 되는가에 달려 있을 것이다. 특별히 더 경쟁적인 사람들에게 이러한 주장은 불편하겠지만, 주의 깊게 생각하면 사실이라고 인정할지도 모른다. 우리는 보통 우리의 행동이 건전하지 않다는 주장을 인정하지 않으려는 경향이 있다.

은 전체적으로 보면 자신이 무능하다는 것, 즉 자존감이 부족함을 나타낸다. 사랑스러움, 혹은 직업적 기술들 같은 특정 능력을 위해 애쓰는 것은 그것이 자신의 전부를 대변해준다고 생각하기 때문이다.

때로는 자신의 특성이나 능력을 대표하는 어떤 요소가 없을지라도 경쟁은 벌어지는데, 그것(더 많은 돈을 벌고, 더욱 매력적으로 보이려는 경쟁)은 바로 자존감이 약해서 그런 것이다. 이것은 거의 모든 인간 사이의 상호작용을 경쟁으로 여기는, 특별히 경쟁심이 강한 사람들에게서 더 명백하게 볼 수 있다. 모든 면에서 최고가 되려는 사람은 실제로 자신이 별로 능력 없다는 사실에서 벗어나고자 경쟁을 한다. 자신을 대표하는 것이든 아니든 경쟁심은 결국 자존감과 연결되어 있다.

앞서 본 대로 무엇을 잘하는 것과 남을 이기는 것은 서로 다르다. 그 동기를 살펴보면 더욱 확실해진다. 사람들은 모두 어떤 것을 특히 잘하는 것에서 큰 성취감을 맛본다. 물론 타인과 비교해서 무엇인가 잘하는 것에서 성취를 느끼는 경우도 있다. 그러나 단지 잘한다는 것 자체에 관심이 있고 거기에 만족하는 사람은 굳이 남들과 비교하여 더 잘하려고 하지 않는다. 그들은 상대평가를 필요로 하지 않는다. 절대적인 기준(정답을 맞힌 문제가 몇 개인지, 혹은 1킬로미터를 달리는 데 얼마나 걸리는지)에 의해 개인적인 만족을 느끼는 것이다.

타인보다 잘하려는 욕망과 자신이 만든 기준에 부합하려는 욕구는 전혀 다르다. 여기엔 본질적으로 보상이라는 동기가 작용한다. 자신이 부족하다는 막연한 느낌 때문에 남보다 더 눈에 띄려고 하는 경우가 많다. 자신의 근육이나 지식을 연마하는 기쁨은 그 자체로 충분하지만,

누군가는 자신의 유능함을 확신하기 위해 '남들보다 더' 강하고 똑똑하다는 것을 확인하고 싶어 한다. 만약 경쟁에 목소리가 있다면 떼를 쓰는 어린아이의 말투가 들릴 것이다. "뭐든 네가 할 수 있는 것이라면 난 더 잘할 수 있어!" 경쟁 사회는 이런 목소리로 가득 차 있다. 그리고 그러한 사회는 "강박적 사고, 개인적 무능에 대한 불안, 배출구가 필요한 적대감"의 결합으로 움직인다고 로렌스 프랭크는 말했다.5

다른 사람을 이기기 '원한다'고 말하는 것은 부정확하다. 경쟁이란 성취감을 얻기 위한 것이 아니라, 자신의 능력에 대한 의심을 떨치기 위한 것이므로 '욕구'라기보다 '필요'에 가깝다. 매슬로는 사랑에 대한 동기를 '존재'와 '결핍'으로 나누었다. 그는 사랑에서 '존재의 동기'란 심미적인 기쁨과 특정인에 대한 흠모가 특징이며, '결핍의 동기'란 절박한 필요와 포괄적인 대상에 대해 충동적으로 갈구하는 것이라고 말했다. '결핍'에서 '존재'로 나아가는 것을 심리적인 성장이라고 생각할 수 있다. 또한 기본적 욕구가 충족되어야 더 높은 차원의 사랑과 사유와 삶이 가능하다.6 경쟁심은 화려한 옷을 입고 있음에도 불구하고 실제로는 결핍이라는 동기에서 비롯된다. 어떤 것을 잘하고 싶은 마음은 선택할 수 있다. 하지만 다른 사람을 능가하고 싶은 마음은 꼭 그래야 하기 때문에 생긴다. 즉 자존감의 문제다.

경쟁이 욕구보다는 필요에 가깝다는 말을 확실히 보여주는 예로 경쟁적인 사람에게서 경쟁할 기회를 박탈하는 경우를 생각해볼 수 있다. 또는 경쟁을 필요로 하는 것은 승리를 필요로 하는 것과 같은 것이므로 그들이 패배했을 때 무슨 일이 벌어지는가를 살펴보는 것도 좋을 듯하다. 그 결과는 말하자면 미식가에게서 음식을 선택할 기회를 빼앗는 것이라기보다 배고픈 사람에게서 한 끼 식사를 빼앗는 것에 더 가까울 것이다. 예를 들어 매우 경쟁적인 어떤 여성 사업가는 경쟁이 별로 없는 환경에서 일하게 되었을 때, 이렇게 말했다. "나는 천천히 죽어가는 고통을 맛보았다." 이러한 반응은 그들에게 경쟁 없는 곳이 오히려 견디기 힘들다는 것을 보여준다.

이것을 바꾸어 생각하면 애당초 경쟁의 충동은 경쟁 없음에 대한 두려움에서 비롯될 수 있다. 한 마라톤 선수는 이렇게 말했다. "경기에 참여할 때마다 나는 항상 두려움과 불안을 느낀다. 출발선에 서는 것은 매우 힘든 일이다. 그러나 그러지 않아도 두렵고 불안하다."7 그 일을 하지 않으면 고통스럽기 때문에 하는 것과 단순히 그 일에서 기쁨을 느끼기 때문에 하는 것은 심리적으로 매우 다르다. 고통을 덜 수 있는 기회가 없어지면 불안과 공황, 분노의 반응을 보일 것이다. 경쟁이 없어지면 나타나는 이러한 반응은 자존감의 결여가 경쟁의 동기라는 사실을 보여준다. 많은 이들에게 경쟁은 승리를 위해서라기보다 자신의 자존감을 지키기 위한 일이며, 이기기 위한 것이라기보다 지지 않기 위한 것이다. 이것은 애당초 두려워하던 것을 다시 한 번 확인시켜준다. 자기 자신의 가치를 입증하기 위해 경쟁하지만, 경쟁 속에서 자존감을 지키려는 노력은 안타깝고 무의미하다.

그러나 매우 경쟁적인 사람들 중에는 능력이 뛰어난 사람도 많으므로 경쟁의 동기가 결핍일 수 있다는 말에 의심을 품는 사람도 있을 것이다. 하지만 실제 능력과 자존감은 사실 별 관계가 없음을 알아야 한다. 뛰어난 재능과 매력을 지닌 사람들 중에는 남들이 아무리 그렇다고 해도 스스로는 그렇게 생각하지 않는 경우가 많다. 주목받고, 보상받고, 인정받고자 하는 욕구는 끝이 없다. 밑 빠진 독에 물 붓기처럼. 이러한 욕구는 개인의 특이 성격 때문이 아니라 낮은 자존감 때문에 발생한다. 어떤 부분에서 능력을 인정받는다 해도 자신의 전체 가치의 문제는 해결되지 않는다. 이런 이유로 우리가 보기에 유능한 사람들도 다른 사람과의 경쟁을 통해 계속 그것을 확인하려 하는 것이다.

경쟁의 본질이 보상 받고 자신이 가치 있다는 것을 입증하려는 노력이라고 한다면, 정신적으로 건강할수록(즉 확고하며 무조건적인 자존감을 갖고 있다면) 경쟁의 필요성을 덜 느낄 것이다.* 이것이 함축하는 바는 1등 강박의 진짜 대안은 2등이 되는 것이 아니라, 등수에 연연하지 않을 정도로 심리적으로 자유로워져야 한다는 것이다. 여기에서는 뛰어난 많은 선수들을 만난 두 스포츠 심리학자의 말을 인용하는 것이 좋을 듯하다. "스포츠에서 빼어난 활약은 하지 못했어도 건실한 인격을 가진 선수들은 정서적으로 매우 안정되어 보였으며, 따라서 스포츠에 신경과민 증세를 보이지 않았다."[10] 우리 사회의 거의 모든 오락 활동들은 경쟁 구조를 띠고 있으므로 경쟁을 필요로 하지 않는 건강한 사람들은 그

---

* 그러나 이 반대—경쟁을 덜 하는 사람은 정신적으로 더욱 건강하다—는 성립하지 않는다. 왜냐하면 경쟁이 자존감 결핍에서 나오는 유일한 현상은 아니기 때문이다. 사실 많은 사람들은 스스로 부족하다고 느끼기 때문에 경쟁을 회피한다. 물론 이와 똑같은 이유로 인해 경쟁한다는 것은 앞서 정신분석학의 입장에서 설명했다. 따라서 자존감이 결여된 아이들이 특정 상황에서 매우 비경쟁적으로 행동하거나,[8] 경쟁을 회피한다는 사실은 별로 놀라운 것이 아니다.[9]

러한 활동 자체를 하지 않을 수도 있다.

물론 자존감의 부족 그 자체 때문에 경쟁이 생기는 것은 아니라는 반론을 할 수도 있다. 맞는 말이다. 프로이트를 포함해서 많은 정신분석학자들은 개인을 그 환경과 분리하여 분석하는 경향이 있는데, 신프로이트학파는 인간 발달, 내면의 갈등 등 여러 가지 심리 문제가 그 사람을 둘러싼 환경의 영향을 받는다는 점을 강조했다. 좀 더 완벽한 연구를 위해 심리학자들은 개인뿐만 아니라 그의 가족이나 그가 몸담고 있는 문화 전체를 고찰할 필요가 있다는 것이다. 그러므로 이제 사회적 규범과 구조의 문제를 살펴보도록 하자.

각 문화권에는 자기회의(self-doubt, 자신의 가치에 대한 의심)에 빠진 사람들을 다루는 각기 다른 메커니즘이 있다. 인생을 거의 제로섬 게임으로 여기는 우리 사회에서 그 메커니즘은 바로 경쟁이다. 자신의 가치에 의심을 품는 사람들이 보상 받을 수 있는 메커니즘이 경쟁이라는 뜻이다. 결국 자존감 결핍은 경쟁의 필요조건이지 충분조건은 아니다. 경쟁의 요소에는 인정받고 싶어 하는 개인적 욕구와 그것을 위해서 다른 사람은 피해를 봐도 된다는 사회적 메커니즘이 결합되어 있다. 두 가지의 결합은 타인을 불쾌하게 함으로써 자신이 유쾌해지는 사람들을 끊임없이 만들어낸다.

반면 우리 문화에서 성공하기 위해서는 어쩔 수 없이 경쟁해야 한다고 주장하는 사람들도 있다. 이런 주장 역시 맞는 말이지만, 앞의 주장과는 반대로 개인의 심리적 문제는 완전히 배제한 채, 모든 것을 사회

구조 탓으로 돌리고자 하는 의도가 보인다. 물론 사회적 규범은 개인의 심리 상태를 조종할 수도 있다. 그러나 어떤 문제에 대해 그것을 정신적인 문제가 있는 개인의 특수성 때문으로 돌리면서 사회구조를 무시하면 안 되는 것처럼, 경쟁에서 개인의 심리적 영향을 무시하고 모든 것을 사회구조의 탓으로 돌려서도 안 된다. 많은 사람들은 '사회구조적 힘', 혹은 '역사적 결정론' 등을 고려하지 않고, 단지 뒤처지는 것이 두려워 경쟁을 한다고 말한다. 당연히 이런 말은 우리 사회를 정확히 파악하고 있는 것이지만, 모든 것을 설명해준다고 볼 수는 없다. 남에게 이기고 싶은 욕망은 자신의 가치에 대한 의심을 불식시키려는 심리적 요인에서 그 원인을 찾을 수 있다.

지금까지의 주장에는 조금 선동적인 요소가 포함되어 있긴 하지만 여기서 끝내고 싶지는 않다. 우리가 영웅(기업가, 운동선수, 영화배우, 정치인)으로 생각하는 사람들이 어쩌면 자존감 결핍이라는 동기에 영향을 받았다거나, 우리가 거의 '종교'처럼 여기는 경쟁이 심리적으로 건강하지 않아서 생기는 것이라고 주장하면 많은 사람들은 수긍하지 못할 것이다. 그러나 그런 사람들도 누군가 방에 들어서자마자 그곳에 있는 사람들 가운데 자신이 가장 강한지, 가장 부자인지, 자신의 애인이 가장 예쁜지, 자신이 가장 유명한지를 꼭 따져본다면 그에게 뭔가 문제가 있다고 생각할 것이다. 왜 사람들은 뒤의 이야기는 수긍하면서 앞의 주장엔 동의하지 못하는 것일까? 지나치면 위험하다거나 불건전한 것도 적당하면 괜찮다는 것이 이 질문에 대한 일반적인 답이 될 것이다. 예를 들어 사랑하는 사람과 잠시 동안만 떨어져 있어도 아무것도 하지 못하는 사람은 뭔가 문제가 있다고 생각하지만, 사랑하는 사람과 적당한 선에서 항상 붙어 있으려는 사람은 별 문제가 없다고 생각하는 것이다. 문제는 일정 정도를 넘어서는 극단적인 사랑의 경우이며, 적당함을 유지하는 사랑과는 질적으로 다르다고 생각한다.

그런데 경쟁이 사랑과 같을까? 많은 사람들은 어느 정도 경쟁적인 사회는 괜찮다고 생각한다. 그러나 실제로 '적당한' 경쟁심과 '지나친' 경쟁심은 질적인 차이가 아니라 단지 양적인 차이일 뿐이다. 즉 심리적 원인은 똑같다는 말이다. 작은 권총은 대포에 비해 눈에 잘 띄지 않고 위력도 약하지만 두 도구의 목적은 본질적으로 똑같다. 반드시 최고가 되어야 한다는 강박 때문에 너무나도 경쟁적인 사람은 여러 사람들 속에서 더 눈에 띌지 모르지만, 그 심리적 동기는 적당한 경쟁심을 지닌 것으로 보이는 사람들의 그것과 다르지 않다. 그는 단지 더욱 극단적일 뿐이다.

경쟁은 여러모로 유용하며 좋은 것이라고 장려되는 우리 사회처럼, 대화 도중에 끼어들어 방해하는 것을 장려하는 사회가 있다고 상상해보자. 어떤 사람은 다른 사람보다 더욱 자주, 그리고 큰 소리로 끼어들면서 다른 사람의 얘기를 전혀 듣지 않는다고 생각해보자. 이런 사람은 대화를 방해하려는 욕구가 너무 강하다고 비난받을 것이고, 무슨 노이로제가 있지 않은지 의심받을 것이다. 그렇다면 그 외의 다른 사람은 '건전하게' 대화를 방해하는 것일까? 대화 도중에 불쑥 끼어드는 일이 괜찮은 행동인가 하는 문제는 잠시 접어두자. 지금 우리가 다루는 문제는 어떤 행동의 결과가 아니라 그 동기이기 때문이다. 대화 도중에 '가끔씩' 다른 이들을 압도하고자 하는 욕구와 '항상' 압도하고자 하는 욕구는 오직 정도의 차이일 뿐이다. 이러한 행동의 심리적 바탕은 그것을 얼마나 강하게 하는지, 얼마나 자주 하는지와 상관없이 똑같다. 경쟁도 이와 마찬가지다.

자존감 결핍으로 인해 하는 행동에 '불건전'하다는 말을 붙인다면, '건전한 경쟁'이란 말은 애당초 모순적인 용어가 된다. 너무 경쟁적이어서 냉혈한처럼 보이는 사람의 문제는 그 정도가 지나친 데 있는 게 아니라, 경쟁 욕구 그 자체에 있는 것이다. 그는 단지 도드라져 보일 뿐이며, 그렇기 때문에 우리는 그를 비난하지만 우리 자신에겐 관대하다. 그런 사람은 우리를 좀 과장한 인물일 뿐이다. "우리가 강박증이라고 생각하는 것들은 경쟁적인 우리 사회에서 지극히 정상적인 것들이 좀 더 확대된 것에 불과하다"[11]고 호나이는 말했다. 말하자면 탈세는 아무렇지도 않게 하면서 남의 것을 훔치는 행위에는 분노를 터뜨리는 것과 마찬가지다. 아주 큰 도둑은 우리들의 일상적인 탈세 행위를 좀 더 확대한 것일 뿐이다. 수법도, 액수도 다르지만 동기는 똑같다.

물론 이기고 싶은 마음이 더욱 절실한 사람이 있다는 사실을 간과할 수는 없을 것이다. 이기고 싶은 충동의 강도, 어떤 경우에 얼마큼 그런 충동을 경험하는지, 그리고 승리가 좌절되었을 때 얼마나 고통을 느끼는지 등을 통해 그 욕구의 정도를 잴 수 있다. 매우 경쟁적인 사람들은 자신의 세계관을 자신이 처한 상황에 투영하며, 모든 주변 환경을 경쟁 구조로 이해한다. 그들에게 인생은 정상에 머무르고, 1등을 하기 위한 투쟁의 장이다. 행복마저 총량이 정해져 있어서 저 사람이 행복을 많이 차지하면 자신은 적게 얻을 수밖에 없다고, 모든 것을 제로섬 게임으로 파악한다. 누군가 행운을 얻으면 자기연민에 빠지거나 화를 낸다. 자신과 직접적인 이해관계가 없는 상황에서도 우선 경쟁의 관점에서 생각한다. 그들은 다른 이들도 자기만큼 경쟁적이며,[12] 경쟁은 세상을 살아가는 방식이고, 자신의 위치는 항상 위태롭다고 생각한다.[13] 물론 경쟁심이 조금이라도 있으면 모두 이러한 상황에 빠진다는 뜻은 아니다. 이런 현상은 순환으로 설명하는 것이 더 좋을 듯 싶다. 즉 실망이 클수록 자존감은 더 부족해지고, 문제는 점점 더 악화된다. 그러니까 경쟁적인 사람들 모두가 급박한 심리적 치료가 필요하다는 뜻은 아니지만, 경쟁심의 정도에 차이가 있다고 해서 그것이 근본적으로 다른 것이 되지는 않는다는 점을 확실히 해둘 필요가 있다.

마지막으로 승리에 대한 갈구와 패배에 대한 공포는 경쟁이 대부분 공개적으로 행해지는 데서 더 영향을 받는다는 사실을 지적하고 싶다. 자신에 대한 의심을 극복하는 데 유용한 승리는 단지 혼자만 그것을 확인하는 수준에서 끝나지 않는다. 승리는 다른 사람의 주목을 받게 해준다. 경쟁의 목적이 자신에 대한 확신을 얻기 위한 것이라면, 그 수단은 남들의 인정을 받는 것이다. 단순히 이기는 것뿐만이 아니라 타인에게 자신이 받아들여진다는 느낌, 그것이 바로 경쟁의 매력이다. 타인에게 받아들여진다는 것은 예를 들어 스포츠에서는 감독의 칭찬이 될 수도 있다. 다음은 미식축구 선수였던 데이비드 메기시 D. Meggyesy의 말이다.

나는 부상 중에도 계속해서 시합을 했다. 스스로에게는 이 경기의 명예로운 전통을 지키는 것이라고 말했지만, 사실은 감독과 코치의 인정을 받고 싶었다. … 우리는 오이디푸스 콤플렉스에 사로잡혀 있었다. 말하자면 그들이 나를 칭찬할수록 더욱 열정적으로 경기에 임했다.14

여기서 말하는 오이디푸스 콤플렉스는 당연히 감독이 부모의 대리 역할을 했음을 의미한다. 제니퍼 레빈은 수영선수들과의 인터뷰에서 "여자선수들이 처음 경쟁을 하게 된 동기에 대해 말할 때 … 사랑, 가족, 아버지 같은 주위 사람들의 칭찬에 대한 이야기가 계속해서 나왔다."15 정신분석학으로 보면 다음과 같은 식이 성립한다. '승리=감독의 인정=부모의 수용=자기 자신(자존감)의 승인'

이러한 인정을 관객에게서 구하는 경우도 많은데, 비단 스포츠에만 해당되는 것은 아니다. 이것은 여러 경쟁에서 촉진제 역할을 한다. 동료의 승진에 관심이 많은 직원, 저녁식사 자리에서 남들보다 말을 잘하는 사람에게 귀를 기울여주는 사람, 벽에 붙은 우등생들의 작품을 보는 학생들, 경쟁하는 사람들에게는 그들이 바로 관객이다. 더 나아가 스튜어트 워커의 말대로, 경쟁하는 사람들은 경쟁 상대에게서도 인정과 칭찬을 구한다. "계속 경쟁하면서 좋은 성과를 올리고자 하는 사람들은 상대방한테서도 기쁨을 얻으려고 한다. 그는 세상이 승리자를 사랑하며, 그 경쟁 상대까지도 그러리라고 믿는다."16 사랑이 아니라면 질투한다고 믿을 것이다. 인정받지 못한다 해도 인정받고 있을 거라고 확신한다. 무엇보다 1등이 되는 것은 그 사람이 부모든 감독이든 관객이든 경쟁 상대든 그에게 자신이 주목받는 것을 의미한다. 주목받는 것은 중요한 사람이 되었다는 것이고, 그것은 바로 자신에 대한 의심(자존감 결핍)을 보상받는다는 뜻이다.

승리, 패배, 그리고 자존감

개인의 성격 중 비록 동기에서는 건전하지 않지만, 그 결과를 놓고 보면 괜찮다고 여겨지는 것이 있을 수 있다. 그러니까 이렇게 물어보자. 경쟁은 정신 건강에 좋은 영향을 줄 수 있는가? 말하자면 경쟁은 결과적으로 그 동기가 된 자존감 결핍을 채워줄 수 있을까?

사람들은 자신이 속한 문화의 규범을 따르는 것이 이익이 되기 때문에 하는 행동들도 많다. 사회가 자신에게 기대하는 대로 행동하면 만족을 느낄 수 있는데, 이 사회가 우리에게 기대하는 것은 바로 경쟁이다. 경쟁이 사회적 규범이 아닌 문화에서는 경쟁에서 심리적 치료효과를 기대하기는 힘들 것이다.[17] 그러나 매우 경쟁적인 사회일지라도, 경쟁이 인간의 심리에 미치는 영향 자체를 바꾸지는 못한다. 경쟁은 불행히도 자존감을 회복시켜주기보다는 저해하는 반대의 결과를 낳는다.

교육심리학자인 캐럴 에임스Carole Ames는 1970년대 중반, 경쟁 상황에 놓인 아이들에 대한 연구를 진행했다. 이 연구에서 그녀는 경쟁이 사람들로 하여금 자신에게 일어나는 일이 스스로의 의지나 통제에 의해 일어나는 것이 아니라고 믿게 만든다는 사실을 알아냈다.[18] 에임스는 이러한 '외부통제위치'('통제위치'locus of control'란 스스로의 운명을 자신이 얼마나 지배하고 있는가를 나타내는 용어로 '내부통제위치internal locus of control' 경향을 보이는 사람은 자신에게 일어나는 일을 자신이 통제할 수 있다고 생각하는 반면, '외부통제위치external locus of control' 경향의 사람들은 자신에게 일어나는 일이 외부 현상에 의해 결정된다고 믿는다-옮긴이)가 자존감에 나쁜 영향을 미치며, 일의 수행능력을 저해한다고 말한다. 자신에게 일어나는 일이 외부 상황에 의해 달라진다고 믿는 사람들은 어떤 일을 성취해내기 어려우며, 이것은 경쟁이 생산성을 높이지 못하는 또 하나의 이유가 될 수 있다.

경쟁심과 관계있는 개인의 특정 성향을 찾으려 노력한 연구가들도 있다. 물론 경쟁심과 특정 성격이 인과관계가 있다고 확신할 수는 없다. 그런 특정 성격은 경쟁심의 결과라기보다 원인이 될 수도 있다. 어쨌든 이러한 연구가 발견한 것은 의미 있는데, 1981년에 두 명의 심리학자가 8백여 명의 고등학생들을 상대로 경쟁심이 강한 학생들은 어떤 성격을 갖고 있는지를 조사했다. 그 결과 "타인과의 경쟁에 적극적인 학생들은 개인의 가치를 평가와 성과에 의존하여 생각하는 특징을 드러냈다."19 다시 말해 경쟁적인 학생들은 무조건의 자존감을 갖지 못했으며 스스로의 가치를 판단하는 데 자신이 무엇을 잘했는지, 남들이 그것을 어떻게 평가하는지에 지나치게 의존했다.

구조적 경쟁에 관한 연구는 전형적으로 그 대안적 구조, 특히 협력의 평가를 통해 이루어진다. 즉 이러한 연구는 건전한 개인의 특성을 이끌어내는 데 경쟁과 협력 중 어느 것이 더 나은가에 중점을 둔다. 우리와 같이 경쟁적인 사회에서는 협력이 강력한 자아발달에 적합하지 않고, 어쩐지 의존적인 성향이 짙다고 생각한다. 그러나 그 반대의 경우가 진실처럼 보인다. 17건에 이르는 연구 결과를 검토한 존슨 형제는 이렇게 말했다. "협력학습 상황은 경쟁적 학습이나 독자적 학습에 비해 자존감을 더 높이며, 건전한 과정을 통해 스스로의 가치를 평가하게 했다."[20] 그들은 또한 "협력은 정서적 성숙, 좋은 인간관계, 강한 정체성, 타인에 대한 신뢰와 낙관 등 심리적 건강함을 나타내는 많은 지표들에 긍정적 영향을 미친다"라고 서술했다.[21] 또한 경쟁은 '외부통제위치'를 조장하며 협력은 '내부통제위치'의 경향을 갖는다.[22] 즉 타인과 경쟁보다는 협력을 하는 사람들이 자신의 의지대로 스스로의 삶을 더 잘 통제할 수 있다는 말이다.

엘리엇 애론슨의 연구 결과 역시 이와 똑같았다. 그는 초등학생들을 대상으로 협력학습 모형을 실험했는데, 학생들이 "기존 학급의 아이들보다 자존감이 훨씬 높아졌다"고 서술했다.[23] 사회학자인 루스 루빈스타인Ruth Rubinstein은 경쟁적인 여름방학 캠프에 참여한 10~14세 아이들과 경쟁 없는 캠프에 참여한 아이들을 비교했는데, 직접 설문지에 답을 적는 방식으로 자존감을 측정했다. 그 결과 경쟁적 캠프의 아이들에 겐 아무런 변화가 없었던 데 반해, 비경쟁적 캠프의 아이들은 남녀 모두 자존감이 높아졌다.[24] 모턴 도이치는 자존감이 "협력평가제도와 비교했을 때, 경쟁평가제도에서는 더 부정적인 영향을 받는다"는 사실을 발견했다.[25] 마지막으로 테리 올릭은 문화비교를 통해 어린이들을 관찰했는데 "협력을 통한 경험이 정신 건강의 발달에 가장 중요한 요소"라고 결론 내렸다.[26]

협력은 높은 자존감을 가져다주지만, 경쟁은 그 반대 효과를 불러온다고 할 수 있다. 왜일까? 이미 살펴본 것처럼 우선 협력은 서로의 능력을 공유함으로써 보다 생산성을 높인다. 좀 더 큰 성공을 거둘 수 있기 때문에 자신에게 더욱 확신을 갖는다. 또한 협력하면 서로에게 인간적 유대를 갖는다. 자신의 성공이 타인의 성공과 긍정의 관계에 있을 때(경쟁의 경우는 부정의 관계로 맺어진다), 사람들은 자신이 가치 있으며 존중받는다고 느낀다. 그러므로 협력이 심리적 건강을 증진시키는 것은 별로 놀랄 일이 아니다. 이와 비교해서 경쟁이 성과와 인간관계에 미치는 영향을 보면, 불행한 심리적 결과를 초래한다는 것을 알 수 있다. 남들을 이기려고 애쓰는 행동은 그 원인이 되는 자신에 대한 의심을 완화하는 데 별로 도움이 되지 않는다. 거기엔 몇 가지 이유가 있다.

가장 간단한 설명은 대부분의 경쟁자들이 거의 패배하기 때문이다. 모두 다 이기지 못하므로 당연히 승리하는 사람은 아주 소수다. 1 대 1의 경우라도 승률은 반이다. 일반적인 경쟁의 경우 구조적으로 오직 한 명의 승리자와 많은 패배자들이 나오게 된다. 타인에게 이기는 것으로 자기 확신을 가지려는 사람은 반대로 자신이 패배하면 더욱 큰 상실감을 느낄 것이다. 패배, 특히 공개적인 패배는 심리적으로 가장 건강한 사람에게도 해를 끼친다. 물론 패배한다고 해서 자존감에 상처를 입지 않는 사람도 있을 테지만, 그렇다고 자존감이 높아지는 경우는 없을 것이다. 미국 사회와 같이 경쟁적인 문화에서는 경쟁에서 밀려나 수치스럽고 자신감을 잃는 경험을 해보지 않은 사람이 거의 없을 것이다. 실제적인 패배에 더해, 질 수도 있다는 불안감이 가중되면서 사람들은 더욱 위축되기 쉽다.

승리가 더욱 중요한 위치—사회나 어떤 상황, 또는 한 개인에 의해—를 차지할수록 패배는 더 큰 심리적 손상을 불러올 것이다. "더 많은 투자는 실패할 경우 더 많은 손해를 끼친다. 자신의 성취가 아니라 타인의 인정이 중요시되고, 능력보다 단순한 승리가 강조된다면" 경쟁을 하는 사람들은 "자신에게 어떤 결함이 있으며, 패배할 만해서 패배하는 것이라고 믿게 된다"고 스튜어트 워커는 얘기한다.27 이것은 실패를 내면화하는 과정—단지 경쟁에서 졌을 뿐인데 무슨 인생의 패배자처럼 느끼도록 만드는—을 서술한 것이다. 이 과정은 천천히 진행되지만 경기장, 학교, 사무실, 심지어는 집에서까지 어디서나 벌어지는 일이다. 이러한 내면화 과정은 자존감이 부족한 사람에게 더 빠르고 확실하게 진행된다. 자신에 대한 의심을 품은 사람은 더 쉽게 패배를 예상하며, 실제로 패배할 경우 더 강한 심리적 타격을 받는다. 이로 인해 또 다시 패배를 반복하는 악순환에 빠진다.

물론 경쟁은 이미 자신감을 상실한 사람에게만 해를 끼치는 것은 아니다. 에임스에 따르면 "자아개념이 확고한 아이들조차 비경쟁적 상황에서의 갈등보다는 경쟁적 상황에서의 패배에 의해 스스로를 비난하는 경향이 강해진다."28 또한 "다른 학생의 능력을 과대평가하고, 그들은 마땅히 그런 대접을 받을 만하다고 여긴다. 시간이 지나면서 자신에 대한 긍정적 평가는 줄어들며, 스스로를 별 도움이 되지 않는 사람으로 생각한다. 자신과 타인에 대한 이런 인식의 차이는 미래의 인간관계에도 부정적 영향을 미칠 것이다."29

스포츠 심리학자인 프랭크 라이언Frank Ryan에 의하면 패배의 부정적 영향은 뛰어난 선수에게 더 두드러진다고 한다.

경기에 졌을 때, 그리 뛰어나지 못한 선수들은 보통 느긋하며 정신적으로도 별 영향이 없고 심지어 수다스럽게 떠들기까지 한다. 반면 뛰어한 역량을 지닌 선수들은 경기에서 지면 최악의 하루를 보낸다. 그들은 일시적으로나마 괴로워하며, 침울하고 예민해진다.[30]

경쟁의 비판자가 아닌 라이언은 이러한 결과를 단지 '일시적'이라고 표현했다. 그에 따르면 패배했을 때 느끼는 괴로움과 침울함의 정도를 기준으로 우수한 선수인지 아닌지를 구분할 수 있다고 한다. 또한 우리는 그것을 배워야 한다고 말한다.

자존감을 떠나 더욱 큰 문제는 누구나 패배에 의해 흔들린다는 사실이다. 실제의 패배와는 별도로 패배의 가능성은 항상 존재하며, 때로는 스스로 그 패배를 예상하기도 한다. 패배는 원래 경쟁의 일부이기 때문에 경쟁은 어느 정도 항상 심리적인 해를 끼치고 있다고 볼 수 있다. 그러나 이것이 전부는 아니다. 심리적 건강이란 무조건적인 것, 즉 무슨 일이 일어나든 자신은 괜찮은 사람이라는 확신을 갖는 것이다. 이에 반해 경쟁에서 자존감은 그 결과에 따라 달라지는데, 이는 경쟁이 주는 자존감이 조건적이라는 것을 의미한다. 기껏해야 가끔씩 이길 경우에만 자신감과 자신에 대한 확신을 갖는다. 어떤 경우에든, 항상 높은 자존감은 있어야 하므로, '간간이' 승리할 때에만 그것을 확인하는 것은 무의미하다.

조건적인 것임에도 불구하고 승리는 정신 건강을 높이는 역할을 할 수 있지 않을까? 이기는 것으로 패배했을 때의 나쁜 영향이 상쇄되지는 않을까? 어쨌든 경쟁 구조로 볼 때, 또한 경쟁에 참여하는 심리적 근거로 볼 때 결국 목표는 승리다. 승리는 일종의 강장제다. 권위 있는 상이나 타이틀을 따내거나 숙적을 이겨본 경험이 있는 사람이라면 그 승리의 전율을 부정할 수 없을 것이다.* 하지만 이러한 흥분에도 불구하고 승리는 어떤 의미 있는 방식의 만족감을 주지 못하며, 따라서 패배의 고통을 보상해주지 못한다.

그 첫 번째 이유는 경쟁의 구조에 있다. 어떤 경쟁이든 영구적인 승리란 있을 수 없으며, 잠시 동안 이겼다는 사실이 진정한 만족을 가져다주지는 못한다. 회사의 임원이든 슈퍼볼의 챔피언이든, 혹은 가장 강한 군사력을 자랑하는 나라든, 1등이 되는 것은 또 다른 라이벌의 표적이 되는 것일 뿐이다. '산속의 왕(King of the Mountain, 높은 곳이나 일정한 장소에 왕이 된 사람이 있고, 나머지 아이들은 그 왕을 밀어내고 그 공간을 차지해야만 새로운 왕이 될 수 있는 놀이-옮긴이)'은 아이들의 놀이, 그 이상의 의미가 있다. 즉 모든 경쟁의 원형이다. 남들의 부러움을 사고, 그 목표가 되는 위치에 올라 있으면 겉으로는 만족스러워 보일지 모르지만

---

* 승리가 수많은 꿈들의 소재가 되는 것은 그것을 이용하는 대중문화를 보면 명백해진다. 주인공이 마지막에 트로피를 들어올리는 장면은 영화에서 흔히 볼 수 있다. 물론 그가 극복해야 할 장애물들이 많을수록 감동적이다. 이러한 이야기 구조는 예전부터 농구, 격투기, 스케이팅, 스키, 승마, 레슬링, 권투, 축구, 야구, 댄스 자동차 경주 등의 영화에서 계속 반복되어왔다. 물론 영화관에서의 대리만족은 자신이 진짜 승리자가 되는 것에 비하면 별것 아니지만, 이처럼 가상의 승리를 추구하는 것은 실제의 경쟁이 우리 욕구를 충족시켜주지 못한다는 점을 단적으로 보여주는 예이다.

내면에는 불안감이 쌓인다. 객관적으로 보았을 때 그 사람이 다시 패하게 되는 것은 시간문제일 뿐이다. 미식축구 슈퍼볼에서 우승한 댈러스 카우보이의 감독 톰 랜드리Tom Landry는 그 후에도 계속 '공포의 가면'을 쓰고 있었다고 말했다.

심지어는 슈퍼볼에서 우승한 바로 그 순간, 특히 승리한 그 직후부터 항상 다음 해에 대한 걱정이 밀려왔다. 만약 "승리는 모든 것이 아니라 유일한 것"이라면, 그 "유일한 것"은 사실 아무것도 아니다. 인생에서 별 의미 없는 악몽이며 공허함이다.31

문제는 단지 다음 해만이 아니라 계속해서 끊임없이 새로운 사람들과 경쟁해야 한다는 것이다. 고등학교를 1등으로 졸업한 학생도 대학에 가서는 그 등수에 별 의미가 없음을 알게 된다. 또 다른 압력을 느끼면서 새로운 경쟁을 시작해야 하는 것이다. 저자들은 처음엔 자신의 원고를 출판하기 위해 다른 저자들과 경쟁한다. 그 다음 출판이 결정되면 그 출판사 안에서 다른 저자들보다 더 많이 주목받고, 더 많이 팔기 위해 경쟁해야 한다. 그 뒤에는 독자들의 관심을 받고, 서평을 받으며 상을 타기 위해 싸워야 한다. 연예인들도 마찬가지다. 다른 경쟁자를 물리치고 출연 기회를 얻으면 이제는 시청률 경쟁을 시작해야 하며, 똑같은 과정이 되풀이된다. 경쟁을 열렬히 지지하는 하비 루벤 같은 사람도 이렇게 말했다. "경쟁을 하는 데 뛰어난 많은 사람들이 그 목표를 달성하고 사회적, 경제적으로 더 높이 올라갈수록 오히려 목표가 멀어지는 것을 보게 된다. 승리란 사실 공허한 것임을 알게 되는 순간이 경쟁에서 이긴 사람이 경험하는 가장 충격적인 일이 된다."32

그러나 이러한 구조적 한계보다 더 큰 문제가 있다. 승리가 영원하지 않다는 문제 말고도 사실 어떤 도취감과 자존감의 강화 사이에는 크나큰 심리적 간격이 있다. 약물에 도취되어 잠시 동안 자신과 세상에 좋은 느낌을 갖고 만족감을 느낄 수 있겠지만, 마약이나 술이 개인의 심리적 건강을 높인다고는 결코 말할 수 없을 것이다. 승리도 비슷한 도취감을 줄 수는 있지만, 경쟁의 원인이 되는 자존감의 부족을 근원적으로 치료하진 못한다. 우선 경쟁의 목적은 남들보다 자신이 우월하다는 것을 입증하는 것이며, 앞서 보았듯이 이는 자신의 능력을 스스로 확신하는 것과는 전혀 다르다. 승리와 성공은 사실 그 동기나 거기에 사용되는 능력을 따져보면 서로 다른 것이다. 아무리 많은 사람을 이긴다 해도 자신의 능력이나 성취에 만족을 느끼는 지표는 되지 못한다. 또한 더 중요한 문제는, 승리를 통해 특정 능력을 입증한다 해도, 이 '특정'이라는 것의 한계에 있다. 누군가는 자신의 이웃보다 더 부자이며 매력적일지 몰라도 이런 특정한 비교가 자존감이라는 문제의 핵심에 이르지는 못한다. 우리는 스스로의 근본적인 우수성을 확인하고 싶어 하지만, 그 우수성을 한 마디로 정의하기는 힘들다. 자신의 우수성을 입증하려고 애쓸수록 그것은 실체가 없는 것처럼 보인다. 그렇기 때문에 우리는 우수성을 실체화하고 외면화하여 어떤 특정한 능력으로 대표하고자 한다. 그러나 특정한 능력에서 1등이 되더라도 우수성에 대한 깊고 포괄적인 요구는 충족되지 않는다. 왜냐하면 특정 분야에서 승리한다고 해도 그 전율은 너무나 짧다. 잠시 동안은 기쁨으로 들뜨겠지만 곧 현실로 되돌아온다. 사실 정기적으로 경기를 하는 사람들은 그 지속 시간이 더 짧아진다고 한다. 1972년 뮌헨올림픽에서 금메달을 7개나 딴 수영선수 마크 스피츠Mark Spitz는 이렇게 말했다. "나는 스스로에게 짜증이 난다. 그렇게 높은 곳까지 올라간 후 이렇게 깊은 곳으로 떨어질 줄 정말 몰랐다."[33] 물론 모두가 이렇게 극단적인 감정의 변화가 생기는 것은 아니지만 승리의 심리적 효과가 오래 진행되지 않는다는 것은 분명하며, 따라서 승리는 정신 건강과 별 상관이 없다. 자존감이란 일시적인 도취감이 아니기 때문이다.

이기는 것으로 자신감을 갖거나 만족하지 못한다면 그 기쁨이 사라진 후 사람들은 무엇을 할 수 있을까? 이 물음에 대한 대답은 우리의 경험에 비추어 바로 나올 수 있다. 바로 또 다시 경쟁한다는 것이다. 하지만 조금만 이성적으로 생각하면 좀 이상한 느낌이 든다. 좀 더 나은 방법이 아니라 심리적 문제를 해결하는 데 실패한 바로 그 방법으로 다시 돌아가기 때문이다. 스튜어트 워커는 루벤과 마찬가지로 경쟁의 지지자이지만 이러한 악순환을 정확히 인식하고 있다.

승리는 만족감을 주지 못한다. 왜냐하면 계속해서 이기고, 또 이겨야 하기 때문이다. 승리를 한 번 맛보면 더 많은 승리를 원하게 된다. 패배하면 다음엔 꼭 승리하겠다는 더욱 압도적인 충동에 사로잡힌다. 다음 주말에도 경기에 나서야 한다는 생각을 억제하지 못한다. 승리하여 앞서 있을 때나, 패배하여 뒤처졌을 때나 멈출 수 없다. 우리는 중독되어 있다.[34]

실패하게끔 되어 있는 방법으로 계속 되돌아가는 구조가 여기서도 여전히 작동된다. 예를 들어 강박적으로 도박에 매달리는 사람을 생각해보자. 돈을 잃는다면 다음 판에서 되찾아 오려고 그만두지 못할 것이며, 돈을 딴다면 거기에 만족하지 못하고 더 많이 따고 싶은 욕망으로 들끓을 것이다.

그러므로 승리는 자존감을 높여주는 대신, 계속해서 승리하고 싶은 욕구만 키우는 결과를 가져온다. 경쟁은 악순환이다. 경쟁하면 할수록 더욱 경쟁이 필요해진다. "경쟁한다는 감정 속엔 더 깊은 불안감이 감추어져 있다. 이렇게 경쟁은 실패, 자신감 결여와 무능함 등의 새로운 감정을 불러일으킨다."[35] 이런 감정이 경쟁심을 더욱 부추기게 된다. 이것을 단지 신경증적인 사람들의 모습이라고 생각하면 안 된다. 이는 경쟁 자체가 어떻게 작용하는가에 대한 묘사이다. 물론 악순환에 빠져드는 정도가 모든 사람에게 일정한 것은 아니다. 경쟁이 얼마만한 힘으로 영향을 미치는지는 경쟁의 욕구를 불러오는 힘의 강도에 비례하는 것으로 보인다. 다시 말해 자존감이 매우 부족하고 심리적 욕구가 큰 사람이 경쟁의 악순환에 더 깊이 빠져든다는 뜻이다.

이 악순환에 영향을 미치는 또 하나의 변수는 사회가 승리를 얼마나 중요시하는가에 달려 있다. 1등에 대한 보상이 클수록 사람들은 경쟁에 더욱 중독된다. 경쟁은 자존감 결핍을 메울 수 없는데도 불구하고, 아니 더 정확히 말하면 메울 수 없기 때문에 우리는 경쟁에 중독된다. 결국 승리든 패배든 심리에 좋지 않은 영향을 미치므로, 승패의 구조로 이루어져 있는 경쟁 자체에 문제가 있다는 것은 자명해 보인다.

경쟁을 합리화하는 논리

몬티 파이튼Monty Python의 영화 『브라이언의 삶The Life of Brian』은 십자
가에 못 박힌 사람들이 머리를 흔들며 "언제나 인생의 밝은 면을 보자"
는 노래를 즐겁게 부르는 것으로 끝맺는다. 이러한 장면은 우리에게 익
숙한—볼테르의 희곡 캉디드처럼—낙관주의를 풍자하는 것처럼 보인다.
때로는 우습고 때로는 감동적인 이런 예를 찾는 것은 어렵지 않은데,
사람들은 흔히 자신이 겪는 고통에는 어떤 숨은 목적이 있으며, 그 속
에 보이지 않는 이로움이 있을 거라고 확신하곤 한다. 사람들에게 고통
에는 별 이유가 없고, 인생에 최후의 목적 같은 것은 없으며, 잃어버린
무엇인가를 보충해주는 것은 아무것도 존재하지 않는다고 말한다면 견
디기 힘들 것이다.

영화에서처럼 극적이지는 않아도, 사람들은 자신에게 해가 되거나 불
쾌한 상황을 정당화하려는 경향이 있다. 카렌 호나이는 누군가에게 병
적으로 의존적이며 자신을 내세우지 않는 사람은 스스로 그 누군가를
사랑하고 자신이 매우 겸손하다고 생각할지 모른다고 말했다. 또한 타
인과 관계를 맺지 않고 소외된 사람들 역시 스스로를 자유로운 사람이
라 생각할 수도 있다고 했다. 이런 상황은 경쟁적인 사람들, 혹은 경쟁
적인 문화에 빠져 있는 사람들에게서도 찾아볼 수 있다. 경쟁은 사람을
불행하게 하고, 심리적인 압박을 주고, 인간관계에 독이 되며, 능률을
떨어뜨린다. 그러나 이를 받아들이는 것은 삶을 근본적으로 바꾸어야
한다는 것을 의미하며 그것은 매우 고통스럽기 때문에 사람들은 경쟁을

합리화한다. 즉 경쟁은 인간의 본성이고, 생산성을 높여주며, 인성을 키워준다고 믿는다.

인성을 키울 수 있다는 말을 주목하자. 경쟁이 불가피하다거나 능률적이라는 주장은 지적인 탐구가 필요한 것이다. 그러나 경쟁이 심리적으로 유익하다는 주장은 대부분의 사람들이 갖고 있는 직관적 사고에 모순이 된다. 경쟁이 사람들에게 어떤 영향을 미치는지 알고 있음에도 (여기서 지금껏 분석했던 것은 빼놓고라도) 어떤 사람들은 그것이 건설적이라고 주장한다. 이것은 우리가 끔직한 구조에 순응하며, 파괴적인 인성을 내면화하고 있다는 무서운 현실로부터 도피하기 위해 어떻게 스스로의 믿음을 바꾸는가를 보여주는 강력한 사례가 된다. 또한 이것은 왜 "오늘날까지 수많은 반증들이 있음에도 '경쟁적인 스포츠가 인격을 키워준다'는 생각"[36]을 많은 사람들이 하고 있는지 알려주는 것일지도 모른다. 이런 격언은 입증할 만한 자료들이 없다는 것을 제쳐두고라도 말 자체가 매우 모호하다.

이러한 주장을 하는 많은 사람들과 만나본 어떤 스포츠 심리학자는 그들이 실제로 '인격'이라는 단어의 정의조차 제대로 내리지 못했다고 말한다. 인격을 "그저 바람직하거나 건전한 것이라고 추정하거나, '단정한', '씩씩한', '훌륭한', '호감이 가는' 등의 형용사가 붙는 말쯤으로 생각했다."[37] 연합군 사령관이었던 맥아더 Douglas MacArthur는 경쟁을 "인격을 형성하는 중요한 요소"라고 말했는데, 그 이유가 "아이를 진정한 남자로 만든다"[38]는 것이었다. 이러한 정의는 인류의 절반에게는 해당되지 않는 것일 뿐만 아니라, 도대체 진짜 바람직한 남자의 모습이 무엇인지에 대해서도 전혀 설명을 해주지 못한다.

이러한 주장에 대해 깊이 있는 연구를 한 사람은 토마스 투코와 브루스 오길비Bruce C. Ogilvie인데, 그들은 "스포츠가 인성을 키운다는 주장에 대한 어떠한 경험적 증거도 찾지 못했다. 사실 어떤 면에서는 스포츠에서의 경쟁이 인격의 성장을 제한한다는 증거가 있다"고 말했다. 그들이 발견한 경쟁적 스포츠의 문제점에는 우울증, 극심한 스트레스, 피상적인 인간관계 등이 포함된다. 앞서 언급했지만, 오길비와 투코는 그들이 만난 '인격적으로 성숙한' 선수들은 경쟁적인 스포츠를 기피한다는 사실도 알아냈다. 또한 그들은 경쟁에 참가하는 것으로 사람들의 능력이 향상되는 것은 아니라는 사실도 발견했다. 즉 능력은 경쟁으로 인해 향상된 것이 아니라 그가 원래 가지고 있던 것이다.[39]

인격의 개념은 자존감뿐만 아니라 자신감, 그리고 행복과도 관련이 있다. 대중잡지엔 경쟁을 통해 이러한 심리적 요소들을 더욱 강화할 수 있다는 주장의 기사가 자주 실린다. 경쟁의 지지자 중에는 경쟁이 자존감을 해칠 수도 있지만, 항상 그런 것은 아니라는 주장을 펼치는 사람들도 있다. 철학자인 리처드 에거먼Richard W. Eggerman이 제시하는 세 가지 주장을 차례대로 살펴보자.

첫째, 그는 경쟁이 "어른들은 그렇지 않지만, 서로의 가치를 비교하는 위험에 빠지기 쉬운" 아이들에게만 해를 끼칠 수 있다고 주장한다.[40] 물론 경쟁이 심리 및 생산성에 미치는 영향에 대한 연구 중 많은 것들이 아동들을 대상으로 하고 있다. 이는 경쟁을 하는 어른들이 아이들과 같은 영향을 받지 않을 거라는 생각 때문이 아니라, 학생들을 연구 대상으로 하기가 좀 더 쉽고, 이러한 연구를 진행하는 사람들이 어린이에 더 관심이 많았기 때문이다. 이 책을 비롯하여 경쟁이 어른에게 미치는 영향에 대해 연구한 자료들도 많다. 어쨌든 에거먼이 주장한 것처럼 아이들은 아직 미성숙하기 때문에 어른들에 비해 경쟁의 나쁜 영향을 더 많이 받을 수 있다. 실제로 최근 스포츠 의학 전문가들의 토론에서는 8세 혹은 10세 미만 아동들은 "조직화되고, 경쟁적인 스포츠에 참여하는 것은 좋지 않다. 왜냐하면 그런 것은 아이들의 심리와 사회성, 그리고 운동능력 발달의 저해를 가져올 수 있기 때문이다"라는 의견을 제시했다.[41] 그렇다고 해서 다른 연령대는 경쟁해도 아무렇지도 않다는 뜻은 아니다. 경쟁으로부터 나쁜 영향을 받는 자존감의 문제가 어른이 된다고 없어지지는 않기 때문이다. 또한 협력의 장점에 대한 연구를 보면 "학생들과 마찬가지로 어른들에게도 유용하다."[42]

둘째, 에거먼은 경쟁이 신경증 등 정신적으로 불안정한 사람들에게만 해를 끼친다고 주장했다. 즉 문제는 경쟁 자체가 아니라 각 개인에게 있다는 말이다. 스포츠를 예로 들자면, 경기에 참여하는 선수들이 승리에 좀 덜 집착하면 경쟁의 나쁜 영향을 받지 않을 것이란 주장과 비슷하다. 다음 장에서 살펴보겠지만, 이런 의견은 이기기 위해 남을 속이거나 폭력을 행사하는 경우, 비난 받아야 할 대상은 경쟁 그 자체가 아니라 개인이라는 주장과 일맥상통한다.

물론 구조적 경쟁이 모든 사람들에게 똑같은 정도의 의도적 경쟁을 불러오는 것은 아니다. 그러나 앞선 논의에서 분명히 밝혔지만 무조건적인 자존감을 가진 사람들조차 패배로부터 아무런 영향을 받지 않는다는 것은 거의 불가능하다. 경쟁과 패배의 악순환은 개인의 심리적 상태에 따라 정도의 차이는 있을 수 있지만, 정신적인 문제가 있는 사람에게만 해당된다고 말할 수는 없다. 문제는 경쟁이 아니라 사람에게 있다는 가설은 본질적으로 똑같은 현상들이 각기 다른 개인과 장소에서 끊임없이 벌어지고 있는 것을 볼 때 신빙성이 없다. 말하자면 정신과 의사들이 자신의 환자가 서로 비슷한 증상을 보일 때, 이것은 개인의 문제가 아니라 사회 전체의 어떤 제도적 문제 때문에 벌어지는 일이라고 깨닫는 것과 같다.

경쟁의 문제는 개인이 아니라 상호배타적인 방식으로만 목표를 달성하게끔 만드는 구조에서 찾아야 한다. 참가한 사람들의 개인적 성격을 모른다고 해도, 그중 오직 한 사람만이 승리하는 구조에서는 나머지 사람들이 심리적으로 타격 받을 것이라는 사실을 충분히 예상할 수 있다. 모리스 로젠버그Morris Rosenberg는 이에 대해 다음과 같이 말했다. "단지 소수만이 성공할 수 있는 여건이라면 자신은 부족한 사람이라고 느끼는 감정이 널리 퍼질 것이다."43

마지막으로 에거먼은 패배가 꼭 실패를 의미하는 것은 아니라는 주장을 했다. 그의 주장에 따르면 "합리적 근거를 가지고 자신이 승리할 거라고 믿었을 경우에만 패배는 실패가 된다."44 그는 자신의 기록은 깼으나 더 뛰어난 사람에게 진 마라톤 선수를 예로 든다. 확실히 이런 패배는 실패가 아니다. 이것은 수긍할 만한 주장이며, 그가 의도하지는 않았겠지만, 승리와 성공 역시 다른 개념임을 증명하는 효과도 있다. 물론 자신의 승리를 예상하지 않으면서도 경기에 참여하는 사람들이 있다. 의도적 경쟁에 별 관심이 없는 경우(그러니까 1등에 대해 집착하지 않는 경우)에는 진다 해도 심리적 타격을 덜 받을 것이다.

그런데 한 가지 문제는 경쟁에 그런 경우가 얼마나 되느냐이다. 대부분의 사람들은 승리의 가능성을 보고 경기에 참여한다. 에거먼은 경쟁에 참여하는 많은 사람들이 "보통 스스로의 능력에 꽤 현실적인 인식을 갖고 있으므로" 패배의 고통이 덜하다고 주장하는데,[45] 확실한 자료가 없으므로 이런 주장은 의심스럽다. 더욱이 그는 경쟁의 구조 자체, 즉 경쟁의 맥락에서 보면 패배가 곧 실패라는 사실을 거의 무시한다. 또한 대부분의 경쟁에 수반되는 승리에 대한 중압감과 패배에 대한 두려움을 무시하고 있다. 그가 예를 든 마라톤 같은 특별한 상황에서만 패배가 실패가 아니라고 말할 수 있는 것이다.

방금 경기에서 패배한 팀의 아이들을 생각해보자. 계속 '훌륭한 스포츠맨십'에 대해 배워온 아이들은 이렇게 소리친다. "하나, 둘, 셋, 우리가 칭찬해야 될 사람은 누구?" 그리고 이긴 팀의 이름을 크게 외친다. 그러나 이런 외침은 마지못해 하는 것일 뿐, 아이들은 낙심하고 분하고 의기소침하다. 어른들은 자신을 이긴 승자를 축하할 때 좀 더 효과적으로 감정을 숨긴다. 짐짓 패배가 별로 중요하지 않은 것처럼 꾸미는 것이다. 그러나 아무리 관대하고 자존감이 확고한 사람이라고 해도 경쟁의 본질, 경쟁 사회의 강력한 구조에서 발생하는 패배의 칼날을 피할 수는 없다. '훌륭한 패배자'란 단지 표정과 태도를 꾸미는 것일 뿐이다. 겉모습을 아무리 훌륭하게 바꾼다 해도 실제 패배를 느끼는 마음이 변하는 것은 아니다.

패배는 별 문제가 아니라고 스스로에게나 아이들에게 말하는 것은 기껏해야 자기기만에 불과하다. 아이들에게도 패배는 심각한 영향을 미치는데, 왜냐면 어렸을 때부터 지는 것에 대한 얘기를 반복해서 여러 경로를 통해 들어왔기 때문이다. 다음은 어떤 만화에 나온 소년야구단 감독이 어린 선수들에게 하는 응원의 말이다. "좋아, 얘들아! 이기든 지든 가서 시합을 하자! 기억해라. 겁쟁이라는 말을 듣지 않고, 멋진 남자가 되려면 끝까지 싸우는 거야. 진다면 그만큼의 고통을 맛보면 돼!" 젊은 여성들이 많이 보는 잡지의 기사는 이런 제목을 달고 있다. "실패를 두려워 말라!" 그리고 바로 몇 줄 뒤에 "게임을 하는 데 가장 중요한 점은 그 목적이 이기려고 애쓰는 것임을 배우는 데 있다"라고 쓰여 있다.46 스튜어트 워커는 한 문장 안에 모순되는 두 가지를 아무렇지도 않게 사용한다. "누구나 실수할 수 있지만 … 가장 적게 실수하는 사람이 승리자가 된다."47

지금까지의 예들은 특별히 더 노골적이지만, 경쟁적 문화에서는 이런 모순된 메시지들을 끊임없이 주고받는다. 사실 "승패를 떠나 어떻게 시합에 임하느냐가 중요하다.", "노력하는 그 자체가 중요하다.", "오늘 경기에 참여한 모든 아이들이 승리자이다." 이런 말에 기뻐할 권리가 있는 사람은 1등뿐이다. 우리 문화에서는 모순되는 두 가지 방향의 사회화가 오래전부터 이어져왔다. 마크 메이와 레너드 두브는 "협력이라는 이상주의적 방식을 존중하면서도, 우리는 항상 경쟁적 제도를 유지해왔다"48고 했으며, 존 실리John R. Seeley는 이러한 현상에 대해 다음과 같이 말했다. "아이들은 경쟁을 해야 하지만, 경쟁적인 사람으로 보여서는 안 된다. 학교는 겉으로는 협력을 '증진'하고, 은밀하게는 경쟁을 '묵인'함으로써 이러한 딜레마에 대처한다."[49] 1970년대에 몇몇 사회과학자들은 우리 사회에 대해 이렇게 분석했다. "정신분열증의 상태에 가깝다. … 도덕적 격언으로는 협력 행동을 장려하고 … 학교나 사회에서는 경쟁 행동을 부추기는 데 초점을 맞춘다."[50]

경쟁의 해악과는 별도로 이러한 '이중구속(double-bind, 두 가지의 서로 모순되는 정보를 줌으로써 둘 다 할 수 없게 만드는 것으로, 이럴 수도 저럴 수도 없는 정신 상태를 일컫는 정신분석 용어-옮긴이)'[51] 주장들이 난무해서 사람들의 판단을 흐리며, 심리적인 파괴를 불러온다. 이러한 모순된 메시지를 던짐으로써 더욱 문제가 되는 것은 사람들의 겉모습만 보고 패배에 잘 대처하고 있다고 생각하는 것이다. 어떤 사람이 패배를 하고도 흔들리지 않는 것처럼 보이는 이유는 아마도 그가 배운 '도덕적 격언' 때문일 가능성이 크다. 그가 마음으로 받아들이는 또 하나의 메시지는 승리가 역시 제일 중요하다는 것이다. 스포츠를 찬양하는 마이클 노박은 이렇게 썼다.

아무리 "이건 단지 게임이야"라는 말을 해도 소용없다. 그저 게임처럼 느껴지지 않는다. 패배의 고통과 우울은 단순히 경쟁에서 실패했다는 것보다, 즉 상대방이 나보다 우월하다는 것을 인정하는 것보다 훨씬 더 깊다. … 게임은 거의 인생 전부를 시험한다. 운명과 신, 그 속에 서 있는 인간을 시험하는 것이다. 패배는 죽음과 너무나 비슷하다.[52]

현란한 표현을 빼고 간단히 말하면, 그는 패배가 정신 건강을 파괴하고, 자존감을 위협한다는 얘기를 한 것이다. 이 위협은 우아한 패배라는 포장지로 쌓여 있을 뿐이다. 또한 이러한 위협은 경쟁 상대를 '현실적'으로 인식하거나 어른이 된다고 저절로 없어지지 않는다. 그것은 1등이 아니면 모두를 배제시키는 승리와 패배의 잔인한 사회구조에 내재하고 있다.

경쟁을 옹호하는 마지막 주장을 살펴보자. 이것은 패배가 실패를 의미할 수 있지만, 그것이 진짜 나쁜 일이라고 할 수는 없다는 입장이다. 또한 실패는 '자신의 능력'을 현실적으로 알게 해주며, 아이들을 고단한 인생에 더 잘 대처하게 해줄 것이라고 말하는 사람들이 있다. 심리학자나 인간행동 연구자들은 거의 주장하지 않는 이런 말을 우리가 자주 듣게 되는데, 이러한 말들은 주의 깊게 살펴볼 필요가 있다.

항상 성공할 수는 없다는 사실을 배우는 것은 가치 있는 일이다. 살아가면서 사람은 내적 장애(이를테면 창조성의 메마름), 또는 외적 장애를 만나며, 그런 것이 삶의 일부라고 깨닫는 것은 바람직하다. 자신이 전능하다고 생각하는 아이들의 환상은 적절히 깨우쳐줘야 한다. 그러나 어떤 이들은 여기서 더 나아가 실패를 낭만적으로 꾸미려고까지 한다. 이러한 경향은 앞서 봤듯 고통이 살아가는 데 유용하다는 입장과 비슷하다. 물론 실패에 대한 적절한 가르침은 있어야겠지만, 실패에 어떤 가치를 부여하는 것은 매우 제한적인 일이다. 대부분의 욕구불만(실패에 의한 좌절감)은 심리학의 입장에서 보면 그다지 필요 없는 것이며, 해로운 경우가 더 많다.

특히 지는 것에 익숙해지도록 아이들을 경쟁시켜야 한다는 주장은 인간 발달에 관한 거의 믿을 수 없는 추정, 즉 아이들을 심리적 박탈감에 자주 노출시키면 앞으로의 힘든 삶에 더욱 잘 적응할 것이라는 가정에 기초하고 있다. 이러한 추론을 경험적으로 입증하거나 반증하는 것은 어렵지만, 그와는 반대로 생각하는 것이 더 인간적일 뿐만 아니라 훨씬 설득력 있다. 어렸을 때부터 무조건적으로 받아들여지고, 자신이 안전하다고 느껴야지만 어른이 되어서 부딪치는 많은 심리적 문제에 더 잘 대처할 수 있다. 적절한 범위 안에서의 실패는 유용할 수도 있지만 칭찬이나 기쁨, 혹은 성공의 기회가 거의 주어지지 않는 무한 경쟁 속으로 아이들을 밀어 넣는 것에는 많은 문제가 있다. 어떤 이들은 심리적인 고려는 전혀 하지 않으면서, 그저 아이들에게 최선의 이익이 된다는 말로 경쟁과 패배를 간단히 합리화시킨다. 어렸을 때 불쾌한 경험을 함으로써 나중에 그런 상황에 잘 대처할 수 있다는 말은, 되도록 빨리 발암물질에 노출시키면 나중에 암의 발생을 억제할 수 있다는 주장과 다를 바 없다.

한정된 실패의 경험이 유용하다는 사실을 인정한다 해도, 그 실패가 꼭 경쟁에서 지는 경험일 필요는 없다. 자신의 기대치에 미치지 못하는 경험으로도 충분히 교훈을 얻을 수 있다. 경쟁에서의 패배는 매우 유해한 실패의 경험이다. 그것은 상대방보다 자신이 열등하다는 생각을 하게 만들고, 공개적으로 수치심을 느끼게 한다. 존 하비는 이렇게 말했다. "충분한 경험을 통해 위험에 맞서며, 역경을 통해 스스로에게 의지하는 방법을 배운다는 말을 인정하자. 그러나 그 목적은 지금처럼 이웃을 적으로 만들지 않고도 이룰 수 있는 것이다."[53] 실패에도 어떤 가치가 있다는 말은 경쟁을 전혀 정당화하지 못한다.

경쟁과 불안감

자존감에 미치는 영향이 가장 심각하지만, 그것이 경쟁이 가져오는 심
리 문제의 전부는 아니다. 여기서는 불안과 걱정의 문제를 살펴볼 것이
다. 다음 절에서는 그 외의 심리적 영향에 대해 논의할 것인데, 모두
자존감과 밀접한 관련이 있지만 개별적으로 고찰할 가치가 있다.

많은 심리학자들은 인간이 자신의 역할을 잘 하기 위해서는 세상에
대해 안전하다는 느낌, 즉 자신은 안정적으로 살고 있으며, 욕구가 충
족될 것이라는 믿음이 전제되어야 한다고 말한다. '바깥세상'에 대한 믿
음은 자신에 대한 믿음과 밀접하게 관련되어 있다. 자신을 둘러싼 세상
에 의지할 수 없다면 스스로를 받아들이는 것조차 힘들며, 세상에서 벌
어지는 일이 자신의 잘못 때문이라고 생각할 수도 있다.

그런데 많은 사람들은 경쟁을 하면서 심리적 안전감이 위협받는다고
느낀다. 3장에서 보았듯, 경쟁이 생산성을 떨어뜨리는 이유는 불쾌할
뿐만 아니라 심각한 불안감을 야기하기 때문이다. 이러한 경쟁의 영향
은 몇몇 연구에서 밝혀졌는데, 운동 근육의 안정이 필요한 일을 할 때,
사람들을 경쟁시키면 불안감으로 인해 안정성이 떨어지고, 따라서 생산
성이 저하된다는 연구 결과가 있다.[54] 또 다른 실험에서는 경쟁적인 구
조의 토론회에 참여한 대학생들은 "협력적인 토론을 하는 학생들보다
확연히 더 긴장하고 불안해했다"는 것을 밝혀냈다. 이 불안감은 다시

"스스로를 탓하는 마음을 가져오고 … 자기 확신의 감소"를 불러왔다. 이것은 안전과 자존감이 얼마나 밀접한 관련이 있는가를 보여준다.[55] 한편, 운동선수에 대한 조사에서는 "가장 재능 있는 선수에게조차 경기는 불안감의 원천이 될 수 있다"는 사실을 알아냈다.[56]

우리가 경쟁에서 불안과 걱정을 느끼는 이유는 세 가지로 나눌 수 있다. 첫 번째이자 가장 명확한 이유는 패배에 대한 두려움 때문이다. 자신의 능력이나 심리적 상황과는 상관없이 그저 남을 이기는 것으로 유능함을 증명해야 한다면 사람들은 불안정해진다. 패배할 가능성을 늘 염두에 둔다면 당연히 안정감을 느끼기 힘들 것이다. 만약 실제로 패배한다면, 다음번의 경쟁에서 더 큰 불안감을 느낄 것이며, 곧 자기실현적 예언의 형태로 굳어질 것이다. 어떤 성과에 대한 영향력은 제쳐두더라도 불안감은 그 자체로 바람직한 현상이 아니다. 그것은 이기기 위한 경주가 만들어낸 또 하나의 불행한 유산일 뿐이다.

불안감의 두 번째 이유는 승리에 대한 두려움 때문이다. 경쟁의 목표가 승리라는 점에 비추어보면 매우 역설적이다. 그러나 생각해보면 경쟁에 참여한 유능한 사람들이 승리를 눈앞에 두고 스스로 포기하는 일이 간간이 일어나는 것을 알 수 있다. 마지막 결승전에서 숨이 턱 막히는 선수들, 이런 현상에 대한 연구는 최근에 와서야 학자들의 관심을 끌고 있다.[57]

전통적인 정신분석학에서는 이러한 경향이 아무 이유 없이 일어나는 것이 아니며, 그들은 일부러(비록 무의식중이라 해도) 승리를 회피한다고 본다. 그들의 분석에 따르면 경쟁의 원형은 이성 부모를 차지하기 위해 동성 부모와 경쟁하는 오이디푸스 콤플렉스에서 나온다. 프로이트에 의하면 어린 소년의 경우, 이런 경쟁에서 큰 갈등을 느끼는데, 왜냐하면 승리했을 경우 동성의 부모에게 처벌, 특히 거세당할 것을 두려워하기 때문이다. 그러므로 사내아이는 엄마의 사랑을 독차지하는 것 그리고 더 나아가 승리 그 자체에 두려움을 느낀다. 아버지의 처벌이 무의식 속에 깊이 박혀서 승리를 패배만큼이나 무서워하게 된다.

다른 많은 사람들과 마찬가지로 나는 이러한 설명이 공상적이며 환원주의적이라고 생각한다. 그 대신, 정신분석학의 무의식을 사용하기는 하지만, 모든 것이 어렸을 때의 경험에 지배된다는 고전적인 설명이 아닌, 다른 분석 역시 가능하다. 첫째, 타인을 이기는 것에 죄의식을 느끼는 경우이다. 이러한 죄의식을 경험한 사람은 승리에 대한 기회를 날려버리는 것으로 스스로를 벌할 수도 있다. 둘째는 패배한 상대방이 자신을 적대시 할지도 모른다는 두려움 때문이다. 카렌 호나이는 승리를 두려워하는 것에 대해 이렇게 서술했다. "많은 신경증 환자들은 타인의 적대감에 대한 불안감 때문에 이길 수 있음에도 불구하고 승리에 대해 공포를 갖는다." 그녀는 또한 이런 일이 의식적으로 행해질 수도 있으나 대부분의 신경증 환자들은 "자신의 공포에 대해선 깨닫지 못하며, 단지 금기만을 지키려 한다. 예를 들어 그런 사람들은 테니스를 칠 때, 승리가 바로 눈앞에 있다면 뭔가 알 수 없는 힘이 작용하여 이기지 못하게 하는 것을 느낀다."[58] 그 힘은 바로 패배한 상대방이 자신을 싫어할지도 모른다는 공포이다. 인간관계는 깨지고, 승리한 자신은 버려지고, 외롭게 될 것이라고 생각한다. 물론 승리를 축하해주는 사람도 있을 테지만, 그보다 더욱 중요한 따뜻한 배려와 사랑은 사라질지도 모른다. 즉 자신을 받아들여주지 않을지도 모른다는 두려움이 생기는 것이다. "신경증을 가진 사람들은 다른 사람들도 패배하면 자기와 똑같이 아파하고 복수심을 갖게 될 것이라고 자동적으로 추측한다."59 그래서 그는 승리를 피하게 되는 더욱 강한 동기를 갖게 된다.

이런 예리한 호나이의 분석이 꼭 신경증 환자들에게만 적용되는 것은 아니다. 그녀의 분석은 폭넓게 적용할 수 있다. 경쟁 상황에서 적대감과 공격성은 신경증 환자에게서 뚜렷이 볼 수 있지만, 그들만의 특징은 아니다. 공격성은 경쟁 자체의 본질적 성질이며, 경쟁을 통해 인간관계가 악화될 것이라는 예상은 누구나 할 수 있는 것이다. 인간 사이에 존재하는 긴장(혹은 예상되는 긴장 관계)에 대한 불안감은 신경증 환자만 갖고 있는 것이 아니며, 그것이 승리에 대한 두려움으로만 나타나는 것도 아니다. 불안함은 경쟁의 역학 그 자체에 이미 내재되어 있으며, 이것이 경쟁이 걱정과 불안을 가져오는 세 번째 이유가 된다. 심리학자 롤로 메이Rollo May는 불안감과 죄의식에 대해 여러 선구적인 연구를 진행하였는데, 그는 경쟁이 우리 문화에서 "불안감이 퍼지는 가장 직접적인 원인"이라고 결론 내렸다.60 그는 매우 엄격한 연구자였으므로 이러한 결과는 신뢰할 만하다. 그는 경솔한 일반론이나 과장된 수사학을 사용하지 않는다. 메이는 개인의 정신적 문제 때문에 불안감이 퍼지는 것이 아니며, 우리 사회의 특징으로 볼 수 있는 개인주의와 경쟁적 구조에 그 원인이 있다고 생각했다. 우리가 내면화한 경쟁적 세계관은 "공동체의 경험을 방해하며, 공동체 의식의 결여는 현대인이 가진 불안감의 가장 중요한 요소이다."61 사람들이 서로를 경쟁자로 인식한다면 공동체 의식이나 특별한 유대감을 가질 수 없다. "불안감은 인간관계의 고립, 소외에서 발생하며, 이는 남을 이기는 것으로 자신을 입증하고자 하는 행동 속에 본래부터 내재하는 것이다."62

메이는 이 과정에서 발견되는 또 하나의 중요한 사실을 지적했다. 즉 경쟁의 다른 요소들과 마찬가지로 불안 역시 악순환을 한다는 것이다. 경쟁은 타인과의 관계를 악화시킴으로써 불안을 느끼게 하며, 이를 해결하기 위해 다시 경쟁에 뛰어드는 비극적인 시나리오를 만들어낸다.

우리 문화에서 불안감을 감소시킬 수 있는 방법은 승리를 위한 노력이다.…
불안한 개인들은 경쟁적 투쟁을 강화한다. 그러나 경쟁적, 공격적인 투쟁을 할수록 고립, 적대감, 불안감은 높아진다. 이 악순환은 다음과 같이 진행된다. '개인의 경쟁적 투쟁 → 사회 내부의 적대감 증가 → 개인의 고립 → 불안감 → 더 높은 경쟁적 투쟁'. 이렇게 불안을 없애기 위해 가장 일반적으로 행하는 방법이 장기적으로는 불안을 더 높이는 역할을 한다.63

그러니까 경쟁은 인간의 발달에 매우 중요한 안정감이라는 요소를 송두리째 뒤흔든다. 우리는 패배를 걱정하고, 승리에 갈등을 느끼며, 경쟁을 통한 적대감, 분노, 비난의 인간관계를 두려워한다. 오늘날엔 이 불안감 극복을 위해 많은 책과 기사가 쏟아져 나온다. 그런 것들이 제시하는 해결책은 간단하다. 다른 사람에게 이기는 것을 망설이는 것은 그저 극복해야 할 개인적인 문제(다이어트와 같은)일 뿐이라는 것이다.

이는 당연하다. 극도로 경쟁적인 사회에서 경쟁을 피하는 것은 약점일 뿐이다. 갈등은 당연히 전쟁으로 풀어야 한다고 생각하는 나라에서 타인을 아무렇지도 않게 죽일 수 없는 군인은 그저 정신과 치료를 받아야 할 사람인 것처럼 말이다. 이런 식의 비유는 지나친 것이 아니다. 왜냐하면 경쟁 중 타인을 동정하는 것은 유약한 사람이 하는 짓이기 때문이다. 예를 들어 경쟁 중 상대방을 동정하는 사람에 대해 스튜어트 워커는 이렇게 말했다. "요즘 나는 '상대방에게 조금의 여지는 남겨 줘야 하지 않을까?'라는 생각이 들면, 스스로에게 이렇게 말한다. '굴복하면 안 돼!' 고의든 우연이든 경쟁에 굴복하는 것은 퇴보일 뿐이다. 자신의 감정을 보호함으로써 위안을 느끼는 것은 자신을 입증하는 기쁨을 포기하는 짓이다."[64]

감독이나 스포츠 심리학자들은 선수들에게 패배에 대한 두려움과 승리에 대한 불안감을 극복하는 법을 가르친다. 심지어 상대방에게 동정이나 공감의 감정을 느낀다면 그것은 '굴복'이라고 가르친다. 이런 학습을 경험하면 '겁쟁이'라는 비웃음을 살 필요도 없다. 그들의 가르침을 내면화하면, 자신의 심리적 불안과 갈등을 맹렬히 공격하고 부인하게 된다. 그런데 다른 사람을 패배시키는 것에 약간의 죄의식을 가지고 망설이는 것이 진정으로 극복해야 할 만큼 문제가 있는 행동일까? 이는 어떤 병의 초기 증세와 같다고 볼 수 있다. 담배를 처음 피울 때 기침이 나는 것처럼, 경쟁에 망설임을 느낀다면 거기엔 중요한 의미가 들어 있다고 나는 믿는다. 우리는 더 잘 이길 수 있도록 자신의 감정을 무디게 만드는 데에만 힘쓸 것이 아니라 승리에 대한 불안감이 어디서 오는지, 그리고 그 의미는 무엇인지를 깊이 생각해보아야 한다.

경쟁에 의한 불안감은 생산성이나 심리 문제에만 국한되지 않는다. 인간의 신체와 행동에 미치는 영향도 무시할 수 없다. 예를 들어 메이는 "궤양의 발병률이 높은 것은 현대 서구문화의 지나친 경쟁과 관련이 있다"[65]고 말했다. 자살에 대해 연구한 허버트 헨딘은 젊은이들의 자살이 급속히 증가하는 이유가 "경쟁의 압박" 때문이라고 했으며,[66] 또한 우리 문화에서 마약 남용은 "탐욕적인 경쟁심"의 결과라고 주장했다.[67] 이러한 견해는 조사에 의해 밝혀진 것이기는 하지만, 정확한 자료에 의해 입증되었다고 보기는 힘들다. 이러한 병이나 행동을 초래하는 여러 변수들 가운데 경쟁만을 분리시켜 살펴보는 것은 쉬운 일이 아니다. 또한 경쟁이 가져오는 스트레스는 이러한 사례 외에 다른 증상을 불러오기도 한다.

나는 위의 예를 포함하여 경쟁에 대한 여러 직관적 가설들을 검증하려는 연구를 본 적이 없다. 그러나 원숭이를 대상으로 한 연구 중에 매우 흥미로운 것이 있다. 노스캐롤라이나 과학자들의 실험에서는 "고지방 음식물을 섭취한 원숭이들은 동맥경화증에 걸릴 위험이 높아졌으나, 실제로 그 병은 심각한 경쟁 상황에서 스트레스를 많이 받는 원숭이한테서만 발견되었다."[68]

경쟁이 초래하는 또 다른 문제들

지금까지 살펴본 것 외에 경쟁이 초래하는 부정적인 결과를 몇 가지로 나누어 고찰해보자.

첫째로 '결과 지향성'을 들 수 있다. 4장에서 보았듯이 놀이란 그 자체를 목적으로 하는 '과정 지향'의 경향을 보인다. 그러나 현재 우리 사회에서 과정을 중요시하면서 행해지는 일은 거의 없다. 우리는 결과만을 지향한다. 우리는 '최종 결과'에 지배당하며, 이를 살아가는 데 필요한 것이라고 정당화한다. 학교를 다니는 것도 나중에 어떤 직업을 구하는지의 관점에서만 중요한 가치를 지니며, 사회에서 대학에 요구하는 사항은 단지 시장성 있는 기술교육뿐이다. 오락 활동 역시 일을 닮아간다. 즉 결과만이 중요하다.

살아가는 데 많은 경우 결과가 과정을 대체하며, 따라서 우리의 인생관도 바뀔 수밖에 없다. 그는 누구이고 어떤 가치를 지녔는가에 대한 대답도 그가 무엇을 해냈는지, 어떤 결과물을 만들었지, 또는 무슨 업적을 제시할 수 있는지에 따라 달라진다. 자세히 생각하면 이런 생각은 분명 바람직하지 않다. 목적만을 위해 살아간다면 우리의 삶에 도대체 무슨 의미가 있을까? 이런 심란한 질문, 죽음이 가까웠음을 느끼는 나이가 되면 들려오는 (그리고 우울증이라고 간단히 무시해버리는) 이런 질문에 만족할 만한 대답은 없다. 결과만을 추구하는 것은 무의미한 것이다. 왜냐하면 삶은 자신이 가끔씩 이루어낸 어떤 결과물에 의해 결정되는 것이 아니라 살아온 모든 과정이 모여 이루어진 유기체 같은 것이기 때문이다. 누군가 이런 풍자의 말을 했던 기억이 있다. "죽을 때 가장 많이 가진 자가 승리자다." 죽음을 앞두고 더 벌지 못했거나, 더 성공하지 못해서 후회된다는 사람은 별로 없다고 하며, 그들은 대부분 가족과 인간관계에 대해 얘기한다고 한다.

경쟁은 물론 결과 지향성을 초래하는 유일한 원인은 아니지만, 그런 경향을 조장하는 강력한 요인이다. 경쟁의 목표는 승리다. 경쟁을 하면서 그 과정을 즐긴다는 것은 핵심을 벗어나는 일이다. 과정을 지향한다는 것은 목표에 집중하지 못하게 하는 것이므로 쉽게 배제된다. 진정 지적 탐구를 원하는 학생은 일률적으로 짜인 시간표에 만족하지 못할 것이고, 그는 훌륭한 성적표를 받지 못할 것이다. 법률의 해석이나 사회정의에 관심이 많은 변호사는 정략적인 사고로 판결에만 신경 쓰는 변호사만큼 승소하지는 못할 것이다. 경쟁은 필연적으로 결과 지향적이다. 승리만을 지향한다면 우리의 삶에서 과정은 사라질 것이다. 우리는 득점판만 바라볼 뿐이다.

스포츠에 관한 논문을 발표한 두 명의 사회학자에 따르면 결과 지향성은 사고의 경직과 관련되어 있다고 한다. 윌리엄 새들러는 "경쟁하는 사람은 결과에만 집중한다. 이러한 경쟁 자세를 지속적으로 취한다면 그의 사고 역시 경직되기 쉽다"[69]고 말했다. 결과만을 생각한다는 것은 이미 유연성을 결여한 것이므로 경직되는 것은 당연하다. 경쟁에 빠져들수록 자발성은 떨어지고, 결과와 관련되는 일 외에는 둔감해지며, 생각하는 과정은 점점 경직된다. 심리학자인 도카스 버트Dorcas Butt는 이렇게 말했다. "경쟁적인 선수의 인성은 경직된 심리적 방어의식, 감수성의 결여, 자기중심적 사고 등에 의해 점점 좋지 않은 방향으로 흘러간다. 승리에 대한 집착이 그의 존재 자체를 지배한다."[70] 물론 경쟁하는 모든 사람들이 같은 정도의 경쟁심을 갖는 것은 아니다. 그러나 경쟁은 선수들뿐만 아니라 우리 모두를 일이나 배움, 놀이 등을 할 때 과정을 배제하고 결과에만 집중하도록 만든다.

둘째는 양자택일의 사고이다. 이는 어떤 상황이든 두 가지 선택밖에 없다고 생각하는, 즉 '흑백 논리의 오류'이다. 이 나라를 사랑하든가 아니면 떠나라는 식이다. 그는 세상에서 가장 유능하고, 매력적인 사람이든가, 아니면 제일 쓸모없는 사람이다. 이러한 사고방식을 논리의 오류로 보고, 다른 대안 또는 중간의 회색 지대가 있다고 말할 수도 있다. 전부 아니면 전무라는 사고방식을 '유년시절의 경험'과 '무의식'이라는 개념을 사용하여 정신분석학적으로 설명할 수도 있다. 그러나 두 가지 방법 모두 충분한 것은 아니다. 이러한 이분법적 사고는 논리상의 오류, 그 이상이다. 그것은 현실의 삶에서 우리가 타인과의 관계를 어떻게 맺느냐와 밀접하게 관련되어 있다. 또한 개인의 정신 건강을 넘어서는 의미가 있다. 즉 이것 아니면 저것의 선택을 강요하는 사회구조 역시 우리의 양자택일 사고에 영향을 미친다.

이분법적 사고는 경쟁을 널리 퍼트릴 뿐만 아니라 경쟁의 결과이기도 하다. 경쟁에는 두 가지 결과밖에 없다. 승리 또는 패배. 세상을 두 가지 중 하나로 보는 사람에게 경쟁은 매력적이며, 경쟁 역시 그러한 세계관을 만드는 데 일조한다. 최근 3천여 명의 직장여성을 상대로 이루어진 연구에서 이런 사실이 드러났다. "대부분은 자신의 행동에 대한 결과가 두 가지밖에 없다고 믿고 있었다. 어떻게든 하루하루 전속력으로 성공을 위해 달리든가 아니면 처음부터 이런 경주에 참가하지 않는 게 더 좋았을 만큼 비참하게 패배하는 것이다. … 그 사이에는 아무것도 없었다."71 이 3천여 명(실제로는 수백만 명)의 사람들에게 심리적 문제가 있다고 생각하면 오산이다. 이 연구 결과가 우리에게 보여주는 것은 경쟁 문화가 사람들에게 세상은 승자와 패자로 나뉜다는 점을 가르치며, 우리는 그 배움을 내면화하여 흑과 백의 세계관을 체득했다는 점이다.

이러한 이분법적 세계관에는 또 하나의 문제가 있다. 선택할 수 있는 것이 두 가지밖에 없다면 전형적으로 하나는 좋은 것이 되고, 다른 하나는 나쁜 것이 된다. 우리가 맞닥뜨리는 모든 것을 합리와 비합리, 정의와 악, 진보와 보수, 온건과 급진으로 간단히 나누어버린다. 이렇게 단순하게 둘로 나뉘는 세상은 어려운 도덕적 문제가 발생하지 않는 매우 편리한 세계일 것이다. 그러나 이 편리함을 위해 지불해야 할 대가는 매우 크다. 우선 그것은 현실을 왜곡하는, 즉 3차원의 입체 세계를 2차원 평면으로 인식하는 것과 같다. 또한 이러한 이분법 사고가 경쟁과 결합하면 '최고'라는 것에 병적으로 집착하게 된다. 자기 자신을 포함하여 1등이 아니면 모두 쓸모없는 존재가 된다. 이는 인간에 대해서는 말할 것도 없고, 음식점이나 컴퓨터에 적용하더라도 매우 비생산적인 사고방식이다.

이렇게 가치 구분을 하게 되면 사람들은 보통 자신을 선한 쪽으로 생각하고, 선이 악을 이기기를 바란다. 이로써 '우리'와 '그들' 사이엔 건널 수 없는 강이 생기며, 적대감이 싹튼다. 다음은 앤 스트릭Anne Strick이 옳고 그름의 두 가지 가능성만이 존재하는 우리 사회에 대해 분석한 글이다.

우리를 정의의 편에 놓는다면, 반대편(종교, 정치, 인종, 국가, 성, 그 무엇이든 간에)에는 악을 상징하는 '그들'이 필요하다. 그들을 비난하는 것이 기본 행동양식이고, 복수가 해결법이다. 이와 같은 양극단의 사고는 우승열패(優勝劣敗)의 세계관을 불러오며, 상호보완을 거부하고 상호투쟁의 장으로 나아간다. 우월함은 열등함과 겨루어 이기고 싶어 한다.[72]

다음과 같은 과정은 매우 짧은 시간 안에 이루어진다. '이것/저것 → 좋음/나쁨 → 우리/그들 → 그들과의 투쟁.' 이러한 진행과정을 가져오는 요인 중 하나가 구조적 경쟁이다.

셋째로 살펴볼 것은 현실 순응적 태도와 획일성이다. 우리 사회는 매우 경쟁적이며 개인주의가 널리 퍼져 있다. 경쟁은 보통 집단보다는 개인의 수준에서 많이 발생하기 때문에 흔히 경쟁이 개인주의를 조장한다고 생각한다. 그러나 개인주의라는 말은 두 개의 아주 상이한 철학적 운동과 관련이 있다. 한편으로는 에머슨Ralph W. Emerson과 소로우Henry David Thoreau 같은 19세기 철학자들로부터 20세기 실존주의의 한 계통으로 이어지는 개인주의가 있다. 이는 자급자족, 양심, 자치, 불복종 등과 관련되어 있다. 여기에는 스스로 생각하고 행동하는 자유, 가슴 깊이 품은 가치에 대한 헌신, 모두 안 된다고 하는 것에 대항하는 용기 등이 포함된다.

또 하나의 개인주의는 이 운동의 잘못된 모방에서 시작된다. 현대 대중 심리학과 개인의 잠재력을 계발하려는 일부 운동에서 찾아볼 수 있는데, 여기서는 자기 자신에게만 의존하는 것을 장려하여 인간관계에서의 소외를 조장한다. 이것은 "당신은 당신의 일을 해라. 나는 내 일을 할 것이다"라고 말하면서 타인과의 관계를 포기하는 것이며, "자기 자신의 가장 좋은 친구가 되어라"고 말하면서 외로움을 극복하려는 애처로운 시도이며, "1등을 지키라"고 얘기하는 노골적인 이기주의이다. 이러한 개인주의에 대해 정치학자 마이클 파렌티 Michael Parenti는 이렇게 말했다.

> 우리의 개인주의를 도덕, 정치, 문화에 대해 스스로 선택하는 자유라고 오해하면 안 된다. 각각의 사람들은 '개인주의적'으로 행동할 것이라고 생각하지만, 사실 우리는 별 개성 없이 모두 비슷한 방식과 방향으로 행동한다. … 우리의 개인주의는 '민영화, 사유화'를 의미하며, 이는 생산, 소비, 오락 등의 활동에 공동체 의식이 존재하지 않음을 보여주는 것이다.73

경쟁과 함께 가는 것은 이러한 개인주의이다. 편협한 자기중심주의는 남들을 패배시키는 데 유리하다. 이러한 개인주의는 인간관계를 깨뜨리며, 경쟁과 잘 부합한다. 그러나 경쟁은 앞서 보았던 진정한 개인주의를 증진하지는 못한다. 오히려 반대로 현실 순응을 조장한다. 조지 레너드의 글을 보자. "획일화되고, 특수화되고, 순응하는 인간을 만들어내는 문화에서, 그것을 유지하는 가장 좋은 방법은 삶의 모든 분야를 가능한 경쟁적으로 구성하는 것이다. '승리의 추구'는 개인주의를 조장하지 않는다. 그것은 제도에 순응하는 로봇을 만들어낸다."74

이 주장은 논리적인데 왜냐하면 사람들은 다른 이들이 하는 것과 똑같은 일을 함으로써 자신을 돋보이게 할 수 있기 때문이다. 말하자면 사과가 오렌지보다 더 낫다고 말하기는 어렵다. 같은 것을 비교해야만 우열을 가릴 수 있다. 아더 콤스는 "같은 목표와 같은 규칙에 동의할 때만 경쟁이 성립한다. 따라서 경쟁에 참여하는 사람들은 상대방을 앞서려 노력하면서 점점 더 닮아간다. 만약 이 사회가 바라는 것이 모든 구성원의 획일화라면 경쟁 숭배가 가장 효과적인 방법일 것이다"75라고 했는데, 이는 단지 경험적 관찰('경쟁하는 사람들은 서로 비슷하게 행동한다')의 결과가 아니라 경쟁의 본질을 분석한 것이다. 서로 다른 개성에는 등수를 매길 수 없기 때문에, 순위를 정하는 활동에 참여하려면 획일화가 본질적으로 요구된다. 물론 우리 사회에 복종과 획일화가 널리 퍼진 이유가 경쟁 때문만은 아니다. 이 밖에도 다양한 사회, 경제, 심리적 원인이 작용한다. 그러나 경쟁이 표준화, 획일화를 강화하는 것은 확실하다.

3장에서 경쟁이 창조성을 억제한다고 했는데, 그 이유 중 하나가 다른 사람을 이기려는 노력이 사람을 보수적으로 만들기 때문이다. 즉 우리는 승리에 방해가 된다 싶은 일은 하지 않는다. 월 크러치필드는 피아노 경연대회 참가자들이 "모두 비슷하다"는 것을 발견했다. 참가자들은 승리를 위해 실수하지 않는 데만 집중하며 "새로운 연주 기법이나 진짜 놀랄 만한 시도는 피하려 한다."76 창조성의 핵심은 순응하지 않는 태도에 있다. 즉 개성적인 사고와 모험적인 시도가 없다면 창조성은 피어나지 못한다. 하지만 경쟁은 이러한 과정을 억제한다.

현실 순응이란 말에는 다른 사람들과 비슷하게 행동한다는 것 이상의 의미가 있다. 세상에서 벌어지는 일을 그대로 받아들인다는 뜻이다. 이와 반대되는 것은 개성뿐만이 아니라, 그 상황에 의문을 품고 복종하지 않는 태도이다. 이런 의미에서 경쟁은 당연히 순응을 조장한다. 왜냐하면 승리를 목표로 하는 사람은 정해진 규칙에 저항하지 못하기 때문이다. 예를 들어 테니스를 칠 때 선수가 악동 같다고 하더라도 실력이 월등하다면 우승할 수 있다. 그러나 많은 경우 경쟁은 주관적 판단이 개입한다. 회사나 학교에서 경쟁을 한다면 자신을 평가하는 권위 있는 사람에게 하는 행동은 매우 중요하다. 학교에서 최고가 되고 싶다면 교사의 견해에 도전하면 안 된다. 회사에서 가장 빠르게 승진하고 싶다면 상사의 권위에 저항하면 안 된다. 그리고 시간이 지나면 모든 면에서 비판적 사고는 사라질 것이다. 줄스 헨리에 따르면 "대부분의 학생들은 지지 않기 위해 무엇이든 기꺼이 믿으며, 교사들의 말이 진실인지 거짓인지에 대해서도 거의 관심이 없다."77 경쟁은 반항하는 프로메테우스의 불을 꺼버린다.

경쟁은 또한 모험적인 새로운 시도를 억제한다. 경쟁적인 제도가 일상화된 사회의 사람들은 어떠한 활동이든 승리의 관점에서 생각한다. 따라서 사람들은 승리의 확률이 적은 활동은 바로 그만둠으로써 손해를 줄이려고 한다. 우수한 평균 성적만을 원하는(구조적이든 의도적이든) 학생은 비록 관심은 있더라도 좋은 성적을 받지 못할 것 같은 과목은 신청하지 않을 것이다. 누군가는 "내가 최고가 될 수 없는 일은 무엇이든 간에 하지 않았다"고 실토했는데, 역설적이게도 이것을 "직업 상담원들은 '하나에 집중하는 것'이라고 말했다"고 한다.78 이겨야 한다는 압박은 새로운 도전을 시도하지 못하게 하며, 따라서 삶의 경험을 매우 한정시켜버린다.

이러한 현상은 일의 성과에도 영향을 미친다. 예를 들어 아이들에게 미술 과제를 냈을 때, 경쟁을 시키면 자발성과 독창성이 떨어진다.[79] 또 하나의 예로 방송국들이 시청률만을 위해 치열한 경쟁을 하게 되면 "새로운 것을 시도하기보다는 서로 모방하려는 경향을 보인다. 왜냐면 혁신은 위험성을 내포하며, 그것은 단기적인 경쟁에서는 승리를 가져다 주지 못하기 때문이다."[80](서로 경쟁하는 미국의 3대 상업 방송국은 서로 거의 비슷한 프로그램을 제작하는데 반해, 경쟁이 필요 없는 영국 BBC는 자신들이 원하는 프로그램을 선택해서 제작한다. 이것은 결코 우연이 아니다).

이 논의에서 강조해야 할 점은 경쟁이 사람들의 개성을 억압하는 역할을 한다는 것이다. 인생이 끊임없는 경쟁이라면 우리는 순종적이고 순응하는 인간이 될 것이다. 경쟁을 할 때 우리는 하나의 개인으로 빛나지 않으며, 공동체 의식도 가질 수 없다. 사람들이 끊임없이 승자와 패자로 나뉘는 상황이라면, 어떤 좋은 기회가 오더라도 새로운 시도를 할 수 없을 것이다. 현실에 순응하는 것과 반대되는 가치를 추구한다면, 경쟁에 대해 더 많은 의구심이 들 것이다.

6장

서로에게 맞서는 사람들 : 경쟁 속의 인간관계

저 트로피는 진실이다. 단 하나의 진실이다. 나는 그 의미를 말해줬다.
그들을 응징하고 공포에 떨게 해라. 이기기 위해서는 증오해라. 증오가
승리를 가져다줄 것이다. 하지만 나는 상대편의 뼈를 부러뜨리라고는
하지 않았다. 다만 2등 따위가 설 자리는 없다고 말했을 뿐이다.

-

제이슨 밀러Jason Miller, 『그 챔피언십 시즌』

인간관계의 독

사무실 안을 떠도는 병균은 그 안에만 머물지 않는다. 누군가는 집까지
그 병균들을 가져가기도 한다. 직장에서 시작된 병은 가정의 거실과 침
실로 옮겨져 가족들에게도 번진다. 이는 경쟁이란 병이다. 회사의 동료
들을 경쟁자로 보도록 훈련하는 사회에서 사적 영역이라고 예외를 두지
않는다. "산업화 시대의 인간은 의식적이든 무의식적이든 사업상의 라
이벌 아니라 배우자, 형제자매, 이웃, 사무실 동료들까지 경쟁상대로 생
각한다"고 이미 1960년대에 월터 바이스코프Walter Weisskopf는 말했다.[1]
회사는 물론이고, 이기기 위한 경주는 자신이 생활하는 사적인 공간에
서도 끊임없이 벌어진다.

애인을 사귀는 것도 '한 골 넣었다'고 표현할 만큼 경쟁적인 게임이 되어버렸다. 애인이나 부부가 되면 그들은 사랑을 뒤로 한 채, 누가 더 뛰어난 사람인가를 두고 경쟁한다. 누가 더 많이 벌고, 누가 더 친구가 많고, 누가 더 유머 감각이 있는지를 다툰다. 누가 잠자리에서 더 훌륭하며, 누가 상대방을 위해 더 희생했는가? "상대방의 인생까지 제로섬 게임으로 인식하는 것으로 충분하다. … 그러면 나머지 모든 것들은 엉망이 될 것이다"라고 심리학자 폴 와츠라윅Paul Watzlawick은 말했다.[2] 서로를 이기려고 한다면 사랑의 관계는 깨어질 것이다.

아기가 태어나면 두 가지 질문이 추가된다. 누가 더 좋은 부모인가? 아이는 누굴 더 좋아할까? 이에 대해 줄스 헨리는 "아이가 생기면 부모 사이의 경쟁은 새로운 국면에 접어든다. 우리 문화의 경쟁심은 휴식처가 되어야 할 집에서마저 계속된다."[3] 둘째아이가 태어나면 이번엔 형제끼리 부모의 사랑을 독차지하기 위해 경쟁하도록 은근히 부추긴다. 애정은 무슨 희귀한 상품처럼 되어, 다른 이가 받을 것을 빼앗아야만 얻을 수 있는 것이 되어버린다. 그리고 부모들은 다른 부모들과 만나 자기 아이들을 자랑한다. 누구 아이가 제일 먼저 걸었고 제일 먼저 말하기 시작했는지, 그리고 십대가 되면 누가 가장 좋은 대학에 들어갔는지를 따진다. 또한 부부는 자신들이 가장 행복한 결혼을 했다는 것을 증명하고자 경쟁한다. 다음은 메리로 바이스먼Mary-Lou Weisman의 말이다. "우리는 자본주의 사회에 살고 있으므로 결혼 역시 사고 파는 상품처럼 여기거나, 최소한 남들에게 내보이고 싶어 한다. 우리는 매우 경쟁적인 사회에서 생활한다. 회사, 학교, 경기장, 그리고 텔레비전 게임

쇼에서도 항상 경쟁한다."4

여성들이 많이 보는 잡지에도 경쟁에 관한 기사들은 넘쳐난다. 젊은 여성들이 많이 보는 『세븐틴 Seventeen』이나 『글래머 Glamour』 같은 잡지에는 친구들, 또는 남자친구와의 경쟁에 대한 기사들이 많이 실린다. 기사 제목은 다음과 같다. '가장 친한 친구가 앞서 있다면 참을 수 있을까?', '최고의 결혼', '친구와의 경쟁 대처법' 등등. 이러한 사례는 자본주의 시장경제가 작동하지 않는 아주 사소한 일상에서조차 경쟁적으로 살아가는 우리의 모습을 보여준다. 신경증과 우리 문화 사이의 관계에 대해 카렌 호나이는 이렇게 요약했다.

우리의 인간관계는 거의 경쟁과 관련되어 형성된다. 경쟁은 형제자매, 친구, 이웃 그리고 애정에 이르기까지 거의 모든 관계에 영향을 미친다. … 진정한 사랑에 대한 소망은 누가 가장 인기 있는지, 누가 가장 많이 데이트를 하고 가장 많은 연애편지를 받았는지 그리고 누가 가장 멋진 사람을 만나는지 등의 경쟁적인 목표로 인해 그 빛을 잃어버린다. … 부부끼리도 주도권을 잡기 위해 끊임없이 싸우는데, 이러한 다툼의 원인조차 모르는 경우가 많다.5

호나이는 또한 이러한 상황이 더욱 비극적인 이유는, 우리 사회에서 불안감을 조장하는 경쟁에 대항하기 위해서는 인간관계가 매우 중요함에도 불구하고, 그조차 경쟁의 힘에 의해 흩어져버리기 때문이라고 말했다.6 이렇게 경쟁적인 문화에서는 그야말로 기대어 쉴 곳이 없다.

경쟁 행위는 우리의 인간관계를 깨뜨릴 뿐만 아니라 발전을 시작부터 가로막는다. 진정한 우정이나 사랑은 말할 것도 없고, 동료애 또한 서로 경쟁하는 사람들 사이에서는 뿌리를 내릴 수 없다. 직장에서 동료들과 좋은 관계를 유지하고 싶어도 매우 조심스러워지고, 또한 자신의 참모습을 보여주기도 힘들다. 왜냐하면 지금은 그와 경쟁하지 않더라도 다음 주에는 어찌될지 모르기 때문이다.

배우나 음악인 등 예술 분야에 종사하는 사람들도 서로 친밀한 인간관계를 유지하기 힘든데, 언젠가는 같은 배역을 두고 경쟁해야 할 것을 알기 때문이다. 한 여배우는 "나는 모든 사람들과 거리를 둔다. 왜냐하면 언젠가는" 그녀는 손가락을 탁 튀기며 말한다. "그들과 경쟁해야 할 날이 올 것이기 때문이다." 경기장에서도 마찬가지이다. 선수들 사이에도 가끔 진정한 우정이 생기기도 하지만 그것은 매우 예외적인 일이다. 테니스를 다룬 신문기사에는 대회를 개최한 한 임원 한 말이 인용되어 있다. "승리와 우정 중 선택해야 한다면 … 훌륭한 선수라면 우정을 희생할 것이다." 그는 또 덧붙여 말하기를 "감상적이 될 여유는 없다. 그 선택은 생존의 문제다."7

승패의 구조는 선수 개인이 더 중요시하는 것, 그리고 그 선수의 기질에까지도 불가피하게 영향을 미친다고 오길비와 투코는 말한다. 만 오천 명의 운동선수들을 대상으로 한 성격검사 결과 그들은 "타인의 관심을 받는 것이나 다른 이들을 배려하는 것, 그리고 그들과 함께하는 것 등에 별 흥미를 보이지 않았다." 그리고 이렇게 결론 내렸다. "이는 승리를 위해 필요한 것처럼 보인다."8 또 다른 연구에서도 자주 이기는 선수들은 "친절함, 동정심, 이타심" 등이 현저히 부족하다는 것이 밝혀졌다.9 심리요법 전문가인 릴리안 루빈Lillian Rubin은 그러한 성격이 어떻게 형성되는지에 대해 이렇게 분석했다.

어떤 경우엔 팀의 승리를 위해 자신의 가장 친한 친구에게도 이겨야 한다. … 이긴다는 것은 교우관계에서 중요한 무엇인가를 잃는 것과 같다. 경기장에서는 경쟁을 하다가 경기장 밖에서는 갑자기 친해진다든지, 경기 중엔 이를 악물다가 경기가 끝나면 서로의 두려움과 약점에 대해 터놓고 이야기를 나누지는 않을 것이기 때문이다. … 이는 친밀한 감정을 나누는 우정을 키우는데 별로 좋지 않은 훈련법이다.10

경쟁이 항상 우정을 막아서는 것은 아니라는 주장도 있지만, 이것은 마치 텔레비전 채널을 바꾸듯이 우리의 감정과 태도를 동지에서 적으로 또 다시 동지로 마음대로 바꿀 수 있다고 추정하는 것과 같다. 경쟁에 의해, 그리고 경쟁을 하는 동안 축적된 적대감이, 상황이 끝나면 연기처럼 사라지고 두 사람의 관계에 아무런 영향을 미치지 않는다고 생각하는 것은 너무 비현실적이다. 나는 지금 경쟁자와 좋은 관계를 유지하는 사람이 한 명도 없다는 얘기를 하는 것이 아니라 경쟁이 인간관계 자체를 방해하며, 이미 구축해 놓은 우리의 인간관계를 깨뜨릴 수 있다는 말을 하는 것이다. 6장에서는 왜 그런 일이 벌어지며, 그 결과는 어떤지를 살펴볼 것이다.

라이벌의 해부

경쟁이 자존감에 해가 된다는 것을 알게 되면, 인간관계에도 악영향을 끼칠 것임을 쉽게 예상할 수 있다. 앞서 해리 스택 설리번의 얘기에서 보았듯이, 스스로를 좋게 생각하지 못하는 사람은 타인에 대해서도 마찬가지일 수밖에 없다. 승리하느냐 않느냐에 따라 자신의 가치를 의심하는 사람은 다른 이들과 관계 맺기가 힘들다. 심리학자 캐럴 에임스는 아이들을 대상으로 한 연구를 통해 자존감과 대인관계가 매우 밀접하게 연관되어 있음을 밝혀냈다. "경쟁에서 실패하면 자신의 역량에 실망하게 되고 … 아이들은 스스로의 능력, 가치, 잠재력을 부정적으로 받아들이며, 이로 인해 미래의 인간관계도 손상된다."[11]

물론 경쟁이 인간관계에 미치는 영향이 개인의 심리 상태에만 달려 있는 것은 아니다. 경쟁은 그 속성상 사람들의 관계를 해친다. 경쟁의 본질이 '상호 배타적인 목표 달성'이라는 것을 기억한다면, 경쟁하는 사람들은 애당초 적대적이라는 사실을 이해할 수 있다. 즉 자신의 성공은 타인의 실패를, 타인의 성공은 자신의 실패를 의미하기 때문에, 나의 목표는 최선을 다해 상대를 방해하는 것이다. 이러한 행동이 한 개인의 정신적 문제나 인간의 냉혹함을 반영한다고 생각하면 안 된다. 그것이 바로 경쟁의 핵심이기 때문이다. 둘 다 성공하는 경쟁은 존재하지 않는다. 이는 상대와 얼굴을 맞대고 하는 직접적인 경쟁에서 흔히 볼 수 있지만, 잘 알지도 못하는 경쟁자를 누르고 시장점유율을 높여야 하는 간접적인 경쟁에서조차 타인은 나의 길을 방해하는 장애물일 뿐이다.

경쟁 상황에서는 "타인의 실패는 상대적으로 자신의 성공과 똑같은 효과가 있다."[12] 그래서 다른 이들의 실패를 바라게 된다. '특정한 일'에서 타인이 실패하기를 바라는 마음에서 그에게 '전반적으로' 좋지 않은 일이 일어나기를 바라는 마음으로 한 걸음 더 나아가는 것은 그리 어려운 일이 아니다. 제로섬 상황이 아님에도 타인의 실망은 나의 기쁨이 된다. 여기서 항상 타인과 적대 관계를 유지하는 쪽으로 나아가는 것도 겨우 한 걸음 차이일 뿐이다. 우리는 경쟁을 하고 있는 사람과 앞으로 경쟁할 사람을 구별하지 못한다(지금 당장은 말이다). 이 사람들을 모두 합치면 거의 모든 타인이 자기 목표의 장애물이다. 그리고 그들에게 안 좋은 일이 벌어지기를 바라는 마음이 하나의 양식으로 굳어질 것이다. 줄스 헨리는 "경쟁적 문화에서는, 어떤 일에서든 누군가가 성공한다는 것은 자신의 실패를 의미하며, 심지어 자신과 직접 관련이 없는 경우에도 그렇다"고 말했다.[13] 앞서 자신에게 아무런 이득이 없는데도 다른 아이의 장난감을 빼앗는 미국 아이들에 대해 언급했는데, 7~9세 아이들을 대상으로 한 이 실험에서 (경쟁에 매우 익숙하다고 생각되는) 백인 아이의 78퍼센트가 "단지 다른 아이들이 갖지 못하게 하려는 목적만으로 장난감을 빼앗았다." 이에 반해 경쟁이 덜 사회화된 멕시코 아이들의 경우 그 횟수는 절반으로 줄었다.[14]

이런 무차별적인 경쟁 행동은 단순히 학습이론의 원리에 따라 설명할 수도 있다. 1920년, 이제 고전이 된 존 왓슨John B. Watson의 실험에서, 그는 알버트라는 아기에게 흰쥐를 볼 때마다 큰 소리가 들리도록 했다. 아이는 쥐에 대한 공포를 학습했고, (예상하지 못했지만) 털이 달린 모든 것을 두려워하게 되었다. 우리도 마찬가지다. 즉 경쟁적으로만 인간관계를 되풀이하면, 결국 모든 사람을 경쟁상대로 생각하게 된다.

그러나 학습이론으로 경쟁에 기초한 우리의 인간관계를 모두 설명할 수는 없다. 경쟁이 대인관계에 미치는 영향을 알고자 한다면 그와 반대되는 인간관계, 곧 우리 삶을 풍부하고 중요하게 만들어주는 인간관계와 비교해봐야 한다. 철학자 마틴 부버Martin Buber는 평생을 인간관계 연구에 바쳤는데, 그에 따르면 인간의 삶은 관계로 이루어져 있다. 그는 우리가 타인을 '그것'이 아닌 '당신'으로 인식하고, 인간을 수단이 아닌 목적으로 대한다면 "인생을 살아가는 데 모든 사람이 동반자가 될 수 있다"는 놀라운 가능성에 대해 이야기했다.[15]

이러한 가능성은 우리가 모든 인간에게 공통되는 인간성을 이해하느냐, 즉 타인의 욕구와 감정이 나의 그것과 비슷하다는 것을 이해할 수 있느냐에 달려 있다. 우리는 이제 내가 내 경험의 중심이며, 세상 속에서 생각하고 행동하는 세계의 중심이라는 것을 안다. 한 인간을 군중의 일부, 과학에서의 하나의 데이터, 어떤 초월적 존재의 주변인 등 스스로의 주체성을 파괴하거나 부정하는 세계에 대한 저항으로 실존주의 사상은 탄생했다. 부버는 자신의 주체성과 더불어 타인의 주체성 역시 존중받아야 한다고 말한다. 즉 당신은 내 세계의 일부가 아니라 당신 세계의 중심임을 인정해야 한다는 것이다.

밤에 차를 몰면서 고속도로를 지날 때, 다른 운전자의 모습을 떠올려보자. 그들 역시 당신처럼 전조등을 비추며 자신의 목적지를 향해 운전하고 있다. 아니면 타인의 눈을 쳐다보자. 당신이 그를 보고 있을 뿐만 아니라 그 역시 당신을 쳐다보고 있다. 우리가 타인의 주체성을 인정할 수 있다면, 그에게 해를 입히거나 무시할 수 없을 것이다. 우리는 가상의 누군가(이를테면 한 명의 경마 기수, 어떤 관료, 저 정신분열증 환자 등)는 무시할 수 있다. 어떤 대상(이를테면 저 테러리스트들)은 잔혹하게 대할 수도 있다. 그러나 그 존재가 '하나의 인간'이라면 그들을 만나는 순간 우리는 교류하고 관심을 가질 수 있다. 그렇게 되면 그의 감정을 상하게 하거나 무시하거나 혹은 분석하는 일은 더욱 어려워질 것이다. 당연히 그를 죽이거나 그의 죽음을 기뻐하기란 거의 불가능한 일이 되어, 어쩌면 군대는 제 기능을 못할 수도 있다. 언젠가 카프카가 말하기를 전쟁은 "상상력의 부족" 때문에 발생한다고 했는데, 이때 상상력은 타인의 '주체성을 상상하는 능력'임을 명확히 이해할 수 있을 것이다.

그와 내가 공통의 인간성을 갖는다는 말이 우리 둘은 똑같다는 것을 의미하지는 않는다. 우리는 그를 '나의 거울', 혹은 '내 경험의 대상'이 아니라 한 사람의 타인으로 인정해야 한다. 또한 타인의 감정에 공감하는 것(감정이입)으로 충분하지 않으며, 더 중요한 것은 타인의 상황을 나의 관점이 아닌 그의 관점에서 보아야 한다는 사실이다. 즉 나는 그가 보는 세상과 그가 경험하는 삶이라는 실체를 상상할 수 있어야 한다. 부버에 따르면 "이러한 행동은 스스로의 존재를 유지하면서 타인의 삶과 교감하는 것이다."16 타인을 하나의 주체로 인정하면서, 동시에 자신과는 별개의 존재로 생각한다면 우리의 인간관계는 풍요로워진다. 모든 사람들은 이러한 방법으로 타인과 관계 맺을 수 있으며, 그렇게 함으로써 진정한 대화의 기초를 마련할 수 있다.

물론 부버의 이상적인 인간관계가 완벽하게 실현되기는 힘들 것이다. 타인을 또 다른 주체로 보는 시각을 방해하는 많은 내적, 외적 문제들이 있다. 우선 자신의 욕구가 너무 커서 타인의 소리를 압도할 수 있다. 또한 현대 사회의 너무나 빠른 속도는 우리의 관심을 인간으로부터 다른 곳으로 돌리게끔 만든다. 그러나 의도적으로 인간관계를 깨뜨릴 수 있는 가장 좋은 방법은 아마도 경쟁이 될 것이다.

어떤 목표를 추구하는 데 독자적인 방법과 경쟁적인 방법을 비교해보자. 물론 독자적으로 목표를 추구하는 것은 애당초 상호행위가 배제되므로 인간관계 형성이 아무런 도움이 되지 않을 것이다. 자신의 성공과 타인의 성공은 전혀 별개의 문제이므로 둘은 관계를 맺지 않아도 된다. 하지만 경쟁은 아주 잘못된 상호의존 관계를 만들어낸다. 즉 우리는 당신이 실패하지 않는다면 내가 성공할 수 없는 운명으로 얽혀 있다. 당신은 내가 이겨야 할 '대상'일 뿐이다. 경쟁 상대인 당신은 단지 '그것'일 뿐이며, 나의 목적을 위한 수단이 된다.

이러한 역학은 모든 착취 관계에서 볼 수 있다. 예를 들어 우리가 버스운전사를 그저 운전 기능을 수행하는 '대상'으로만 파악한다면 어떻게 될까? 다시 말해 그는 우리를 목적지로 태워다 줄 뿐이다. 그를 단지 버스의 부속물로 바라보는 우리의 행태가 변하지 않는다면, 우리는 그와 대화할 수 없다. 그런데 경쟁은 단지 내가 그를 이용하는 것을 넘어서 패배시켜야 하기 때문에, 상대를 하나의 대상으로 보는 경향 곧 대상화에서 한 걸음 더 나아간다. 따라서 진정한 인간관계를 만들 수 있는 가능성은 더욱 멀어진다.

가장 극단적인 경쟁은 전쟁이며, 전쟁터에서는 상대방을 죽여야 하기 때문에 그들의 인간성은 완전히 부정된다. 총을 쏘는 대상은 사람이 아니라 하나의 물건에 가깝다. 그런데 이러한 과정은 보통의 경쟁 상황에서도 볼 수 있다. 어떤 스포츠 심리학자는 테니스 선수들이 '얼굴 없는 상대방'을 상상한다고 말했다. 다른 이는 "어떤 인격체와 시합을 하고 있다고 생각하면 최고의 실력을 발휘할 수 없다"고 썼다.[17] 다음은 어떤 미식축구 선수의 말이다.

우리는 흥분했고 '그들'을 압도하고자 했다. 나는 그들의 얼굴을 보려고 하지 않았는데, 왜냐하면 될 수 있는 한 그들을 잘 알지 못하는 것이 나에게 유리하기 때문이다. 다른 선수들 역시 마찬가지일 것이다. 그들은 우리가 싸워야 할 얼굴 없는 적들이었다.[18]

경쟁 상대의 인격이나 얼굴, 주체성을 없애는 것은 승리를 위해 우리가 무의식적으로 사용하는 전략이다. 물론 사람에 따라 이러한 전략을 더 잘 사용할 수도 있지만, 기본적으로 이는 경쟁 구조 자체에 이미 내재해 있다. 그처럼 어떤 활동이든 상대방을 '비인격화'하는 일은 비판받을 만한 일이다.

존슨 형제는 여러 학습 환경이 학생들의 대인관계에 어떤 영향을 미치는지 조사했다. 그들에 따르면 "협력적인 학습 환경이 경쟁적 혹은 독자적 학습 환경보다 상대방의 관점에서 생각하게 해주며, 정서적으로 안정된 인간관계를 구축한다."[19] 또한 기업 경영 게임에 참여한 대학생들 중 경쟁적 상황에 처한 학생들은 상대 기업의 관점에서 생각하는 능력이 부족하여 오히려 기업 경영에 어려움을 느낀다는 사실이 드러났다.20 이렇듯 경쟁적 상황에서 벌어지는 일은 경쟁하는 개인에게서도 똑같이 발생한다. 마크 바넷Mark Barnett과 동료들은 초등학교 1학년 담임교사들에게 각 학생들의 경쟁심 정도를 평가해 달라고 요청했다. 그리고 아이들에게 비슷한 또래의 즐거워하고, 슬퍼하고, 화내고, 무서워하는 사진을 보여주면서 그 느낌을 말하도록 하는 감정이입에 관한 연구를 진행했다. 결과는 "경쟁심이 매우 높다고 평가된 아이들은 그렇지 않은 학생들에 비해 감정이입의 정도가 낮았다."21

기본적인 감정이입이 존재하지 않는다면 부버가 말한 인간관계는 성립될 수 없다. 공감하는 능력이 부족하다면, 남을 돕고자 하는 마음도 사라질 것이다. 우리는 타인이 처한 상황과 그 감정을 상상으로 느낄 수 있는 경우에 특히 더 돕고자 하는 의지가 생긴다.22 공감 능력이 이타주의를 조장하는 데 반해, 경쟁은 공감 능력을 해치므로 경쟁과 이타주의는 상반된 관계에 있다고 볼 수 있다. "경쟁 상황과 비교하여 협력 상황에서는 서로 호감을 보이고 공유하며 돕는 행동이 늘어난다는 많은 증거들이 있다"고 캐럴 에임스는 말했다.23 유치원에 다니는 남자아이들을 대상으로 실시한 조사에서는, 다른 아이들과 사탕을 나누어 먹는 것을 아까워한 아이들은 장난감 경주에서도 더 높은 경쟁심을 보인다는 사실을 알아냈다. "관대함이란 경쟁심이 적은 행동양식처럼 보인다."24 몇 년 후에 초등학교 5학년을 대상으로 한 실험에서는 볼링 게임을 한 후 받은 상품들을 이웃돕기 성금으로 기부하도록 유도했다. 그때 승리한 아이들이 비기거나 패배한 아이들보다 더 많이 기부하는 모습을 보였다. 그러나 더욱 중요한 점은 경쟁적이지 않은 게임을 한 아이들의 기부가 가장 많았다는 점이다.25 실험자들은 "기부나 돕는 행동은 경쟁적인 행동과는 반대되는 것이다"라고 말했다.26 이 실험의 핵심은 경쟁적인 사람이 자선에 전혀 관심이 없다는 것이 아니다. 승리를 통해 잠시 관대한 마음이 생길 수도 있다. 그러나 결국 경쟁 자체는 관대함을 억제한다. 그리고 승리하는 사람은 비기거나 패배한 사람들보다 훨씬 그 수가 적다. 따라서 경쟁을 하지 않았다면 자선의 비율은 더 높아졌을 것이다.

우리 사회처럼 극도로 경쟁적인 곳에서도 가난한 사람을 돕거나 자선 단체에 기부하는 사람들이 많이 있다. 그러나 이러한 문화에서 타인에 대한 우리의 기본적인 마음 자세는 이기려고 하는 것이다. 이것은 이 사회의 성공의 조건이며, 따라서 부모들도 아이들이 다른 이들의 복지에 많은 관심을 기울이는 것을 그다지 반기지 않는다. 좀 과장하기는 했지만 마야 파인즈Maya Pines는 이렇게 말한다. "보통의 부모들은 자신의 아이들이 경쟁에서 승리하기를 바라는데, 아이들이 이타심에 젖어 있다면 어떻게 경쟁할 수 있겠는가?"27

부버의 이상적인 인간관계까지는 아니더라도, 우리가 서로 우호적인 관계를 맺으며 공존하는 것은 가능할지도 모른다. 그러나 경쟁은 단지 이상을 막아설 뿐만 아니라 실현 가능한 대안에도 나쁜 영향을 미친다. 경쟁은 인간관계 자체를 불쾌한 것으로 만들어버리는 경향이 있다. 카렌 호나이는 이러한 인간관계를 다음과 같이 분석했다. "경쟁심은 자기보다 강한 사람에 대한 질투, 약한 사람에 대한 경멸, 그리고 모든 사람에 대한 불신감을 조장한다. … 따라서 인간관계에서 오는 만족과 안심을 얻지 못하고, 개인은 정서적으로 고립된다."28 이제 경쟁심이 초래한 세 가지 결과, 질투와 경멸, 불신을 차례대로 살펴보자.

'질투'란 타인이 가진 것을 탐내며, 그가 그것을 가졌다는 사실에 분개하는 마음이다. 사람들에게 흔히 보이는 별로 좋지 않은 특성에 대해 늘 그렇듯이, 우리는 질투를 '인간 본성'이라고 생각한다. 그러나 욕구란 대개 사회적 산물이며, 어떤 것에 대한 가치평가와 분배 역시 마찬가지이다. 경쟁은 이전에는 볼 수 없었던 어떤 중요하게 여겨지는 지위를 제공함으로써 우리가 그것을 원하게 만든다. 물론 그것은 누구나 얻을 수 있는 것이 아니라 경쟁을 통해, 그리고 타인에 대한 승리를 통해 얻을 수 있다. 이것이 질투가 생기는 조건이다. 즉 원하는 것을 얻을 수 있는 가능성이 매우 제한되고, 누군가 자신의 것을 빼앗은 것이라는 (거의 확실한) 믿음이 질투를 만든다. 어떠한 사회제도도 다른 이의 소유물을 갖고 싶어 하는 인간의 마음을 없앨 수는 없겠지만, 경쟁은 여기에 분개심이라는 감정을 덧붙여서 인간관계를 손상시킨다. 버트런드 러셀은 질투에 대해 이렇게 말했다. "내가 아는 질투에 대한 대처법은 질투심 많은 사람의 삶을 더욱 풍요롭고 행복하게 하고, 어린 시절부터 경쟁보다는 협력을 더 많이 경험하게 하는 것이다."29

경쟁 때문에 생기는 타인에 대한 '경멸'은 두 가지 모습으로 나타난다. 우선 승자가 얻은 것에 대한 질투심(그리고 그 쓰라림)은 쉽게 적개심으로 전환된다. 줄스 헨리는 교실에서 만들어지는 이러한 감정에 대해 이렇게 설명했다.

가장 똑똑한 아이를 빼고 대부분의 학생들은 자신의 희생을 대가로 다른 아이들이 성공하는 것을 늘 경험하기 때문에, 아이들은 타인의 성공을 미워하며, 성공한 타인을 적대시하고, 다른 이들의 성공을 방해하고 싶어 한다. 더불어 다른 이의 실패를 바라는 마음이 생기는 것 역시 당연하다.[30]

카렌 호나이가 마음에 둔 두 번째의 경멸은 패자에 대한 것이다. 이는 자신의 승리를 당연한 것으로 여기는 승자들, 특히 여기서는 경제적인 부유층들의 승리에 대한 정당화에서 나온다. 이는 동어반복이 아니다. 어떤 이들은 실제로 승리하기 전에 이미 승자의 지위를 누린다. 자신들은 유능할 뿐만 아니라 덕망 있는 좋은 사람들이므로 그들의 승리는 항상 당연한 것이다. 여기서 도출되는 또 하나의 결론은 패자는 패하는 것이 당연한 사람들이며, 경멸받을 만하다는 것이다.

이런 생각들은 사회진화론(Social Darwinism, 인간사회 속의 적자생존 법칙 -옮긴이)의 유산이다. 리처드 호프스태터Richard Hofstadter는 사회진화론에 대해 "[경쟁적 질서에] 우주의 원리를 제공한 것이다. 경쟁은 영광스러운 것이다. 생존이 강한 힘의 결과이듯, 사회에서의 성공은 [경쟁의] 미덕 때문이다"[31]라고 말했다. 조지 오웰George Orwell은 학창시절을 회상하며 이런 얘기를 했다. "미덕은 승리에 있다. … 삶은 신분과 계급에 따라 이미 정해져 있었으며, 발생하는 모든 일은 올바른 것이었다. 당연히 승리해야 하는, 그리고 항상 승리하는 강자와 당연히 패배해야 하는, 그리고 항상 패배하는 약자가 영원히 존재했다."32

이러한 견해는 매우 오만한 것이지만, 패자들 역시 이러한 주장에 동의하는 경향이 있다. 여기엔 다음과 같은 두 가지 원인이 있다. 첫째, 승자에 대한 패자의 경멸 속에는 스스로에 대한 경멸도 섞여 있다. 둘째, 패배한 사람들은 제도를 바꾸려 하지 않으며(만약 그러한 시도를 한다면 패배를 인정하기 싫어서 오기를 부린다고 비난 받을 것이다), 단지 다음엔 꼭 이기리라 마음먹을 뿐이다. 이러한 이유로 구조적 변화를 추구하는 사람은 하나도 없게 된다. 따라서 패자에 대한 경멸은 인간관계의 파괴뿐만 아니라 강력한 보수주의로 나타나게 된다.

마지막으로 '불신감'에 대해 살펴보도록 하자. 어떤 사회에서든 능력을 발휘하기 위해서는 신뢰가 필요하다. 그러나 서로 경쟁하는 제도 아래서는 상호불신의 벽이 생길 수밖에 없다. 상대방이 실패하기를 간절히 바라고 있는데, 상대방이 나를 신뢰할 이유가 도대체 무엇이겠는가? 상호 경쟁 속에 빠져들면 불신감은 사회 전체로 빠르게 퍼져나가는데, 그 이유는 다음과 같다. 첫째, 지금은 그렇지 않더라도 미래에 그와 경쟁하지 않는다고 확신할 수 없으니 모든 사람이 잠재적 경쟁자가 된다. 둘째, 새로운 환경 속에 살더라도 우리는 우리가 배운 것을 일반화시켜 행동하게 된다. 셋째, 나와 상대방이 서로 같은 태도로 대응하는 악순환이 계속될 것이기 때문이다. 자기 자신을 있는 그대로 남들에게 드러내는 것이 심리적 건강을 위한 기본 요소이며,33 건전한 인간관계의 전제가 된다. 그러나 경쟁은 상대에게 있는 그대로의 나를 보여줘도 된다는 신뢰감을 무너뜨린다. 세상은 뺏고 빼앗기는 제로섬 게임이 난무하는 곳이라 생각하면, 나를 숨김없이 드러내거나 상대를 돕는, 즉 신뢰를 주는 행동은 스스로에게 손해를 끼치는 일로 여겨질 것이다. 경쟁적인 문화는 서로에 대한 시야를 아주 좁게 만든다.

경쟁은 타인을 하나의 대상으로 여기게 만들고, 공감 능력을 깎아내리며, 서로 돕는 행동을 망설이게 한다. 사람들 사이는 질투와 경멸과 불신으로 간격이 생긴다. 가족치료family theraphy의 선구자인 네이선 애커먼Nathan Ackerman은 경쟁이 가정에 미치는 영향을 이렇게 분석했다. "경쟁은 공감에 의한 동정심을 없애고, 의사소통을 왜곡하며, 상호간의 도움과 공유를 저해하고, 욕구 충족을 감소시킨다."[34] 호나이의 말처럼 경쟁은 모든 개인의 고립을 불러올 것이다. 또한 이렇게 서로를 소외시키는 인간관계는, 경쟁이 지나친 개인주의의 결과일 뿐만 아니라 그 원인이기도 하다는 사실을 말해준다. 그러나 경쟁적 인간관계가 불러오는 무엇보다 중요한 특징은 상호간의 투쟁이다. 모든 종류의 경쟁은 일종의 전투이며 적대적인 충돌이다. 이제 투쟁하는 인간관계에 대해서 살펴볼 차례이다.

공격성

경쟁과 공격성의 관계는 무엇일까? 어떤 의미에서 이 물음은 별로 의미가 없는데, 왜냐하면 경쟁과 공격성은 확연히 구별되는 별개의 현상이아니기 때문이다. 즉 경쟁은 일종의 공격이다. 타인에게 이기려고 하는 것 자체가 하나의 투쟁이며, 투쟁은 필히 공격적이다. 호나이는 "한 사람의 승리는 다른 사람의 패배를 의미하기 때문에, 적대감은 모든 (심각한) 경쟁의 본질이다"라고 말했다.[35] 경쟁과 공격성은 누군가를 이기려 애쓴다는 점이 닮았고, 차이점이라면 그러기 위해 필요 이상으로 타인에게 해를 끼치는 것 정도이다. 이러한 행위는 적대감에서 비롯된다. 다음은 모턴 도이치의 경쟁과 적대감, 그리고 공격성에 대한 분석이다.

경쟁적인 관계에서는 상대방의 부정적인 면만 보려 하고, 의심하고 적대감을 가지며, 자기 이익만을 추구한다. 타인과의 심리적 공감은 사라지고, 인간관계는 공격적 혹은 방어적이 된다. 타인의 불이익과 열등함, 자신의 이익과 우월함을 추구하고, 그는 자신과 근본적으로 다르다고 생각한다. 그와 동시에 상대방도 자신과 똑같이 생각하고 행동할 것이라고 믿는다.[36]

적대감은 의도적 경쟁과 뚜렷이 구분할 수 없으며, 적대감이 강한 사람일수록 경쟁을 추구한다. 즉 적대감으로 인해 경쟁이 더 심각해진다는 뜻이다. 하지만 많은 사회학자들은 거꾸로 경쟁을 통해 적대감을 해소하는 방법에 관심을 기울인다. 학자들은 인간의 공격성을 적절히 해소하기 위해서는 경쟁적 스포츠나 공격적인 활동에 어느 정도 노출될 필요가 있다고 말한다. 이는 아리스토텔레스의 '카타르시스 효과(비극을 감상함으로써 감정을 정화한다는 이론)'라는 용어를 빌려 널리 퍼지게 되었다. 이 이론을 지지하는 대표적인 사람들로 프로이트, 그리고 동물행동학자인 콘라트 로렌츠Konrad Lorenz를 꼽을 수 있다. 그들은 공격성은 학습되는 것이 아니라 타고나는 것이며, 사회적 반응이 아니라 자연발생적이라고 생각했다. 인간은 타고난 본성인 공격성을 배출해야 하며, 스포츠와 같이 다른 사람에게 큰 피해를 주지 않는 방법으로 배출하는 것이 가장 좋다. 그러므로 경쟁을 통한 대리만족은 공격성을 줄인다고 주장한다.

별 증거도 없이 많은 사람들이 믿어온 이 이론은 그렇게 신뢰할 만한 것이 되지 못한다. 로렌츠조차 1974년의 한 인터뷰에서 "비록 스포츠로 대체되었다고 해도 공격적인 행동에 도대체 어떤 카타르시스 효과가 있는지 의문"이라고 말했다.37 정신분석학자인 브루노 베텔하임Bruno Bettelheim 역시 "스포츠에 참여하거나 관전하는 것은 … 경쟁에서 비롯되는 공격성을 더 강하게 끌어 올린다"고 말했다.38

다른 사람의 공격적인 행동을 본다고 나의 공격성이 사라지는 것은 아니다. 그 대신 발생하는 것은 모방의 욕구다. 즉 공격성을 습득하는 것이다. 오히려 공격성에 대한 억제력이 줄어들며, 카타르시스 효과는 별로 나타나지 않는다. 다음의 설명을 살펴보자.

- 성격 테스트 결과를 보면 선수들은 경기 시즌 중에 공격성이 더 높아진다. 또 다른 연구에서도 고등학교 미식축구 선수들은 일반 학생들보다 공격성이 높다고 평가되었다.39
- 실험자들에 의해 욕구불만 상태가 된 초등학교 3학년 아이들은 경쟁적인 놀이를 할 때 공격성이 전혀 줄어들지 않았다. 그러나 욕구불만의 행동이 무엇인지 배운 아이들의 공격성은 감소됐다.40
- 초등학교 남학생들에게 권투 영화를 보여주었을 때, 학생들끼리 때리고

밀치는 비율이 높아졌다.[41]

• 문화비교학은 다음과 같은 사례를 제시한다. "전쟁 등 극단적 갈등이 벌어지는 곳에서는 전형적으로 전투적인 스포츠들이 유행하며, 그렇지 않은 곳에서는 경쟁적 스포츠를 별로 즐기지 않는다. 이는 인간의 공격성을 배출하는 역할로 전투적 스포츠가 전쟁 등을 대신한다는 가설을 뒤집는 조사결과이다." 만약 카타르시스 효과가 맞는 것이라면 여러 문화권에서 스포츠와 전쟁은 반비례해야 하지만, 실제로는 정비례한다.[42]

카타르시스 효과에 대해 연구하거나 검토한 학자들의 말을 들어보자. "아이들의 공격성에 관한 많은 연구 결과는 공격적이고 경쟁적인 놀이를 통해 공격성을 줄이고자 한 시도가 거의 반대의 결과를 가져온다는 사실을 보여준다. … 경쟁 스포츠의 참여는 오히려 공격성을 높이는 것처럼 보인다."[43] "공격적인 스포츠에 참여하거나 관전하는 것은 보통 공격성을 줄이기보다 증가시킨다."[44] "경쟁적, 공격적 스포츠에 참여하는 것은 결국 폭력 반응을 증가시키는 즉 공격성에 대한 억제를 없애버리는 훈련이다."[45] "여러 증거들을 편견 없이 살펴보면 스포츠는 공격성을 자극하고, 공격적 행동이 보상을 받는다는 점을 알려주며, 또한 배울 만한 행동이라고 일깨워주는 듯하다."[46]

이와 같은 연구 결과들이 속속 나타나자 경쟁의 지지자들은 카타르시스 효과를 통해 공격적 스포츠를 옹호할 수 없음을 알게 되었다. 그리하여 그들이 들고 나온 주장은 조금도 새로울 것이 없는 '인간 본성'이라는 신화이다. 마이클 노박은 "인간은 원래 호전적인 동물이며" 스포츠는 단지 "연극에 나오는 것과 같은 극적 대립dramatize conflict일 뿐"이라고 말한다.47 인간의 공격성이 불가피한 것이든 아니든—연구 데이터에 의하면 그렇지 않지만—스포츠는 그저 공격성에 대한 연극적 갈등이 아니다. 운동경기는 공격성을 조장한다. 스포츠가 일종의 제한된 전쟁 상황임을 고려해 볼 때 이것은 별로 놀라운 사실이 아니다. 조지 오웰은 스포츠를 "총성 없는 전쟁"이라고 불렀으며,48 워털루 전투의 영웅 웰링턴 장군은 그 승리가 "각 사관학교의 운동장에서 얻어진 것"이라고 말했다. 또한 아이젠하워 대통령은 "미국 스포츠의 사명은 젊은이들을 전쟁에 대비시키는 것"49이라고 말했다. 이러한 말들의 핵심은 운동선수들이 더 좋은 군인이 된다는 것이 아니라 스포츠는 전쟁과 똑같이 공격적이며, 그것을 조장한다는 뜻이다.

폭력과 스포츠의 관계에 대한 수많은 이야기와 연구 중 가장 유명한 것은 1945~1954년 사이에 무자퍼 셰리프Muzafer Sherif와 그의 동료들이 진행한 연구일 것이다. 그는 보이스카우트 캠프에 참여한 11~12세 소년들을 두 팀으로 나누었다. '방울뱀'과 '독수리'라는 이름을 붙인 두 팀은 3주 동안 서로 다른 숙소에서 생활하며 야구, 미식축구, 줄다리기 같은 경쟁적 시합을 했다. 그리고 이긴 팀에게만 보상(여러 상품들)이 주어졌다. 이 실험은 한 집단이 다른 집단의 희생이 있어야만 승리할 경우(즉 경쟁의 경우), 두 집단 사이에 공격성과 적대감이 증가할 것이라는 가설 위에서 진행되었다. 그런데 실제 실험 결과는 이 가설을 입증했다. 아이들은 상대팀을 무시하고 모욕했으며, 단지 팀이 다르다는 이유만으로 자신의 친한 친구에게까지 똑같은 행동을 했다. 시합이 계속될수록 아이들은 상대팀의 깃발을 태우고, 밤에 몰려가 해코지를 하고, 음식을 서로에게 던지는 등 공격적인 모습을 보였다. 여기서 중요한 점은 두 팀의 아이들은 모두 동질적인 학생들이었다는 점이다. 그들은 팀으로 나뉘기 전까지는 함께 캠프를 떠난 친구들이었다. 오직 구조적 경쟁을 조장하는 것으로 동질적인 집단 사이에 이러한 적대감이 생겨났다.[50]

아이들을 팀으로 나누어 시합하는 것은 학교에서든, 방학 캠프에서든 일반적인 것이 되었다. 팀은 보통 색깔로 나뉘는데, 우리는 이것을 '색깔 전쟁'이라고 부른다. 이런 '전쟁'에 참여한 아이들은, 아주 어린애들마저 가장 중요한 것은 자신의 팀과 상대팀의 승패뿐이라는 사실을 이해한다. 자신의 의도가 아닌, 남들이 배정해준 청팀과 백팀의 일원이 되면 갑자기 팀에 대한 충성심이 생겨나고, 팀을 위해 개인은 희생해야 한다는 마음가짐을 갖게 된다. 그리고 이러한 시합에서의 경쟁은 운동 경기에만 해당되는 것이 아니다. 자기 팀을 응원하는 계획을 짜고 퀴즈 대회 등에 참여함으로써 운동을 좋아하지 않는 아이들의 능력도 얼마든지 경쟁에 사용할 수 있다(사실 체스나 학교 대항 토론회 등 경쟁적인 시합에서는 어디든 적대감이 생기는 모습을 볼 수 있다. 공격성은 운동선수들만의 것은 아니다).

경쟁은 참가자의 공격성만 자극하는 것이 아니다. 상대팀 버스를 향해 돌을 던지는 고등학생부터 1964년 페루에서 축구 관중 3백여 명의 목숨을 앗아간 최악의 참사에 이르기까지, 경기를 보는 팬들의 폭력 역시 자주 일어난다. 스코틀랜드와 벨기에 등 여러 곳에서도 수십 명의 축구 팬들이 폭력 사태로 목숨을 잃었다. 슈퍼볼이나 월드시리즈에서 우승을 한 도시에서는 약탈과 폭동이 일어나곤 한다. 이러한 사건 뒤에 전문가들과 정치가들은 왜 이런 '분별없는' 행동이 발생하는가에 대해 여러 분석을 내놓는다. 벨기에 브뤼셀의 축구 참사는 영국 리버풀의 한 청년에 의해 시작되었는데, 사람들은 술에서 영국인의 국민성까지 온갖 것을 들먹이며 원인을 찾아내려고 애썼다. 그러나 그 원인 중 아무도 생각지 않은 것이 있었는데, 그것은 바로 경쟁 그 자체의 영향이다.[51] 관중들의 폭력 사태는 카타르시스 효과가 공격성을 줄여준다는 주장이 잘못된 것임을 방증한다. 테리 올릭은 이에 대해 다음과 같이 말한다. "과열된 시합의 관중들이 폭력 사태를 일으키는 것을 보면, 공격적인 것의 간접 체험이 폭력성을 줄여준다는 가설에 의심을 품게 된다. 누군가 관객들에게 이렇게 공격적인 경기를 보았으니 당신들의 폭력성은 줄어들어야 한다고 얘기해주는 것을 잊었기 때문일까?"[52]

경쟁이 가져오는 공격성을 스포츠에만 적용하는 것은 옳지 않다. 결국 게임은 게임일 뿐, 우리의 일상에서 조금은 벗어나 있으므로 사람들은 좀 덜 심각하게 받아들일 수도 있다. 그러나 스포츠 외의 영역에서도 경쟁은 치열하게 벌어지며, 직접적인 폭력은 덜 발생한다 하더라도 적대감은 여전히 존재한다. 이러한 내용을 교육에 적용한 조셉 왁스 Joseph Wax의 견해는 다음과 같다.

교실 안에서 다른 친구들을 이겨내고 승리한 학생에게만 상을 주면서, 복도나 운동장 그리고 길거리에서 왜 아이들이 폭력을 행사하는지, 전혀 이해하지 못하는 교사들의 자질은 참으로 놀라울 뿐이다. 대부분의 교사들은 은근히 때로는 노골적으로 배움보다는 다른 이들에게 이기는 것이 더 중요하다고 가르친다. 이것은 폭력이 아닌가? … 학교에서의 패배는 호수에 파문을 일으키는 한 개의 조약돌이다. 그것은 널리 퍼져서 적대감을 영속시키고, 그 적대감은 친구들이나 부모들의 비난, 정체성의 상실에 의해 더욱 강화된다. 만일 교실을 경쟁이 벌어지는 하나의 원형으로 본다면 복도에서의 폭행은 결코 놀랄 만한 일이 아니다.[53]

이제 일반화를 통해 생각해보자. 우리가 어떤 상황에서 매우 올바른 방법이라고 배운 것은 그 상황에만 한정되지 않는다. 경쟁은 다른 영역으로 널리 퍼지며, 거기엔 공격성이 수반될 수밖에 없다. 테오도르 아도르노Theodor Adorno는 인간의 권위주의적 성격에 대해 F스케일(F-scale, 여기서 F는 파시즘Facism을 뜻한다-옮긴이)이라는 척도를 고안했다. 인성 테스트를 통해 측정되는 F스케일이 높은 사람들은 파괴적, 냉소적, 권위주의적이며, 특히 권력과 '강인함'에 매료되어 있었다.[54] 헤럴드 켈리와 앤소니 스탈스키는 이러한 척도를 사용하여 게임이론에 관한 논문을 발표했는데 "F스케일이 낮게 평가된 사람들은 현재 게임이론 연구에서 협력적이라고 판정된 사람과 비슷하며, 반대로 그 척도가 높은 사람들은 경쟁적인 유형과 일치하는 것처럼 보인다."[55]

이러한 연구를 인용한 이유는 경쟁과 공격성의 명확한 상관관계를 보여주기 위해서이다. 인간의 공격성에 관한 초기 연구는 욕구불만을 중요시했으며, 좌절감으로 인해 공격성이 증가된다고 단순하게 설명했다.[56] 오늘날엔 경쟁이 극도의 자극을 불러오며, 경쟁의 패배로 인한 좌절감이 공격성을 높인다고 구체적인 설명을 한다. 대부분의 사람들은 패배에 의한 욕구불만 상태에 빠지기 쉬우며 이로 인해 경쟁과 공격성은 한 덩어리로 묶여 있는 것과 같다.

물론 이러한 이론은 경쟁에서 패배한 사람들에 대한 설명은 되지만 왜 승리자(혹은 승리한 팀의 관중들)마저 공격적이 되는지 명확히 설명하지 못한다. 제니스 넬슨Janice Nelson은 5~6세 아동들을 대상으로 한 연구에서 패배한 아이들이 더욱 공격적이 되지만 "비경쟁적 놀이를 한 아이들과 비교하면 승리한 아이들의 공격성도 증가했다"[57]는 사실을 밝혀냈다. 또 다른 연구에서는 첫 번째 경쟁에서 승리한 아이들이 다음번 게임을 할 때엔, 패배했던 아이들보다 더욱 공격적이 된다는 사실을 발견했다.[58] 이러한 결과는 두 가지 가능성을 암시한다. 첫째, 경쟁은 참가자들을 욕구불만의 상태로 만드는 것 외에 다른 무엇인가가 있어서 승자의 공격성까지 높인다. 둘째, 승리마저도 욕구불만을 없애는 데 충분치 않다. 연구자들은 두 번째 가설을 선호했다. 즉 "경쟁은 언제나 패배의 위협과 승리의 불확실성을 포함하므로 승리하든 패배하든 욕구불만을 초래한다."[59] 이런 결과를 종합해서 볼 때, 경쟁은 명백히 그 참가자든 관객이든 모두의 공격성을 높인다고 볼 수 있다.

대응책 : 협력

인간관계에서 경쟁은 최악의 구조이다. 혼자 일하고, 놀고, 배우는 것은 최소한 서로의 적대감을 조장하지는 않는다. 하지만 고립을 불러오는 이러한 방법보다 인간관계에 긍정적 효과를 주는 훨씬 좋은 방법은 바로 협력이다. 3장에서 우리는 협력이 경쟁보다 더 생산적이라는 사실을 살펴보았다. 여기서는 그와 똑같은 결과가 인간관계에서도 나타날 수 있음을 살펴볼 것이다. 즉 협력은 우리를 더욱 친밀하게 만든다.

우리 사회와 같이 극단적으로 경쟁적인 곳에서도 협력 활동을 할 수 있는 여지는 많이 있다. 서로 힘을 합쳐 페인트를 칠하거나, 보고서를 작성하거나, 요리를 하는 것이 어떤 느낌을 주는지 우리는 알고 있다. 이러한 활동은 서로를 호의적으로 만들고, 우리에게 인간관계의 진정한 가치가 무엇인지를 가르쳐준다. 이러한 구조는 서로를 돕고, 지지하게 하며, 친밀감을 제공한다. 협력은 사람들 사이에 긍정적 상호작용의 기회를 주며(혼자서 하는 노력은 이러한 기회를 얻지 못하며, 물론 경쟁은 이것을 방해한다), 좋은 관계를 유지할 수 있게 해준다.

이러한 내용을 입증하는 연구들은 많이 행해졌는데, 여기서는 간단히 존슨 형제의 조사 내용을 살펴보도록 하겠다. 그들은 1944~1982년 사이에 진행된 98건의 연구들을 통계적으로 분석했는데, 그 결과 "협력의 경험은 경쟁이나 독자적 노력 등 다른 방법에 비해 서로 다른 인종, 장애인과 비장애인 간의 인간관계를 긍정적으로 만들었다. 또한 서로의 동질성을 확인하는 효과도 있었다."[60] 1985년에 존슨 형제는 경쟁적, 협력적, 독자적 학습 환경에서 '인간관계의 친밀감'이 어떻게 나타나는 가에 대해 연구했다. 그들이 행한 37건의 연구 중 35건에서 협력이 서로간의 매력을 증진시킨다는 결론이 나왔다.[61]

인간관계에서 친밀감은 다음과 같은 많은 긍정적 효과를 불러온다.

격려하기 : 브렌다 브라이언트B. Bryant는 협력학습을 하는 학생들을 조사한 후 이렇게 말했다. "경쟁이나 독자적으로 학습하는 아이들에 비해 매우 적극적으로 다른 학생들의 실력 향상을 격려하며 도왔다."62

격려받기 : 한 연구에 의하면 협력하는 아이들은 다른 아이들의 격려와 도움을 좀 더 잘 인지하며 받아들인다.63

민감한 반응 : 질리안 킹G. King과 리처드 소렌티노R. Sorrentino는 협력하는 사람들이 "타인의 욕구에 더 민감하게 반응한다"는 사실을 알아냈다. 또한 이 실험에 참여한 사람들은 경쟁보다 협력이 훨씬 즐거웠다고 말했다.64

배려 : 에미 페피톤은 협력 상황에 놓인 아이들은 자기중심적인 생각에서 벗어나 좀 더 쉽게 타인을 배려한다고 말했다.65

타인의 관점에서 보기 : 이미 말했지만 협력은 타인의 관점에서 생각할 수 있도록 해준다. 사람들은 서로 대항하여 싸울 때보다 힘을 합쳐 일할 때 타인의 입장에서 생각하게 된다.

의사소통 : 협력은 의사소통 능력을 향상시킨다. 대학생들을 대상으로 실험한 모턴 도이치는 협력학습이 "학생들 상호간에 더 많은 대화를 하고, 상대방의 말에 더욱 주의를 기울이게 했다. 그들은 자신의 의사를 전달하거나 서로를 이해하는 데 별 어려움이 없었다."(이에 덧붙여 그는 경쟁 상황에서의 의사소통은 "믿음이 없고 빈약해진다"고 말했다).66

신뢰 : 협력 구조에서는 개인의 능력이 서로 다른 경우에도 서로 신뢰하는 경향이 있는데 반해 경쟁에선 상호간의 신뢰가 거의 존재하지 않는다.67

이러한 연구 중 주목해야 할 것은 서로 다른 배경과 입장의 학생들이 협력을 통해 가까워지는 계기를 마련했다는 점이다. 두 사람이 협력을 통해 서로 호감을 갖게 되는 것만으로도 좋은 일이지만, 능력에 차이가 있거나 서로 다른 인종의 사람들에게 그런 일이 벌어진다는 것은 훨씬 고무적이다. 일찍이 1940~50년대에 실시된 실험에서는 "다른 인종의 사람들이 서로 긍정적 태도를 보이며 좋은 인간관계를 유지하도록 하는 데 중요한 요소는 협력 상황에서의 상호작용이다"라고 결론 내렸으며, 그 뒤에 행해진 여러 연구에서도 이를 확인했다.[68] 적대시하는 목소리들이 좋은 하모니를 낼 수 없는 것처럼, 서로 다른 배경 속에서 자란 아이들을 한 자리에 모아놓는다고 조화로움이 생기지는 않는다. 인종차별의 폐지나 존속을 논하기 전에, 같은 교실의 아이들에게 무슨 일이 벌어지는가를 먼저 살펴보는 것이 좋을 듯하다.

경쟁은 서로의 차이점을 극복하게 하는 대신 적대감만을 심어준다. 이에 반해 협력은 서로 관계 맺을 수 있도록 도와주는 교량 역할을 한다. 여러 연구에서 명확히 입증했듯이, 상대에게 적극적인 관심을 갖게 하는 협력은 다른 인종의 사람들이라고 해서 그 효과가 줄어들지 않는다.[69] 물론 이러한 경향은 교실 안에만 한정되지 않는다. 협력학습을 경험한 아이들을 교실 밖에서도 함께 시간을 보낸다. 경쟁적으로 학습한 아이들에 비해 협력했던 아이들은 각자의 차이점을 인정하면서 친구가 된다.[70] 말하자면 협력은 아동발달 심리학자 유리 브론펜브레너Urie Bronfenbrenner가 말했듯 '배려의 교육과정curriculum of caring'인 것이다.

지금까지의 내용은 어쩌면 사람들을 당황하게 만들지도 모른다. 우리는 우리가 타인에게 어떤 감정을 느끼는가를 보통 '개인의 문제' 정도로 생각한다. 즉 사회과학의 연구 과제가 아니라 시인이나 작곡가 같은 예술가들이 풀어내는 신비한 주제 정도로 여기며, 인간관계란 그저 타인의 행동과 개성에 따라 좋고 싫음이 결정되는 것이라고 쉽게 생각한다("정확한 이유는 모르지만 그에겐 호감이 간다"). 그러나 지금껏 살펴본 내용을 요약하자면 타인에 대한 호불호는 개인이 아닌 사회적 상호작용의 구조에 달려 있다. 물론 이 말은 어떤 사람을 평가하는 데 그 개인의 태도나 성격이 전혀 중요하지 않다는 뜻은 아니다. 또한 과학이 인간 사이의 수수께끼를 모두 풀 수 있다거나(혹은 풀어야 한다거나), 각각의 독특한 인간관계를 일반화할 수 있다는 주장은 아니다. 그러나 우리가 서로에 대해 어떤 생각을 갖는가는 우리가 어떤 상황에서 처음 마주했는가에 따라 달라진다. 그가 나의 경쟁자인지 협력자인지에 따라 그를 보는 나의 관점은 완전히 달라질 것이다. 물론 협력하는 사람의 우정이 영원하지 않듯 경쟁하는 사람들도 평생을 적으로 살아가지는 않을 것이다. 하지만 상대방에 대해 매력을 느끼는지 또는 적대감을 느끼는지는 그와 마주치는 사회의 구조에 따라 달라질 수 있다. 이것은 여러 연구 결과에서도 나타나며, 우리의 경험을 통해서도 알 수 있다.

우리 vs 그들

협력에서 얻을 수 있는 이득을 고려한다면, 미국과 같은 경쟁 사회도 협력에 관심을 가져야 한다. 그러나 경쟁 체제를 존속시키는 방향으로 구성원들을 끊임없이 사회화하면서, 어떻게 그들에게 협력의 이점을 알려줄 수 있겠는가? 여기에 가장 적절한 대안은 집단 간의 경쟁을 위해 집단 내부에서는 협력하는 것이라고 말할 수 있다. 타인과 협력해서 일하는 것은 다른 집단을 이기기 위해서이다. 이것이 경쟁 사회에서 생각할 수 있는 최대한의 협력이다. 물론 이런 방법은 모두가 모두와 경쟁하는 상황보다야 낫겠지만, 경쟁이 아예 없는 것보다는 못하다는 점에서 만족할 만한 대안은 아니다. 일반적으로 우리 문화에서 집단 간의 경쟁은 집단 내부의 협력을 높이며 심지어 협력을 위해 꼭 필요한 것이라고 생각한다. 협력을 통해 얻을 수 있는 것은 공동의 적에 대한 승리이다. '우리'는 '그들'을 필요로 한다.

이러한 말들은 과연 사실일까? 집단 안에서의 협력이 생산성을 높인다는 다수의 연구 결과가 나왔을 때, 사람들은 그것이 집단 간의 경쟁 때문이라고 생각했다. 그러나 3장에서 살펴보았듯이 그러한 생각은 확실히 옳은 것은 아니다. 집단 내부의 협력으로 인한 성과는 집단 간의 경쟁과는 무관하며, 심지어 집단 간의 경쟁은 내부 협력의 생산성을 감소시키는 효과를 가져 오기도 한다. 사람들을 단결시키는 데엔 협력으로 충분하며, 꼭 외부의 경쟁이 개입해야 되는 것은 아니다. 로버트 던 Robert Dunn과 모턴 골드먼Morton Goldman은 집단 간의 경쟁에 대해 "불필요할 뿐만 아니라, 집단 사이에 긴장을 높여서 전체 사회에 해를 끼치기 쉽다"[71]라고 말했다. 존슨 형제 역시 인간관계에 대한 연구를 분석하면서 이 문제에 대해 고찰했는데, 그들은 집단 간의 경쟁이 없이 협력하는 사람들이 서로에게 더 호감을 느낀다는 것을 알아냈다.[72] 또 하나의 연구 결과를 인용하면 다음과 같다.

집단 간의 협력은 집단 간의 경쟁보다 다른 인종이나 이성 간의 관계를 더 긍정적으로 만들었다. 이는 집단 간의 경쟁이 집단 내부 구성원들로 하여금 서로 더 호감을 갖게 한다는 주장에 반대되는 결과이며, … 협력이 널리 퍼질수록 인간관계가 더욱 친밀해진다는 주장에 힘을 실어주는 결과이다.[73]

이런 결과가 의외라고 생각한다면 그것은 우리가 지금껏 인간관계에서의 매력과 집단 내부의 일체감을 혼동했기 때문일 것이다. 일체감이란 집단에 대한 충성심 혹은 획일성과 관련되어 있다. 이는 다른 국가의 위협을 받는다고 국민들을 선동하면, 사람들이 국기를 더욱 세차게 흔드는 것과 비슷하다. 이러한 현상은 지금 우리가 살펴보고 있는 인간관계와는 전혀 다른 것이다. 국가, 학교, 회사에 대한 충성심이 꼭 구성원들 사이의 호감이나 신뢰, 공감 능력 등을 키워주는 것은 아니다. 반대로 자신이 속한 집단의 사람들을 좋아하는 것이 꼭 집단 자체를 절대화하여 복종한다는 뜻은 아니다. 집단 간의 경쟁은 집단에 대한 맹목적인 충성을 위해 필요할지는 몰라도, 더 좋은 인간관계를 위해 필요한 것은 아니다.

집단 간의 경쟁이 협력을 증진시키지 못하는 데는 또 하나의 이유가 있다. 직장에서의 경쟁이 가정으로 번지는 것과 같이 집단 간의 경쟁은 집단 내부로 흘러든다. 경쟁심을 가지고 다른 이들을 적대시하다가 그 외의 사람들(자신이 속한 집단의 사람들)에게는 갑자기 친밀해지는 것은 쉬운 일이 아니다. 예를 들어 다른 팀과 경쟁하는 축구선수는 자기 팀 선수들과도 선발자리나 연봉을 놓고 치열하게 경쟁한다. 외부의 경쟁이

내부의 협력을 당연히 이끌어내는 것은 아니다.[74]

이러한 현상이 널리 퍼져 있다고 해서 경쟁을 어쩔 수 없는 인간 본성이라고 생각해서는 안 된다. 이러한 현상이 의미하는 것은 협력을 이끌어 내는 방법 중 가장 유용한 것은 경쟁이 필요하지 않은 구조를 만드는 데 있다는 것이다. 즉 집단 간의 경쟁을 통해 집단 내의 협력을 조장할 것이 아니라, 집단 간에도 협력할 수 있는 구조를 만드는 것이 가장 좋은 방법이라는 뜻이다. 앞서 본 보이스카우트 캠프의 실험에서 두 팀의 적대감이 너무 높아지자 셰리프는 다른 캠프와의 경쟁을 통해 아이들을 협력시키고자 했지만 실패했다.

> 공동의 적을 만들었을 때, 아이들은 '우리 캠프'가 그들을 이기기 위해 협력해야 한다고 생각했지만, 그것은 매우 단기적인 효과에 그쳤다. 공동의 적이 사라졌을 때 두 팀의 아이들은 다시 예전으로 되돌아가서 다른 팀의 아이들과 협력하려 하지 않았다. 만약 우리가 '공동의 적'이라는 방법을 계속 사용했다면, 결국 캠프 내에서 경쟁의 승패 구조가 야기한 많은 문제들이 더욱 증폭되어 나타나는 것을 보아야만 했을 것이다. 그러니까 더욱 큰 전쟁이 일어났을 거란 뜻이다.[75]

결국 셰리프는 '방울뱀'과 '독수리' 팀에게 '보다 큰 목표'를 설정해 주는 것으로 두 팀의 치열한 경쟁을 끝내는 데 성공했다. 트럭을 언덕 위로 끌어올리거나, 캠프의 급수 시설을 수리하는 등 두 팀이 서로 협력해야만 완수할 수 있는 목표가 생기자 비로소 아이들은 달라졌는데,

여기서 중요한 것은 그 목표에 다른 집단을 이기고자 하는 경쟁이 개입하지 않았다는 점이다. 협력을 위해서는 집단 간의 경쟁이 불필요할 뿐만 아니라 바람직하지도 않다.

자신이 살고 있는 지역을 자랑하는 경우를 생각해보자. '아이 러브 뉴욕 I ♥ New York'이라는 슬로건은 전혀 공격적이지 않다. 그러나 오늘날엔 이러한 말보다는 우리 도시가 '1등'이라고 외치는 소리가 더 많다. 마이클 파렌티는 "우리는 공동체 의식은 별로 없지만 학교, 도시, 국가 등 더 큰 집합체에 대해 일체감을 가질 수 있다. 그러나 이러한 일체감은 다른 학교, 도시, 국가와 경쟁할 때만 표출된다"[76]고 말했다. 경쟁을 지지하는 프랭크 트리펫 Frank Trippett도 "자신의 지역에 대한 맹목적인 지지는 보통 다른 경쟁 지역에 대한 경멸을 통해 커진다"[77]고 인정했다. 경쟁적인 문화에서는 그저 자기가 사는 곳이 만족스럽다는 것으로는 충분치 않다. 그 외의 다른 지역을 깎아내리고, 우리가 1등이라고 소리쳐야 한다. 우리는 보통 이러한 소리를 악의 없는 농담이나 과장으로 생각한다. 그러나 다른 집단을 이겨야 한다거나 자신의 집단이 더 우월하다고 생각하는 데서 오는 일종의 동지애는 그리 유쾌한 것이 되지 못한다. 남들을 헐뜯는 데서 오는 일체감은 불편하다. 누군가를 잔인하게 모욕한 다음 '그저 농담'이었다고 말할 수는 없다.

집단 간의 경쟁이 바람직하지 않다는 것에는 이보다 더 큰 이유가 있다. 셰리프의 "더 큰 전쟁이 일어났을지도 모른다"는 두려움에 대해 생각해보자. '우리 대 그들'이라는 구조와 그 구조에서 생겨나는 집단적 태도는 결국 모든 전쟁의 핵심이다. 개인 간의 경쟁에서 나타나는 적대감과 집단 사이의 공격적 적개심은 별개의 것이다. 개인의 증오가 집단으로 뭉쳐서 나타나면 그 결과가 얼마나 무서운 것인지 우리는 알고 있다. 그 합계는 개별적인 증오의 총합보다 훨씬 더 무시무시한 모습으로 커진다. 인류의 존속을 위협하는 국가 간의 반목과 전쟁에 대한 해결책을 간단히 제시할 수는 없다. 그러나 더 크고 치열한 경쟁이 그 해결책이라고는 결코 말할 수 없을 것이다. 누군가는 군사력 대신 과학, 혹은 문화 분야에서 1등이 되도록 노력하자고 말하기도 한다. 군사력 외의 경쟁은 갈등을 해소할 수 있을까? 이는 앞서 본 카타르시스 효과처럼 실제로 별 의미가 없는 주장이다. 과학 분야에서 개별적으로 경쟁하는 것이 국제적으로 협력하는 것에 비해 생산성과 효율이 더 높은지는 논외로 쳐도, 어떤 종류의 경쟁도 적대감을 해소하지는 못하며, 오히려 갈등과 반목을 부추긴다. 이것은 올림픽에도 해당되는 말이다. 조지 오웰이 40년 전에 했던 말을 생각해보자.

구체적인 예는 확실히 제시하기 힘들지만 … 국제적인 스포츠가 거의 증오에 가까워지고 있다는 것은 일반적으로 추론할 수 있다. … 모든 것이 민족주의와 결합되어 나타난다. 자신을 보다 큰 권력 단위와 일체화하고, 모든 것을 경쟁의 측면에서 바라보는 현대의 광적인 습관과 결부되어 있다. … 물론 나는 운동경기가 국제적 대립을 가져오는 원인이라고 주장하는 것은 아니다. 그 대신 나는 대규모 스포츠 경기가 편협한 민족주의의 또 다른 결과라고 생각한다. 어쨌든 대표팀을 보내서 다른 국가의 대표와 맞붙게 하여, 패배한 나라는 '체면을 구겼다'고 누구나 느끼게 만드는 것은 사태를

더욱 악화시킬 뿐이다.[78]

집단 간의 경쟁은 집단 내부의 협력을 위한 대가로는 너무 비싸며, 또한 그런 대가가 꼭 필요한 것도 아니다. 집단 간의 경쟁은 화합과 친밀감을 불러오는 좋은 방법이 아니다. 자신이 속한 곳에 한정하여 협력을 조장하기보다는, 가능한 많은 사람들이 협력할 수 있도록 폭을 넓혀야 한다. 협력은 우리가 해결하지 못하는 많은 문제들에 더 나은 대안을 찾을 수 있게 해줄 것이다. 학생들은 협력하여 배우고, 자신이 배운 것을 좀 더 많은 학생들과 공유할 수 있다. 저마다 1등이 되려고 애쓰는 대신 서로 얽혀 있는 많은 문제에 대해 협력하여 해결책을 찾을 수 있다. 로데릭 고니는 이렇게 말했다. "우리의 궁극적인 안전은 서로 돕는 협력의 범위를 국가 단위로까지 확대할 수 있느냐에 달려 있다."[79]

건설적인 갈등

앞서 말했지만 협력은 개인의 성공이나 개성을 희생해야만 가능한 것이 아니다. 이와 반대로 협력을 통해 개인이 성공할 가능성은 높아지며, 자존감 역시 그렇다. 여기서 협력에 관한 또 하나의 오해에 대해 말하자면, 협력은 참여하는 모든 사람의 의견 일치를 요구하지 않는다. "어떻게 모든 사람이 모든 것에 똑같이 동의할 수 있느냐?"고 누군가 협력을 오해하여 묻는다면, 나는 "물론 그런 일은 없을 것이다. 그러한 의견의 불일치를 해결하기 위해 협력이 필요한 것이다"라고 대답할 것이다. 갈등은 그 자체로 해로운 것은 아니다. 만약 갈등이 없다면 그것은 사람들이 두려움으로 권력에 이의를 제기하지 못해 분개하고 있다는 뜻이거나, 광신적인 종교집단처럼 이성을 잃었음을 나타내는 것이다. 아이들도 항상 모든 사람들의 의견이 일치할 수 없다는 사실을 안다. 교실에서 아이들에게 획일적인 일치를 강요한다면, 그것은 아이들의 자유로운 현실 인식을 방해하는 것이며, 참다운 교육을 받지 못하게 하는 행동이다. 도전challenge이라는 단어에 최대한의 능력을 발휘한다는 의미와 함께 어떤 사안에 이의를 제기한다는 뜻도 포함된다는 사실은 결코 우연이 아니다. 진정한 교육은 잘못을 그냥 덮어두거나, 교사와 같이 높은 사람의 의견에 무조건 동조하도록 만드는 것이 아니다. 어떤 문제를 해결하는 데 엄격한 의견 일치를 강요한다면 개인이 가진 지혜를 공동의 노력에 사용할 수 없다.

의견의 불일치를 해로운 것으로 만드는 것은 갈등이 발생한다는 사실이 아니라 그 해결책을 경쟁에서 찾기 때문이다. 논쟁에서 중요한 것은 (토론이나 대화와는 달리) 최선의 해결책을 찾거나, 많은 사람들이 만족하는 타협을 이루어내는 것이 아니라 승리이다. 회사의 회의실을 생각해보자. 의견을 제시하며 대화를 하려는 사람과 그저 상사에게만 잘 보이려 하는 사람이 있다면, 둘 다 의견 불일치나 갈등을 포함하고 있지만, 후자의 경우엔 경쟁이란 요소가 추가되어 있다. 모턴 도이치는 이러한 두 가지 태도를 이렇게 설명했다.

사람들은 협력 과정을 통해 대립하는 이해관계가 공동의 문제임을 깨달으며, 공동의 노력으로 해결해야 한다는 생각을 하게 된다. 또한 다른 사람들의 이해 역시 정당하며, 모든 사람의 욕구를 만족시킬 만한 타협점을 찾는 것이 필요하다고 느낀다. 협력은 대립하는 이해관계의 폭을 좀 더 줄여주는 효과가 있다. 이에 반해 경쟁에서는 이해관계의 해결책이 우월한 힘, 혹은 속임수나 약삭빠름에서 나온다고 생각하며, 그것을 무기로 상대방을 굴복시키면 된다고 생각한다. … 경쟁 상황에서 갈등은 자신의 권력을 확대하고, 상대방의 이해를 무시하는 것으로 해결된다.[80]

여기서 도이치가 말하는 '우월한 힘'이 무력만을 뜻하는 것은 아니다. 다수의 횡포는 보통 투표라는 제도를 통해 실현된다. 자신의 입장을 위해 표를 모으는 것은 협력을 통한 타협보다는 힘으로 밀어붙이는 것이 편리하다는 생각과 비슷하다. 경쟁은 갈등을 우월함으로 해결하려 하는데, 그럴 수밖에 없는 이유는, 경쟁이 의사소통을 방해하기 때문이다. 갈등 해결 방법에서 협력과 경쟁의 차이는 서로의 의견에 귀를 기울이느냐 아니면 상대방이 무조건 내 의견에 따르도록 하느냐에 있다.

존슨 형제는 교실에서 학생들을 대상으로 한 여러 실험에서 얻은 결론으로 협력적 갈등cooperative conflict에 대해 이렇게 정리했다.

1. 학생들은 협력적 갈등을 선호하는 경향이 있다. 협력을 통해 갈등을 해결하려는 교실에서는 토론에 참여하는 학생들이 불안감을 별로 느끼지 않았다.[81] 또 다른 연구에서는 독자적인 학습 방법, 혹은 토론이 없는 학습 방법보다는 의견을 주고받는 협력적 갈등 상황에서 학생들은 수업에 더 열

중했다.[82] 마지막으로 학생들은 논쟁을 별로 좋아하진 않았지만, 갈등을 풀기 위한 협력적 토론을 반대하는 아이들은 한 명도 없었다.[83]

2. 학생들은 협력적 갈등에서 더 많은 것을 배운다. 성취도 테스트 결과를 보면 학생들이 독자적인 학습이나 의견 일치를 추구하는 수업보다는 협력적 갈등 상황에서 학습 내용을 더 잘 이해한다는 것이 밝혀졌다.[84] 또한 이 사실은 개인 능력의 높고 낮음과는 상관없이 모든 아이들에게 해당한다는 것도 확인되었다.[85]

3. 협력적 갈등은 타인에 대한 매력을 높여준다. 아이들은 협력적으로 갈등을 해결하는 과정을 통해 "서로의 학습을 돕고, 상대방을 수용하고, 공감하는 능력이 커졌으며, 보다 전체적인 관점에서 사안을 바라보게 되었다."[86]

마지막 연구 결과를 주목하자. 우리는 자신과 다른 상대방의 의견에 동의하는 척 할 때보다 오히려 서로의 의견 차이를 공개적으로 드러낼 때 서로에게 더욱 호감을 느낀다. 물론 이런 결과는 의견 차이를 내세우는 상황이 경쟁적이지 않고 협력적일 때 가능한 것이다. 구조적 협력은 갈등을 무조건 봉합하려고 하지 않는다. 협력은 승패 구조가 갖는 적대감을 배제하기 때문에 갈등을 가장 생산적으로 만들 수 있다.

7장

반칙을 저지르는 논리 : 승리를 위하여

승리하고 나면, 반칙처럼 보이는 것은 아무것도 없다.

-

셰익스피어, 『헨리 4세』

경쟁을 열렬히 옹호하는 사람들도 너무 지나친 경쟁은 문제가 있다고 생각한다. '극단적'이거나 '부당한' 경쟁과 그것을 부추기는 '무슨 수를 쓰든 이겨야 한다'는 인생철학에 대해선 누구나 고개를 젓는다. 여기엔 자기파괴적인 행동도 포함된다. 자신의 가정이나 사생활을 포기하면서까지 남들을 이기고 성공하는 게 최고의 삶이라고 여기는 사람들도 있다. 학생들은 중간고사의 점수를 잘 받기 위해 카페인 같은 각성제를 복용하며, 잠을 안자는 것이 당연하다고 생각한다. 운동선수들 역시 트로피를 위해 저혈당, 탈수증 같은 증상이 생길 때까지 참으면서 훈련에 매달린다. 이러한 신체적 학대에 이어 만약 패배한다면 정신적 고통까지 감내해야 한다. 하지만 오늘날 이 정도는 승리를 위해 최소한으로 감수해야 하는 것들이다. 신체 학대는 노력이란 말로 포장된다.

경쟁의 폐단을 이야기하는 대부분의 사람들이 문제 삼는 것은 이 정도의 자기 파괴적 행동이 아니라(경쟁에서 승리하려면 당연히 해야 하는 일로 여기므로), 규칙 위반에 관한 것이다. 스포츠계를 예로 들면 도박을 위한 승부 조작, 대학에서의 선수 선발과 관련한 부정, 각종 약물 복용 등이 있을 수 있다. 이런 것은 수십억의 연봉을 받는 선수들이 늘어나는 것만큼 흔한 사례가 되었다. 프로 경기에서는 상대방 선수에게 큰 부상을 입히는 '극단적'인 반칙을 종종 볼 수 있는데, 이러한 '더러운 승리'는 프로 선수들에게만 강요되는 것은 아니다. 초등학교 선수들의 시합에서도 승리에 대한 강요는 프로와 비교해 전혀 뒤지지 않는다.

물론 승리를 위한 반칙과 부정은 스포츠에서만 나타나는 현상이 아니다. 1985년에 미국과학증진협회는 이런 성명서를 발표했다.

> 의학계 원로들과 학술잡지 편집자들은 현대의 극심한 경쟁이 과학의 순수성을 해치는 명백한 부정행위들과 거짓, 그리고 기만을 불러온다는 사실을 인정했다. … 캘리포니아대 건강과학과 교수인 로버트 피터스도르프Robert G. Petersdorf에 따르면 대학의 임용, 그리고 정부 연구비를 얻기 위한 경쟁 때문에 많은 과학자들이 자신의 연구 결과를 과장하거나 속인다고 한다.[1]

정치, 특히 선거에서의 승리를 위한 비도덕적, 혹은 불법적인 행동들을 보라. 상대 진영에 대한 비방, 불법 정치자금의 수수와 은폐, 도청이나 문서 위조, 그리고 이 모든 것들을 거짓말로 숨기는 기술 등이 있다

(워터게이트 역시 결국 대선에서의 승리 때문에 벌어진 사건이다). 또한 기업을 경영하는 데도 뇌물과 방해공작은 당연한 것이 되어버렸다. 법조계에서의 증거조작이나 여러 정치적 판결 역시 일반적인 관행이다. 언론인들도 지면을 차지하기 위해, 그리고 다른 언론사와의 경쟁 때문에 사실을 과장하고 왜곡한다. 어느 분야나 마찬가지이다. 경쟁은 승리를 위해 많은 사람들을 정도(正道)에서 벗어나게 한다.

경쟁 때문에 발생한 부정한 일들을 해결하는 데도 매우 획일적인 기준이 적용된다. 즉 규칙을 어긴 사람들은 규칙에 의해 처벌된다. 보수주의자들은 부정을 저지른 개인에 대한 처벌을 지지한다. 물론 이 처벌의 정도는 그 개인이 누구냐에 따라 달라진다. 자신의 연구비를 위해 의학 데이터를 조작한 어떤 의사는 면허를 박탈당하는 처벌을 받았으며, 돈세탁에 연루된 보스턴 은행이 받은 벌은 세금공제 후 하루치의 이익금 정도였다.[2] 이러한 처벌들이 공정하고 공평한지의 여부를 떠나, 중요한 것은 마치 경쟁에서의 승리를 위해 부당한 행동을 한 사람이 그 사람밖에 없었다는 듯이 꾸며진다는 점이다. 또한 그가 순전히 개인적으로 나쁜 사람이기 때문에 그러한 일을 벌였다고 여기도록 만든다.

자유주의자나 개혁론자들은 개인에 대한 처벌보다는 모든 경쟁자가 규칙을 지키며, 승리 때문에 자제력을 잃지 않도록 만드는 것이 중요하다고 생각한다. 그들은 훌륭하지만 매우 예외적인 스포츠맨십—불법적 선수 스카우트를 거부한 대학 감독들, 또는 상대 선수와 나란히 손을 잡고 경기장 밖으로 나가는 테니스 선수들과 같은—의 예를 제시하면서 모든 이들이 이렇게 정직하게 경쟁해야 한다고 주장한다. 그들은 또한 경쟁의 결과보다는 과정이 중요하며, 경쟁의 문제점들은 "상대방과 악수를 하고, 경쟁자가 넘어지면 손을 내밀어 일으켜주는 등의 스포츠맨십을 발휘하고"3, "권위주의적인 사람들은 감독으로 임명하지 않으며"4, "적수라는 말을 동료라는 용어로 바꾸면"5 해결될 것이라고 말한다. 토마스 투코와 윌리엄 브룬스는 이렇게 주장한다. "승리를 위해 시합하고 경쟁하자. 그러나 올바른 방법으로 하자. … 경쟁과 도전을 배우고, 승리를 쟁취하고 패배를 극복하는 법을 배우자. 이것은 한 개인이나 팀이 꼭 승리해야 한다는 철학과는 매우 다른 것이다."6(누군가가 꼭 승리할 필요가 없는 경쟁이 도대체 무엇인지 이들은 설명하지 않는다).

앞의 두 가지 접근법, 곧 개인에 대한 처벌과 지나친 행동의 자제에는 공통의 전제가 있다. 즉 경쟁이라는 체제는 매우 정당하지만 승리를 위한 부정행위가 문제라는 것이다. 스포츠 평론가인 존 언더우드John Underwood는 반칙이 "경쟁을 모독"7하며, 폭력이 "스포츠의 명성을 깎아 내린다"8고 말했다. 교육부장관이었던 윌리엄 베넷William Bennett 역시 폭력은 "경기를 타락시킨다"9고 했으며, 가렛 하딘은 경쟁으로 인해 발생하는 유혈 사태가 "단지 사고일 뿐"10이라고 일축했는데, 제임스 미치너James Michener는 이런 말들을 한 마디로 다음과 같이 표현했다. "(문제는) 경쟁 그 자체가 아니라 과도한 경쟁을 일으키는 폭력에 있다."11 문제는 개인에게 있다고 주장하는 보수주의자나 '부적절'한 경쟁만을 비난하는 자유주의자들 사이엔 실제로 별 차이가 없다. 어느 입장이든 경쟁 그 자체를 문제 삼지는 않기 때문이다. 반칙을 일삼는 나쁜 개인을 격리시키거나, 승리를 위해 극단적인 행동을 하지만 않는다면 본질적으로 승패의 구조는 아무런 문제가 없다는 것이다.

경쟁을 지지하려면 이러한 주장을 이용하면 된다. 곧 승리를 위해 자기 파괴적, 폭력적, 비도덕적 행동들이 난무한다 해도 그것은 진정한 경쟁이 아니며, 원래는 깨끗한 경쟁이 타락한 것뿐이라고. 또한 그러한 행동은 매우 '예외적'이며, 진정한 경쟁은 본질적으로 건전한 것이라고 주장하면 된다. 이러한 말은 모두를 만족시킬 수 있을 만큼 온건하며, 수사학적으로도 그럴듯하다. 모든 경쟁이 나쁜 게 아니라 단지 극단적인 경쟁이 문제라는 것이다. 얼마나 합리적인 주장인가?

이러한 입장은 어떤 문제에 대해 구조적 원인을 생각하지 않는 우리 사회의 모습을 대변한다. 우리는 어떤 문제가 발생하면 개인의 책임일 뿐이라고 생각하거나, 기껏해야 눈에 보이는 단순한 원인을 찾아내려고 한다. 하나의 사건을 역사, 사회, 경제적 맥락에서 이해하려는 노력은 기울이지 않는다. 예를 들어 학교에서 잘 배우지 못하는 아이들에 대해 우리가 어떤 판단을 내리는지 살펴보자. 우리는 그 원인이 그저 아이가 공부를 열심히 하지 않았거나, 학교 선생들이 열심히 가르치지 않았기 때문이라고 생각하며, 이중적인 교육제도는 전혀 고려하지 않는다. 유능한 교사와 부유한 학생들은 모두 사교육 시장으로 흡수되고, 공립학교에 그대로 남아 있는 아이들은 좋은 교육을 받지 못한다는 사실을 모르는 척한다. 학습에 대한 평가가 왜 모두 똑같은 시험을 봐서 점수를 매기는 것으로 이루어져야 하며, 왜 비판적 사고보다 무조건적인 복종이 가치 있는 것으로 가르쳐지는지에 대해 의문을 제기하지 않는다. 수동적이고 복종적인 인간을 길러내는 학교교육의 문제점에 대해 우리는 비판하지 않는다.

이것은 빈곤, 범죄 등 대부분의 사회문제에 적용되는 이야기다.* 심리 문제의 많은 부분이 본질적으로 사회문제와 관련되어 있지만 우리는 단지 개인의 '질병'이라는 시각으로 이 문제를 바라본다. 세상을 이러한 관점에서 바라보면 오히려 희생자를 비난하는 경우가 일어나기도 하고, 사회제도나 체제에 대한 비판이나 분석도 불가능해진다. 그러므로 어떤 문제에 대한 근본적인 해결책을 제시할 수 없다.

경쟁에서 발생하는 폐단의 근본적인 원인은 경쟁 그 자체에 있다. 이럴 경우 '폐단'이라는 말 자체도 잘못된 것일 수 있다. 폐단이란 경쟁에 어떤 문제가 생겼다는 뜻이 아니라, 그저 순수한 경쟁의 논리적 귀결일 뿐이다. 앞서 적대감은 인간관계의 어떤 문제 때문에 생기는 것이 아니라 타인과 자신의 성패가 반대로 관련되어 있는 체제에 이미 내포된 것이라고 설명했다. 이와 마찬가지로 폐단이란 말도 이미 경쟁에 내포된 것이다. 이겨야 한다는 절대 명제는 어떠한 수단도 사용할 수 있다고 우리를 부추긴다. "경쟁의 목표는 승리이며, 어떤 대가를 치르더라도 이기고자 한다"라고 아더 콤스는 썼다. 또한 그는 "비록 경쟁이 처음엔 생산성을 올린다는 좋은 목적으로 시작되더라도 결국 승리를 향한 투쟁으로 변해버린다"[13]고 말했다. 이는 경쟁이 가져오는 자연스러운 결과

---

* 우리는 굶주리는 사람들을 돕고자 하지만, 이러한 대규모 기아 상황을 만들어내는 사회제도에 대해서는 깊게 생각하지 않는다. 반대 증거가 많음에도 우리는 범죄자들을 오래 가두어두면 범죄가 줄어들 거라고 여긴다. 우리는 대부분의 범죄가 인간의 욕구충족을 구조적으로 억제하기 때문에 발생한다는 사실을 고려하지 않는다.[12]

다. 진정한 경쟁자는 승리와 패배밖에 생각하지 않는다. 도덕이나 비도덕 따위의 문제는 별개의 것이며, 경쟁에서는 승리를 위해 행동하는 것이 유일한 선이다. 진정한 경쟁자에게 만약 새로운 목표, 특히 승리에 방해가 되는 이를테면 정당하게 규칙을 따르는 것 같은 목표가 제시된다면, 그런 것들은 한쪽으로 제쳐놓을 것이다. 그들은 경쟁하는 법을 모르는 것이 아니며, 누구보다도 잘 이해하고 있다. 그들의 행동은 경쟁의 구조가 필연적으로 불러오는 것이다.

지금까지 논의한 것들이 의미하는 바는, 승리를 위해 부정한 방법을 사용한 사람들을 비난하거나, 자기 파괴적인 사람들을 동정하는 것으로는 그 무엇도 달라지지 않는다는 점이다. 그런 것은 근시안적일 뿐 아니라 위선적이기도 하다. 승리를 최고의 목표로 정해놓고, 그것을 열심히 추구하는 사람을 비난하는 것으로 대체 무엇이 바뀔 수 있겠는가? 자제심을 잃지 말라는 훌륭한 충고 역시 기만적이다. 진정으로 경쟁의 문제점을 없애려고 한다면 경쟁의 구조 자체를 해체해야 한다.

이러한 주장은 급진적으로 보이며, 동의하지 않는 사람들도 많을 것이다. 그러나 경쟁을 할 때 부정행위가 얼마나 자주 일어나는지를 안다면, 앞서 말한 '전정한 경쟁의 타락'이라는 주장보다는 훨씬 더 진실에 가깝다는 것을 이해할 수 있을 것이다. 대부분의 사람들은 구조적인 문제를 전혀 고려하지 않으며, 불법 선거운동, 과학 분야의 속임수, 스포츠 분야에서의 금지 약물 복용이 모두 똑같은 원인 때문에 일어난다는 사실도 알아채지 못한다. 이러한 행동은 모두 경쟁 상황이라는 공통분모를 가지고 있다.

물론 경쟁 그 자체가 문제라는 시각을 가진 사람들도 존재한다. 3장에서 우리의 법체계인 대심 제도에 관한 설명을 했다(83쪽 참조). 앤 스트릭은 이러한 제도가 법의 정의를 가장 잘 실현한다는 주장에 의문을 제기하면서 그보다 오히려 법조계의 폐단을 불러온다고 말했다. "워터게이트의 변호사들은 당연한 일을 했을 뿐이다. … 왜냐하면 '적'은 우리의 사법체계 내에 있기 때문이다. … 법원에서 상대방의 주의를 다른 곳으로 돌리고, 사실을 왜곡하고, 직접적으로 속이는 행동은 승리를 위해 필요한 것이다. … 경쟁적인 대립이 현실이라는 사실을 정확히 인식하고, 승리가 모든 사람들이 전통적으로 떠받드는 것임을 확실히 깨닫는다면, 남을 속이는 행동은 아주 정당한 것이 된다."14

귄더 뢰센은 경기장에서도 비슷한 현상이 벌어진다고 말한다. "보통 운동 경기는 제로섬 게임의 특징을 가지기 때문에 경쟁의 정도와는 상관없이 대체적으로 반칙이 발생한다."15 모든 경쟁엔 제로섬(상호 배타적인 목표 달성)의 요소가 있으므로 반칙의 유혹은 항상 존재한다. 조지 오웰은 여기에서 한 발 더 나아가 이렇게 평했다. "심각한 스포츠는 사실 페어플레이와 아무런 상관이 없다. 그것은 증오, 질투, 과시, 모든 규칙의 위반 등의 폭력을 목격하려는 가학적인 즐거움sadistic pleasure과 관련되어 있다."16 어떤 스포츠 심리학자들은 이렇게 분석했다. "운동선수든 일반인이든 스포츠에 대해 말할 때엔 그 외의 기준보다 더 낮은 수준의 도덕성을 적용했다. 이 결과는 경쟁을 할 때엔 평균적인 도덕적 규범이 사라지고, 그보다 낮은 자기중심적 도덕관이 자리 잡는다는 점을 보여준다."17

이러한 조사들이 나타내는 것은 경쟁이 매우 낮은 수준의 도덕성을 초래한다는 사실이다. 존슨 형제는 "경쟁의 경험이 많아질수록 공정함이나 정의와 같은 가치는 점점 약화되며, 무슨 수를 써서라도 승리하려는 마음이 커지게 된다"[18]고 말했다. 경쟁의 옹호자인 마이클 노박조차도 어떤 대가를 치르든 꼭 승리해야 한다고 부추기는 스포츠에 대해 이렇게 말했다.

미덕과 깨끗한 삶이라는 도덕적 신화로 포장된 스포츠의 실상은 사실 전혀 다르다. 농구에서는 속임수 없이 승리할 수 없다. 미식축구 역시 여러 반칙들―그러한 반칙 중 심판이 골라내는 것은 얼마 되지 않는다―이 없다면 경기가 지속될 수 없을 것이다. 스포츠는 반칙이 있기 때문에 활기찬 것이다. … 정당하지 않은 행동을 하고, 상대방의 약점을 이용하며, 잔인해지고, 속임수를 쓰고, 복수심을 갖고 공격적이 되도록 선수들을 단련시킨다.[19]

그는 스포츠의 속성과 그러한 속성이 경쟁적인 경기 그 자체에 이미 스며들어 있음을 정확히 꿰뚫고 있다. 나는 이러한 속성이 스포츠에만 한정되지 않는다는 점을 강조하고 싶다. 그것은 다양한 형태로 거의 모든 경쟁에 나타난다. 즉 경쟁적인 세계관이 지배하는 문화에서는 어디서든 볼 수 있는 현상이다. 러셀은 이러한 현상에 대해 다음과 같이 말했다.

이 문제는 단지 개인의 잘못으로 생기는 것도 아니고, 사람들이 개별적으로 해결할 수 있는 것도 아니다. 이 문제는 우리가 일반적으로 받아들이는, 즉

세계는 경연장이며, 삶은 경쟁이고, 승리자만이 존경받는다는 인생철학 때문에 발생한다.[20]

그러면 스포츠맨십을 강조하며, 지나치지 않은 경쟁을 요구하는 주장들은 무엇을 의미하는가? 우선 이런 이상적인 말들은 그저 겉치레일 가능성이 크다. 타인을 패배시키는 것이 정당하고, 훌륭한 일이라는 것을 강조할 뿐이다. 정정당당한 경쟁자가 되라는 말보다는 승리자가 되어야 한다는 사회적 압력이 훨씬 크며, 반칙을 한 사람에 대한 비난은 무조건적인 것이 아니라 상황에 따라, 목적에 따라 달라진다.[21] 더욱 중요한 것은 스포츠맨십이라는 개념 자체가 인위적이라는 것이다. 경쟁이 없다면 존재하지도 않았을 것이다. 경쟁을 품위 있게 또는 고상하게 하라는 요구는 승리를 위해 노력하는 체제에서만 의미 있는 말이다.* 경쟁을 하지 않는다면 스포츠맨십이라는 개념을 사용하여 부정행위가 난무하는 극심한 경쟁을 경계할 필요가 없다. 즉 우리는 처음부터 타인과 협력하여 일할 수 있는 것이다.

물론 모든 사업가들이나 스포츠 선수들이 경쟁에서 이기기 위해 부정하고 기만적인 행동을 하기 때문에 스포츠맨십이라는 개념이 생겼다는 뜻은 아니다. 부당한 방법을 조장하거나 억제하는 것에는 많은 요인

---

* 이와 마찬가지로 오늘날 우리가 당연하다고 생각하는 개념 중에는 현대 사회제도에 의해서만 존재하는 것들이 있다. 예를 들어 절도는 사유재산제도가 없는 곳에서는 별 의미가 없는 개념이다. 사람들이 자신의 일에서 소외감을 느끼거나 욕구불만을 느끼지 않는다면 레저라는 문화 역시 존재하지 않을 것이다. 신이 없다고 믿는 사람에겐 신성모독이라는 죄 역시 성립하지 않는다.

들이 작용한다. 그중 하나가 경쟁에 참여하는 사람들의 도덕 수준이다. 선수들을 대상으로 조사한 사람들은 선수의 도덕적 성숙도와 부당하고 공격적인 행위의 횟수가 서로 반비례한다는 사실을 알아냈다.[22] 그 외의 요인들로는 부당한 행위의 발각 가능성, 그에 대한 처벌의 정도, 상대방의 규칙 준수 여부에 대한 추측 등이 있다. 자신의 행동에 대해 이렇듯 여러 가지를 고려한다는 사실은 의도적인 경쟁을 줄인다면 승리를 위해 꼭 필요한 부당한 행위들을 줄일 수 있다는 것을 의미한다. 의도적 경쟁을 줄이는 것은 가능한 일이지만, 우리는 그렇게 하지 않는다. 오히려 경쟁 구조를 계속 유지하려 애쓸 아니라, 어떤 대가를 치르고라도 승리해야 한다는 생각을 강화한다. 부정하고 부당한 행동들은 경쟁의 구조에서, 그리고 경쟁에 대한 사회적 태도에서 발생한다. 사회가 부추기는 부정행위에 대해 시세라 보크Sissela Bok는 이렇게 말했다.

우리 사회는 개인주의와 경쟁, 물질적 성공을 강조함으로써 사람들에게 정도가 아닌 샛길로 빨리 가도록 조장한다. 선거에서의 승리, 부의 축적, 경쟁사보다 더 많은 매출액을 위해, 사람들은 그렇지 않다면 하지 않았을 부정행위들을 저지른다. 이러한 행동들이 널리 퍼져 있다고 믿는 사람들이 늘어나면 거기에 참여하는 사람들도 늘어날 것이며, 그러한 행위를 해야만 한다고 부추기는 압력 또한 더 커질 것이다.[23]

마지막 문장은 매우 중요하다. 1등에 대한 압박과 타인도 마찬가지일 것이라는 생각이 합쳐지면, 승리를 위해선 규칙 위반도 정당하다고 여기게 됨으로써 악순환이 일어난다. 내가 정직하게 살아간다면 타인은 그것을 이용할 뿐이다. 범죄자들은 보통 정직함에는 아무런 이득이 없다고 말하는데, 이는 경쟁 사회를 정확히 파악한 것이다.

우리가 누군가를 '패배자'—가장 냉혹한 욕설 중의 하나인—라고 비난하는 것은 그만큼 승리를 중요시 한다는 뜻이다. 규칙과 원칙을 지키면서 승리하는 것은 중요하지 않다. 오로지 이긴다는 사실만이 중요한 것이다. 상대를 위협하며 거친 플레이를 하는 선수는 오히려 '터프'하다는 감탄조의 말을 듣게 된다. 이런 경우 규칙을 잘 지키는 모범적인 선수는 더 피해를 본다. 패배할 뿐 아니라 팀에서도 쫓겨나기 때문이다. 투코와 브룬스는 이렇게 말했다. "우리 문화는 패배를 거의 죄악으로 생각하므로, 패배를 의연하게 받아들이는 사람, 이를테면 지는 와중에도 농담을 하는 여유가 있는 사람은 형편없는 사람, 혹은 약간 미친 사람 정도로 생각한다."[24] 이렇게 형편없는 사람이 되는 것보다 지나치게 경쟁심이 많은 사람이 되는 것이 우리 문화에서는 훨씬 이득이다.

어떤 대가를 치르든 승리해야 한다는 압박은 선수들에게만 한정되는 것은 아니다. 비윤리적인 선거운동 역시 우리 사회의 승리에 대한 압박이 낳은 결과이다. 사회학자인 아미타이 에치오니Amitai Etzioni의 말을 살펴보자.

사실 워터게이트 사건의 범인들은, 성공을 강조하고 그것을 위해 수단과 방법을 가리지 않는, 우리 사회의 불안한 상태를 더 깊고 포괄적으로 나타낸 것에 불과하다. 고위 관료들뿐만 아니라 일반인들도 미식축구 감독인 롬바디의 '승리는 가장 중요한 것이 아니라 유일한 것'이라는 신념을 가지고 살아가는 듯하다. 자신들의 이익을 위해 칠레 정부를 전복시키려 한 IT&T(국제전화전신회사)의 임원들, 마약 밀매를 하는 마피아들, 자신들이 제작한 음반을 음악 순위에 넣기 위해 뇌물을 주는 음반회사 간부들, 시청의 부정행위를 '다 그런 거지'라고 무시하고 넘어가는 시민들, 그 모두가 이러한 태도를 공유하면서 살아가고 있는 것이다. 물론 워터게이트의 주역들은 규칙을 어겼지만, 이 범죄는 규모가 크다는 것이 다를 뿐 기본적으로는 승리를 위해 부정을 저지르는 행위의 연장선에 있다.25

정치에서 부패는 어느 정도 당연한 것이라고 여기며 무시해버리는 태도는 슬플 뿐만 아니라 위험하기도 하다. 이런 태도는 모든 병에 대해 '다 나쁜 것'이라고 생각하고 경중을 구분하지 않는 것과 마찬가지이다. 우리가 부패의 정도나 이유, 그리고 원인 등을 규명하지 않고 그저 '정치란 다 썩었다'고 생각하기 때문에 이런 일들이 끊임없이 벌어진다. 정치인들은 부정행위가 발각됐을 경우에 받는 비난과 처벌보다 훨씬 큰 이득을 얻을 수 있다고 생각하기 때문에 부패를 저지른다. 부정한 방법으로 재판에 임하는 변호사들 역시 실제로 중요한 것은 승패뿐이라는 사실을 잘 알고 있다. 마빈 플랭클은 우리의 법체계에 대해 이렇게 말했다. "승리만을 중요시하고 패배를 비난하는 체제에서 변호사는 정의가 아니라 단지 고객을 위해 싸우도록 훈련된다. 이러한 법체계를 옹호하는 우리들 역시 불편한 것을 알고 싶어 하지도 않기 때문에 높은 도덕은 기대할 수 없다."26

다시 말하지만 승리만을 중요시하는 사회적 압박은 부정하고 부당한 행동을 당연시하게 만드는 두 번째 요인이다. 물론 첫 번째 요인은 경쟁 그 자체에 이미 내재해 있다. 승리에 대한 충동을 배제할 수 있다면 반칙이나 폭력 없는 시합이 가능할 수 있다. 즉 경쟁을 줄일 수 있다면 부패의 정도도 줄어들 것이다. 아무리 스포츠맨십을 강조하더라도 승패의 구조는 그것을 어길 수밖에 없는 조건을 만들어낸다. 이미 말했듯이 경쟁의 정도가 심해질수록 즐거움은 사라지며, 자존감과 인간관계 또한 파괴된다. 부정행위와 반칙도 마찬가지다. 극단적인 경쟁 사회는 더 극심한 부패를 불러올 수밖에 없다.

8장

여성과 경쟁

무승부이기를 바랐는데….

-

아만다 보너Amanda Bonner(영화 〈아담의 갈빗대〉에서 캐서린 헵번이
맡은 여주인공)가 남편과의 소송에서 승리한 뒤에 말한 대사.

경쟁적 문화에서는 구성원을 경쟁하도록 훈련시키지만, 그것이 누구에
게나 똑같이 적용되는 것은 아니다. 도시에서 사는지 시골에서 사는지
에 따라서도 다르고, 부유하게 태어났는지 가난하게 태어났는지에 따라
서도 다르다. 그중 가장 중요한 구분은 성별에 따른 것이 아닐까 싶다.
경쟁에 관한 가르침은 남녀에 따라 달라진다. 이로 인해 남성과 여성의
행동과 사고도 달라지며, 사회 전체에 서로 다른 영향을 끼치게 된다.

　남성들은 보통 오직 승리만을 추구하도록 훈련된다. 남자아이는 인간
관계에서 중요한 것이 타인의 호감이 아니라 부러움이라고, 또한 집단
의 일원이 아니라 그 집단의 특별한 사람이 되는 것이 중요하다고 배운
다. 캐럴 에임스는 어린이들에 대한 연구에서 "경쟁에서의 패배는 여성

보다 남성의 자아에 더 큰 위협이 된다"[1]는 것을 알아냈다. 남성에게는 1등이 되는 것이 가장 중요하다고 가르치며, 그것을 위해 더 많은 투자를 한다. 성차sex difference에 관한 연구에서 엘리너 맥코비Eleanor Maccoby 와 캐럴 재클린Carol Jacklin은 "남자아이들이 더욱 경쟁적인 경향이 있으나, 그러한 태도는 상황과 문화적 차이라는 변수에 의해 그 정도가 달라진다"[2]고 말했다. 초등학생부터 고등학생까지 2,400여 명을 대상으로 한 연구에서는 연령층을 막론하고 남학생들이 더 경쟁적이었고, 또한 경쟁을 선호한다는 사실을 밝혀냈다.[3]

최근의 조사에 따르면 이러한 남녀 간의 차이는 어른이 되어서도 바뀌지 않는다고 하는데,[4] 별로 놀랄 만한 결과는 아니다. 남성들의 경쟁 지향성은 방과 후 레슬링을 배우던 학생 때와 똑같은 수준으로 유지될 수 있다. 그들이 어른이 되면 승진을 위해 다른 경쟁자들을 방해하고, 매력적인 한 여성을 두고 여러 남자들과 경쟁하며, 스쿼시 시합장에서 분통을 터뜨린다. 이런 경쟁의 충동은 다른 방향에서 엉뚱하게 분출될 수도 있다. 남자들은 길을 가다 눈이 마주치면 무슨 생각을 할까? 어떤 이는 이렇게 말한다.

이 녀석을 이길 수 있을까? … 꼭 육체적인 싸움만을 뜻하지는 않는다. 이러한 궁금증엔 '내가 그보다 똑똑할까?' 또는 '직업에 대해 말하게 된다면 나의 직업이 더 중요한 것으로 보일까?' 등이 포함된다. 물론 '내가 더 잘생겼을까?(더 날씬할까? 유머감각이 더 뛰어날까?)'라는 물음도 포함된다. 거의 수준 이하의 경쟁 본능이 분명 존재한다. 소년들은 승리에 대해 배운다. 승리란 그 아이가 배운 것과 똑같은 가르침을 받고 있는 다른 아이의 패배를 의미하므로 소년에겐 두 가지 길밖에 없다. 지거나 이기거나.5

이 글은 『뉴욕타임스 매거진』의 연재 칼럼인 「남자에 대해About Men」에 기고된 것이다. 이 칼럼에 자주 언급되는 주제는 경쟁이다. 또 하나의 예를 들자면 이 잡지사의 편집자가 기고한 다음과 같은 글이다.

남자아이에게 스포츠를 가르치는 것은 우리 사회에서 남성에게 무엇을 요구하는지를 배우는 과정이다. 즉 승리에 대해 배우는 것이다. 중년이 되면 경기장에서 무거운 몸을 움직일 필요는 없어지지만, 그 생생한 교훈은 무의식 속에까지 파고든다. 그리하여 우리가 아이를 혼내거나 동료들과 경쟁할 때, 그리고 때로는 꿈속에서도 나타난다.6

남성들의 대화 속에서도 이러한 현상을 볼 수 있는데, 사실 상대방과 별다른 의견 차이가 없음에도 불구하고 단지 자신을 돋보이게 하고 싶어서 논쟁을 한다. 남성들에게 있어 말하는 행위란 종종 "누가 최고이며, 더 힘이 세고, 더 똑똑하며, 궁극적으로 더 강한 사람인가"를 증명할 수 있는 기회가 된다.7

남성들의 경쟁은 얘기하자면 끝도 없다. 그들이 받는 가르침과 훈련은 걱정스러울 정도로 직접적이다. 승리에만 모든 것이 집중되어 있다. 이에 반해 여자아이들의 경우 경쟁적인 교육을 받는 아이들도 있고, 그렇지 않은 아이들도 있다. 여자아이들은 혼합된 정보를 받기 때문에 경쟁에 대해 아주 상반되는 감정을 갖게 된다. 또한 오늘날 경쟁에 대한 여성들의 생각들은 매우 빨리 변화하고 있다. 여성과 경쟁은 더 복잡하고, 더 흥미로우며, 정치적으로 더욱 긴급한 문제이다. 그렇기 때문에 남성과는 달리 별도의 장으로 이 문제를 다루려는 것이다.

마티나 오너Matina Hornor는 1960년대에 여성들이 경쟁을 싫어하는 이유를 설명하는 매우 유력한 방법을 생각해냈다. 동기에 관한 연구를 하는 심리학자들은 예전부터 '성공하려는 동기'와 '실패를 피하려는 동기'에 대해 말해왔다. 이 두 가지 개념은 행동예측과 성취도에 관한 설명에 사용되어왔는데, 오너는 미시간대학교의 박사 논문에서 새로운 개념인 '성공의 두려움(즉 성공을 피하려는 동기)'을 제시했다. 이 개념은 남녀 간의 차이를 설명하기 위한 것인데, 여성들은 무엇인가 성취하는 것이 여성스럽지 않다고 교육받으며 자라고, 그렇기 때문에 잘하는 것에 대해 불안감을 느낀다는 것이다. 그녀는 대학생들을 대상으로 '의과대학에서 수석을 한' 자신과 동성同性인 가상의 학생이 있다면, 그 사람에 대해 어떤 느낌이 드는지 글을 써보라고 했다. 이 글에서 성공에 대한 불안함을 표현한 남학생은 9퍼센트 정도에 불과했으나, 여학생들은 66퍼센트에 달했다. 모든 글에는 자신의 심리가 투영된다고 했을 때, 이 결과는 여성들이 성공을 두려워하므로 스스로를 억제한다고 해석되었다.[8]

오너의 연구는 매우 주목받았으며, '성공에 대한 두려움'이란 말이 유행처럼 번져나갔다. 그러나 이 연구는 자세한 검토와 추가 연구를 통해 그다지 신뢰할 수 없다는 판정을 받았다. 또한 이러한 결과가 여성에게 지속적으로 나타나는 고유한 특성인가에 대한 의문도 제기되었다. 무엇보다 그 실험 방법에 대한 논란이 많았는데, "성공에 대한 두려움을, 글에 드러난 심리 상태를 예측해 측정하는 것은 애매하고 신뢰도가 낮으며 타당성이 부족하다"고 주장한 심리학자들도 있다.9 성공에 대한 두려움을 측정하고자 시도한 이 실험은 피험자들이 실험 당시 처한 상황, 그 주제가 된 직업(의사), 그리고 피험자보다는 가상의 주인공의 성별에 따라 영향을 받았을 것 등을 고려하면 신뢰도에 문제가 있다는 주장이었다. 어쨌든 오너의 시도는 성공하지 못했다. 성공에 대한 두려움이라는 주제에 관한 한 남녀 간의 차이는 거의 없거나 아주 근소했으며, 오히려 남성들이 더 두려워한다는 연구 결과도 많이 나왔다.10 또한 이 연구의 문제점 중 하나는 남녀 사이의 근본적 차이가 아니라, 사회 여건의 변화에 따라 달라지는 문제를 주제로 정했다는 데 있을 수도 있다. 즉 사회의 구조와 환경이 변화하면서 성공에 대한 남녀의 태도도 좀 더 비슷한 성향을 띠게 된다는 점도 간과할 수 없을 것이다.11

그러나 오너 연구의 근본적인 문제점은 다른 데 있다. 그녀는 이 실험에서—최소한 데이터를 해석하는 데 있어서—성공과 승리(경쟁)의 개념을 혼동했다. 앞서 논했듯이 이 두 가지는 결코 같은 것이 아니다. 실제로 경쟁심은 성공에 방해가 될 수도 있다. 오너 자신도 "경쟁적으로 성취해가는 과정에서 오는 불안감이 성공을 회피하려는 동기가 된다"12고 분명히 서술했다. 오너의 결과를 지지하는 최근의 한 실험에서도 '남들보다 내가 더 잘할 때 행복하다' 혹은 '경쟁에서의 승리는 협력에서 얻는 보상보다 더 만족스럽다'는 말에 동의하지 않는 사람은 성공에 대해 두려움을 느끼는 것이라고 추정했다.[13] 이런 조사 과정의 문제점이 의미하는 바는 여성들이 피하려 하는 것은 타인을 패배시키는 것이지 성공 그 자체는 아닐 수 있다는 점이다.

심리학자인 조지아 사센은 이러한 문제를 지적하면서 성공의 개념을 경쟁을 통한 승리에 한정시키지 않는다면, 성공에 대한 두려움에서 남녀의 차이는 거의 나타나지 않는다고 말했다.[14] 사센은 성공 자체에 대한 두려움에는 남녀의 차이가 없지만, 거기에 경쟁심이라는 요소가 추가됨으로써 여성의 두려움이 높아진다는 연구 결과를 내놓으면서 이렇게 말했다. "성공에 대한 두려움의 초기 연구에서 나타난 남녀 간의 차이는 사실 성공의 정의에 대한 남녀 차이에 불과하다. … 남성들은, 마티나 오너와 그녀의 연구를 반복해서 실행한 사람들이 보여주었듯이, 성공을 경쟁에서의 승리라는 관점에서 정의한다."[15]

비경쟁적인 상황이 된다면 여성들은 어떻게 반응할까? 오너가 제시한 답은 다음과 같다. "경쟁과 그로 인해 발생하는 공격성이 존재하지 않는다면 성공을 회피하려는 마음이 거의 일어나지 않으며, 여성들—성공을 두려워하는 바로 그녀들—은 능률적으로 일을 수행할 수 있다."[16] 몇 년 뒤에 맥코비와 재클린은 이 문제에 대한 여러 연구와 논문을 검토한 뒤 이렇게 결론 내렸다. "남자아이의 성취 수준을 여자아이 정도로 끌어올리기 위해서는 자아에 호소하거나 경쟁적인 동기 등의 자극을 주어야만 한다. 소년들의 성취 동기는 소녀들에 비해 경쟁에 더욱 자극받는 듯하다. 물론 이것이 남자아이들의 성취 동기가 더 높다는 뜻은 아니다."[17]

성공에 두려움을 느낀다는 여성들조차 비경쟁적인 일은 매우 잘 수행한다. 이것은 사실이다. 그렇다면 우리는 이 상황을 어떻게 이해하고 있는가? 우선 '성공에 대한 두려움'이라는 말 자체가 부정확하고 불공평하다. 앞서 보았듯이 성공에 대한 정의가 불분명한데, 그것에 두려움을 느낀다고 정신적으로 큰 문제가 있는 것처럼 해석하면 곤란하다. 이말을 '경쟁에 대한 반감'이라는 말로 바꾸어 생각한다면 실제로 심리에 좋지 않게 작용하는 것이 무엇인지 보다 더 잘 파악할 수 있다. 가상의 의대 수석 학생에 대해 피험자들이 쓴 글을 직접 살펴보자. "이 학생은 진짜 의사가 되고 싶다는 확신이 들지 않았다. … 의학 공부를 중단하기로 결심한 그녀는 이전에 듣지 않았던, 삶의 의미를 깨닫게 해줄 수 있는 그런 강의를 듣기로 했다." 또 하나의 글은 그 학생이 "이런 공부는 하고 싶지 않아!"라고 말하면서 사회복지로 전공을 바꾼다. 그리고 "이 일은 의사처럼 매력적이거나 명성을 가져다주거나, 부자가 될 수는 없지만, 그녀는 행복하다"라고 썼다. 마티나 오너는 이 두 글을 인용하면서 '성공을 두려워하는' 예로 제시했다.[18]

그러나 이 글들은 경쟁이 비생산적이며, 심리와 인간관계에 악영향을 미친다는 점에 비추어 오히려 건전함을 나타낸다고 해석해야 할 것이다. 조지아 사센은 이 글들에 대해 다음과 같이 해석한다. "그들은 경쟁을 통한 성공의 '또 다른 측면', 즉 경쟁 때문에 발생하는 정신적 피해에 대해 더 잘 이해하고 있다고 볼 수 있다. 비록 명확히 깨닫지는 못했을지 몰라도, 타인을 이기는 것(좋은 성적을 내는 것)으로 성공을 정의한 것에 대해 뭔가 잘못되었다고 생각하고 있음을 나타낸다."[19]

남녀의 차이는 성공이 아니라 경쟁에서 나타나는 것이다. 그러나 오늘날엔 이러한 차이가 줄어들고 있다. 물론 남성들이 경쟁에 반감을 느끼게 되었다는 뜻은 아니다. 이제 여성들에게 경쟁을 촉구하는, 그리고 경쟁심을 키우라는 소리가 여기저기서 들려온다. 인용하기도 힘들 만큼 많은 기사와 잡지, 책에서 승리를 찬양한다. 대표적으로 『세븐틴』 잡지의 기사를 인용하자면 이렇다. '경쟁의 전율'이라는 제목의 기사엔 "포기하지 마라. 그리고 성공의 계단을 오르라"고 10대 소녀들에게 말한다. 그리고 『어머니가 가르쳐주지 않는 게임Games Mother Never Taught You』의 저자 리언 해래건Lehan Harragan의 말을 인용한다. "당신이 경쟁적이지 않기를 바라는 사람들이 있다. 그들은 당신이 앞서 나가기보다 자신들이 먼저 성공하기를 바랄지도 모른다." 경쟁을 비판하는 사람은 냉소적인 기회주의자라고 넌지시 일러주며, 독자들은 "고등학교부터 경쟁을 시작하라. … 그래서 자기발전의 확실한 토대를 다져라"는 충고를 더욱 잘 받아들이게 된다.[20]

물론 성인 여성에게도 비슷한 메시지가 전달된다. 남성들에게만 경쟁을 추구하도록 하는 것은 성차별적 문화이며, 여성들도 경쟁적이 되어야 이러한 불평등을 개선할 수 있다는 주장이 전형적이다. 어떤 심리학자는 이렇게 말했다.

여성들의 성장과정에는 경쟁이 포함되어 있지 않다. 오직 소년들만이 경쟁에 대해 배운다. 내가 예전에 수영장에서 본 장면이다. 두 소년이 수영 경주를 했는데, 게임에서 진 아이에게 아버지는 이렇게 말했다. "잘 들어. 네가 진 이유는 출발이 좋지 않았기 때문이야." 그런데 어머니는 이렇게 말했다. "얘야, 이건 단지 게임일 뿐이란다." 이 이야기의 의미를 알겠는가? 나는 아직도 많은 여성들이 경쟁을 불편하게 여기고 있다고 생각한다.21

이 심리학자는 우선 어머니의 말을 경쟁에 대한 원칙적인 반대나 게임의 경중에 관한 견해로 보지 않고 경쟁에 불편함 또는 불쾌함을 느끼는 것으로 해석했다. 그리고 경쟁에 불편함을 느끼는 것은 문제가 있으며, 그것은 극복되어야 할 것이라고 여긴다. 왜 그런 불쾌함이 극복되어야 하는지는 말하지 않는데, 그것은 논의할 필요조차 없이 너무나 당연한 것이라고 여기기 때문이다. 경쟁에 대한 지지는 남녀 모두에게 똑같이 적용되며, 신봉자들을 만들어내고 있다. 경쟁은 우리 사회의 지배적인 의견이며, 이제 두 가지 입장밖에 존재하지 않는다. 경쟁은 여성에게도 바람직한 것이며, 예전부터 그렇게 했어야 한다는 견해에 동의하든지, 아니면 남성만이 성공할 권리를 갖는 권위적인 가부장제를 고수하든지 선택하라는 것이다. 이러한 논법은 남녀차별이라는 여성들의 정당한 불만과 결합하여, 경쟁에 대한 여성들의 태도나 인식, 감정조차도 바꾸어놓고 있다.

여성들은 더 괜찮은 남성을 얻기 위해, 혹은 더 매력적인 여성이라는 지위를 얻기 위해 예전부터 경쟁해왔다고 주장하는 소리가 들려온다.22 그러므로 경쟁을 새삼스럽게 불편하게 생각할 필요는 없으며, 경쟁심을 강화하고, 공공의 장(이를테면 사업이나 직장)에서 남성들과 경쟁해야 한다는 것이다. 경제 잡지에 실린 광고엔 야구 유니폼을 입은 여자아이의 사진을 넣고 "모든 성공은 지기 싫어하는 아이로부터 시작된다"라는 문구가 쓰여 있다. 여성 펀드매니저인 카렌 발렌스타인Karen Valenstein을 소개하는 기사엔 여성들도 "그들보다 앞선 경쟁심이 강한 남성들을 모범으로 삼아 … 가정과 우정을 돌보지 않고 전념을 다해 승리"[23]할 수 있다고 쓰여 있다(이 기사에서 발렌스타인은 그녀를 이끌었던 한 스승을 칭송하면서 이렇게 말했다. "그는 나에게 '돈'과 '페니스'라는 말을 가르쳐줬다. 나는 그것들이 없으면 별것 아닌 사람이 된다고 생각했다").[24] 별로 중요하지 않을지 모르지만 사업을 하는 여성들의 옷차림에도 많은 변화가 있었다. 경쟁에 뛰어든 여성들은 남성성을 강조하는 옷이 스스로에게 더 잘 어울린다고 생각하는 듯하다.[25] 아마도 겉모습을 통해서라도 남들을 밟고 앞으로 나아가는 자신을 표현하고 싶은 것일지도 모른다. 이제 "여성들은 쫓기듯이 일에 열중하며, 성공보다 실패를 두려워하고, 경쟁보다 자기만족에 젖는 일을 두려워한다. 그리고 남성들의 성공보다 다른 여성들의 성공을 더 두려워한다."[26] 내가 얘기한 '경쟁 없는 성공'이란 말은 검토의 여지도 없이 그저 비웃음을 살 뿐이다.

스포츠나 문화계에도 이러한 현상은 똑같이 일어나고 있지만 이를 우려하는 소리는 거의 들려오지 않는다. 어떤 보고서에 의하면 "스스로가 적극적으로 원해서든 어쩔 수 없어서 그렇든 여성 스포츠 프로그램은 점점 남성 스포츠를 닮아가고 있다. … 가장 높은 수준의 경쟁에서 승리해야 한다는 요구가 가장 중요한 과제가 되었다."[27] 여성 보디빌더들의 모습은 더 이상 낯설지 않으며, 그들은 누가 더 남자 같은 근육을 가졌는가를 놓고 경쟁한다. 영화 속 여성들의 역할에도 많은 변화가 있었다. 물론 아직도 많은 영화에서 여성들은 그저 남자 주인공을 위로하거나, 그들에 의해 구조되거나, 유혹하거나 유혹당하는 존재로 묘사되고 있지만, 여성이 주변인으로 등장하지 않는 영화도 적지 않다. 이제 당당한 주인공이 된 여성들은 경쟁에서 승리하는 모습으로 그려진다. 어떻게든 타인을 패배시키고 승리를 해야지만 자아실현이 가능하다는 듯이 행동하는 주인공이 늘어간다.

오늘날 여성들의 경쟁심이 늘어가는 현상을, 물론 지나치게 단순하게 도식화하는 위험성이 있지만, 세 단계로 요약할 수 있다. 처음에 여성들은 경쟁 자체를 거부한다. 두 번째 단계에서는 불안감을 갖고 경쟁을 한다. 자신이 밟고 일어선 상대에게 '어쩔 수 없었다'는 사과를 하는 단계이기도 하다. 마지막은 경쟁을 내면화함으로써 의식과 감정까지도 변화하는 단계이다. 경쟁적 행동에 갈등을 느끼지 않으며, 타인의 패배에 죄책감이 들지 않는다. 이 마지막 단계에 도달하도록 많은 워크숍과 세미나, 책과 기사, 강의와 단체들은 여성들을 설득한다. 모두 거리낌 없이 경쟁하도록 격려하며, '스스로의 경쟁심을 키우고 인정하라'고 말한다. 마치 자아를 새롭게 발견할 수 있다는 듯이.

여성들도 당연히 남성과 같이 치열한 경쟁을 해야 한다는 주장에 대한 반대의 목소리는 경쟁을 지지하는 큰 소리에 압도되어 거의 들리지 않는다. 나는 이 반대의 목소리를 유지하고 싶다. 물론 성차별의 현실을 부인하는 것은 아니다. 경쟁은 성차별을 없애는 데 도움이 되지 않을 뿐 아니라 합당한 방법도 아니다. 나는 남성을 모방함으로써 여성을 해방시킨다는 엉터리 페미니즘—이렇게 말할 만하다고 생각한다—에 반대한다. 남성들이 가진 것을 여성들이 가질 수 없다고 주장하는 것이 아니다. 경쟁의 문제점과 폐단에 대해 지금까지 설명했듯이, 여성들이 경쟁을 통해 성차별을 없애려 하는 것은 큰 오해라는 것이다.

인간관계를 중요시하고 타인을 배려하는 태도는 전통적으로 여성들이 갖는 세계관의 특징이었다. 경쟁과 우호적인 인간관계가 선택의 문제라고 했을 때, 여성들은 기꺼이 인간관계를 선택했다.28 이러한 여성들의 성향을 잘 설명한 책으로 캐럴 길리건Carol Gilligan의 『다른 목소리로In a Different Voice』를 들 수 있다(행간을 잘 읽어보면 그것을 옹호하고 있음을 알 수 있다). 이러한 성향을 길리건은 '여성의 목소리'라고 불렀으며, 주로 여성들에게서 볼 수 있지만 남성들이 가질 수 없는 것은 아니라고 말한다. 이제 그처럼 인간관계를 중시하고 타인을 배려하는 여성들의 성향이 어떤 역할을 했으며, 그것이 어떻게 해석되어왔는지를 살펴보도록 하자.

우선 길리건이 쓴 책의 주제인 도덕발달에 대해 알아보자. 이전의 피아제와 같은 연구가들은 윤리적인 딜레마 상황을 만들고 아이들에게 그 딜레마를 어떻게 생각하는지를 묻는 방식으로 도덕 추론과 도덕 발달 상황에 대해 기술했다. 그들은 여자아이들이 권리와 의무 등의 추상적 개념에 따라 딜레마를 해결하는 힘이 약하며, 따라서 여성들의 경우 윤리적 사고가 덜 발달했다고 주장했다. 여성들은 그러한 추상적 개념보다는 인간관계에서 오는 의무감에 따라 딜레마를 해결하려는 경향이 있다. 여자아이들은 어떻게 하면 타인의 감정을 해치지 않을까를 생각하면서 윤리적 문제를 다루는데, 이에 반해 남자아이들은 그것을 '일종의 수학 문제'처럼 보는 경향이 있다는 것이다.[29] 길리건은 (여성들에게 결여되어 있다는) 도덕 발달의 보편적 기준이 사실은 남성 지향적 모델에 입각하고 있다고 주장한다. 그녀는 또한 여성은 이러한 남성 지향적 모델에 자신을 일치시키려고 노력하기보다는 자신의 여성적인 목소리가 제시하는 윤리적 해결법을 따라야 한다고 말한다.

여성들에 대한 연구를 시작하고, 그들의 삶에서 도덕 발달을 구성하는 개념이 도출되었을 때, 프로이트, 피아제, 콜버거가 제시한 것과는 다른 도덕 개념과 도덕 발달에 관한 또 다른 설명이 가능해졌다. 이 개념에서 보자면 윤리적 문제는 서로 대립하는 권리이기보다는 서로 갈등하는 책임감에서 생기는 것이다. 그것을 해결하는 데엔 형식적이고 추상적인 사고보다는 그 상황에 입각한 구체적인 사고가 필요하다. 공정성 같은 도덕 개념이 권리와 규칙이라는 도덕 발달을 낳는 것과 마찬가지로, 타인에 대한 배려를 중요시하는 도덕 개념은 책임과 인간관계의 이해라는 도덕 발달을 가져온다.[30]

이와 같이 도덕 발달에서 남녀 간의 차이가 나타나는 사례를 하나 살펴보자. 피아제는 게임을 하는 소녀들을 관찰하면서 규칙에 이견이 생기면 처음부터 다시 시작하거나 아예 다른 게임을 한다는 것을 알아냈다. 그는 이것을 단점으로 파악하고, 여자아이들은 협상하는 기술이 떨어지거나 대립을 두려워한다고 생각했다. 그러나 똑같은 상황을 전혀 다르게 해석할 수도 있다. 소녀들은 우정을 중요시하며, 게임이나 규칙을 배우는 것보다 서로의 우호적인 관계가 더 가치 있다고 생각하는 것이다. 여성의 입장에서는 규칙보다 인간관계가 훨씬 중요하다. 단지 그렇지 않은 남성들만이 여성들의 이러한 성향을 약점으로 생각한다.

이와 같은 남녀의 성향 차이는 대화하는 방법에서도 확연히 드러난다. 사회언어학자들의 연구에 따르면, (적어도 미국 문화에서는) 대화하는 남녀의 태도가 서로 다르다고 한다. 남성들은 상대방의 이야기에 대해 건성으로 인정하고 재빨리 자신의 얘기로 화제를 돌리는 경우가 흔하다 ("오, 매우 흥미롭군요. 근데 어제 저에게 무슨 일이 있었는지 알아요?"). 반면 여자들은 상대방의 이야기를 잘 들어주면서 계속 이야기를 하도록 맞장구를 쳐준다("정말이요? 그래서 어떻게 됐는데요?").31 남성들은 또한 상대방의 말을 가로채는 경우가 많은데, 한 연구에 의하면 남녀가 같이 대화하는 자리에서 남의 말을 끊고 자신의 얘기를 한 경우의 96퍼센트는 남성이었다.32 여성들의 경우엔 질문을 많이 하고, 상대방을 보다 마음 편하게 얘기할 수 있게 하며, 대화를 시작하고 그 대화가 계속 이어지게 하는 역할을 했다.33

앞서 많은 사람들이 주장한 대로 남성을 모방함으로써 평등을 쟁취해야 한다면, 이러한 대화에서 여성들은 더욱 경쟁적이 되어서 남성의 말을 끊고 가로채야 할 것이다.34 물론 여성들은 대화를 방해받거나 자신의 화제가 무시되는 상황을 방관해서는 안 되지만, 그렇다고 남성들과 똑같은 방법으로 복수하라고 하는 것은 부적절하다. 부적당한 대화 태도를 보이는 남성들에게 자신의 입장을 확실히 전달하는 것으로 대화를 이끌어갈 수도 있다. 언어학자인 로빈 레이코프Robin Lakoff는 이렇게 말했다.

여성들이 가진 여러 특성이 비록 원하는 것을 다 얻을 수 있게 해주지는 못하지만, 그것은 매우 가치 있는 특성이다. 만약 그런 특성들이 사라져버린다면 나는 매우 유감스러울 것이다. 남성들의 방식은 훨씬 더 좋지 않기 때문에 그것을 대안으로 삼으라고 할 수는 없다. … 타인을 위해 어떤 여지를 남겨둔다는 것은 매우 가치 있는 일이며, 협력의 시작이 될 수 있다. 다른 이들에게 질문을 한다는 것은, 그를 대화할 수 있도록 이끌고, 대화를 풍요롭게 만든다.[35]

도덕 추론이나 놀이 방식, 그리고 대화 방법 등에서 보는 바와 같이 인간관계에서 여성들의 방식은 매우 중요하다. 경쟁으로 전환한다는 것은 이러한 방식을 포기하는 것이며, 타인에 대한 배려를 없애는 것이다. 물론 경쟁으로 인한 손실을 여성들이 다 떠맡는 것은 불공평하다. 하지만 인류의 반인 남성들은 경쟁에 몰두함으로써 타인과의 관계에서 얻을 수 있는 많은 것들을 잃고 있다. 이것이 중요하다. 이미 부패한 사람들보다는 그렇게 되어가는 과정을 보는 것이 더욱 비극이다. 희망은 아직들을 귀가 있는 사람들, 인간의 가치를 회복할 수 있는 사람들에게 달려 있다.

인간관계의 가치를 강조하는 것이 결코 타인에 대한 의존을 조장하는 것은 아니다. 마찬가지로 타인과의 관계를 소중히 한다고 해서 우리의 욕구를 타인의 욕구에 종속시켜야 하는 것은 아니다. 이것은 또한 자신의 결정권과 자율을 희생한다는 의미도 아니다. 길리건의 '여성의 목소리'는 자신감과 부합되어 있다. 이미 말했지만 경쟁은 자신감을 지키기 위한 좋은 방법이 아니다. 5장에서 살펴보았듯이 경쟁은 결핍 그리고 외부통제위치와 관련되어 있다. 경쟁이 인격을 성숙시킨다고 주장하는 사람은 경쟁과 자율, 혹은 타인에 대한 배려와 타인에 대한 의존을 혼동한 것이다.

여성들도 경쟁을 해야 한다는 사람들은 이렇게 주장한다. 여성이 경쟁보다는 인간관계를 중요시할지 모르지만, 그것은 진정 그들이 '원해서' 그렇다고는 말할 수 없다. 인간관계를 등한시 하는 것이 자유로운 선택이며, 타인에 대한 배려와 같은 역할은 여성들에게 '억지로' 떠맡겨진 것이다. 또한 대부분의 여성들은 경쟁을 거부했다기보다 선택할 수 없었다. 경쟁을 싫어하는 것이 아니라 경쟁을 할 수 없는 경우가 더 많았다. 그들은 라이벌이 되기를 원하지 않는데, 이것은 경쟁의 장에서 여성을 배제함으로써 이익을 얻는 남성들의 목적에 부합된다.

이러한 주장엔 어떠한 진실이 들어 있을까? 여성뿐만 아니라 남성에게도 선택의 여지는 없다. 즉 여성은 경쟁할 수 없었고, 남성은 경쟁해야만 했다. 그리고 정치나 경제 권력에서 불균형이 만들어졌다. 그러나 이것을 타파하기 위해 남성들이 만들어놓은 체제를 받아들이고, 부정한 행위를 저지르면서 부와 권력만을 추구하는 것에 저항하지 않고, 인간관계를 깨트리는 것에 동의한다면, '왜 이렇게 엉망이냐'고 항의하는 대신 '나도 그렇다'고 수긍하는 것이다.

여성들이 '잠자는 숲속의 미녀'처럼 단지 왕자의 키스만을 기다려야 한다면 슬프고 모욕적인 일이다. 그러나 스스로 깨어난다고 해도, 그후에 왕자를 모방하기만 한다면 그 역시 비극적인 일일 것이다. 이것이 내가 여성도 경쟁 속으로 뛰어들어야 한다고 주장하는 사람들을 엉터리 페미니스트라고 부르는 이유다. 남성들의 가장 나쁜 가치를 자기 것으로 만들어 차별에 대항하는 것은 일종의 배반 혹은 판단 착오라고 할 수 있다. 남성들이 경쟁을 독점했다는 것이 경쟁을 바람직한 것으로 만들어주지는 못한다. 자신을 억압하는 사람과 똑같아지려고 노력하는 것으로 억압에서 벗어나려 하는 것은, 거기서 승리한다 하더라도 더 큰 것을 잃은 승리다. 사회학자 배리 손Barrie Thorne은 이렇게 말했다.

"여성들은 당연히 남성과 같은 급료를 받고, 대통령을 포함한 어떠한 직업도 가질 수 있어야 한다. 그러나 나는 이것으로 끝나는 것은 원치 않는데, 왜냐하면 내 생각에 우리 사회는 추악한 경쟁의 구조로 이루어져 있기 때문이다. 나는 여성들이 전략적으로 자신들의 권리를 추구하는 동시에 비경쟁적인 사회체제와 인간관계를 창조해야 한다고 생각한다."36

남성과 같은 근육을 만들거나, 사람보다 돈을 소중히 여기는 경쟁의 달인이 되는 것은 기묘하고도 슬픈 여성해방이다. 이는 '여성의 목소리'로, 1등이 되라는 굵은 남성의 목소리를 흉내 내는, 보잘것없는 여성해방이다. 남성이 지배하는 사회제도와 맞부딪친다고 해서 여성의 가치를 버려야 하는 것은 아니다.

여성들에게 무슨 문제가 있는 것이 아니라 … 성공의 정의에 문제가 있는 것이며, 여성들이 여기에 적응하지 못하는 것은 매우 옳은 일이다. … 성공에 대한 두려움을 떨치고 남성들의 게임 규칙을 받아들이는 것은 올바른 방향으로 보이지 않는다. 이제 여성들은 인간관계와 경쟁의 대결에서 자신들이 원하는 구조와 가치를 주장해야 하며, 여성들의 관점에서 제도를 바꾸어 나가야 할 것이다.37

이러한 주장은 사회에서 자신의 위치를 바꾸고 싶어 하는 사람들을 당황하게 하고, 실망시키는 것과 비슷하다. 이를테면 하층계급은 기득권의 특권을 해체하는 것보다 자신이 기득권이 되는 데 더 관심을 쏟는다. 그들은 이미 대본이 정해져 있다는 사실에는 전혀 신경을 쓰지 않으며, 어떤 배역을 차지할 것인지를 두고 싸우려는 생각뿐이다. 그러나 지금의 시나리오는 좋은 배역을 차지할 수 있는 사람들이 쓴 것이다. 권력을 가진 사람들이 가난하고 힘없는 사람들을 밟고 설 수 있게 하는 지금의 제도를, 거기에 저항해야 할 사람들마저 암묵적으로 받아들이는 세계에서 우리는 살고 있다. 이는 우리 사회의 이데올로기 장치가 효과적으로 사람들을 사회화하고 있기 때문이며, 보다 근본적인 문제로부터 지엽적인 문제로 사람들의 시선을 돌리고, 구조적 원인은 도외시한 채 개인의 책임을 강조하기 때문이다.

여성에게 일어나는 일도 이와 비슷하다. 경쟁 제도에 저항하기보다 그 속에서 주인공이 되려고 한다. 엉터리 페미니즘은 스포츠나 추상적인 경쟁을 예찬하지만, 주된 관심은 돈에 대한 경쟁이다. 여성들도 경쟁해야 한다고 주장하는 것은 지금의 경제체제를 받아들이라고(이 체제를 영구히 지속하기 위해) 주장하는 것과 똑같은 것이다. 그러므로 이러한 주장은 의도적이지 않을지 몰라도 결과적으로 보수적이다.

앞서 말한 사회화의 세 단계, 처음엔 경쟁을 피하고, 그 다음엔 죄의식을 갖고 경쟁하다가 마지막엔 거기에 동화되는 사회화는 반대로 흘러가야 한다. 여성들은 아직 그렇게 멀리 가지 않은 나머지 남성들과 힘을 합쳐 두 번째 단계로 돌아가야 한다. 양심의 목소리에 귀를 기울이는 죄의식(불합리한 것이 아닌)은 생산적인 것이다. 친구를 자신의 목표, 즉 승리하는 데 장애물로 여긴다면 양심은 경고의 목소리를 낼 것이며, 그것을 무시하고 없애려 하면 안 된다. 그보다는 그 소리가 들리게끔 만드는 불합리한 구조에 대해 다시 생각하고 도전해야 한다.

여성이 '경쟁할 수 없는 것'은 아니다. 하지만 여성은 '경쟁하지 않으려고 한다'가 목표가 되어야 한다. 심리치료의 목적은 특정한 사람이 되도록 하는 데 있는 것이 아니라, 세상을 넓게 보고, 자유롭게, 스스로의 의지대로 선택하는 사람이 되도록 하는 데 있다. 그리고 이러한 선택엔 심리적 건강과 경제적, 정치적인 자유(모든 종류의 남녀차별의 철폐를 포함하여)가 필요하다. 이러한 관점에서 나는 여성들이 경쟁을 그만두고 자신들이 지닌 가치를 옹호하며, 인간관계를 회복할 것이라고 믿는다. 그렇다면 배워야 할 것은 경쟁이 아니라 협력이 될 것이며, 배워야 할 사람은 여성들이 아니라 남성들이 될 것이다.

9장

경쟁을 넘어서

> 신체적, 정신적, 심리적, 사회적으로 해롭다는 많은 증거에도 불구하고
> 경쟁은 우리 사회의 지배적인 양식이다. 그렇다면 다른 사람들을 돕는
> 직업을 가진 사람들은 사회 변화를 가져오는가. 아니면 부상자들에게
> 반창고를 붙여주고 현 상태에 적응하도록 만드는가?
>
> -
>
> 베라 엘레슨Vera J. Elleson, 『경쟁 : 문화적 명령』

의도적 경쟁과 구조적 경쟁 다시 생각하기

만화를 보면 절벽 위를 달리던 동물들이 땅이 없는 밖으로 나가서까지
도 계속 달리는 모습을 볼 수 있다. 그러다 밑에 땅이 없다는 것을 깨
닫는 순간, 추락한다. 무지와 관성의 법칙이 결합한 것 같은 이런 장면
은 우리가 왜 경쟁하는지를 보여주는 듯하다. 우리는 1등을 위해 맹렬
히 노력하며, 이것이 최고의 이익이라고 믿고, 다음 세대에게도 똑같은
것을 전수해주려고 한다. 다음과 같은 사실에도 불구하고 우리는 그렇
게 한다.

경쟁과 비교하여 협력 체제에서 보상의 분배는 개인과 집단의 생산성, 개인의 학습 능력, 인간관계, 자존감, 일을 대하는 태도, 타인에 대한 책임감 등에 더 좋은 영향을 미친다. 이 결론은 많은 연구자들의 수백 건에 달하는 연구 결과와 일치한다. 경쟁이 더 많은 이익을 가져온다는 일반화된 사회적 관념과는 맞지 않지만, 충분히 연구된 믿을 만한 결과이다.[1]

모턴 도이치가 언급한 이러한 연구 결과에도 불구하고 우리는 여전히 성공을 타인의 패배에서 얻고자 한다. 스스로도 자주 실패하는 '타인'이 되지만, 경쟁과 승리가 좋은 것이라는 믿음은 줄어들지 않는다. 오늘날 구조적 경쟁과 의도적 경쟁은 서로 결합되어가고 있으므로, 이러한 상황을 바꾸기란 매우 어렵다. 경쟁이 바람직하다는 믿음과 타인을 패배시켜야 성공한다는 생각이 결합되어 경쟁 체제는 더욱 단단해졌다. 또 한편으로는 경쟁을 요구하는 사회적 구조가 사고의 전환을 막아선다. 이는 한 세대 전에 공민권 운동가들이 직면한 딜레마와 같은 것이다. 사회 구성원이 인종 차별 태도를 넓게 공유하고 있는 상황에서는 정부의 명령이라 하더라도 차별 철폐는 쉽지 않다. 게다가 완전한 인종 분리가 사회제도로 굳어졌기 때문에 인종 차별 폐지 운동은 더욱 큰 저항을 받았다.

"개인의 가치관과 사회제도 중 무엇이 더 먼저인지 말하기는 어렵다. 두 가지는 끊임없이 상호작용을 하면서 서로에게 영향을 준다. 경쟁 제도가 굳건한 사회에서 살아가는 사람들은 경쟁적일 수밖에 없다. 또한 경쟁적인 가치관을 가진 사람들은 사회제도를 경쟁적인 것으로 만든다.”2 폴 위첼은 이렇게 말하면서 이 악순환을 끊기 위해선 동시에 두 가지를 모두 바꾸어야 한다고 주장한다. “가장 좋은 방법은 다각적인 접근이다. 개별적으로 사회를 보는 통찰력을 키우거나 행동을 바꿀 것이 아니라, 개인과 사회가 공유하는 경쟁적 가치관을 동시에 약화시켜야 한다. … 우리의 믿음과 가치관이 사회제도를 만들고, 사회제도가 우리의 믿음과 가치관을 확립하기 때문에 다원적인 노력이 필요하다.”3 그러나 위첼은 다원적인 노력에 대한 구체적인 방법을 제시하지 못하고 있다. 9장의 목표는 그것을 제시하는 데 있다.

이미 5장에서 의도적 경쟁은 자존감이라는 관점에서 생각할 수 있다고 얘기한 바 있다. 즉 자신의 가치를 입증하기 위해 타인을 이기려 한다는 것이다. 그러나 이것은 결국 헛된 노력일 뿐이다. 승리라는 조건에 의해 자존감이 지켜진다면, 그것은 항상 의심스러울 수밖에 없다. 스스로에 대한 의심을 없애기 위해 경쟁을 하면 할수록 더 많은 경쟁이 필요하게 된다.

이러한 악순환에서 벗어나려면 절대적인 자존감을 지켜내는 다른 방법을 찾아야 한다. 자신의 능력을 계속해서 증명할 필요가 없는, 즉 스스로에 대한 무조건적인 신뢰감을 구축해야 한다. 스스로에게 확신이 있다면 남을 이겨야 할 필요성도 줄어든다. 칼 로저스는 타인에게 받아들여지는 경험을 하면 스스로를 받아들일 수 있게 된다는 점을 강조했다. 직관적으로 생각하더라도 남을 이기려는 것보다는 스스로에게 확신을 갖는 편이 자존감을 지키는 데 훨씬 더 효과적이다. 그러나 이런 방법은 개인에 따라 편차가 크며, 심리적으로 매우 복잡한 과정이 따르게 되므로 모든 사람들에게 일률적으로 적용하기는 힘들다. 여기서 내가 할 수 있는 말은 의도적 경쟁과 자존감의 관계에 대해 환기시켜주는 것이다. 자존감에 더욱 많은 관심을 기울임으로써 의도적 경쟁을 극복할 수 있다.

물론 자존감은 전부 아니면 전무의 문제가 아니다. 스스로에 대한 확신이 부족한 사람일수록 자신의 능력에 대한 확인(결국 자기가 우수하다는 믿음)이 가장 많이 필요할지도 모른다. 어쨌든 우리는 자신이 잘하고 있는지, 자신이 유능한지를 확인하고 싶어 한다. 그렇기 때문에 스스로에게 등수를 매기고, 타인과 비교하여 자신이 어느 정도의 위치에 있는지 알고자 한다. 만약 사람에게 등수를 매기는 것을 비판하고자 한다면, 타인과의 비교를 대체할 만한 어떤 대안을 제시해야 한다. 자신의 정체성을 등수에서 찾는 데 익숙한 사람이 그것이 없는 상황에 적응하기란 쉬운 일이 아니다. 그러나 타인과의 비교만이 자신의 발전을 측정할 수 있는 유일한 방법은 아니다. 자신의 과거 기록이나 어떤 절대적 기준과 비교하여 성취 정도를 잴 수 있다(자신이 지난주보다 수영장 이쪽에서 저쪽까지 더 많이 왕복하는 것으로 만족을 느낀다면 굳이 옆 사람의 왕복 횟수를 알아야 할 필요는 없을 것이다).*

---

* 여기엔 두 가지 예외적인 조건이 있다. 첫째, 자신의 과거 기록과 같은, 경쟁과 관계 없는 기준도 결과 지향적이다. 많은 경우 자신의 이전 성과와 비교하여 더 잘하려고 노력하는 것 역시 필요 없는 행동일 수 있다. 수영 같은 경우, 왕복 횟수를 세기보다 가벼운 마음으로 즐길 수도 있다. 둘째, 자신의 성과를 타인의 것과 비교—불필요한 것이지만—한다고 해서 꼭 경쟁할 필요는 없다. 그가 나보다 잘한다고 해서 꼭 그를 능가해야만 하는 것은 아니다.

우리가 구조적 경쟁 속에 있다 하더라도 개인의 경쟁심은 줄일 수 있다. 즉 자신의 활동 '결과'보다는 '과정'을 중요시함으로써 경쟁심을 약화시킬 수 있다. 경쟁적 게임을 하더라도 점수를 매기지 않거나, 누군가 승리했다 하더라도 요란한 시상이나 어떤 보상을 피해야 한다. 승리의 중요성을 줄인다면 패배의 충격도 완화할 수 있다. 경연을 할 때 상대방과 연대감을 가지려고 노력하는 것 역시 중요하다. 상대에게 동료 의식을 갖고자 의도적으로 노력한다면 경쟁의 폐해를 조금이나마 줄일 수 있다. 경쟁자에 대한 우호적인 행동은 다시 보답 받는 경우가 의외로 많다. 그 역시 자신이 경쟁 구조에 의해 고립되어 있다고 느낄 것이기 때문이다. 이와 같이 개개인이 행동을 바꾸려고 노력함으로써 경쟁이 초래하는 인간관계에서의 적대감을 완화할 수 있다.

모든 상황에서 1등이 되려고 노력하는 것은 자존감 때문만이 아니라 어쩌면 학습에 의한 습관일지도 모른다. 그런 식으로 생각하도록 사회화된 것이다. 별것도 아닌 상황에서 경쟁심이 나타난다면 그 충동을 의식적으로 억제하려고 노력하는 것이 유익할 것이다("왜 또 그의 말을 가로챘을까? 내가 영리하다는 것을 사람들에게 보여주고 싶은 걸까?" "또 다이어트를 결심하다니, 거기에 나보다 날씬한 여자가 있었기 때문일까? 내가 얼마나 날씬해지든 나보다 더 몸매가 좋은 여자들은 얼마든지 있을 텐데. 이런 비교는 무의미해."). 자신의 경쟁심을 깨닫는 것은 승리에 대한 반사적 충동을 억제하는 데 도움이 된다.

이러한 생각들은 특히 아이들을 키우고 교육하는 데 유용하다. 아이들이 뭔가를 더 잘하기를 바란다면 그의 성과를 다른 아이들(형제자매,

급우, 부모 자신을 포함하여)과 비교하면 안 된다. 아이가 받아온 성적표에 따라 애정과 칭찬이 달라지면 안 된다. 이것은 경쟁에서 진 아이에게 뻔히 속보이는 위안을 주라는 의미가 아니다("괜찮다. 최선을 다했다면 된 거야."). 경쟁에서의 승리를 포함하여, 모든 결과에 대해 진정으로 무관심해야 한다는 것을 의미한다. 아이들에게 승패를 자존감과 결부시키도록 조장하면 안 된다. 부모가 학급에서 1등이 되기를 바란다면, 아이 역시 스스로에게 그것을 요구할 것이다. 그 결과는 앞에서 살펴봤듯, 탁월하게 되는 것이 아니라 불안감과 자신감 상실, 적대감, 내적 동기의 약화 등이 될 것이다. 경쟁은 심리와 인간관계에 많은 해를 끼치므로 아이들에게 그것을 분명히 인지하도록 가르쳐야 한다. 학교는 담배, 술, 마약의 해악에 대한 교육 프로그램을 실시하면서 상호 배타적인 목표 달성의 해악에 대해선 왜 그렇게 하지 않는가? 무엇보다 우리는 아이들을 서로 대립시키면서 승리만이 최고의 가치라고 가르치는 일을 멈추어야 한다. 또한 협력이 건전한 대안임을 알려줘야 한다.

지금까지 말한 것은 다른 사람에 비해 좀 나아지려는, 즉 의도적 경쟁의 경우이며, 이것은 가치관과 자존감의 문제이다. 승리만이 최고의 가치라는 생각을 버리고 경쟁심을 줄이려고 노력함으로써 자존감을 지키는 것은 중요한 문제이다. 그러나 이러한 노력은 우리의 경제, 학교, 여가 등이 갖는 구조에 의해 벽에 부딪친다. 타인의 실패 없이는 성공할 수 없는 사회구조 속에서 개인적인 차원에서만 경쟁심을 억제하라고 말한다면, 그것은 비현실적이며 때로는 우리를 낙오자처럼 보이게 할 것이다.

처음 경쟁에 대해 생각할 때, 나는 구조적 경쟁과 의도적 경쟁이 균형을 이루고 상호 간에 영향력을 발휘함으로써 서로를 더욱 자극한다고 여겼다. 그러나 시간이 흐르면서 구조적 차원이 훨씬 더 중요하다는 것을 깨달았다. 승패의 중요성을 최소화하는 것이 가능하다고 할지라도, 경쟁하도록 만들어져 있는 사회구조를 무시하고, 자신은 그러한 구조와 상관없다는 듯이 행동하기란 쉬운 일이 아니다. 경쟁자와 우호적인 관계를 유지하려고 노력할 수는 있지만, 자신의 이익과 상대방의 이익이 충돌하는 구조에서는 적대감이 생길 수밖에 없다. '스포츠맨십'을 발휘하는 것도 가능하지만, 사실 이것조차 엄밀히 따지면 경쟁이라는 구조에는 반하는 행동이다.

인간을 둘러싼 사회구조와 환경이 사람들의 행동을 어떻게 변화시키는가에 대한 매우 유명한 심리실험이 있다. 스탠포드 대학교의 필립 짐바르도Philip Zimbardo와 그의 동료들은 교도소의 간수와 죄수 역할을 할 남자대학생 21명을 선발했다. 학생들은 교도소와 똑같이 꾸며진 세트에서 각자의 역할을 수행했는데, 이 실험에 지원한 75명의 학생 중 21명의 선발 기준은 정신적으로 안정되어 있는가에 맞추어졌다. 또한 간수와 죄수 역할은 무작위로 선택되었다. 실험이 시작되자마자 각각의 역할을 맡은 피험자들은 그 역할에서 자주 보이는 특유의 병리 현상을 드러냈다. 즉 간수들은 독단적으로 결정한 어떤 일이나 불합리한 규칙, 그리고 절대복종을 죄수들에게 강요했으며, 서로에게 모욕을 주도록 유도했다. 죄수들 역시 매우 수동적이고 복종적이 되어 갔으며, 욕구불만을 다른 죄수에게 터뜨리거나, 그 불만의 희생양이 되었다. 간수들의 학대가 심해질수록 죄수들은 더욱 무력하고 수동적이 되었다. 이러한 상황에 두려움을 느낀 짐바도르는 2주 동안 예정되어 있던 실험을 6일 만에 중단한다.

이 실험의 설계를 보면 그 결과가 피험자 개인의 심리 상태에서 비롯되지 않았음을 쉽게 알 수 있다. 보통 사람들과 마찬가지로 학자들 역시 "어떤 특정한 행동을 개인의 인성 때문이라고 해석하는" 경향이 있다. 따라서 "개인의 행동을 지배하고 형성하는 사회구조나 환경의 힘을 과소평가 한다." 우리들 대부분이 그렇게 오해를 함으로써 어떤 문제가 발생하면 "개인을 변화시키거나, 새로운 동기를 부여하거나, 또는 잘못한 사람들을 따로 고립시키는 것으로" 해결하고자 한다. 짐바도르는 이런 잘못들을 지적하면서 다음과 같이 결론 내린다. "[개인의] 바람직하지 않은 행동을 변화시키기 위해서는 그 행동을 하게끔 조장하는 제도를 찾아내고, 그 제도의 대안을 마련해야 한다."[4] 이 결론은 그 무엇보다도 경쟁의 문제에서 진실이다. 우리는 1등이 되도록 끊임없이 요구받는데, 그것은 우리가 속해 있는 사회구조가 승패만을 중요시하도록 만들어져 있기 때문이다. 따라서 개인의 성향, 즉 경쟁심의 정도를 줄이는 것보다 훨씬 중요한 것은 승패 구조의 해체, 즉 경쟁의 참여 자체를 거부하는 것이다.

존 하비와 그의 동료들은 경쟁을 '고의'와 '본의 아닌' 것으로 나누었는데, 이는 내가 말한 '의도적', '구조적' 경쟁의 개념과 거의 비슷하다. "우리 사회의 도덕 환경을 고려해볼 때, 본의 아닌 경쟁은 쉽게 고의적인 경쟁으로 변한다"고 하비는 말했다. 그에 따르면 본의 아닌 경쟁(즉 구조적 경쟁)은 우리의 성격적 특성 중 이기심을 쉽게 이끌어 낸다고 한다. "이러한 특성(이기심)을 고의적으로 만들어내지는 않겠지만, 사람들을 서로 대항(경쟁)하도록 만드는 지금의 경쟁 구조가 존속하는 한, 사람들이 이기적이 되어가는 것을 막을 수 없다."5 윌리엄 새들러 역시 사람들이 세상을 바라보는 방식은 사회구조에 의해 결정된다고 말했다. 즉 매우 경쟁 지향적인 사회는 그 제도에 끊임없이 사람들을 참여시킴으로써 영속해가며, 그렇게 사회화된 개인들은 세상을 경쟁의 관점에서 바라보게 된다.6

앞에서 살펴본 여러 실험 결과들과 각종 증거들은 이 주장을 입증하고 있다. 우리의 심리 상태와 인간관계는 의도적인 경쟁심과 연관되어 있을 뿐 아니라, 구조적 경쟁 체제에 의해서도 변화한다. 제도가 개인의 행동과 가치관을 변화시키는 것에 대한 연구는 많이 이루어졌다. 예를 들어 모턴 도이치는 "자기 자신과 타인을 바라보는 관점을 포함하여, 개인의 심리적 지향점은 그들이 속해 있는 사회의 분배 제도에 의해 달라진다."7 수잔 셔크Susan Shirk가 비교적 협력적인 중국 학생들을 대상으로 했던 실험도 있다. "의도적으로 만든 경쟁 구조 속에 놓이게 된 학생들은 서로를 돕는 행위를 중단했다."8 또 다른 예로 아주 모범적이고 협력적인 운전기사들이 경쟁적으로 행동해야만 하는, 즉 매우 복잡한 도심의 도로에서 운전하게 되었을 때 변화하는 모습을 들 수 있다. 그들의 성격이 도로의 구조에 맞게 바뀌는 데 걸리는 시간은 그리 길지 않다.9

구조적 힘의 중요성은 경쟁뿐만 아니라 협력 체제에서도 볼 수 있다. 협력의 구조 역시 경쟁과 마찬가지로 개인의 행동과 가치관을 변화시킨다. 테리 올릭은 의도적 경쟁을 줄이는 여러 가지 방법을 고찰한 뒤에 이렇게 말했다. "(개인의) 심리적 지향점을 바꾸기보다 새로운 게임을 도입하는 것이 더 유용한 것 같다. 단지 협력적 게임의 구조적 힘만으로도 (경쟁심 감소라는) 목표 달성이 쉬워진다."10 폴 브리어Paul Breer와 에드윈 로크Edwin Locke는 사회구조가 만들어낸 가치관은 개인의 삶에 전반적인 영향을 끼치게 된다는 사실을 발견했다.

조직의 목표를 우선으로 하고, 자신과 동료들의 노력을 조화시키며, 인간관계를 돈독히 하는 데서 보상을 받게 된다면, 사람들은 협력, 조화, 협동 작업이 성공에 도움이 된다고 생각할 것이다. 이러한 구조는 본질적으로 즐겁고, 도덕적으로 올바르게 보이는 상황을 지향하게끔 사람들의 행동을 바꾸어놓을 것이다. 또한 그 행동은 직장에서 가정, 지역사회, 그리고 사회 전체에 이르기까지 널리 퍼질 수 있다.11

로버트 액셀로드는 구조적 협력에 대한 극적인 예를 제시했다. '죄수의 딜레마'에 관한 논의 중에, 그는 매우 흥미로운 역사적 사건을 소개한다. 제1차 세계대전 중 '서로의 생존을 위해' 양쪽 참호 속의 군인들이 총격을 하지 않기로 양해했다는 것이다. 물론 사령부에서는 이런 행동에 매우 분노했겠지만, 병사들은 끝까지 서로를 죽이지 않았다. 서로를 미워하도록 훈련된 병사들이 협력한다는 것은 불가능에 가까운 것이었다. 그러나 한번 시작된 협력은 구조적으로 뿌리를 내릴 수 있었다. 새로운 체제가 군인들의 행동을 바꾼 것이다. 액셀로드는 어느 날 실수로 총을 발사한 독일 군인이 외친 말을 인용했는데, "정말 죄송합니다. 아무도 다치지 않았죠?"라고 했다고 한다. 액셀로드는 이렇게 말한다. "이런 행동은 상대방의 보복을 피하기 위한 임시방편적인 노력을 훨씬 뛰어넘는 것이다. … 서로 협력함으로써 실제로 행동이 변화한 것이다. 이와 같이 협력은 서로의 복지나 이익을 배려하게 만들어준다."[12] 개인이 무엇을 지향하는지는 구조의 영향을 받는다.

사회의 변화를 막는 방법[13]

경쟁을 줄이는 것은 결국 사회구조를 변화시키는 데 달려 있다. 그러나 구조의 변화는 엄청난 저항을 불러일으킨다. 어떻게 하면 구조적 변화를 일으킬 수 있는지를 논하기보다, 어떻게 하면 그것을 막을 수 있는지를 살펴보는 것이 더 유용할 듯하다. 우리 사회의 구조를 영속시키고 싶은 사람들에게는 다음과 같은 5가지의 간단한 방법들이 있다.

1. **세상을 좁게 보라** : 이미 앞서 우리 사회에서는 사회적, 개인적 문제들에 대해 구조적 원인을 별로 고려하지 않는다고 말한 바 있다. 그러니까 개인의 심리적 불안은 사회구조―개인의 성격 발달에 매우 큰 영향을 미치는―와는 아무런 관계가 없다고 주장하면, 사회의 변화를 막을 수 있다. 여기서 모든 문제의 해결은 개인의 차원에서 이루어져야

한다는 결론이 나온다. 예를 들어 노숙자들을 개인적인 차원에서 돕는 것은 괜찮지만, 그러한 상황을 만든 정책이나 경제제도에 관한 분석과 규명은 사회의 변화를 불러오는 급진적인 태도이므로 삼가야 한다. 마찬가지로 기업들의 각종 불법행위(오염물질 불법 투기부터 공무원이나 공공기관에 대한 뇌물과 로비까지)들도 사회구조와 아무 상관없는, 기업가 개인의 문제로 여기게끔 만들면, 그러한 범죄 행위의 원인이 되는 각종 제도들을 계속 유지할 수 있다.

2. **적응하라** : 지금의 상태를 그대로 유지하는 데 가장 좋은 방법은 각 개인이 현상에 스스로 순응하도록 만드는 것이다. 예전에는 '재교육'이라는 권위적인 방법이 사용되었으나, 오늘날에는 그럴 필요가 없어졌다. 어떻게 하면 성공하고 훌륭하게 협상할 수 있는가 하는 문제부터 오늘 무슨 옷을 입어야 하는지의 문제까지, 각종 매체들을 통하여 대중들에게 전달되는 거의 모든 충고들은 주어진 상황에 적응하라는 전제에서 시작된다. 순응은 '어쩔 수 없다'는 생각을 굳히는 가장 중요한 요소이다. 개인은 제도의 틀에 맞춰, 기존의 규칙에 따라서 성공해야 한다. 무엇인가 잘한다는 것은 현실에 잘 적응했다는 뜻이며, 그렇게 잘 적응함으로써 자신을 순응하게 하는 구조를 강화할 수 있다.

3. **자신만을 생각하라** : 현실 구조에 적응하면서 성공하라는 말은 자신의 행복만을 생각하라는 뜻이다. 모든 관심을 자신의 이익에만 집중한다면 지금의 사회제도를 유지하는 데 큰 도움이 된다. 물론 이런 말

이 물질적 성공에만 해당하는 것은 아니다. 이를테면 의료나 심리 문제에도 적용된다. 자신의 안위만 생각하면 되므로, 다른 이들을 불합리한 상황에 빠뜨리는 사회구조에 눈을 돌릴 필요는 없다. 개인은 자신의 일만 신경 쓰고 세상은 그저 알아서 돌아가게 놔둬라. 이것만큼 현 체제를 영속시키는 좋은 전략이 또 어디 있겠는가? 인간의 자기계발이 사회 변혁을 가져올 것이라고 주장하는 사람들도 간혹 있기는 하다. 그러나 이러한 인간의 잠재 능력 계발을 위한 운동들은 대부분 개인의 성공이나 평안한 삶을 위한 것이며, 사회구조엔 신경 쓰지 않는다.[14]

4. **현실적이 되라** : 우리를 둘러싼 사회구조를 옹호할 필요는 없다. 심지어 그 제도를 비판하는 사람들의 의견에 공감을 표시하며 고개를 끄덕일 수도 있다. 그리고는 어깨를 으쓱하면서 이미 정해진 사회제도에 대해 우리가 할 수 있는 건 아무것도 없다는 듯이, "어쩔 수 없잖아", 혹은 "그게 바로 현실이야"라고 말하면 된다. 이렇게 개인의 무력함을 내세우는 것은 실제로 매우 강력한 힘을 발휘한다. 그럼으로써 현재의 제도를 더욱 공고히 하기 때문이다. 이런 반응을 보이게끔 훈련받은 사람은 사회 변화에 무신경할 것이다.

때로는 현실 제도를 거부하거나, 각각의 개인은 구조의 변화를 이끌어 내기엔 미약한 존재라는 믿음에 비판을 하는 사람도 있을 것이다. 그런 사람들에게는 즉각 '이상주의자'라는 딱지를 붙이면 된다. 이상을 갖는다는 것은 좋은 일이지만, 여기서 의미하는 바는 그런 것이 아니다. 여기서 이상주의자란 '세상을 있는 그대로' 이해하지 못하는 사람이란 뜻이다('세상'='우리 사회', '있는 그대로'='앞으로 계속 그러할 것'). 이상주의 자라는 말은 그가 현실이나 '인간 본성'을 잘 이해하지 못하며, 따라서 그의 주장은 별로 중요하지 않다는 점을 효과적으로 표현한다. 이에 반하여 '실용주의자'들은 주어진 현실 안에서만 행동하고 생각한다. 그 틀을 깨려는 노력은 어리석다. 그들은 만약 우리의 현실을 대체할 만한 대안이 실행 가능한 것이라면, 우리는 이미 그것을 채택하고 있을 거라고 주장한다.

현실주의를 내세우면 지금의 제도나 구조에 대해 비판하는 사람들의 주장을 일일이 반박하지 않아도 되므로 매우 편리하다. "매우 좋은 생각이지만 실현가능성은 없다"고 말하는 것만큼 편리한 대처법이 어디 있겠는가? 비판자들의 주장이 옳지 않다고 반박하면 그 영향력이 줄어들 뿐이지만, 그것이 불가능한 일이라고 말하면 간단하게 무시할 수 있게 된다. 그의 주장이 틀렸다고 말하려면 긴 논쟁을 해야 한다. 그러나 그를 단지 공상가, 혹은 순진한 사람이라고 부르면 더 이상의 논쟁은 필요 없게 된다.[15] 그리고 이것은 자기실현적 예언이 되게끔 만드는 좋은 방법이기도 하다. 사람들이 불가능한 일이라고 믿게 되면 실현 가능한 일은 아무것도 없다. 대안이 실제로 실행되더라도 실패할 가능성은 커지며(원래 불가능한 것이므로), 그들은 자신들의 주장이 입증되었다고 당당하게 말할 것이다. 이러한 예는 사회의 공공성을 약화시키거나 정부 기능을 줄이는 정책을 추진하는 사람들에게서 흔히 볼 수 있다. 그들은 정부나 공공기관들은 비효율적이라고 주장하면서, 그곳(공립학교나 병원, 공기업)에 쓰일 자금을 민간에 돌려버린다. 그 결과 공공기관에 문제가 발생하면 이렇게 말한다. "내 말이 맞지?"

강력한 현실주의는 사회 비판의 영역을 담당해야 하는 대학이나 언론 등이 그저 현상만을 반영하도록 만들 수도 있다. 예를 들어 『뉴욕타임스』의 교육 담당 기자가 쓴 다음과 같은 기사를 보자.

매우 유감스럽게도 어떤 사회적 메시지를 전달하는 기능이 어린이 프로그램에도 침투하였다. … 아이들이 보는 연재만화인 '고인돌 가족The Flintstones'에서는 치열한 야구 경기가 무승부로 끝나고, 마지막에는 형제애와 자매애를 강조하는 에피소드가 방송되었다. 이것은 어린아이들의 관점에서 보더라도 경쟁하는 시합의 참된 목적이 아니다.16

이러한 기사는 주의 깊게 살펴봐야 한다. 이 글은 우리 사회가 갖고 있는 기존의 가치관이나 제도에 부합하지 않으면, 그것은(만화영화의 각본까지도) 부적절하다고 몰아세우는 하나의 전형을 보여준다. 현재의 관행에 도전하는 것은 이상주의적이며, 더 나쁘게는 '메시지를 포함하는(아이들을 의식화 하는)' 것이다. 지금의 사회구조를 강화하는 것이 현실적이며, 순수한(메시지를 포함하지 않는) 것이라는 말이다. 대부분의 다른 프로그램들이 이 기자의 눈에 거슬리지 않는 것은 승리를 최고의 가치로 여기는 현재의 관행들을 충실히 반영하기 때문이다. 또한 그가 보기에 그런 내용은 메시지를 포함하고 있지 않다. 그러나 형제애를 강조하는 것이 메시지를 포함하는 것이라면, 경쟁에서 승리를 강조하는 것 역시 아이들을 의식화하는 것이기는 매한가지다.

5. **합리화하라** : 현재의 사회구조를 옹호하며 거기서 이익을 얻는 사람들이 변화에 반대하는 모습을 노골적으로 드러낸다면, 그들과 그 제도를 비판하기는 보다 쉬울 것이다. 그러나 그들은 비판을 피하기 위해 —동시에 양심의 가책을 덜기 위해—자신은 '체제를 내부로부터 변화시키려고' 지금처럼 행동한다고 주장한다. 자신은 그 체제에 안주하며 자신의 지위를 높여가면서. 이를테면 매우 보수적이고 강력한 권력을 지닌 단체나 정당에 들어가면서, 자신이 이렇게 행동하는 이유는 개혁(내부로부터의 변화)을 위해서라고 주장하는 경우는 매우 흔하며, 아주 전통적인 합리화의 방법이다. 물론 실제로 그런 목표를 가졌다고 해도 근본적인 구조의 변화는 추구하지 않는다. 왜냐하면 자신이 그 구조의 일부가 됨으로써 더욱 확고한 지위와 이익을 얻기 때문이다. 또는 더 큰 목표를 위해서 잠깐 동안만 그러는 것이라고, 아주 그럴듯하게 합리화하는 방법이 있다. 스스로를 이렇게 합리화하면서 현 체제의 가치에 따라 행동하는 사람들이 많아질수록 그 구조는 더욱 단단해질 것이다.

경쟁 사회를 넘어서

고의적이든 아니든, 변화를 좌절시키는 이러한 수법들은 매우 유용하다. 사회의 변화를 막는 방법에 대해 살펴본 이유는 그러한 전략을 보다 쉽게 예측하고 대처하기 위해서이다. 지금까지 사회의 전반적인 변화에 대한 문제를 고찰하였으므로, 이제 그 주제를 좁혀서 경쟁의 문제로 되돌아오자. 경쟁은 실제로 무익하고 유해하기 때문에 우리는 오락 게임에서부터 전쟁에 이르기까지 사람들을 서로 대립시키는 제도를 해체하는 매우 어려운 도전을 해야 한다. 이러한 노력과 동시에 새로운 경쟁 구도가 생기지 않도록 세심하게 살펴야 한다. 이는 새로운 희소성을 만들어내지 않도록 각별히 주의해야 한다는 뜻이다. 앞서 대부분의 희소성(결핍)이 인위적이라고 말했다. 대부분의 보상들(상장, 트로피, 상금 등)은 원래 존재하지 않았던 것이며, 인위적으로 만들어졌을 뿐이다. 우리는 부모, 교사, 경영자의 입장에서 끊임없이 경쟁 상황을 만들어내고 있다. 상호 배타적인 목표 달성의 추구는 '누군가는 꼭 져야 한다'는 생각을 널리 퍼지게 한다. 직장에서 서로를 뛰어넘도록 부추길 때마다, 게시판에 학급에서 가장 우수한 학생의 성적을 붙일 때마다, "누가 더 빨리 하나"라고 아이들에게 말할 때마다 이미 우리 사회에 가득 차 있는 불필요한 경쟁심은 더욱 증가한다.

앞서 얘기했지만 1등의 대안은 2등이 아니라 등수를 매기는 제도 자체를 없애는 것이다. 우리는 친구나 동료, 교사들에게 경쟁에 반대하는 이유를 제시하고, 그들의 행동이 타인과 이 사회에 어떤 영향을 미치는지 말해야 한다. 또한 희소성의 개념에 대해서도 새로운 정의가 필요하다. 어떤 결핍 상태가 현실적으로 있더라도, 그것을 필연적으로 여기게끔 만드는 보이지 않는 조건이나 정책들은 없는지 잘 살펴야 한다. 예를 들어 도심의 주차 공간을 생각해보자. 운전자들은 턱없이 모자라는 주차 공간을 찾아 거리를 헤매게 되며, 이는 주차 공간을 매우 희소하게 보이도록 만든다. 그렇기 때문에 운전자들은 자리를 먼저 차지하려고 경쟁하게 되는데, 이러한 경쟁도 필연적일까? 주차 공간의 희소성은 자연적인 것이 아니라 많은 조건에 의해 달라지는 인위적인 것이다. 도심의 공간을 어떻게 사용하는가, 혹은 대중교통을 어떤 식으로 운영하는가, 또는 어떤 자동차 정책을 실시하는가에 따라 결핍 상태는 달라진다. 이러한 예들은 우리가 희소하기 때문에 경쟁할 수밖에 없다는 수많은 상황에 그대로 적용될 수 있다. 경쟁을 당연하게 받아들이는 대신, 우리를 승패의 구조 속으로 몰아넣는 것이 과연 어떤 제도 때문인지, 그 제도를 어떻게 바꾸어야 할지 의문을 제기해야 한다. 그러한 물음에 대한 답을 찾다보면 종종 우리의 정치, 경제의 근본적 체제에 도달하는 경우도 있다.17 그렇다고 우리가 이 문제를 포기하고, 기존의 가치관대로 경쟁해야만 하는 것은 아니다. 어떤 제도적 문제에 맞닥뜨리더라도, 아무리 큰 이해관계가 걸려 있더라도, 우리는 거기에 의문을 제기하고 고쳐나가려는 노력을 그만두어서는 안 된다.

구조적 경쟁을 줄이는 방법에 대해 고민한 사상가들도 많다. 테리 올릭Terry Orlick은 레크리에이션 개념을 재정립하는 방법으로 비경쟁적인 게임을 제안했다. 그는 "왜 협력적이며, 정직하고, 타인을 배려하게 만드는 게임을 만들어서 즐기지 않을까?"라고 묻는다.18 존슨형제는 교육을 개선하는 방법으로 비경쟁적인 교실이라는 대안을 제시한다. 로버트 폴 울프Robert Paul Wolff는 대학교와 대학원에 입학할 때 고등학교와 대학 시절의 성적을 연계하지 않는 방안을 제시했다.19 이것은 현재 학생들을 옭아매는 치열한 경쟁을 진정한 교육으로 되돌리려는 노력의 일환이다. 벤야민 바버Benjamin Barber는 적대적인 정치 행태와 개인주의가 민주주의를 위협한다고 주장했다. 그는 경쟁적 정치제도의 대안으로 '합의를 기반으로 한 시스템'을 제안했는데, 이는 '분쟁에 대한 협력적인 해결'과 비슷한 개념이다.[20] 또한 전 세계적인 적대감에 대해 모턴 도이치Morton Deutsch는 "국가안보라는 낡은 개념을 '상호안보'라는 새로운 개념으로 바꾸자"고 강조했다.[21]

어쨌든 경쟁의 감소는 그 대안이 얼마나 긍정적인가와 관련이 있다. 대안은 매우 중요한데, 어떤 구조를 해체하기 위해서는 그것을 대체할 만한 다른 무언가를 제시해야 하기 때문이다. 경쟁의 대안, 그것은 바로 내가 경쟁에 반대하는 이유 그 자체이다. 즉 경쟁을 반대하는 동기와 그것을 대체할 제도는 똑같다. 바로 협력이다. 경쟁이 해로운 이유는 무엇보다도 우리의 인간관계를 해치기 때문이다. 협력은 경쟁에 반대하는 이유이자 경쟁의 진정한 대안이기도 하다.

생산성을 높이고 성취감을 얻는 데 경쟁보다는 협력이 훨씬 유리한데도 사람들은 여전히 경쟁을 최선의 방법이라고 생각한다. 사실 우리가 행하는 모든 활동 중에 협력으로 전환할 수 없는 일은 거의 없다. 나는 오락 활동부터 직장에서의 업무에 이르기까지 협력이 더 좋은 대안이 될 수 있다고 계속해서 이야기했다. 그러나 나는 협력하려는 노력을 하나로 모아 어떻게 이를 실천할 것인지에 대해서는 뚜렷한 의견을 제시하지 못했다. 이 책의 주된 목적인 경쟁에 대한 비판은 충분히 되었으므로, 보다 많은 사람들이 협력의 실천 방안에 대해 같이 고민했으면 하는 바람이다. 우리가 경쟁적인 일들을 구상하고, 게임을 만들고, 거기에 집중하는 만큼의 열정을 협력에 관한 생각으로 돌린다면 새로운 제안은 얼마든지 나올 수 있다고 믿는다. 지금껏 살펴본 경쟁을 정당화하는 신화에서 벗어날 수 있다면, 우리는 서로를 적대시하게 만드는 지금의 사회구조를 변화시킬 수 있다.

하지만 우리가 생활하는 곳은 경쟁 사회이므로 살아가기 위해, 즉 생존을 위해 경쟁할 수밖에 없다고 말하는 사람들도 있다. 이런 주장은 경쟁을 옹호하는 사람들이 가장 많이 하는 말이다. 버트런드 러셀이 지적했듯, 타인을 이기고자 하는 욕망을 정당화하기 위해 '생존'을 들먹이는 것이다. 그러나 여기서는 이 말을 단순한 합리화가 아니라 진정 자신의 가치관과 우리 사회의 구조가 맞지 않는 상황에서 나온 고민스런 질문이라고 생각해보자. 어떻게 대답할 수 있을까? 물론 쉬운 질문은 아니다. 우리는 먼저 경쟁의 불합리하고 해로운 점들을 검토해야 한다. 경쟁에서의 승리는 짜릿하고, 거기에 최선을 다하는 것이 당장은 현명해 보일지 모르지만, 그 폐해를 생각했을 때에도 과연 꼭 필요한 행동인지 진지하게 고려해야 한다.

이와 같은 경쟁적 생활양식 때문에 발생하는 사회적, 개인적 손실과 경쟁의 속성과 잘 맞지 않는, 또한 맞출 수도 없는 개인의 성격과 능력이 겪는 좌절과 낭비를 생각해야 한다. 또한 유능하지 않기 때문이 아니라 대부분의 경우 공격성이 부족하기 때문에 겪어야 하는 많은 실패들도 있다. 이런 것들이 우리가 규명해야 할 문제들이다.[22]

또한 경쟁이 필요하다고 생각하는 것은 또 하나의 자기실현적 예언이다. 살아남기 위해 어쩔 수 없이 타인을 이겨야 한다고 생각할 때,

그 타인 역시 똑같이 생각할 것이고, 자신도 그 누군가에게는 승리에 방해가 되는 '타인'이 되어버린다. 그렇다면 우리는 개인주의의 관점에서 벗어나 생각해야 한다. 설령 경쟁이 개인의 이익에 도움이 된다고 하더라도, 과연 끊임없는 경쟁이 우리 모두(집단)의 이익에 부합하는지 따져봐야 한다. 전체에게 해로운 것이 어떻게 개인에게 이로울 수 있겠는가. 따라서 구조적 경쟁을 협력으로 바꾸는 데는 집단적인 행동이 필요하다. 그리고 집단적인 행동을 위해선 교육과 조직이 필요하다. 각각의 세입자는 집주인에게 무력하지만, 그 건물의 모든 세입자들이 단결하면 권리를 주장할 수 있는 것과 마찬가지다. 직장인, 학생 그리고 학부모들은 힘을 합칠 수 있다. 누군가 성공하기 위해선 꼭 누군가 실패해야 한다는 끔찍한 제도와 그 결과의 해로움을 주위 사람들과 공유하고 함께 행동함으로써 구조를 변화시킬 수 있다.

현재의 구조를 존속시키는 많은 특징들과 마찬가지로 경쟁 역시 사회의 취약 계층에 더 큰 영향을 미친다. 많은 연봉과 품위 있는 생활, 자신의 인생을 스스로 결정할 수 있는 기회를 제도적으로 박탈당한 사람들은 오히려 경쟁이 해롭다는 말을 이해하지 못할 수도 있다. 그들은 "나의 유일한 희망은 경쟁에 참여하여 다른 사람들을 제치고 올라서는 것"이라고 말할지도 모른다. 억압받는 사람들이 이러한 반응을 보인다면 가장 기뻐할 사람들은 권력과 힘을 가진 이들이다. 왜냐하면 이 방법은 성공하지 못할 것이 거의 확실하고, 그들은 자신의 권력을 계속 유지할 수 있기 때문이다. 이미 승자의 위치에 있는 사람은 다음번에도 이길 수 있는 유리한 고지를 선점하고 있다. 에드거 프리덴버그Edgar

Friedenberg는 이 문제에 대해 다음과 같이 서술했다.

민주주의 사회에서 분배의 불평등을 정당화하는 전형적인 방법이 바로 경쟁이다. 경쟁에 참여하는 모든 사람들에게는 똑같은 규칙이 적용되는데, 일괄적으로 규칙을 적용함으로써 사회의 지위 체제는 보호받을 수 있으며, 정당하게 보이기까지 한다. 사회 구성원은 스스로를 승자와 패자로 구분하며, 패자들 스스로도 승리하지 못한 것이 자신의 탓이라고 생각하게 된다.[23]

이를테면 초등학생과 대학생의 경기에 똑같은 규칙을 적용하고 공정하다고 말하는 것과 같다. 상대방의 출발점은 저 앞에 있는데, 결승점만 같다고 해서 공정한 게임이 되는 것은 아니다. 물론 아주 드물게도 이러한 경주에서 초등학생이 이기는 경우도 있는데, 이는 누구나 노력하면 경쟁에서 이길 수 있고, 승리하면 이렇게 대우받을 수 있다고 요란하게 선전하는 데 이용된다. 그리고 이 선전의 효과는 매우 커서 사회적 약자들에게 구조를 바꾸기보다는 다음엔 더 노력해서 승리해야겠다는 마음을 먹게 만든다.

사회의 구조를 변화시키기 위해선 집단적인 노력과 장기적인 헌신이 필요하다. 이는 쉬운 일이 아니다. 그것을 이루기까지 개인은 끊임없이 선택을 해야 한다. 우선 경쟁의 폐해를 확실히 인식하고, 그 후에 현실의 지배적인 가치를 어느 수준까지 인정하고 살아갈지 고민해야 한다. 또한 자신의 선택이 어떤 개인적, 사회적 손실을 가져올지도 인지해야 한다. 구조를 바꾸는 일은 머나먼 여정이다. 그 여정을 시작하면서 경쟁을 대체할 건전하고 생산적인 협력의 구조를 구체적으로 어떻게 만들어갈 것인가도 고민해야 한다. 당장 모든 분야의 경쟁을 없앨 수 없다면, 우선순위라도 생각할 필요가 있다. 굳이 경쟁이 필요하지 않은 곳에서까지 우리는 경쟁하고 있다. 경쟁에 반대하고, 경쟁 사회를 넘어서는 일은 우리를 둘러싼 구조에 대한 확실한 이해와 개인의 인식의 변화, 그리고 그것을 통한 집단적 노력에서 시작해야 할 것이다.

10장

함께 배운다 : 협력학습이란 무엇인가?

면접자 : 네 명이 짝을 지어 공부하면 뭐가 좋을까요?
저스틴(10세) : 뇌를 네 개 가질 수 있다는 거죠.

다시 학교로

부모나 교사, 교육 공무원들은 가치관을 학교에서 가르쳐야 하느냐를
두고 자주 토론을 벌인다. 요즘 애들은 규칙을 잘 지킬 줄 모른다고 말
하면서 확실한 가치관을 가르쳐야 한다고 주장하는 사람들도 있다. 이
에 대해 어떤 이들은 가치관은 가정에서 배워야 하는 것이라고 반론을
제시한다. 이런 논의에 뒤따르는 말은 그럼 어떤 가치관을 가르쳐야 하
느냐는 것이다. 의견 차이가 있는 것은 분명하지만, 이런 논쟁을 벌이
는 사람들은 사실 순진하다고 볼 수 있다. 학교에서라도 아이들에게 가
치관을 가르쳐야 한다고 말하는 것은, 수학은 숫자부터 가르쳐야 한다
고 말하는 것과 같다. 이미 그렇게 하고 있기 때문이다. 아이들에게 가

치관을 심어주기 위해 심각한 도덕 강의를 할 필요는 없다. 무엇인가를 가르칠 때 무슨 이야기를 선택해서 해줄지, 어떤 사람에 대해 설명할 때 목소리 톤을 어떻게 할지, 수업 시간에 발언을 하거나 화장실을 가고 싶으면 손을 들어야 하며, 교실 벽에는 무엇을 붙이고, 그것은 누가 결정하는지, 그리고 아이들의 성적은 어떻게 (그리고 어떤 목적으로) 평가되는지 등등 학교의 수많은 일상들이 우리가 깨닫든 깨닫지 못하든, 이미 가치관을 내포하고 있다. 문제는 가치관을 가르치느냐가 아니라 기존의 가치관을 다른 것으로 대체하도록 가르쳐도 되느냐이다.

우리의 학교와 교실에서 다른 사람을 이기기 위해 노력하라는 것보다 더 널리 권장되는 가치관은 없다. 이 교훈들은 아주 노골적으로 제시된다. 누군가는 질 수밖에 없는 철자 바꾸기 게임,[1] 그래프로 표시된 성적들(다른 아이가 A를 받으면 자신은 받을 가능성이 적어진다는 인위적인 희소성을 잘 설명해주는), 시상식, 그리고 대부분의 아이들은 패배자가 될 수밖에 없는 여러 상황들이 있다. 선생님의 관심과 칭찬을 받기 위해 경쟁하는 경우도 포함된다. 고의적이지 않더라도 교사들은 이러한 경쟁 상황을 조성하는 경우가 많다. 이를테면 "조안을 봐. 얼마나 얌전히 잘 앉아 있니?"라고 여러 학생들에게 말하는 것이다(가장 얌전히 앉아 있는 것에 대한 경쟁을 조장하며, 조안 이외의 학생들은 이 경쟁에서 패배했다고 볼 수 있다). 또는 아이들에게 문제를 내고, 손을 든 학생에게 맞춰보라고 하는 고전적인 방식도 포함된다.

교사가 문제를 내면 아이들은 손을 들고, 그중 한 명을 교사가 지명한다. 우리에겐 너무나 익숙한 모습이다. 한 아이가 지명되면 손을 들었던 다른 학생들은 실망의 한숨을 내쉰다. 이는 아이들을 서로 대립시키는 구조이다.[2]

수업 중에 빚어지는 이러한 상황이 경쟁이라는 데 의문이 드는 사람은 교사의 지명을 받지 못한 학생들의 표정을 살펴보면 된다. 아이들은 지명 받은 학생이 제대로 답하기를 바랄까? 거의 그렇지 않다. 아이들은 그 학생이 틀린 대답을 해서 자신에게 다시 기회가 오기를 바란다. 아이들은 대답을 들은 교사의 표정을 살피며, 교사가 실망스런 표정을 지으면 다시 일제히 손을 든다. 제일 먼저 정답을 말하려고 이 치열한 경쟁에 적극적으로 참여하는 아이들도 있고, 그저 방관자처럼 지켜보는 아이들도 있다. 잘못된 대답을 한 학생은 패배자가 되었다고 느끼고 의기소침할 수도 있다. 물론 이 상황에서 중요하게 생각해야 할 점은 학생 개개인의 경쟁심 정도가 아니라, 그것을 조장하는 구조이다.*

학교에서 경쟁과 더불어 강조되는 가치관은 개인주의이다. 교실의 칠판 위에는 국기와 함께 멋진 글자체의 급훈이 적힌 액자가 걸려 있는데, 거기엔 "옆 사람이 아닌 바로 네가 할 수 있는 게 무엇인지 보고 싶다"라고 쓰여 있다. 아이들은 자신의 책과 과제만 쳐다봐야 하며, 섬처럼 따로 떨어진 책상에 앉아서 공부한다. 평가 기준은 각자의 노력에

---

* 이런 질의응답 자체가 경쟁을 조장하지는 않는다. 이런 시간이 경쟁적이지 않게 하려면 답이 정해져 있는 질문이 아닌 좀 더 심오한 질문을 하는 것이다(이를테면 "이탈리아의 수도는?" 대신 "국가가 없으면 어떻게 될까?"라고 물어보는 것이다). 또는 학생들 스스로 질문하도록 분위기를 만들 수도 있다. 어쨌든 많은 아이들이 질문과 대답에 참여할 수 있고, 틀린 대답으로 의기소침하지 않도록 하는 것이 중요하다.

의한 것이므로 다른 아이의 공부를 도와주는 것은 거의 부정행위와 같으며, 사실 수업시간에 다른 아이와 대화하는 것 자체가 나쁜 행동이므로 도와줄 수도 없다. 같은 반 친구들을 모두 성공의 장애물로 보지 않는다 하더라도, 적어도 그들은 자신의 학습과는 무관하다.

이처럼 우리의 학교에서 행해지는 두 가지의 표준적인 학습 방법은 서로 경쟁하는 것과 각자가 따로 공부하는 것이다. 앞서 3장에서 협력학습에 대해 잠시 이야기했는데, 나는 그것으로는 매우 부족하다고 생각하며, 그 이후에 더 많은 것을 알게 되었다. 경쟁 혹은 개인적인 학습 형태의 대안으로 협력학습은 여러 곳에서 실험적으로 행해지고 있는데, 나는 이러한 수업 방식을 매우 지지한다. 나는 협력학습이 교실뿐만 아니라 구조적 경쟁 자체에 매우 유망한 대안이라고 생각한다. 책상에 혼자 앉아 상호 배타적인 목표 달성을 위해 노력하는 모습에 반대되는 이미지를 그려보려면, 서너 명의 아이들이 한 책상에 둘러 앉아 정보와 생각을 활발히 교환하는 모습이라고 말할 것이다.

학생과 학생 사이

자신의 성공이 타인의 성공에 도움을 받거나, 심지어는 의존한다는 '적극적 상호의존'의 개념은 모턴 도이치에게서 나온 것이다. 최근에 이러한 방식의 수업이 학교에서 사용되기 시작했는데, 도이치의 제자이기도 한 존슨 형제는 1975년에 최초로 협력학습에 대한 책을 펴내기도 했다.3 이러한 학습 방법이 도입되기 훨씬 전부터 아이들은 함께 공부했는데, 사실 학생들이 함께 공부한다는 개념은 17세기, 아니 아리스토텔레스까지 거슬러 올라갈 수도 있다.[4]

협력학습이란 학생들이 짝을 이루거나 작은 모둠을 만들고, 적극적인 상호의존을 통해 공동의 목표를 갖고 함께 공부하는 것을 의미한다. 이는 단지 서너 명의 아이들을 한 팀으로 묶어 같이 숙제를 하거나 그림을 그리게 하는 것과는 다른 개념이다. 적극적인 상호의존을 성공적으로 이루어내기 위해서는 시간과 기술이 필요하다. 왜냐하면 이미 학생들은 경쟁적이고 개인주의적인 가치관을 내면화했기 때문이다. 또한 함께 공부한다고 해서 개인의 이익을 희생해야 하는 좁은 의미의 이타주의를 요구하는 것도 아니다.[5] 즉 다른 학생의 공부를 돕기 위해 자신의 진도를 포기할 필요는 없다는 말이다. 적극적 상호의존이란 자신과 타인의 성공이 함께 묶여 있다는 의미이지, 일방적으로 한쪽이 희생한다는 뜻은 아니다. 협력학습에 대한 오해 중 하나는 가끔씩 그룹으로 나누어 공부함으로써 분위기를 바꾸고, 원래는 조용해야 할 수업이지만 잠깐 아이들끼리 떠드는 시간을 허락한다고 생각하는 것이다("여러분, 오늘은 세 번째 금요일이니까 그룹으로 앉아서 공부를 해야죠?"). 교사들은 모든 학생들을 대상으로 하는 전체 학급회의,[6] 그리고 개별적인 수업 방식을 계속 고수하고 싶을지도 모르지만, 나는 협력학습이 유치원 때부터 가장 표준적인 학습 방식으로 정착되어야 한다고 생각한다.

마지막으로 건설적인 갈등(5장에서 말했던)에 대해 다시 얘기하자면, 협력학습은 토의나 주어진 과제에 대해 어떤 의견 일치나 동의를 요구하는 것이 아니다. 적대적인 대립을 피하고 싶다고 해서, 이를테면 "토의를 통해 낙태에 대해 의견 일치를 보라"고 요구할 필요는 없다. 완전한 합의를 요구한다면 목소리가 큰 학생 또는 토의를 진행하는 학생의 말에 반 아이들은 그저 고개를 끄덕일지도 모른다. 이런 경우엔 아무것도 배우지 못할 것이다. 이와는 반대로 건설적인 갈등을 통해 논의를 계속 이끌어가고 싶다고 해서 꼭 승패의 구조를 만들 필요는 없다. 학생들에게 학급의 공동체라는 소속감을 느끼게 해준다면 서로의 의견 불일치나 갈등은 경쟁 없이 일어날 수 있다.

지금까지 '협력학습이란 이렇다'고 설명하지 않고, '이런 것이 아니다'라고 설명한 이유는 이 방법이 더 이해하기 쉽다고 생각했기 때문이다. 협력학습을 실행하는 교사는 학생들에게 어떤 주제나 과제에 대해 옆 사람과 논의해보라고 권할 것이다. 어쩌면 다른 학생들의 생각이나 설명을 듣는 것으로 협력학습은 시작될지도 모른다. 대부분의 수업시간 동안 함께 앉도록 자리를 배치하고, 과제에 대한 평가는 그룹을 대상으로 이루어질 것이다. 학습이란 교사와 학생, 또는 교과서와 학생뿐만 아니라 학생과 학생 사이에서도 일어나는 것임을 깨닫는다면 협력학습에 대해 좀 더 잘 이해할 수 있을 것이다. 협력학습을 한마디로 정의하는 것은 어려운 일이다. 교육 이론가, 정책 담당자, 교사들에 따라 그 정의엔 상당한 차이가 있다. 아이들을 함께 배우게 하고, 대립시키지 않는다는 공통점을 보이지만, 이러한 원칙에 동의하는 사람들도 자세히 보면 협력이나 학습에 대한 인식이 서로 다름을 알 수 있다. 그러나 보다 중요한 것은 한마디의 정의가 아니라, 그 실행 방법과 효과일 것이다. 이제 진정한 협력학습이 무엇인가에 대해 생각해보도록 하자.

협력학습의 효과

협력학습의 상이한 유형들을 설명하기에 앞서, 협력학습을 논의하고 보급하려는 노력이 왜 중요한지 살펴보고자 한다. 이미 협력학습에 대해 수백 건의 조사와 연구가 행해졌는데, 그 연구 결과는 아직 잘 알려지지 않고 있다. 협력학습의 효과는 매우 긍정적이며, 또한 일관성이 있기 때문에 교육개혁을 하는 데 있어서도 함께 배운다는 것은 매우 중요한 주제가 될 수 있다. 협력학습의 효과를 몇 가지로 나누어 살펴보도록 하자.

자존감 : 자존감의 문제는 5장에서 이미 보았지만, 학생 스스로가 자신의 능력에 대해 어떻게 생각하는가는 매우 중대한 문제이다. 경쟁과 자존감의 관계는 말하자면 설탕과 치아의 관계와 같다. 더 많은 승리를 요구할수록 자존감은 점점 더 낮아진다. 협력학습은 불필요한 경쟁을 억제하여 학생들의 자존감을 강화시켜준다.

로버트 슬라빈Robert Slavin은 "협력학습이 자존감에 미치는 영향을 조사한 15건의 연구 중 11건이 긍정적인 결론을 내렸다"고 말했다.7 존슨 형제 역시 경쟁과 협력의 학습 방식이 각각 자존감에 어떤 영향을 끼치는지를 검토했는데, 너무나 광범위한 연구를 모두 포함시켰기 때문에 많은 경우 차이를 발견하지 못했다. 그러나 차이점이 발견된 82건의 연구 중 81건에서 협력이 자존감을 지키는 데 더 유리하다는 결론이 나왔다. 이와 같이 한쪽으로 치우친 결론은 최소한 사회과학에서는 드

문 일이다.[8]

그러나 협력학습이 자존감 결핍에 무슨 만병통치약이라도 되는 듯이 생각해서는 안 된다. 왜냐하면 첫째, 아이들은 가정에서 학대를 받거나 너무 빈곤한 상황에 처하면 종종 자신을 쓸모없는 사람으로 생각하게 된다. 이런 문제는 교실에서 해결할 수 있는 것이 아니기 때문에 좀 더 근본적인 해결책이 필요하다.[9] 둘째, 자존감이라는 인간의 심리를 정확하게 파악하는 것은 어려운 일이다. 즉 연구로 수치화하기 힘들다는 뜻이다. 많은 사람들은 자존감이란 말을 거의 습관처럼 가볍게 사용하지만, 사실 과학적으로 말하자면 추상적으로 자존감을 설명하는 것(자신을 전반적으로 어떻게 생각하는가?)은 자존감의 구체적 측면(예를 들어 수학문제를 해결하는 데 얼마큼 자신감이 있는가?)에 비해 정확성이 떨어지므로 신뢰도가 낮아진다. 또한 자존감을 측정하는 테스트들은 설계 자체에 문제가 있는 경우가 많으므로, 별개의 기준으로 측정된 연구 결과를 서로 비교하는 것도 무리가 있다.[10] 그리고 더 나은 테스트 방법이 있다 하더라도 그 실험이 실시된 시점에서의 자존감 정도를 측정할 수 있을 뿐, 지속적이고 안정된 상태의 자존감 정도를 알아내는 것은 사실상 매우 어려운 일이다.

자존감의 이론과 실천에 대한 한계에도 불구하고 협력학습이 기존의 방식보다 자신에 대해 그리고 최소한 아이들이 학교에서 보내는 시간에 대해서만큼은 긍정적인 생각을 갖게 한다는 데는 그만한 이유가 있다.[11] 그룹으로 공부하는 것이 제 기능을 발휘한다면, 서로에게 도움을 주면서 학습 능력을 높이는 기회가 된다. 또한 이러한 과정을 통해 자신감을 높이고, 실패를 극복하는 힘을 키우며, 자신의 운명이 외부의 힘이 아니라 스스로의 의지에 달려 있다는 것을 깨닫게 된다.

 사회적 상호작용 : 긍정적 상호의존 구조(당신의 성공은 나의 성공)가 부정적 상호의존 구조(당신의 성공은 나의 실패)보다 타인을 호의적으로 보게 해주는 것은 당연하다. 협력학습을 도입하면 적대감을 줄이고, 인간관계를 좋게 하며, 배경과 능력이 다른 사람들을 잘 받아들이고, 타인을 성공의 방해물이 아니라 잠재적 협력자로 여기게 만들 수 있다. 실제로 데이비드 존슨은 자신이 협력학습을 연구하는 이유는 학업 성과를 높이기 위해서라기보다, 아이들이 타인을 좀 더 잘 받아들이고 공감 능력을 기를 수 있도록 돕고 싶기 때문이라고 말했다.[12]
 협력학습에 대한 많은 연구 역시 다음과 같은 점을 입증하고 있다. 서로를 더 호의적으로 생각하게 하며, 인종이 다른 아이들과 우정이 싹트도록 도와주고, 신체적으로나 정신적으로 장애가 있는 사람들을 더 잘 받아들이게 하며, 인간에 대한 전체적인 이해력(타인의 감정에 대한 추측 능력)을 높인다.[13] 또한 "그룹 간의 경쟁이 없는 경우 협력이 더 좋은 인간관계를 만들어낸다."[14] 기업을 경영하는 사람들은 자주 직원들의 관계가 원활하지 않고, 능률적으로 협동하지 못한다고 불만을 갖는데, 실제로 한 연구에 의하면 "[기업의] 실패를 불러오는 가장 큰 이유 중의 하나가 형편없는 인간관계 때문"이라고 한다.[15] 이런 예를 보더라도 협력적이고 인간관계를 중요시하는 인성을 기를 수 있는 협력학습으로의 전환이 필요하다.

성취 : 협력학습의 가장 기쁘고도 놀라운 효과는 서로를 더 좋게 생각함으로써 더욱 능률적인 학업 성과를 올릴 수 있다는 점이다. 협력이 자존감과 인간관계를 더 좋게 만드는 것과 마찬가지로 성취라는 면에서 보더라도 긍정적 결과를 가져온다. 이러한 결과는 모든 연령대, 모든 과목, 모든 종류의 학교에서 똑같이 나타난다. 실제 증거가 필요하다면 일정 기간 협력학습으로 수업을 진행한 교사들에게 물어보면 될 것이다. 협력학습이 아이들의 이해력, 문제 해결 능력, 독창성, 기억력에 어떤 영향을 미쳤냐고 묻는다면, 그들은 믿을 수 없을 정도로 큰 변화가 있었다고 대답할 것이다. 뉴욕의 한 교사에 의하면 아이들을 그룹으로 나누어 수업하기 시작한 후부터 눈에 띄게 성적이 좋아졌으며, 교장도 그 변화에 관심을 기울였다고 한다. 그런데 교장은 아이들의 성적이 왜 그렇게 갑자기 좋아졌는지 묻지 않고, 왜 그렇게 모든 학생들에게 점수를 후하게 주느냐고 물었다고 한다.

　　이러한 결과는 표준적인 시험(중간, 기말고사 등)이라는 피상적인 기준을 적용하더라도 마찬가지였다. 로버트 슬라빈Robert Slavin은 여기에 대한 68건의 연구를 검토했는데, 거의 3/4에 해당하는 49건에서 협력학습이 표준 학습법에 비해 좋은 성과를 거두었음을 알아냈다.16 존슨 형제 역시 369건의 연구(교실에서 행해진 것뿐만 아니라 협력과 경쟁에 대한 거의 모든 연구를 망라했다)들을 검토했는데, 그중 1/3 정도는 차이를 발견할 수 없었지만, 차이가 발견된 연구 중 협력이 경쟁보다 좋은 성과를 낳은 경우는 87퍼센트에 달했다.17 또한 그들은 "아주 많은 연구에서 혼자 일하는 것보다 공동의 목표를 향해 함께 일하는 것이 성과와 생산성을 높인다는 사실이 입증되었으며, 이는 사회심리학과 조직심리학의 가장 큰 원리로 자리 잡았다"18라고 말했다.

협력의 효과는 대학교육에서도 주목받고 있다. 1992년에 570명의 하버드 대학생을 대상으로 조사한 바에 따르면, 지적 성과는 자신의 전공 학문을 중심으로 형성된 교수, 동료 학생들과의 인간관계에서 주로 영향을 받는다고 한다. 이 보고서는 연구그룹을 만들 것을 권고하고 있으며, 학생들이 어려운 과목을 이수하지 않으려고 하는 이유는 학습에 대한 부담감보다는 경쟁 때문이라고 지적하고 있다.19

이미 3장에서 경쟁이 협력보다 일반적으로 더 좋지 않은 결과를 가져오는 몇 가지 이유를 살펴보았다. 여기에서는 그 설명들을 요약하고, 범위를 더 넓혀서 내용을 보충하고자 한다. 그럼으로써 협력학습의 효과를 좀 더 명확히 깨달을 수 있을 것이다. 모두 8개의 주제로 나누어 살펴볼 텐데, 1~4주제는 소극적인 이유에 해당한다. 즉 어떤 효과를 발생시키는 것이 아니라 발생하지 않게 한다는 의미에서 소극적이라는 뜻이다. 다시 말해 협력학습은 아이들의 경쟁을 막으며, 이로 인해 비생산적인 결과가 일어나지 않게 한다.

1. **불안감** : 경쟁은 작업수행력을 떨어뜨리는 불안감을 조장하며, 그 정도를 높인다.

2. **외적 보상** : 돈, 등수, 증명서, 특별한 음식, 상장이라는 외적 동기(과제 그 자체와는 상관없이 인위적으로 만들어진 동기)와 마찬가지로 경쟁은 아이들로 하여금 어떤 과제를 가능하면 빨리 끝내도록 하는데, 이는

경쟁이 독창적인 문제 해결 등 학습을 위해 필요한 모험과 탐구정신을 회피하게 만든다는 것을 의미한다. 외적 동기에 의한 경쟁은 공부를 하는 데 있어 과정에 대한 관심을 없애고, 그 결과만을 중요시하게 만들어서 결국 학습 능력을 저해한다.[20]

3. **책임 회피** : 경쟁에서의 승패와는 상관없이, 아이들은 경쟁의 결과를 보통 운이나 각자에게 이미 정해진 능력의 탓으로 돌린다. 그 결과 학습에 대한 자신감과 책임감이 줄어든다.[21]

4. **예측하기** : 만약 배움을 경쟁에서 이기는 것이라고 생각한다면, 승리가 예상되는 학생들은 승리를 위한 것 외에는 아무것도 할 필요가 없어지며, 자신이 승리할 수 없다고 생각하는 대부분의 아이들은 수업에 별 흥미를 못 느끼게 된다.[22]

이제부터 설명할 내용들은 적극적인 이유에 해당된다. 즉 협력학습은 협력 그 자체의 이익 때문에 효과가 있다.

5. **정서적 안정** : 협력학습은 자존감과 인간관계에 긍정적인 영향을 끼침으로써 일의 성취에 도움을 준다. 직장에서의 경험을 생각해보자. 다른 조건이 같을 경우, 자신과 동료에 대해 더 좋게 생각하는 사람일수록 좋은 성과를 거둘 확률이 높다. 자존감, 인간관계, 성과는 밀접한 관련이 있으며, 정서적 안정감은 이러한 변수에 긍정적 효과를 미친다.

6. **적극적인 참여** : 교사가 전체 학생을 대상으로 일방적인 강의를 하는 수업 방식의 경우, 수업에 매우 열의를 보이는 학생들은 보통 '선생의 애완동물'이란 뜻의 갖가지 불쾌한 별명을 얻기 쉽다. 그러나 협

력학습은 이와 반대되는 규범을 만들어낸다. "공동의 목표를 가지고 함께 공부할 경우 적극적인 참여는 다른 학생들에게 존중된다."23 즉 협력학습은 학생들로 하여금, 누구에게 잘 보이기 위해서가 아니라 배움 그 자체를 중요시하도록 만들어준다.

7. 과제에 대한 관심 : 함께 공부하는 것은 타인과 겨루거나 혼자서 학습하는 것보다 재미있을 뿐만 아니라, 과제에 더 열중할 수 있게 해준다(이는 협력학습만이 가진 장점으로, 나는 아이들이 쪽지시험에서 몇 점을 받았는지 따지기보다는 함께 글자와 숫자, 각종 생각들을 나누며 즐기듯이 공부하기를 원한다). 존슨 형제는 22건의 연구를 예로 들면서 협력학습이 "수업과 과제에 더 적극적인 태도를 갖게 한다"고 말했다.24 존슨 형제는 어떤 교사가 점심시간 전에는 협력학습을 하지 말아야 한다고 얘기하면서 그 이유를 이렇게 말했다고 한다. 자신의 학교에서는 학급별로 급식 시간이 정해져 있어 그 시간에 맞춰 식당에 가야 하는데, 아이들이 그룹을 지어 공부하다 보면 때때로 너무 열중해서 그만두게 하는 것이 어렵다는 것이다. 이제 점심을 먹으러 가야 한다고 해도 아이들은 "잠깐만요, 조금만 시간을 더 주세요, 거의 끝나가니까요" 하면서 계속 과제에 열중한다고 한다.*

그러나 대부분의 학생들은 교실에서 빨리 벗어나고자 한다. 수업이

---

* 협력학습을 하는 경우, 수업을 마치는 종이 울린 뒤에도 학생들이 과제에 계속 집중하며 함께 고민하는 경우가 많다고 한다. 이는 교사들조차 예상하지 못한 반응으로 한 연구자에 의하면 협력학습은 때때로 공부 자체를 아주 재미있게 만들어서 "아이들은 수업이 끝나도 밖으로 나가는 대신 교실에 남아 계속 공부하려고 한다."25

끝나려면 몇 분이 남았다거나, 주말이 되려면 며칠이 남았다거나, 또는 방학까지 몇 주를 참아야 하는지 계산한다. 이것은 주말을 기다리는 부모들의 행동을 보고 배운 것일 수도 있지만, 아이들이 실제로 학교를 재미없는 과제들과 굴욕적인 평가만이 존재하는 곳이라고 생각하기 때문에 그런 것일 수도 있다. 존 굿라드John Goodlad는 천 개 이상의 학급을 대상으로 한 조사에서 "교실에서 흔히 볼 수 있는 관행과 수업 방식을 좋아하는 학생들은 거의 없다"는 것을 밝혀냈다. 그리고 나이가 많은 학생일수록 만족도는 더 떨어졌다.[26]

사실 우리는 많은 아이들이 학교를 좋아하지 않는다는 사실을 잘 알고 있다. 또한 학교를 다녔다면 당연히 알 만한 기본적인 지식도 전혀 없이 졸업하는 학생들도 많다는 사실도 안다. 하지만 우리는 이 두 가지를 연결해서 생각하지 못한다. 학교에 가기 싫어하는 아이를 보면 우리는 보통 그 아이는 불만이 많고, 좋아하는 것이 별로 없으며, 자신에게 유익한 것이 무엇인지 잘 모르기 때문에 그렇다고 간단하게 생각한다. 그리고 설령 재미가 없더라도 거기에 적응해야 한다고 여긴다(이런 생각 속에는 학교란 학습에 흥미를 갖도록 하는 곳이 아니라 싫어하는 일에 적응하도록 하는 곳이라는 전제가 깔려 있다).

하지만 진짜 문제는 학교를 싫어하는 아이들 개인이 아니라, 학교와 그 제도가 무슨 역할을 하고 있는지에 있다. 이와 마찬가지로 교실에서 학생들의 수업 태도는 학생들 개인뿐만 아니라 교사에 대해서도 많은 것을 이야기해준다. 아이들이 공부를 하지 않는다고 말하는 교사에게는 우선 "그 공부가 무엇이냐?"고 물어야 할 것이다(하지만 사실 넓은 안목으로 보자면 교사들에게도 잘못은 없을 것이다. 아이들이 무엇을, 어떻게 배워야 하는지는 교육을 담당하는 관료들, 학교 이사, 부모, 정치인 등이 결정하기 때문이다).

존 굿라드는 교실에서 학생들이 지시받는 것들에 대해 조사를 했다. 아이들은 끊임없이 교사의 설명을 수동적으로 들어야 했고(그의 조사에 따르면 평균적으로 교사는 교실의 모든 학생들이 한 말을 합친 것보다 3배 가까이 더 많은 말을 했다), 행동 하나하나를 감시받으며, 따로따로 앉아서 묵묵히 교과서와 시험지를 풀어야 했다.

교실의 이런 학습 방법을 성인인 내게 적용한다면 어떨까? 나는 불안해 할 것이다. 다른 과제들이 주어질 때마다 불안과 싫증으로 신음소리를 낼지도 모른다. 수업이 시작되자마자 집중력은 사라져버리고, 그래도 조용히 앉아 있어야 하므로 정신을 딴 곳에 팔고 있을 것이다. 학생들도 마찬가지다.[27]

정확히 말해, 학생들이 지루하고[28] 싫증나는 이유는 학교라는 장소 때문이 아니라 그곳에서 해야 하는 판에 박힌 공부 때문일 것이다. 이런 면에서 볼 때, 배움을 즐겁게 만들어주는 협력학습은 아이들의 집중력을 높여 학습 능력을 향상시킬 것이다.*

---

* 여기엔 조건이 있다. 첫째, 학생들이 학교에 흥미를 느끼게 하는 데 꼭 협력학습이 필요한 것은 아니다. 협력 없는 교실에서도 수업에 열정적으로 임하는 학생들이 있다. 둘째, 협력학습이 지루한 학교생활의 모든 것을 해결해주지는 못한다. 친구들을 만나는 것 외에 학교란 그저 지겨운 과제만 잔뜩 내주는 곳이라는 생각을 협력학습 하나로 바꿀 수는 없다. 게다가 아이들의 머릿속에 억지로 단편적인 지식을 넣어주려는 목적으로 협력학습을 이용한다든지, 경쟁과 똑같이 어떤 보상(개인에게 하던

8. **지적인 상호 작용** : 협력학습의 가장 중요한 이유는 '그 누구도 전체보다는 똑똑하지 못하기'때문이다.29 제 역할을 다하는 그룹—물론 모든 그룹이 다 잘 기능한다고 볼 수는 없지만—은 개별적으로 하는 것보다 더 잘해 낼 수 있다. 특히 제한을 두지 않거나 도전적인 과제의 경우에 더욱 그렇다. 본장 첫머리에 인용한 저스틴의 말, "뇌를 네 개 가질 수 있다는 거죠"는 이러한 현상을 간결하게 표현한 것이다. 실제로 그룹 전체는 그 구성원의 개별적인 합보다 더 생산적이다.

인지심리학자와 사회심리학자들은 집단으로 일할 때 작업 성과가 올라가는 이유를 알아내려고 애썼다.30 아주 기초적인 수준에서 보자면 능력과 기술, 자원을 공유하면 누구에게나 이익이 된다. 그러나 경쟁적인 교실에서는 이런 공유의 과정이 억제되거나 금지된다. 집단의 구성원들이 개별적으로 정보를 수집하고 문제를 살펴본 다음 그것을 서로 공유하면 각 개인은 더 많은 정보를 얻을 수 있으며, 문제 해결 능력이 향상될 것이다.

어떤 문제를 먼저 이해한 학생이 다른 아이를 가르치면 둘 다에게 이익이 된다. 노린 웹Noreen Webb이 말했듯이 먼저 이해한 학생은 단지 해답을 가르쳐주는 것이 아니라 풀이와 이해의 과정까지 알려주어야 하기 때문에 서로에게 도움이 된다.31 한 연구자는 이렇게 말했다. "가르쳐야 하는 학생은 가르치는 과정을 통해 그 과제를 더욱 깊이 이해하게

것을 그룹으로 바꾼 것일 뿐인)을 제공한다면 협력학습의 효과는 사라지며, 배움에 대한 근본적인 변화를 이끌어내지 못할 것이다. 이렇게 기존의 방식에 협력학습을 양 넘처럼 사용한다면 협력학습에 대한 학생들의 생각도 부정적으로 변할 것이다.

된다. 이러한 '배우는 방법에 대한 배움'은 하나의 학습과제뿐만 아니라 전체적인 학습 환경에까지 파급될 수 있다."32

이 문제에 대해 연구한 사람들은 시험을 잘 보기 위해 공부하는 것보다 다른 아이들을 가르치기 위해 공부하는 학생이 학습에 더욱 관심을 가지며, 그 개념을 더 잘 이해한다고 말한다.33 무엇인가를 가르치는 상황이 아니더라도 그룹으로 일할 때는 한 사람의 아이디어가 다른 사람의 아이디어를 촉발시키는 경향이 있다. 그것은 사람들 사이의 연쇄 반응에서 나오는 것으로, 혼자서 생각한다면 나올 수 없는 것이다. 한 연구에서 초등학교 5~6학년 학생들에게 전지, 전구, 전선으로 불이 켜질 수 있도록 여러 가지 전기회로를 만들도록 했는데, 그룹으로 작업한 학생들이 혼자서 작업한 아이보다 더 열중하며, 더 다양하고 특이한 회로들을 만들었다고 한다.34 이러한 현상은 단지 어떤 주제에 대한 공부 방법뿐만 아니라 그 주제를 전체적으로 이해하고 인지하는 능력에도 영향을 미친다. 즉 그룹을 이루어 작업하면 "더 질 높은 인지능력과 추론의 전략을 발견하고 계발하게 된다."35

끝으로 협력학습은 의견의 대립을 막지 않으며, 어떤 면에선 그것에 의존하면서 더 풍성한 배움의 터전을 마련한다. 똑같은 이야기를 들어도 사람들은 이야기 속 인물의 행동과 그 동기에 대해 전혀 다른 해석을 하기도 한다. 누군가는 공룡이 멸종한 이유를 나와는 전혀 다르게 추측하고 있을 수도 있다. 이러한 생각들을 서로에게 들려주면, 하나의 문제를 여러 각도에서 생각할 수 있게 되며, 그 견해를 나의 견해와 조화시키는 방법에 대해서도 공부하게 될 것이다.36

또 강조해야 할 것은 그룹을 이루어 공부한다고 해서 아이들 개개인이 그 집단의 일부나 특징 없는 작은 존재가 되는 것은 아니라는 점이다. 획일성을 낳는 것은 경쟁 구조이다. 협력은 참가자들의 다양성과 개성을 존중하며, 그렇기 때문에 저마다 다른 역할을 수행할 수 있다. 협력학습의 목적은 일치된 하나의 생각을 그룹 구성원들이 일률적으로 받아들이도록 하는 것이 아니라, 각자 의견을 자유롭게 말하고 스스로 깨달으며 그것을 통해 더욱 효과적이고 즐겁게 공부하도록 유도하는 데 있다. 자유로운 대화는 매우 중요한데, "말을 하는 것은 자신의 생각을 타인에게 전달하는 방법일 뿐 아니라, 하나의 사상을 탐구하고 명확히 이해하며 자기 것으로 만드는 방법이기도 하다."[37]

지금까지 살펴보았듯이, 협력학습은 단지 아이들의 학습 능력을 높이는 것 이상의 의미가 있다. 캐나다의 교육자 주디 클라크Judy Clarke는 이렇게 말했다. "[상호의존이라는 이상理想은] 개개인이 모두 가치 있는 존재라는 신념에 의거한다. 이 신념은 사람들이 적극적으로 관계를 맺는다면 서로를 배려하는 윤리적인 삶을 지향할 것이라는 믿음이다. … 이러한 기본적인 도덕적 바탕이 없다면 교사들에게 협력학습이란 단지 좀 더 유용하게 지식을 '습득'하게 하는 교수법의 하나 정도로밖에 보이지 않을 것이다."[38]

나는 아이들이 서로 겨루거나 따로 공부하기보다는 함께 공부하는 것이 매우 바람직한 일이라고 믿는다. 그리고 그것이 매우 현명한 방법이라는 점을 교사와 부모들에게 보여주었다고 생각한다. 또한 나는 로버트 벨라Robert Bellah가 한 이 말에 찬성한다.

"배움이란 고립된 개인이 경쟁을 통해 승리하려고 노력하는 일이 아니다. … 우리 학교의 가장 큰 문제점은 약화된 공동체 의식에 있다. 교육의 목적은 결코 개인의 능력을 향상시키는 데만 있지 않다. 교육은 우리가 하나의 공동체 속에서 서로를 의지하면서 살고 있음을 깨닫게 해줘야 한다. 그렇지 않다면 경쟁에서 승리했든 패배했든 교육은 모두에게 실패한 것이 된다.[39]

우리의 교육이 실패했다고 말하는 사람들은 많다. 그러나 무엇이, 왜 잘못되었는가는 잘 알지 못한다. 진짜 문제는 학생들이 세계지도에서 터키를 찾지 못하는 것이 아니라, 스스로가 공동체(학교)의 구성원이 되지 못하고, 개개인의 가치를 확신하지 못하는 데 있다. 이러한 현실을 바꾸는 데 협력학습이 도움이 될 것이라는 사실은 많은 연구가 입증하고 있다.

협력의 실천

협력학습은 여러 가지 형태로 나타난다. 교실에서 서로 작문을 고쳐주거나 단어를 외우고 곱셈을 잘할 수 있도록 돕는 방식일 수도 있다. 진화론에 관한 토의를 할 경우 미리 역할을 나눠 여러 사람들을 만나 의견을 들을 수도 있으며, 4명이 그룹을 지어 시사 문제에 대한 정보를 교환할 수도 있다. 협력학습의 계획은 교사의 수첩에서 나올 수도 있고,

아이들이 서로 의논해서 정할 수도 있다. 학생들은 정치에 관해 부모가 하는 말을 듣고 정치제도에 대해 논의할 수도 있으며, 누군가의 집에 고양이가 새끼를 낳았다면 고양이의 습성과 행동에 대한 과학적인 학습이 시작될 수도 있다.

이러한 예들은 모두 학습이 능동적이며 상호작용의 과정이라는 전제에서 출발한다. 그러므로 협력학습은 결코 침묵 속에서 행해질 수 없다. 이런 이유 때문에 교사가 개별적으로 협력학습을 실행하는 것은 어렵다. 학교 전체가 협력학습을 하지 않는다면, 시끌벅적한 교실을 다른 교사나 교장은 이해하지 못할 것이다. 어떤 이들은 여기서 한발 더 나아가 학생들의 목소리보다 교사의 목소리가 더 크면 안 된다고 말한다. 학생들을 압도함으로써 자율적인 수업 분위기가 망가질 수도 있기 때문이다. 이러한 생각은 협력학습의 구체적인 방법을 생각할 때 하나의 영감이 될 수 있다. 협력학습의 실행에 대한 논의 중에는 아주 구체적인 방법을 제시하는 경우도 있고, 보다 큰 교육철학에 관한 것도 있다. 이미 널리 퍼져 있는 것도 있고, 논쟁의 여지가 있는 것도 있다. 여기서 소개하는 협력학습의 방법들은 포괄적인 지도방침을 제시하려는 목적이 아니라, 좀 더 다양한 사고와 학습방법을 생각해보자는 의미이다.

그룹 나누기 : 협력학습에서 그룹의 크기는 학생들의 나이, 숙련도, 그룹에서의 경험, 과제의 종류, 시간 등에 따라 달라진다. 보다 많은 학생들을 한 그룹으로 묶는 것은 도전적인 일이 될 것이다. 6명까지도 서로 정보를 교환하는 일은 가능하지만, 그보다는 4명을 넘지 않는 모둠

에서 공동의 성과를 더 잘 만들 수 있다. 많은 과제에서, 특히 나이가 어릴수록, 2명이 한 팀이 되는 것이 가장 좋다고 한다.[40]

한 팀을 몇 명으로 구성하는지에 대한 문제보다는 그룹을 어떤 방법으로 나눌지가 좀 더 복잡한 일이 될 것이다. 가장 흔하게 쓰이는 방법들엔 각각 장단점이 있는데, 몇 가지로 나누어 살펴보자.

첫째, 학생들 스스로 그룹을 나누게 하는 방법이 있다. 이는 학생의 의견을 존중하고 신뢰하는 일이지만, 아이들은 잘 모르는 아이와 협력하는 법을 배우기보다는 자신과 친한 친구와 함께 하려고 할 것이다. 더구나 자기들끼리 팀을 짜는 과정에서 소외감을 느끼는 학생이 생길지도 모른다. 이때 발생하는 가장 큰 문제는 운동 경기 팀을 나눌 때처럼, 아이들이 유능하고 인기 있는 학생과 한 팀이 되려고 경쟁할 수 있다는 점이다. 이것을 피하는 방법 중 하나는 특정 과제를 그룹별로 따로 내주고, 그 주제에 관심 있는 학생들끼리 그룹을 짓게 하는 것이다.

둘째, 교사가 직접 그룹을 편성해주는 방법이 있다. 이때 교사는 한 그룹에 서로 다른 인종과 성별의 학생들이 섞이도록 편성할 수 있다. 협력학습의 이점은 이렇게 배경이 다른 아이들이 서로 의지하면서 협동할 때 가장 극대화될 것이다.

셋째, 능력이 서로 다른 학생들을 의도적으로 한 그룹에 배치함으로써 서로 효과적인 도움을 주고받게 할 수 있다. 한 연구에 의하면 상이한 능력을 지닌 학생들로 팀을 구성하는 것이 서로 같은 능력을 가진 학생들끼리 그룹을 만드는 것보다 훨씬 효과적이라고 한다.[41]

넷째, 특정 목적을 가진 부자연스러운 그룹 배치를 피하기 위해 무작위로 팀을 나누는 방법이 있다.42 이럴 경우 다양한 사람들과 작업할 수 있도록 팀을 자주 변경하면 좋을 것이다. 물론 한 학생이 꼭 하나의 그룹에만 속해야 한다는 법은 없으므로, 어떤 팀은 한 학기 내내 함께 하고, 또 다른 팀은 계속해서 바뀌는 구조로 만들 수도 있다.43 하지만 어떤 그룹이 문제 해결 능력이 떨어진다든가, 어떤 학생이 그룹의 동료와 잘 어울리지 못한다는 이유로 팀을 바꾸는 것은 좋은 방법이 아니다. 이런 힘든 상황이야말로 배우는 기회, 즉 갈등을 해결하는 방법(물론 교사의 적절한 개입이 필요하다)을 알게 되는 기회라고 할 수 있다. 따라서 그룹 내에서 조금 곤란한 일이 생겼다고 해서 학생 마음대로 그룹을 바꿀 수 있게 하는 것은 바람직하지 않다.

사회성 교육 : 생각보다 학생들이 협력적으로 공부하지 못하면, 일부 교육자들은 아이들이 비협조적이라고 불평하거나, 협력학습 자체가 비현실적이라고 생각하며 포기한다. 그러나 그룹을 이루어 과제를 수행하는 것은 좀 더 높은 수준의 인간관계 기술을 필요로 한다. 협력학습을 옹호하는 사람들은 함께 공부한다는 것이 무엇을 의미하며, 어떻게 그 방법을 더 나은 방향으로 개선할 수 있는지에 대해 교사들이 좀 더 많은 관심을 기울여야 한다고 주장한다. 이를테면 존슨 형제는 "교사들이 협력학습을 진지하게 실행하는 교실은 아이들에게 협력하는 기술을 직접 가르치는 셈"이라고 말했다. 즉 협력학습은 단지 학습 능력을 높여줄 뿐 아니라 그 자체가 협력을 배울 수 있는 과정이란 뜻이다.44 협력학습을 도입하려다 실패한 초등학교 6학년 교사는 이렇게 말했다.

우리는 아이들의 '협력 행동과 스스로 생각하는 능력'이 교실에서 가르치지 않아도 저절로 생길 것이라고 생각하는 실수를 저질러서는 안 된다. 우리는 '협력 행동과 스스로 생각하는 능력'을 가지라고 명령할 수는 없지만, 그것이 만들어지도록 교육할 수는 있다. 우리는 아이들이 함께 공부하고, 서로를 배려하며 책임감을 갖도록 가르쳐야만 한다. 나는 교사들이 이런 가르침을 시도하다가 잘 되지 않으면 이내 포기한다는 얘기를 들었다. 그러나 그런 선생들도 "이 학생들은 글을 읽을 줄 모른다"고 말하면서 읽기 교육을 포기하지는 않을 것이다.[45]

글자를 가르칠 수 있는 것과 마찬가지로 남의 얘기를 들어주고, 시선을 마주치며, 모욕적이지 않게 다른 사람의 의견을 비판하는 바람직한 사회성 역시 가르칠 수 있는 것이다. 모든 수업은 학문적 목표(스페인어의 미래 시제를 배우는 것)와 사회적 목표(아이들에게 공동체 의식을 심어주는 것)를 동시에 설정하여 실시해야 한다. 다시 말해 사회성은 특정한 과목처럼 가르쳐지는 것이 아니라 모든 수업과 학교생활 안에서 자연스럽게 습득되는 것임을 명심해야 하며, 협력학습은 이러한 사회성 교육의 필요충분조건이 될 수 있다.

진행 과정 : 어떻게 배우는가에 관심을 갖는다는 것은 과목뿐만 아니라 수업의 전후 시간에 모두 신경을 쓴다는 뜻이다. 그룹별로 하나의 과제가 끝나면 일정 시간—학생의 나이나 협력학습의 경험 정도에 따라 시간은 달라질 것이다—함께한 작업의 성과에 대해 토론할 필요가 있

다. 그룹의 전원이 과제에 골고루 참여했는지, 한 사람이 대부분의 작업을 도맡아 하지는 않았는지, 자유롭게 의견을 주고받을 수 있었는지, 효율적으로 작업량이 배분되었는지에 대해 각자의 생각들을 나누어야 한다. 이런 과정을 통해 학생들은 각자 다음 공동 작업에서는 무엇을 개선해야 할지 알게 될 것이다.46 물론 스스로의 작업에 만족하는 그룹은 다 함께 기쁨을 나눌 수도 있다.

개인의 책임 : 그룹으로 공부하면 어떤 아이는 신나게 놀고 어떤 아이는 모든 과제를 혼자 떠맡을지도 모른다고 생각하면서 협력학습에 부정적인 견해를 보이는 사람들도 있다.47 그룹 내에서 한 사람이 보고서를 도맡아 쓰거나 대부분의 문제를 푼다면 협력학습의 장점과 이익은 없어질 것이다. 그렇다면 문제는 어떻게 개인의 책임을 확실히 하느냐에 달려 있다.

아이들이 무엇을 이해하였으며 어떤 면에서 부족한지를 가장 잘, 또 공정하게 측정할 수 있는 방법이 무엇인가 하는 보다 큰 문제는 잠시 접어두자. 대신 그룹을 지어 공부할 때, 어떻게 하면 모두가 학습에 공평하게 참여하게 할 수 있는지를 생각해보자. 가장 쉬운 방법은 그 과제에 대해 그룹 아이들 전체를 테스트하거나, 각 그룹에서 한 아이를 무작위로 뽑아 그룹이 이룬 성과와 과정을 설명하게 하는 것이다. 하지만 이런 방법은 자칫 더 큰 문제를 불러올 수 있으므로 매우 주의해야 한다. 즉 개인의 책임이 학습 자체보다 테스트를 하는 외적 권위에 대한 책임으로 대체될 가능성이 있다.48 많은 교육자들은 이렇게 하는 것이 아이들이 학업에 열중하도록 하는 가장 좋은 방법이며(어떤 이들은 유일한 방법으로 생각하기도 하며), 그렇게 하지 않으면 나쁜 성적을 받거나 공개적으로 창피를 당할 거라고 위협하는 것이라고 생각한다. 이런 방식으로 개인의 책임을 묻는다면 협력학습의 의미는 퇴색할 것이다.

적극적인 상호의존 : 한 팀의 아이들이 서로 돕고, 의견을 나누고, 공동체 의식을 갖도록 만들어주는 방법 중 하나는 그룹에 하나의 과제를 부여하여 공동의 목표를 정해주는 것이다. 이와 반대로 각각의 아이들에게 개별적인 과제를 준 뒤 그룹을 지어 서로 돕도록 하는 것으로는 공동의 목표가 생겨나지 않는다.

어쨌든 공동의 목표를 제시하는 방식은 협력학습의 기본이 될 수 있다. 그러나 많은 교사들이 실제로 사용하고 있는 방법은 그룹 내의 아이들에게 각각의 역할을 정해주는 것인데, 이는 문제가 있다. 한 명은 아이들의 의견을 기록하고, 한 명은 전원이 제대로 학습에 참여하고 있는지 점검하고, 또 한 명은 소외된 아이가 말을 할 수 있도록 돕는 식의 그룹 활동은 학생들의 참여를 제한하는 결과를 낳는다. 자신의 주된 임무를 기록이라고 인식하면 자발적이고 협력적인 상호작용에 소홀해질 수 있다. 협력학습에서 모든 아이들의 주된 임무는 다른 학생들과 협력하여 배우는 것이다. 이것이 훼손될 수도 있는 방식은 그것이 무엇이든 매우 신중하게 접근해야 한다.

협력학습을 하고 있는 33개 교실을 조사한 미주리대학의 연구원들은 이렇게 말했다.

많은 경우, 그룹 내의 학생들을 팀장과 기록원, 자료 담당자 등으로 나누어 지정하는 것은 부자연스러워 보였다. 학생들은 필요할 경우 역할을 서로 바꾸었으며, 교사들이 개입하지 않으면 자신이 맡은 역할을 아예 그만두는 경우도 많았다. 더욱이 이런 방식을 택할 경우 교사들은 각각의 아이들에게 그들이 맡은 역할을 인지시키기 위해 수업 과제에 대한 설명하는 것만큼이나 시간을 소비했다.49

학생들의 적극적인 상호의존 관계를 유도하기 위한 또 하나의 방법은 점수나 상장, 증명서 같은 외적 보상을 이용하는 것이다. 퀴즈에서 좋은 성적을 거둔 그룹에 상을 주는 식이다. 이처럼 협력학습 방법으로 외적 동기를 이용하는 것에 대한 세 가지 입장을 살펴보자.

첫째, 로버트 슬라빈이 개발한 '팀에 의한 학습'은 명백히 외적 동기를 이용한다. 그에 따르면 '공동의 목표' 자체가 '상이나 증명서 등으로 인정을 받거나, 휴식시간을 더 갖거나, 보너스 점수를 받기 위한 일'을 의미한다.50

둘째, 어떤 이들은 외적 보상을 이용하는 것에 대해 애매한 입장을 취한다. 한편으로는 상호의존 관계를 이끌어내기 위해 보상의 효용을 인정하면서도, 매우 적극적으로 이용하는 것에 대해선 유보적인 입장을 취한다. 존슨 형제는 효과적인 협력학습을 위해 성적을 이용하는 것을 인정하면서도, 외적 동기는 "그룹에 내재하는 내적 동기가 발생하는 즉시 배제되어야 한다"고 말한다.51

마지막 입장은 외적 보상이 조작적이고 유해하다는 이유로 그 이용을 반대한다. 이 입장은 시로모 샤란Shlomo Sharan이 고안한 그룹 조사 방법,52 캘리포니아개발연구센터Developmental Studies Center in California의 협력학습 모델,53 영어권 나라에서 많이 사용하는 '구성주의' 방식의 각종 모델54이 있다(구성주의 모델은 낸시 슈니더윈드Nancy Schniedewind와 마라 사폰-셰빈Mara Sapon-Shevin의 연구,55 그리고 내가 쓴 논문56 등에 잘 나타나 있다).

이미 여러 번 언급했지만 어떤 보상을 위해 일을 하게 되면 장기적으로 그 일을 수행하는 능력이 떨어지며(특히 창조성이 요구되는 작업의 경우엔 더욱 그렇다), 더불어 그 일에 대한 관심까지도 줄어든다. 이는 사회심리학의 많은 연구에서 입증되었다. 경쟁이 비생산적인 이유 중 하나가 외적 보상 때문이라는 이야기는 이미 했다.

보상을 협력학습의 유인으로 쓰는 것은 별로 좋지 않은 방법이다. 적극적인 상호의존과 학습의 증진을 위해 보상이 필요하다는 믿음(물론 매우 의심스런 가정에 입각하고 있지만)57은 협력학습을 둘러싸고 여러 의견이 대립하고 있음을 보여준다. 협력학습뿐만 아니라 어떻게 가르쳐야 하는가에 대한 논의에서 가장 많은 의견 대립이 생기는 것도 보상에 관한 것이다. 협력학습은 교육과 사회를 변화시키는 힘, 즉 다음 세대들이 서로 대항하는 것이 아니라 협력함으로써 목표를 달성할 수 있게 해주는 힘을 갖고 있으므로, 외적 보상에 관한 여러 주장은 신중히 검토되어야 한다.

또 한편에서는 협력학습이란 학생 개개인에게 적용되던 교육 방법이 그룹 차원으로 확대된 것에 불과하다는 생각을 하는 사람들이 있다. 이들에게 협력이란 강화(reinforcement, 보상을 통해 행동을 제어한다는 심리학 용어-옮긴이)를 통해 가르쳐지는 개별적 행동을 그룹으로 묶은 것에 지나지 않는다. 즉 협력학습이란 그저 정해진 교과과정을 좀 더 잘 가르치기 위한 여러 학습 전략 중 하나일 뿐이라는 것이다.58 이들의 견해에 따르면 인간이란 그렇게 하도록 외적 동기와 보상이 주어졌을 때만 학습하고, 상호의존을 하며, 그것은 너무나 당연하다고 여긴다. 나는 이러한 주장들을 편의상 행동주의 입장(심리학에서의 행동주의가 모두 이러한 틀에 묶여 있는 것은 아니다)이라고 부르고자 한다.

반면 어떤 이들은 협력학습을 교육의 광범위한 변화를 위한 하나의 운동으로 본다. 이 입장에서 보자면 아이들은 지식을 그저 수동적으로 받아들이는 존재가 아니며, 자신과 자신을 둘러싼 세계를 적극적으로 이해하려고 노력하는 존재다. 이러한 노력은 보통 타인들과의 접촉을 통해 이루어지며, 그룹 토론은 단순히 '자유로운 대화'가 아니라 그 자체가 학습이다. 교사의 역할은 아이의 호기심을 자극하고, 생각을 키우고, 지적 능력과 인간관계의 발달을 돕는 것이다. 그 목표는 학생들이 타인과의 협동을 배우며, 학습과 행동에 스스로 책임을 지도록 만드는 것이다. 아이들은 어떤 문제를 결정하고 학습하는 데 개별적으로나 전체적으로 더 많은 책임을 갖는다. 이러한 입장을 구성주의라고 부른다.

교육에 관한 논의에서 이러한 구분은 지난 수십 년 동안 존재했는데, 물론 이런 방식이 협력학습 분야의 여러 모델들을 나누는 유일한 구별법은 아니다. 사실 협력학습을 지지하는 사람들 중에 '학교의 목적은 무엇인가'라는, 교육에서 가장 근본적인 문제에 대해서도 이견을 보이는 경우가 많다. 행동주의 견해를 가진 사람들은 충분한 보상을 통해 학생들을 강화함으로써 어떤 일이든 단시일 내에 성과를 거두게 할 수 있다고 생각한다(너무나 하기 싫은 일도 돈, 상장, 트로피 같은 외적 보상을 생각하면서 해내는 아이들을 보면 알 수 있다). 그러나 여기서의 문제는 장기적으로 보았을 때 외적 보상이 존재하지 않을 경우 어디에서 동기를 찾느냐는 것이다.

한 연구를 예로 들어보자. 한 무리의 유치원생들에게는 먹기 싫어하는 채소 주스를 마시면 칭찬과 상을 주었고, 나머지 아이들에겐 보상을 주지 않았다. 상을 기대하는 아이들은 확실히 다른 그룹의 아이들보다 더 많이 채소 주스를 마셨는데, 일주일 뒤에 보상이 사라지자 원래 보상이 없었던 아이들은 예전과 똑같은 정도로 마셨지만, 보상을 받던 아이들은 아예 손도 대려고 하지 않았다.[59]

이와 마찬가지로 아이들이 학습이란 것을 좋은 성적을 얻거나, 상을 받거나, 파티에 초대되거나, 경쟁에서 이기거나,* 부모에게 칭찬을 받기 위해 하는 것이라고 생각한다면, 그러한 외적 보상이 사라질 경우 학습을 계속할 의미도 사라질 것이다. 결국 보상을 줘야만 한다는 것은 아이들이 학습에 관심이 없다는 것을 증명할 뿐이다. 이것은 또한 아이들이 학습에 관심이 없으므로 보상을 줘야 한다는 논리로 발전한다. 말

---

* 유감스럽게도 어떤 협력학습 모델은 그룹 간의 경쟁을 필요로 하는데, 스포츠와 마찬가지로 이런 구조는 아이들에게 결국 협력은 다른 그룹을 이기기 위해 하는 것이라는 메시지를 준다. 즉 공동의 적에게 승리하는 것이 궁극적인 목표가 되는데, 이런 모순된 메시지는 협력학습을 함으로써 얻는 이득을 모두 없애버린다.[60]

하자면 악순환이 시작되는데, 이는 마치 목마른 아이에게 소금물을 주는 것과 같다.

협력을 위한 세 가지 C

행동주의자들은 다른 것과 마찬가지로 협력학습 역시 외적 보상이 있어야 성공할 수 있다고 주장한다. 그러나 나는 구성주의의 입장에서 그러한 외적 유인 없이도 협력학습을 효과적으로 실시할 수 있다고 생각한다. 이제 협력학습의 효과적인 실행을 위한 세 가지 주제를 살펴볼 것이다(이는 다른 학습 방법에도 적용할 수 있다). 이 주제들은 서로 밀접하게 관련되어 있는데, 협력을 위한 세 가지 C란 (스스로) 관리Control, 교과과정Curriculum, 공동체Community이다.

관리 : 그 일은 이렇게 해야 한다고 일일이 지시받는 성인들은, 말하자면 다 타버린 양초처럼 완전히 연소되어 자신의 진짜 모습을 잃어버리기 쉽다. 누군가는 이것에 분개하기도 하지만, 대부분은 월급을 위해, 생존을 위해 어쩔 수 없이 그 명령에 따른다. 어릴 때부터 지시와 복종에 길들여진 아이들은 어쩔 수 없이 일하는 어른들처럼 마치 못해 공부를 할 것이다. 이와는 반대로 자신의 일을 스스로 관리한다고 느끼는 학생(또는 어른)들은 그 일에 흥미를 가질 것이다. 스스로 생각하고 결정하는 것은 다른 어떤 외적 보상보다 효과적이다. 외적 보상이 어떤 일에 대한 본질적인 관심을 없애버리는 이유는 자신이 그 일을 관리하

지 못한다고 느끼기 때문이다.

　교사들은 단지 외적 보상을 최소한으로 억제하는 것만으로는 부족하며, 학생들이 자신의 공부와 인간관계에 스스로 책임을 지도록 적극적으로 도와야 한다. 자기 스스로 선택한 교재로 과제를 해온 학생들은 똑같은 교재를 교사에게 받아서 해온 학생들보다 더 창의적이었다고 한다.61 교실에서 무엇을 할지 스스로 선택할 수 있는 아이들은 인위적인 보상의 필요성을 덜 느낄 것이며, 학업에 더 열중할 수 있다.

　스스로 관리를 중시하는 협력학습 모델이 앞서 말했던 시로모 샤란의 '그룹 조사' 방법이다. 학생들은 알고 싶은 주제에 대해 '조사 그룹'을 만들고, 작업의 분담과 조사 방법을 스스로 결정한다. 그룹별로 정보를 수집하고 분석하며, 그렇게 학습한 내용에 대한 최종 보고서를 작성하여 다른 그룹과 공유한다. 테스트는 각 그룹 별로 조사한 내용에 대해 따로따로 실시되므로, 한 학급 모든 아이들이 똑같은 시험지를 받는 경우는 없다. 또 이보다 더 중요한 것은 "그러한 평가를 학습과정에 통합시키는 것이다."62 이 학습법은 초등학교와 중학교에서 더 높은 학업 성취를 이루었는데, 그 이유는 "학생들이 공부를 스스로 관리할 수 있었기"63 때문이다. 이 모델을 고안해낸 샤란은 이렇게 말한다.

　협력학습은 학생들에게 학습 활동의 내용과 진도에 대해 스스로 결정하고, 통제할 수 있도록 적극적인 역할을 부여한다. 협력학습은 수동적으로 정보를 받아들이기만 했던 아이들을, 정보를 모으고 분석하고 종합적으로 이해하는 사람으로 변화시킨다. 협력학습은 아이들을 듣는 존재에서 이야기하는 존재로 바꾸며, 무력한 방관자에서 자신의 일을 결정하는 데 영향력을 미치는 참여하는 시민으로 바꾼다.[64]

이 말은 협력학습이 만들 수 있는, 또 꼭 만들어야 하는 학습 환경에 관한 것이다. 하지만 유감스럽게도 현실은 그렇지 않음을 말해주는 말이기도 하다.

교과과정 : 교육 문제에 관한 많은 저서들이 교과과정의 개선에 관한 각종 주장들로 채워져 있으므로, 나는 여기서 세 가지만 지적하겠다.

첫째, 아이들의 타고난 호기심을 자극하며, 부담을 줄 정도로 어렵지 않고, 싫증을 낼 정도로 쉽지는 않은 교과과정이 존재한다면 아마 아이들의 학습을 위한 외적 보상은 필요 없을 것이다[65] (이는 반대로 말해 아이들에게 끊임없이 빈칸 채우기 문제를 풀게 하거나, 역대 왕조와 그 왕들의 이름을 순서대로 외우게 하려면 외적 보상을 줘야 한다는 것을 의미한다).

둘째, 좋은 교과과정은 어떠한 외적 보상 없이도 아이들을 자연스럽게 협력학습의 장으로 끌어들일 것이다. 스텐포드 대학의 엘리자베스 코헨Elizabeth Kohen에 따르면 "과제가 도전적이고 흥미로우며, 아이들이 그룹 활동에 충분한 경험이 있다면, 학생들은 협력학습 자체에서 보상을 받았다고 생각할 것이다."[66]

셋째, 우리는 협력학습을 교과과정과 연관해서 다루어야 한다. 만약 그렇지 않으면 협력학습은 실패하고 말 것이다. 협력학습이 불가능한 교과과정도 문제가 되지만, 교과과정과 전혀 상관없이 협력학습이 가능하다는 주장67에도 문제가 있다. 이는 무엇을 가르치든 협력학습으로 해결할 수 있으므로(즉 그룹으로 배우면 무엇을 배우든 다 이득이 되므로), 교육자들은 교재가 흥미로우며 가치가 있는지에 대해 별로 신경 쓰지 않아도 된다는 뜻이다. 마라 사폰-셰빈은 이러한 모델을 주장하는 사람들에 대해 "햄버거나 만들면 딱 좋을 사람들"이라고 비웃듯이 말했다.68

학교가 이른바 '싸구려 지식 구멍가게'가 되는 것을 피하려면, 또한 협력학습이 그런 교육을 그럴듯하게 꾸며주는 장식품이 되지 않으려면, 교사나 학생들 모두의 사고력을 높여주며, 아이들의 흥미와 적극적인 참여를 이끌어내는 데 적합한 교재들이 제공되어야 한다. 외적 보상이 주어지는 협력학습 모델을 선호하는 사람들조차 제대로 된 교과과정과 교재가 가장 먼저 선결되어야 할 문제라고 생각한다.69 그 뒤에 비로소 교과과정에 맞는 협력학습을 어떻게 실행할지의 문제가 제기될 것이다. "지루하고 재미없는 교재들을 단지 능률적으로 끝내기 위해 협력이라는 방법을 사용한다면, 실제 학교를 변화시킬 수도 있는 협력학습이라는 도구를 제대로 사용하지 못하는 것이다."70

또한 협력학습을 오로지 표준 시험을 잘 보기 위해서 이용한다든가, 단지 그 때문에 권장하는 것이라면, 협력학습이 가진 잠재적 가능성은 사라져버릴 것이다. 교육이나 아이들의 동기 유발에 대해 별 지식이 없는 사람들이 주로 이러한 표준 시험을 숭배한다. 심지어 그들은 모든 학교에 똑같은 시험지를 나누어 주고, 누가 정답에 검정 칠을 잘하는지 경쟁하도록 만들려고 한다. 풍부하고 창조적인 교육, 또는 아이들의 창

의력과 학습 의욕을 없애버리고 싶다면 표준 시험에 더욱 더 의존하도록 하면 된다.[71]

공동체 : 아이들은 자신에게 이익이 되거나 외적 보상이 주어질 경우에만 협동할 것이라는 추정, 즉 어떤 교실도 자연적으로 아이들의 협력을 이끌어낼 수 없을 것이라는 추정은 '인간 본성'에 대한 매우 냉소적인 견해를 나타낸다. 그러나 경험적으로 봐도 이는 올바른 추정이 아니다. 제대로 된 환경에서는 남을 돌보는 것이 자신을 돌보는 것만큼이나 자연스러운 일이다.[72]

공동체의 가치를 강조하는 교실에서는 적극적 상호의존이 자연스럽게 정착되며, 협력학습은 다른 외적 보상이 없이도 성공할 수 있다. 이런 전제를 바탕으로 계획된 프로그램이 캘리포니아에서 시작된 '어린이계발 프로젝트'이다. 이는 타인에게 호의적이며 스스로에게 책임감을 갖도록 해주는 포괄적이고 장기적인 프로그램인데, 여러 초등학교에서 성공을 거두었다.[73] 나는 이 프로젝트를 참조하여 공동체 의식을 강화하기 위해 교사들이 해야 할 일을 논문으로 소개했는데, 그 핵심은 서로 돕고 공유하게끔 하기 위해 아이들에게 외적 보상을 주는 대신 아이들 스스로 "우리가 바라는 교실은 어떤 것일까?"라는 질문을 하도록 환경을 조성하는 것이다.[74] 이 주제를 탐구해보면 협력학습을 넘어서 협력교실이라고 부를 수 있을 정도의 수준으로 영역을 확대할 수 있다. 이전에는 이런 차원의 교육에 대해 전혀 생각해보지 않은 한 교사는 예전에는 "서로 돕지 말고 혼자서 공부해! 그런 협력은 부정행위가 될 수

있어" 하고 아이들에게 외쳤던 자신을 부끄러워했다.75

나는 협력이 특정 수업에만 적용되는 일시적인 것이 아니라, 타인과의 관계에서 기본적으로 지향해야 하는 것이라고 생각한다. 즉 학습 방법뿐만 아니라 교실 분위기 자체의 전환이 필요하다는 말이다. '어린이 계발 프로젝트'에 참여한 초등 2학년 교사는 이렇게 말했다.

아이들에게 하루에 30분씩 별도의 과목처럼 협력을 가르치고, 나머지 시간 동안엔 개별적으로 경쟁하는 분위기의 교육은 할 수 없을 것이다. 등교해서 하교하기까지 학교에서 보내는 모든 시간 동안 아이들은 사이좋게 지내고, 서로 돕고 협력하는 분위기 속에서 공부해야 한다.76

이는 한정된 시간에만 협력학습을 하고, 그 효과가 다른 수업 시간에도 나타나주기를 수동적으로 기다리면 안 된다는 말이다. 교사들은 시야를 넓혀 학습 전체를 다시 생각하고, 협력학습의 경험을 모든 학교생활에 적용하기 위해 아이들과 함께 꾸준히 노력해야 한다.

우리의 교육은 대부분 교사들이 지식을 나열하면 학생들이 그 지식을 다시 말하도록 하는 구조로 이루어져 있다. 교사가 말한 지식을 아이들이 똑같이 반복하여 문제를 맞히면 성공한 학습으로 간주한다. 이는 초등학교 때부터 시작하여 교수의 강의 노트에 적힌 내용을 그대로 답안지에 써야 하는 대학교까지 이어진다.*

---

* 고등교육까지 이어지는 이러한 교육 방법으로 인해 대학에서의 협력학습은 더욱 어

협력학습을 지지하는 연구와 가치관은 이러한 교육에 변화를 이끌어 내려 한다. 물론 협력학습이 기본적인 지식의 습득을 등한시하는 것은 아니다. 그러나 협력학습은 지식과 정보의 질을 구분하는 법과 깊이 있는 사고를 지향한다.

학생들 스스로 학습을 관리하고, 알맞은 교과과정을 제시하며, 교실에서 공동체 의식을 조성한다면, 외적 보상 없이도 협력학습은 성공할 수 있다. 그 증거로, 적어도 3개의 성공적인 협력학습 모델이 있다. 첫 번째는 앞서 말한 '그룹 조사' 모델이다. 두 번째는 '어린이 계발 프로젝트'인데, 이 프로그램을 실시한 교실의 학생들은 매우 높은 이해력을 요하는 논술에서 상당히 좋은 성적을 거뒀으며, 표준 시험에서도 결코 뒤지지 않았다.[78] 세 번째 모델은 구성주의 원리와 그룹 활동에 입각하여 수업하는 초등학교 2학년 수학 프로그램에서 볼 수 있다. 이 프로그램은 "칭찬을 포함한 어떠한 외적 보상도 없는 것"이 특징이다. 학생들은 단지 교과서의 문제를 푸는 것이 아니라 구체적으로 제시된 어떤 상황에 대해 서로 토의하는 방식으로 수학을 배웠다. 이 아이들은 전통적인 학습법으로 배운 학생들보다 더 복잡하고 수준 높은 추리 능력을 갖게 되었으며, 기본적인 계산 능력 역시 뒤지지 않았다.[79]

려워진다. 샌디에이고대학의 스티븐 겔브Steven Gelb에 따르면 "지식과 생각하는 방법을 일방적으로 가르치는 전문가인 대학교수의 전통적 역할 자체가 협력학습의 환경을 만드는 데 장애가 된다." 그는 또한 학생들이 협력보다는 권위에 순종하며, 교수들 역시 매우 경쟁적인 환경에서 일하므로 협력을 성공에 대한 방해로 생각하며, 이를 협력학습의 장애라고 말했다.[77]

이제껏 살펴본 관리, 교과과정, 공동체 문제는 우리 교육을 근본적으로 변화시키는 데 꼭 필요한 것들이다. 만약 이 세 가지가 없다면 협력학습뿐만 아니라 교육 자체에 악영향을 미칠 것이다.

협력에 대한 전망

아이들에게 협력학습이 실제로 어느 정도의 영향을 미칠까? 물론 이 질문의 답은 그 학생이 협력학습을 어느 정도 이해하고 있는지, 과연 접해보기는 했는지에 따라 다를 것이다. 또한 자신의 주관에 따라 대답의 내용이 달라질 수 있다. 협력학습을 지지하는 사람들은 그 효과를 과장할지 모르며, 반대의 사람들은 경고의 메시지를 던질 수도 있다.[80]

현재 미국의 많은 교사들은 협력학습에 대해 익히 들어 알고 있을 것이다. 수만 명이 협력학습과 관련된 교육을 받았으며, 전문 잡지가 발행되고 있다. 또한 이 주제에 대한 많은 논문과 도서들이 출간되었고,[81] 한 교육 단체는 "협력학습은 다른 교육개혁 프로그램과는 달리 일시적인 성공으로 끝나지 않고 끊임없이 주목을 받고 있는데, 아직도 교육자들 사이에서 계속 논의되고 있다"고 말했다.[82] 여러 교육 관련 단체들 역시 협력학습이 학습의 질을 높이는 잠재력을 갖고 있음을 인정한다.* 예를 들어 전미과학진흥협회는 "과학과 기술 연구에는 협력

---

* 일부 교육자들은 협력학습이 우열반 편성이라는 관행에 하나의 대안이 될 수 있을 것이라고 생각한다.[83]

이 필요하며, 이러한 협동심은 교실에서의 활동을 통해 길러져야 한다"는 보고서를 발표했다.[84] 전국수학교사협의회NCTM에서도 소규모 그룹을 통한 수업 방식의 가치를 인정했다[85](몇몇 대학에서는 매우 높은 수준의 수학을 가르치기 위해 협력학습법을 도입하고 있다).[86] 전국영어교사협의회 NCTE 역시 협력학습에 관한 논문집을 발간하면서 "학생들에게 함께 공부할 수 있는 기회를 줘야 한다"는 내용의 성명을 발표했다.[87] 한편 영국에서는 장학사들이 협력학습의 효과(동기 유발에 좋고, 책임감을 키우며, 창의력이 발달한다)를 인정하고, 이런 방식의 수업을 적극 권장한다.[88]

그러나 협력학습을 지지하는 어떤 이들은 이것이 일시적인 유행으로 끝나는 것이 아닌가 걱정하기도 한다. 즉 유행에 뒤처지는 것을 걱정하는 교장이나 주임 교사가 평교사들에게 단기간 (비용이 적게 드는) 연수를 받게 하고, 따라서 제대로 준비되지 않은 학습이 시작될 수도 있다는 말이다. 협력학습은 단지 수업 방식의 변화뿐만이 아니라 학습의 내용, 학교에서의 인간관계까지도 새롭게 하는 하나의 운동이다. 그렇기 때문에 협력학습은 각 학교가 처한 상황에 따라 많은 문제점과 의문점을 만들어낸다. 교사들 역시 단기간의 연수가 아니라, 협력학습을 얼마간 시도해보고 나서야 진정한 문제가 무엇인지 깨닫는다. 사실 협력학습과 같은 변화는 동료들의 관심과 지지, 관찰과 충고 속에서 오랜 시간에 걸쳐 이루어져야 한다.[89]*(또한 이 과정은 교사들의 관심과 경험을 존

* 좋은 학교를 만드는 데 동료들 간의 지원은 필수다. 학생들에게 협력을 통해 높은 자존감, 적극적인 인간관계, 좋은 성과를 만들어주고 싶다면, 교사 역시 동료 교사들과 협력해야 한다. "만약 교사들이 학생들에게 '자기 공부만 해라. (옆 사람보다) 더

중하면서 실시해야 한다. 아무리 좋은 방법이라도 원치 않는 사람에게 강제로 시킬 수는 없으며, 시켜서도 안 된다).

어떤 이는, 지속적인 지원이 없다면 협력학습의 연수 참가자 중 계속 이 방법으로 교육할 사람이 5~10퍼센트에 불과할 것이라고 말한다.[91] 제대로 된 연수를 받지 못했거나 곤란한 문제가 발생했을 때 적절한 지원이 없다면 많은 교사들은 협력학습을 실행 불가능하거나 비현실적이라는 이유로 포기해버릴 것이다. 이런 면에서 볼 때, 한때의 유행 정도로 협력학습이 이용되는 것을 걱정하는 사람들이 있다는 것도 이해할 만하다.

한편으로는 협력학습이 실시되고 있는 현황을 볼 때, 사실 유행이란 말은 어울리지 않는다. 전통적인 관행대로 가르치는 학교에 비해 협력학습을 조금이라도 도입한 학교는 그야말로 얼마 되지 않는다. 지금 당장 어떤 학교 어느 교실에 들어간다면, 여전히 교사의 칭찬과 좋은 점수를 얻기 위한 경쟁, 구조적으로 강요된 인간관계의 황폐화, 앞 학생의 뒷머리를 바라보고 줄줄이 앉은 학생들의 모습을 보게 될 것이다. 교육개혁에 관한 수많은 토론에서도 한 학생의 학습을 다른 학생의 학습과 어떻게 연계할지에 대한 문제는 거의 언급하지 않는다. 협력학습을 실현하는 길은 너무나 멀다. 연수를 받은 교사들 중에도 협력학습에

잘해야 한다'라고 말하면서 수업 시간 내내 경쟁적이고 개인주의적인 가치를 옹호한다면, 그 가치관은 동료 교사와의 관계에서도 그대로 드러날 것이다."[90] 더욱이 자신이 맡고 있는 반의 문제를 동료 교사와 상의하고 도움을 요청한다면 (경쟁에서) 불리해지지 않을까 걱정하는 교사들도 있다. 그러나 서로 협력하는 학교를 만들고 싶다면 아이들뿐만 아니라 교사들 역시 협력하는 법을 배워야 한다.

반감을 느끼는 사람들도 적지 않다. 이런 모습을 지켜보았던 어떤 이는 "협력학습의 학문적 가치와 그것을 보급하려는 많은 사람들의 노력에도 불구하고, 한 학년 혹은 그 이상 꾸준히 하는 곳은 찾아보기 힘들었다"92고 말했다. 이유는 복합적이다.93 여기엔 협력학습의 실천을 위한 훈련이나 의지의 부족, 협력학습에 대한 여러 오해들이 포함된다.

그러나 이보다 더 뿌리 깊은 문제들이 있다. 구체적으로 협력학습이 많은 교육자들을 불안하게 하는 네 가지 이유를 살펴보자. 첫째는 협력학습이 우리 문화가 지지하는 경쟁에 도전하기 때문이며, 둘째는, 우리 문화의 가장 큰 가치인 개인주의에 도전하기 때문이다. 이 문제에 대해서는 앞서 언급했다. 세 번째는 어떤 태도에 관한 것인데, 아이들은 때때로 타인의 고통에 무관심하고, 교우관계 문제를 해결하는 데 서투르며, 다른 학생에게 하기 싫은 것을 강요함으로써 자신의 필요를 충족하고, 반대로 다른 학생의 강요에 희생되는 학생도 있다는 것을 교사들도 알고 있다. 그런데 어떤 교사들은 자신의 책임은 수업 과목을 가르치는 것이므로 이런 문제를 해결하려고 노력하는 것은 자기 임무를 벗어나는 것이라고 생각할지도 모른다.

그 이유야 어떻든 우리 학교에 대해 존 굿라드는 "존경, 신뢰, 협력, 배려 등에 입각하여 타인과의 관계를 생산적이고 만족할 만한 것으로 만드는 일에 교실에서의 학습은 아무런 기여도 하지 못할 뿐 아니라 오히려 방해가 된다"고 말했다.94 또한 아이들의 사회성 발달에 관심을 갖는다 하더라도, 그 이유는 "그 자체로 정당성을 갖는 교육의 목적이 아니라 학업의 성취나 등수에 영향을 미치는 하나의 수단으로 보는 경우가 많다."[95] 협력학습을 지지하는 이들은 아이들의 사회성을 키워야 하며, 이를 위해 서로 돕는 공동체 교실을 만들어야 한다고 권고하지만, 아이들을 표준 시험의 답안지를 잘 작성하는 학생으로 만드는 데만 관심이 있고, 훌륭한 인격체가 되는 것에는 별 관심이 없는 사람들은 협력학습을 필요로 하지 않을 것이다. 교육학자 이스라엘 리치Yisrael Rich 는 이렇게 말했다.

> 만약 협력학습이 아이들의 성적 향상이 아니라 인간성과 사회성을 키워주는 방법이라고 인식한다면, 이런 학습법에 자발적으로 참여하는 교사들은 별로 없을 것이다. 협력학습에 대한 제대로 된 연수에 참여했다 하더라도, 자신에게 선택권이 주어진다면 많은 교사들은 교육 현장에서 이 새로운 방법을 사용하지 않을 것이며, 부득이하게 사용한다 하더라도 그렇게 충실히 이행하지는 않을 것이다.[96]

협력학습의 보급이 어려운 네 번째 이유는 그룹 학습이 교실에서 교사의 통제권을 약화시키고, 앞으로 일어날 일들에 대한 예측을 어렵게 한다는 데 있다. 비유를 들어 말하자면, 기존의 수업 방식이 교사가 미리 연습한 곡을 혼자서 연주하는(이때 학생들은 청중의 역할을 한다) 것이라면, 협력학습은 교실의 모든 학생들에게 악기를 주고, 게다가 즉흥연주까지 해야 하는 것에 비유할 수 있다. 이 비유는 꼭 들어맞는 것은 아니지만, 적어도 협력학습의 두 가지 특징을 잘 포착하고 있다. 모든 학생들이 서로를 도우며 동등하게 참여하고(이럴 경우 교실의 유일한 정보

제공자는 교사가 아닐 수 있다),97 이미 정해진 진도에 따라 예측 가능한 수업을 할 수 없다는 것이다. 어떤 교사들은 이러한 불확실성이 도입되는 수업 방식을 원치 않을 것이다.

비록 많은 사람을 거느리지 못한다 하더라도 왕의 역할은 재미있다. 학교교육이란 학생들로 하여금 지시에 복종하고, 제공되는 지식만을 흡수하며, 등수를 매기기 위한 표준 시험을 위해 그 지식을 외우고, 어떤 규칙이든 묵묵히 따라야 하는 것이라고 생각한다면, 교사라는 직업은 독재자와 다를 바가 없다. 나는 관대함을 가지고 아이들의 성장에 필요한 것이 과연 무엇인가를 고민하는 많은 교사들을 만나왔다. 그러나 학생들의 적극적인 참여와 서로 돕는 방식으로 수업하는 것을 꺼리는 교사들도 분명히 존재한다. 협력교육은 교사를 포함하여 교실에 있는 모두를 주인공으로 만든다. 이러한 방식은 일부 교육자들에게 흥미롭고 고무적이지만, 증인과 미리 말을 맞춰야만 질문하는 변호사들처럼, 이미 답을 알고 있는 질문 외에 다른 것은 절대 묻지 않는 교사들에겐 당혹스러운 학습법이다.98

이에 대한 해결책으로 현재의 학습 방법과 그다지 차이가 없을 정도만 협력학습을 도입하자는 주장을 할 수도 있다. 즉 예전 교실에서는 교사가 학생들에게 개별적으로 지시했다면, 협력학습에서는 그룹에 지시하면 된다는 발상이다. 그러면 모둠을 지어 공부를 하면서도 교사의 예측대로, 계획대로 학습할 수 있다는 것이다. 그러나 이것은 교사들의 편의를 위해 협력학습의 본질을 훼손하는 일이다. 시로모 샤란은 협력학습의 잠재력을 감소시키는 이러한 일에 대해 다음과 같이 경고했다.

협력학습을 여전히 교실에서 아이들을 통제하고, 아이들이 싫증내는 교재와 학습을 조금 덜 싫증내게 만들려는 목적으로 사용하고, 미리 정해진 계획에 의해 운영하려고 한다면 … 협력학습은 교육 시장에서 대대적으로 선전하는 다른 많은 교육 방법들처럼 또 다른 기만적 모델로 취급되어 버림받을 것이다.[99]

사실 협력학습에서 예측 불가능성은 필요악이 아니다. 그것은 학습에 필수적인 요소이다. 협력학습뿐만 아니라 전반적인 교육에서 너무 편안한 것은 문제가 된다. 키르케고르는 귀족들이 좀 더 편안한 생활을 위해 여러 모로 노력하며 그것을 자랑하는 소리를 듣고 "인류를 사랑하는 마음에서 도처에 어려움을 만드는 일"을 자청했다.[100] 교사가 해야 할 일 중의 하나는 "아이들에게 문제가 되는 상황을 제시하여" 협의와 토론을 통해 해결하는 법을 가르치는 것이다.[101] '어린이 계발 프로젝트'의 총감독자인 에릭 샤프스Eric Schaps는 "보다 깊은 학습을 위해서는 내가 평소에 보던 협력학습 교실보다 '좀 더 복잡한' 수업 방식이 필요하다"[102]라고 말했다.

협력학습이 넓게 보급될 수 있느냐의 문제는 부모들이 자신의 아이가 다른 아이들과 함께 공부하기를 원하느냐에 어느 정도 달려 있다. 부모들은 자신의 학창시절을 생각하면서 아주 훌륭한 교사, 깊은 우정을 나누었던 친구들, 호감어린 인간관계, 어떤 개념을 이해했을 때의 기쁨 등을 떠올릴 수도 있다. 그러나 학교를 관찰하면서 연구한 많은 학자들이 기록한 것처럼, 이러한 아름다운 추억의 배경에는 다음과 같은 말들이 깔려 있을지도 모른다. 고립과 창피, 자신의 능력에 대한 의심, 경쟁, 무의미한 숙제, 지루함 등등. 이런 말들이 가슴에 와 닿는 사람들은 둘 중에 하나를 선택해야 한다. 냉정한 마음으로, '그래, 나도 견뎠는데, 다 그런 거야'라고 생각하면서 다음 세대도 똑같은 교육을 받게 하거나, 그것이 아니라면 '더 나은 세상을 아이들에게 물려주려면 어떻게 해야 할까?'라는 물음을 던지는 일이다. 우리가 학교를 다니면서 겪어야 했던 불합리한 일들을 없애려는 노력은 이러한 물음에서 시작될 것이다.

협력학습은 우리 사회의 가치에서 벗어나는 일인가? 경쟁적인 문화에서도 협력을 통해서만 성공할 수 있는 일들이 있으므로 꼭 그렇지는 않다고 대답하는 사람들도 있을 것이다. 그러나 기본적으로 경쟁을 최고의 가치로 여기는 사회에서, 협력학습은 사람들을 대립시키는 관행과 믿음에 도전하는 일이다. 우리의 교과과정에는 명백히 경쟁을 강조하며, 이러한 도전을 방해하는 요소도 포함되어 있다.[103] 그러나 함께 작업하면서 배우는 협력학습은 분명 아이들에게 다른 경험, 그리고 경쟁에 대한 새로운 관점을 제시해줄 것이다. 따라서 협력학습을 우리 사회의 가치를 잘 유지시키느냐 아니냐의 관점에서 바라보면 안 된다. 그보다는 우리 사회를 지탱하는 제도나 구조가 협력학습의 가치에 맞는 것인지를 먼저 따져봐야 할 것이다.

| 후기 |

경쟁이라는 주제로 졸업 논문을 쓰려다 그만둔 지 몇 년 지나지 않아,
나는 다시 이 주제를 가지고 씨름하게 되었다. 처음에는 책으로 출간될
지 어떨지도 모르면서 시작한 연구가 곧 나의 삶을 지배하게 되었다.
이제 글을 마치면서 이 책의 초판(1986)이 출간된 이후 일어난 일들을
살펴보도록 하겠다. 구체적으로 말하자면 내가 경쟁에 대해 말할 때 사
람들이 흔히 하는 질문들, "이 책의 논지에 대해 사람들의 반응은 어떤
가?", "우리 문화는 더 경쟁적이 되었는가 아니면 경쟁이 좀 줄어들었
나?", "이 책이 출간된 후로 경쟁에 대한 본격적인 연구서가 또 나왔는
가?" 하는 물음에 답을 하고자 한다.

책이 출간된 후 나는 수많은 신문과 잡지의 인터뷰는 물론이고 '도
나휴Donahue'를 비롯한 여러 텔레비전과 라디오 프로그램에 출연하게

되었다. 도나휴는 내게 "당신이 경쟁에 반대하는 이유는 패배자이기 때문이 아닌가?"라는 질문을 던졌다(전국에 방송되는 프로그램에서 이런 질문에 당신은 뭐라고 답하겠는가? 그것도 몇 초 내에). 어쨌든 이러한 관심은 이 책의 내용과 추론이 훌륭해서가 아니라, 우리 사회에 반하는 큰 논쟁거리를 제공했기 때문이다. 즉 그들이 보기에 내가 한 일은 경쟁이라는 주제에 대해 새로운 의문점과 문제의식을 던진 것이 아니라, 말하자면 우리가 가장 신성하게 받드는 소를 햄버거로 만들어버린 것이다.

이제 나는 미국 '제일의' 경쟁 비판자라고 불린다. 물론 이런 칭호를 얻기 위해 물리쳐야 할 '경쟁자'들이 많은 것은 아니다. 심지어 경쟁을 극단적으로 옹호하면서 경쟁의 이익을 추구하는 몇몇 단체들에서까지 강연을 해달라는 요청을 해왔다.

내가 경쟁에 대해 이야기할 때 사람들의 반응은 보통 세 가지 정도로 나뉜다. 첫째, 마치 나도 그 동안 그렇게 생각해왔지만 솔직히 말하기가 힘들었다는 듯이 계속해서 고개를 끄덕이는 사람들이 있다. 이러한 반응은 의외로 많은데, 물론 이런 사람들이 우리 국민의 대부분을 차지한다고는 볼 수 없을 것이다. 그러나 나는 이렇게 뜻이 맞는 사람들과 경쟁을 협력으로 변환시키는 일에 대해 이야기하는 것이 즐겁다.

이와는 정반대로 나를 공산주의자 혹은 무기력한 겁쟁이라고 부르는 사람들이 있다.* 그들은 경쟁이 불필요하고 바람직하지 않다고 생각하

---

* 이런 모멸적인 말은 사실 서로 배치된다. 누군가가 공산주의자이면서 무기력하다면 미국은 도대체 무엇 때문에 국방비를 그렇게 많이 책정하는가?

는 사람은 지구를 떠나야 된다고 생각한다. 그들은 강연 내내 팔짱을 끼고 인상을 쓰면서 앉아 있다가 질의응답 시간이 되면 보통 "당신의 주장은 이론적으로는 좋지만…"이라는 말로 이야기를 시작한다. 사실 나는 이런 사람들과 이야기를 나누는 것도 좋아한다. 그들이 내 주장을 의심하듯, 나도 우리 사회의 현실을 의심하기 때문이다. 우리에겐 회의론자라는 공통점이 있다. 나의 주장을 애써 무시하는 이들도 우리 사회의 승패 구조에서 개인의 심리가 파괴되고 생산성이 저하되는 어떤 일들을 직접 경험하게 된다면 나의 강연을 떠올릴지도 모른다.

이러한 두 입장의 중간에는 경쟁이 비생산적이라는 데 거부감을 느끼면서도 아예 무시할 수는 없는 얘기라는 것을 깨닫는 사람들이 있다. 나의 논의에 찬성할 수는 없지만, 기존의 사회구조에도 뭔가 문제가 있음을 깨달은 어떤 이는 강연이 끝나자 나에게 다가와 "이제 정말 갈피를 못 잡겠다"고 말했다. 이러한 반응은 변화의 시작이므로 가치 있는 일이다.

여기서 경쟁에 반대한다는 주장에 대한 구체적인 반론 하나를 말해야 할 것 같다. 사람들은 아이들이 크면 어쩔 수 없이 경쟁 사회에서 살아가야 하므로 어렸을 때부터 경쟁을 가르치지 않으면 성인이 되어 불리해질 것이라고 말한다. 맞는 말이다. 그러므로 나는 우리들이 두 가지 노력을 동시에 기울여야 한다고 생각한다. 즉 아이들에게 사회에 나가서 맞닥뜨릴 일을 준비시키는 동시에, 그 일들을 변화시키는 것에 대해서도 가르쳐야 한다. 우리의 목표를 후자에만 집중한다면 단기적으로는 아이들의 삶이 어려워질지 모른다. 그러나 전자에만 집중한다면 아이들은 우리 어른들이 겪었던 해로운 제도 속에서 서로를 불신하며 살아가야 할 것이다.

하지만 우리가 어떤 노력을 기울여야 하는가의 문제를 떠나서, 이미 아이들은 경쟁에 익숙하다. 타인을 이기려고 노력하는 경험이 꼭 필요할지는 몰라도, 우리 아이들은 필요 이상으로 그것을 경험한다. 만약 유치원부터 고등학교를 졸업할 때까지 경쟁이 전혀 없는 곳에서 생활했던 아이가 있다 해도, 대학이나 직장에 들어간 후에 그곳의 환경이 너무 경쟁적이어서 놀라는 일은 없을 것이다. 학교가 아니더라도 경쟁을 가르치는 곳은 너무나 많기 때문이다. 우리 사회의 아이들은 이미 승패의 구조에 너무나 익숙하다. 따라서 학생들에게 필요한 것은 더 많은 경쟁의 경험이 아니라, 우리 문화의 핵심인 경쟁에 대한 좀 더 넓은 안목과 협력적인 제도에 대한 경험이다.

나는 경쟁에 관한 글을 쓰고 강연을 하는 한편으로, 경쟁과 관련된 세 가지 문제에 대해 연구했다. 그 첫 번째가 교육의 문제이며, 경쟁의 대안인 협력학습에 관한 것이었다. 그룹을 이루어 하는 학습은 이 책의 초판이 나오기 전부터 주목을 받았는데, 이 방법에 대한 연구와 성공 사례는 그 후에 급속도로 늘어났다. 그래서 개정판에 협력학습에 관한 장을 추가했다. 두 번째로 나는 경쟁이 인간 본성이라는 주장에 대해 반론을 제기하는 과정에서 과연 본성이란 무엇인가라는 문제를 더 깊이 생각하게 되었다. 과연 이기심이나 공격성이 관대함이나 배려보다 더 본능적인 성격인지 의문이 들었다. 이 문제를 고찰하여 『인간 본성의

밝은 면 : 일상에서의 이타심과 공감The Brighter Side of Human Nature :
Altruism and Empathy in Everyday Life』이라는 책을 출간하게 되었다. 세 번
째로 경쟁에 관한 글을 쓰면서 외적 보상에 대해 더 깊은 연구를 하게
되었다. 경쟁의 가치와 더불어 우리 문화에서 신봉하는 것은 더 큰 당
근만 있다면 사람들이 모두 최선을 다하며 많은 문제들을 해결할 수 있
을 거라는 믿음이다. 이에 대한 연구의 결과로 나는 학교와 직장 그리
고 가정에서 보상에 의한 조작이 가져오는 불행을 파헤치는 책을 출간
할 예정이다(이 책은 『보상에 의한 처벌Punished by Rewards』이라는 제목으로 출간되
었다-옮긴이).

오늘날 우리 사회에서 경쟁은 더욱 확대되고 있는가 아니면 점차 줄
어들고 있는가? 경쟁이 우리 삶에 얼마나 큰 영향을 미치는지에 대해
연구한 자료는 지금까지 전혀 찾아볼 수 없으며, 장기적인 연구가 진행
중이라는 얘기 역시 들어본 적이 없다. 그러므로 경쟁 문화와 승패 구
조의 사회가 어떻게 변화하고 있는지는 알아내기 어렵다. 물론 많은 학
교에서 협력학습을 도입하려고 노력하고, 일부 경영자들이 협동에 대해
관심을 갖는다는 사실은 고무적인 일이다. 그러나 나는 정치인과 기업
인, 교육자들이 경쟁심과 경쟁력이란 말을 예전보다 더 많이 사용하는
것에 실망을 금할 길이 없다. 인디애나의 한 학교가 아무런 제한 없이
학생들을 운동부나 합창단에 참여할 수 있게 했다는 뉴스에서 안도감을
느끼지만.[1] 세 살부터 여섯 살까지의 아이들을 대상으로 선발하는 '리
틀 미스' 대회,[2] 학교 대항 퀴즈쇼를 준비하는 학생들에 관한 뉴스를
보면서 크게 실망한다.[3] 나는 정신분석 저널[4]이나 음악인[5], 교사[6], 사진

작가[7] 등을 대상으로 하는 전문 잡지에서 경쟁에 대해 의문을 제기하는 기사들을 볼 때 기쁘지만 대부분의 인기 있는 잡지, 특히 여성을 독자로 하는 잡지들이 여전히 경쟁을 불가피하거나 바람직한 것으로 또는 즐거운 일로 논하는 것을 보면 실망스럽다. 물론 모든 기사들이 친구에 대한 배려보다는 승부욕이 넘치는 아이에게 더 후한 점수를 주는 최근의 어떤 퀴즈처럼 극단적이지는 않다.[8] 또한 부모들을 위한 잡지에서는 아이들에게 너무 승리를 강요하지 말라고 충고를 하기도 한다. 그러나 이러한 충고엔 항상 '물론 적당한 경쟁은 바람직하며 생산적'이라는 전제가 따라 붙는다.*

어느 지역에서는 학업에 대한 중압감으로 49명의 학생들이 우울증, 자살미수, 마약복용 등으로 입원했다고 한다. 이에 대해 교육 관계자들은 "이러한 중압감에 잘 대처하도록 가르치지 못했기 때문"이라고 말한다. 이것은 마치 공장 주변의 주민들이 매연으로 인해 병원에 입원한 것은 방독면을 구입하지 않았기 때문이라고 말하는 것과 같다.[9] 로스앤젤레스 공항에서 착륙하던 항공기가 추락하여 불이 붙었을 때, 두 명의 남자가 서로 먼저 나가기 위해 출입구를 막고 싸우지 않았다면 희생자는 좀 더 줄었을 거란 기사를 보면서 나는 두려움을 느낀다.[10] 이는 경쟁의 본질을 보여주는 것이며, 이러한 기사를 보면서 사람들이 경쟁에 대해 새롭게 생각하지 않을까 하는 한 가닥 희망을 가져보기도 한다.

---

* 나는 이런 말을 하는 사람들이 과연 '적당한' 경쟁과 '과도한' 경쟁을 나누는 기준이 무엇인지에 대해 생각이나 해보았을까 하는 의문이 든다.

어떤 이들은 경쟁에서 지는 것을 별로 신경 쓰지 않는다거나, 결과에 너무 매달리지 않는 게임을 한다고 자랑스럽게 말하기도 한다. 물론 이 것은 바람직한 변화이다. 그러나 그들은 경쟁의 궁극적인 문제가 되는 상호 배타적인 목표 달성이라는 사회구조에 대해서는 전혀 의문을 제기 하지 않는다. 이러한 구조적인 문제는 단지 개인의 태도와 행동을 바꾼 다고 변하는 것이 아니다. 만약 개인적인 차원에서 경쟁이 문제가 있다 고 느끼는 사람들이 많아지면, 서점에는 '덜 경쟁적이 되기 위한 열 가 지 방법' 따위의 제목이 붙은 책들이 쏟아져 나올 것이다. 그리고 유행 처럼 번지다가 사회구조에는 조금의 변화도 일으키지 못하고 사라질 것 이다.

경쟁 그 자체엔 별 문제가 없다는 생각들은 널리 퍼져 있으며, 특히 직장의 경우 더욱 그렇다.[11] 그러나 지난 수년간의 연구를 살펴보면 구 조적인 문제가 얼마나 중요한지를 알 수 있다. 한 연구에 의하면 낯선 사람과 협조적으로 일하게 된 사람은 그 타인의 보상이나 처벌에 대해 공감하는 반응을 보였다. 반면 경쟁적으로 일하게 된 사람은 타인의 실 망감에 미소를 짓고, 행운에는 얼굴을 찌푸렸다.[12] 또한 집단 간의 경 쟁을 하는 사람들은 상대편의 우호적인 제안을 거절했으며, 상대 집단 의 구성원들을 구별 없이 모두 '그것들'이라고 생각하는 경향을 보였 다.[13]

7장에서 나는 부정행위, 승리를 위한 더러운 행동들이 개인의 도덕 적 결함뿐만 아니라 경쟁 그 자체가 원인이 되어 발생한다고 말했다. 그러나 여러 분야의 부정행위에 대한 사람들의 논평은 모두 개인의 문제에만 집중되어 있으며, 구조적 문제에 대한 날카로운 분석은 찾아볼 수 없다. 몇 가지를 소개하자면 다음과 같다.

스포츠 분야 : 뉴욕 자이언트의 미식축구 선수는 자신을 포함하여 다른 선수들에 대해 이렇게 말한다. "훌륭한 미식축구 선수가 되려면 적대성과 공격성을 요구받는다. 신사적이고 사회 규칙을 잘 따르는 사람에서 일요일의 2~3시간 동안은 폭력적이고 공격적인 사람이 되도록 요구받는 것이다. 그러는 것은 쉽지 않다."14

정치 분야 : 한 선거 전문가가 상대방 후보에 관한 비방 광고에 대해 이렇게 말했다. "선거는 재판과 마찬가지로 승리하는 것만이 목표다. 후보나 선거 전문가들은 이 목표를 위해 모든 이용 가능한 합법적 수단을 사용해야 한다. 이러한 게임의 규칙에 따라 행동하지 않으면 상대방이 그렇게 할 것이다."15

경제 분야 : '윤리적 자산 센터'의 소장이라 불리는 사람은 경영학 전공 학생들에게 윤리학을 가르치면 경제계가 달라질 것이라고 생각한다면 웃기는 일이라고 말한다. "불가능한 상황으로—당신들은 내년에 7퍼센트의 성장을 이루어야 한다. 그렇지 않으면 우리는 이 분야의 2등이 될 것이고, 당신들은 다른 직장을 알아봐야 할 것이다—사람들을 몰아붙이는 상황이 계속되는 한, 사람들은 계속해서 불량품들을 팔고, 이중장부를 만들고, 뇌물을 쓰며, 종업원들을 괴롭힐 것이다. 결과만이 중요한 이 오래된 전통은 변하지 않는다.16

교육 분야 : MIT대학에서는 73명의 학생들이 부정행위를 저질렀다는 이유로 처벌받았다. 수업에서 뒤처지지 않기 위해 그룹을 만들어 컴퓨터 프로그램을 공동으로 제작했다는 것이 그 이유였다. 학교의 징계위원은 이렇게 얘기했다. "많은 학생들이 어떤 일을 정직한 방법으로(즉 혼자서) 이루어내는 것은 어렵다고 생각할 수도 있으므로, 하나의 본보기로 그들을 처벌해야 했다."17

이러한 사례들은 우리가 왜 개인의 문제에서 구조의 문제로 관점을 바꾸어야 하는지를 보여준다. 도를 넘어서 공격적으로 플레이하는 선수를 출장 정지시키고, 야비한 선거 광고를 하는 정치인을 비판하고, 월스트리트의 탐욕스러운 범법자를 구속하는 것은 쉽지만, 개인에게 벌을 준다고 해서 근본적인 문제인 경쟁의 구조가 흔들리지는 않는다.

이젠 병원, 학교, 기업, 그리고 정부도 '경쟁력을 키워야 한다'고 말하는데, 이는 타인을 이기는 것과 일을 잘하는 것을 전혀 구분하지 않음으로써 경쟁에 대한 개념을 혼란스럽게 만드는 일이다. 경쟁력을 강화하면 어떤 일을 탁월하게 할 수 있냐고 물어봐야 한다. 그리고 그 대답은 사람들이 보통 생각하는 것과 달리 '그렇지 않다'이다. 우리의 학교는 이제 너무 경쟁적이기 때문에 제대로 된 학습이 이루어지지 않는다.18

의료계 역시 마찬가지의 압력을 받는다. 병원의 목적은 다른 병원보다 경쟁력을 키워 이익을 많이 남겨야 하는 것이 되었다. 따라서 고객을 확보하기 위해 이제 병원들은 유능한 의사를 키우기보다는 마케팅에 뛰어난 경영인의 영입을 더 중요시한다. 다른 분야도 마찬가지지만 수익을 올리기 위해선 비용을 절감해야 한다. 병원에서 비용을 절감하기 위해선 이익이 되지 않는 환자들, 즉 아프기는 하지만 돈이 없는 사람들에 대한 서비스는 중단해야 한다. 보험회사들 역시 '경쟁'이라는 가치 아래에서 똑같은 일을 하고 있다. 즉 절실히 필요한 사람들의 보험가입을 거부하는 것이다. 그러나 대부분의 경우 이러한 불공정이 효율을 높이지는 못한다. "병원은 다른 병원보다 환자를 더 끌어 모으기 위해 의료 기구와 시설에 더 많은 투자를 하며, 그 투자를 만회하기 위해 다시 환자들을 모아야 하는 악순환을 거듭한다. 실제로 그러한 설비와 기기가 필요한지는 별개의 문제이다."[19] 그 결과 병원들 사이의 경쟁이 심한 곳은 서비스가 좋아지기보다 의료비가 비싸진다.[20]

물론 각 기업들 간의 경쟁이 요즘 갑자기 시작된 것은 아니다. 오늘날 경쟁력 강화라는 말은 모든 것을 시장에 맡기고 각종 규제를 철폐해야 한다는 뜻으로 쓰인다. 그러나 최근에 항공업계에서 규제 철폐로 인해 나타난 현상들은 이러한 주장에 의문을 갖게 만든다.[21]

우리에게 더 익숙한 일들은 직장에서 벌어지는 경쟁이 초래하는 결과이다. 공기업, 제조업체, 엔지니어 회사 등 많은 기업체를 대상으로 한 조사에 의하면 "협력은 직원들에게 동기를 부여하지만 경쟁은 직원들의 협동심을 저해한다."[22] (흥미로운 것은 사람들과 마찬가지로 원숭이들도 경쟁으로 인해 작업 능력이 떨어지는 결과를 보였다는 점이다).[23] 매우 유명한 경영 지도자 에드워드 데밍 W. Edwards Deming은 직원들을 서로 경쟁시키는 것에 대해 이렇게 말했다.

그것은 부당하고 파괴적이다. 이러한 어리석은 짓은 그만두어야 한다. 공동의 문제에는 협력해야 하며, 인센티브나 보너스는 팀워크에 해로울 뿐이다. 공부에서든 다른 무엇이든 우리의 즐거움을 빼앗는 것은 무엇일까? 그것은 바로 1등이 되고자 애쓰는 것이다.24

경쟁을 국가 차원에서 생각해보자. 소련의 해체에 대해 많은 미국인들은 이렇게 생각한다. '우리 경제제도는 경쟁을 기본으로 한다. → 그들의 제도는 붕괴했다. → 그들과 우리는 경쟁했다. → 원래 경쟁적인 우리가 유리했다.' 이 책에서 이러한 추론에 대해 반론하는 것은 주제에서 벗어나는 것이지만, 이것 하나만은 말해둬야겠다. 양측의 경쟁으로 인해 소련뿐만 아니라 미국과 전 세계적으로도 매우 불미스럽고 불공정한 일들이 너무나 많이 발생했다. 또한 공산주의의 몰락에는 여러 요인들이 작용했다. 간단히 말하자면 그들은 서로 경쟁하지 않았기 때문에 몰락한 것이 아니라, 개인의 인권과 민주주의를 인정하지 않았기 때문에 붕괴한 것이다. 그리고 이러한 요인은 지금 우리 사회에도 여전히 존재하고 있다.*25 또 1987년 10월에 발생한 주식시장의 폭락을 생각해보자. 많은 분석가들은 그 사건이 '국제 협력의 결여' 때문에 발생했다고 설명한다. 독일의 이자율과 미국의 통화정책이 부딪쳤고, 그 외의 여러 나라의 이해가 충돌하면서 세계적으로 경제 지표에 문제가

---

* 사실 어느 조직체에서 '팀을 위해 일하라'고 말하는 것은 진정한 협력과 자주성이 없다는 것을 의미한다. 즉 보다 큰 권력 집단이 명령하는 그러한 말엔 오직 집단에 순종하라는 의미만이 가득하다.

생긴 것이다.26 국가적인 경쟁은 실질적으로 모두의 파멸을 불러온다. 하지만 이러한 교훈에도 불구하고 우리는 여전히 세계 여러 나라와 경쟁하여 승리해야 한다고 믿는다.27

물론 국가 사이의 문제에 대해선 많은 논쟁들이 있으며, 별 근거가 없는 추측들이 난무한다. 그러나 사람들 사이에서 벌어지는 경쟁에 관해서는 이미 여러 실증적인 연구들이 축적되어 있다. 앞서 3장에서 나는 경쟁을 시킨 아이들의 미술 작품이 덜 독창적이었다는 연구를 인용했다. 5년 후에 그 연구진들은 성인(회사의 중역이나 임원을 포함한)을 대상으로 독창성에 관한 연구를 진행했다. 그 결과는 아이들의 경우와 똑같았는데, 어떤 문제에 대해 타인보다 더 우수한 답을 내놓아야 한다고 지시받은 사람들은 경쟁하지 않은 사람들에 비해 독창성이 떨어졌다.28 또한 성인들 역시 자신의 일이 경쟁적이 되면 흥미를 잃는다는 연구도 인용했는데, 이 사실은 아이들도 마찬가지였다.29 더욱이 미국의 가장 유명한 동기 이론가들이 쓴 책에는 사람들에게 보상을 주는 다른 방법에 비해 경쟁이 "가장 통제적(따라서 내적 동기를 가장 저해한다)"이라고 쓰여 있다.30

이제 가장 흔하며 덜 심각한 경쟁이라고 여기는 오락 활동(스포츠, 게임)에 대해 생각해보자. 많은 사람들이 오락 활동은 승패의 구조로 되어 있어야 재미있다고 여긴다. 나의 강연을 들은 교육자나 기업인 중일부는 학교나 직장에서의 일상적인 경쟁을 바꿀 용의가 있다고 말하곤한다. 그러나 내가 주말의 경쟁 역시 그저 재미가 아니라 유해한 것이라고 말하면 이내 이해할 수 없다는 표정을 짓는다. 어떤 이들은 자신은 정말 즐길 뿐이며 승패에는 별로 상관하지 않는다고 말한다. 그러나 나는 실제로 승리와 패배에서 한 걸음 떨어져 똑같은 감정을 유지하는 사람은 거의 보지 못했다. 만약 이것이 가능하다고 가정해보자. 경기 결과에 완전히 무관한 사람들은 점수를 기록하지 않아도 그 즐거움에는 전혀 차이가 없을 것이다. 그러나 그들에게 점수판이 없는 경기를 제안 하자 금방 얼굴을 찌푸렸다. 점수를 기록하지 않으면 게임이 지루하다 는 이유였다. 그럴 수도 있다. 하지만 이것이 의미하는 바는 그 경기는 본래 지루하며, 타인에 대한 승리를 숫자로 기록해야만 즐거움을 얻을 수 있다는 것이다. 만약 우리가 추구하는 것이 승리가 아니라 성취라면 ─솔직히 고백하자면 나는 올림픽에서 신기록이 수립되지 않더라도 우 리의 삶이 비참해지지는 않을 거라는 이단적인 생각을 갖고 있다─선수 들을 상담하는 스포츠 심리학자들이 왜 다음과 같은 충고를 하겠는가? "승리에 대해 그만 생각하라. 그저 너 자신이 할 수 있는 최선의 성과 에만 집중하라."

어느 연구에서는 사람들이 스포츠에서 숙련보다 승리에 의해 동기가 유발되는 경우 그만둘 확률이 높다는 것을 알아냈다.[31] 더욱이 1,200여 명의 선수들을 대상으로 스포츠의 즐거움에 대해 조사한 바에 따르면 승리가 "즐거움과는 가장 거리가 멀었으며, 남녀노소를 막론하고 어느 그룹에서나 마찬가지였다."[32] 또 다른 연구에 의하면 "경쟁적인 스포츠 에서 승패에 덜 연연하고 경기를 잘 하는 데만 집중한다면 경쟁이 내적 동기에 미치는 나쁜 영향을 줄일 수 있다."[33] 이는 단지 선수들을 이기게 하려는 목적의 교활한 충고가 아니다.

이러한 말은 스포츠가 아닌 다른 어떤 분야에도 적용할 수 있다. 즉 타인을 이기는 것과 그 일을 잘 성취하는 것은 전혀 별개의 문제임을 잘 나타내주는 충고이다. 몇 년 전 「스포츠 일러스트레이티드Sports Illustrated」라는 잡지에 실린 기사는 경쟁에 대해 사람들이 갖고 있는 일반적인 생각에 의문을 제기했다.[34] 또한 「오늘의 심리학Psychology Today」에서는 미식축구가 텔레비전으로 방송될 때마다 가정 내 폭력이 증가한다는 증거들을 검토했다.[35] 그러나 내가 보기에 가장 만족스러운 소식은 사실 별로 새로운 것이 아니다. 그것은 승리를 위해 서로 경쟁하지 않아도 되는 여러 가지 협력적인 놀이(어린이뿐만 아니라 어른들을 위한 놀이)도 많이 있다는 사실이다.

이제 글을 마치면서 내가 생각하기에 매우 중요하다고 생각하는 논문과 책들을 몇 권 소개하고자 한다.

가정에서 아이들끼리 서로 경쟁하는 상황을 당연한 것이 아니라 해결해야 할 문제로 받아들이는 부모들은 다음 책을 일독하기 바란다. Adele Faber and Elaine Mazlish, *Siblings Without Riverity*.(한국에서는 『천사 같은 우리 애들, 왜 이렇게 싸울까?』라는 제목으로 번역 출간되었다-옮긴이)

경쟁이 자연계의 지배적인 현상 혹은 인간의 본성이 아니라는 사실에 대해 더 자세히 알고 싶은 독자들은 다음 책을 참조하라. Robert Augros and George Stanciu, *The New Biology*.(한국에서는 『새로운 생물학 : 자연 속의 지혜의 발견』이라는 제목으로 출간되었다-옮긴이)

우리의 사법체계의 기본인 대심주의, 당사자주의의 문제점에 대해 관심 있는 독자는 다음 책 두 권을 참조하라. Marvin E. Frankel, *Partisan Justice*. 그리고 Anne Strick, *Injustice for All*.

아이들의 능력과 성취 그리고 개념의 발달에 관한 연구를 통해 우리 교육제도를 철저히 분석한 책이 있다. 교육 문제에 관심 있는 독자라면 일독을 권한다. John Nicholls, *The Competitive Ethos and Democratic Education*. 이 책에서 존 니콜스는 아이들이 친구들을 이기는 데만 관심을 갖는다면 결국 학습 능력도 저해될 것이라고 말한다. 그는 또한 공정한 경쟁이 불공정한 경쟁보다는 나을지 몰라도 "타인과의 경쟁 자체가 학습을 해나가는 데 필요한 동기를 손상시키므로 경쟁은 원래 공정할 수 없다"고 말했다.

나는 경쟁에 대한 비판이 소수 의견으로 남지 않고 좀 더 폭넓은 공감을 얻어 앞으로 더 많은 책과 프로그램을 소개할 수 있기를 희망한다. 물론 저절로 그러한 일이 일어나지는 않을 것이다. 우리는 직장과 교실, 운동장 그리고 가정에서 타인의 희생이 아니라 협력을 통해 모두 성공하는 기회를 가질 수 있도록 함께 노력해야 할 것이다.

| 후주 |

1장 '1등'에 대한 강박

1   Walker Percy, "Question They Never Asked Me" p. 178. 그는 유추
    를 통해 말로 표현하기 어려운 자연의 모습에 대해 설명했다.
2   Elliot Aronson, *The Social Animal*, pp. 153-54.
3   Paul Wachtel, *The Poverty of Affluence*, p. 284. 사실 미국에서 종
    교는 거의 경쟁하는 사업처럼 되어버렸다. "종교는 전통적으로 신도의
    숫자, 부, 권력, 그리고 지위를 놓고 경쟁해왔다. 그들은 오늘날 비종교
    적인 이익집단과도 경쟁한다."(William A. Sadler, Jr. "Competition
    Out of Bounds" p. 167) 다음도 참조하라. Peter Berger, *The Scared
    Canopy*, chapter 6.
4   Anne Strick, *Injustice for All*, p. 114. 이 책의 역사적인 분석은 다음
    과 같다. "주로 패배자들이 이 나라에 정착했다. 빈털터리 사람들이 종
    교와 정치의 박해, 빈민굴의 절망, 채무의 감옥, 기근으로부터 도망쳐왔
    다. 새로운 이민자들이 도착했다는 것은 새로운 패배자들이 왔다는 뜻이
    었다. 그러나 그들은 이곳에 승리하기 위해 왔다. 실제로 승리하기도 했
    다. 많은 이들이 기회와 부를 얻었으며, 원래의 정당한 주인에게서 땅도
    빼앗았다. 그들의 승리는 본질적으로 동료들과의 경쟁에서 쟁취한 것이
    다. 따라서 승리는 미국인의 꿈이자 축복이 되었고, 패배는 악몽 그리고
    용서받지 못할 죄였다."(p. 112)
5   Sadler, p. 168.
6   Bernard Holland, "The Well-Tempered Tenor" p. 28.
7   롬바디 그 자신은 이런 말을 한 것을 후회했다. "그 따위 말은 절대 하
    지 않았어야 했다"고 했으며, 죽기 전에 이런 말을 남겼다. "나는 어떤
    목표에 대해 말한 거지, 인간의 가치와 도덕성까지 없애가면서 승리하라
    는 뜻은 절대 아니다."
8   이 두 가지 수치는 다음에 나와 있다. *U.S. Statistical Abstract* (1985).
    "Survey of Consumer Finances, 1983", *Federal Reserve Bulletin*,
    September 1984.
9   Morton Deutsch는 이 분야의 선구적인 사회심리학자이며, 경쟁을 "적
    대적 상호의존"이라고 정의했다. 이 말은 "경쟁 참가자들은 서로의 목
    적 달성에 부정적인 관계로 연결되어 있다"는 뜻이다.(*The Resolution
    of Conflict*, p. 20) 일찍이 1937년에 Mark A. May와 Leonard Doob
    는 경쟁을 "2명 이상의 사람들이 결코 다함께 달성할 수 없는 목표를
    위해 투쟁하는 것"이라고 정의했다.(*Cooperation and Competition*,

p. 6.)

10 Karen Horney, *The Neurotic Personality of Our Time*, p. 160.
11 Robert N. Bellah et al., *Habits of the Heart*, p. 198.
12 Bertrand Russell, *The Conquest of Happiness*, p. 45.

2장 경쟁은 필연적인가

1 버트의 주장에 관한 논쟁 ─ 그의 주장이 왜 이토록 열렬히 옹호되는가에 대한 이유까지 포함하여 ─ 은 다음을 참조하라. R. C. Lewontin, et al., *Not in Our Gens*, chapter 5.
2 생물학적 결정론에 가장 탁월한 비판을 가한 사람은 존경받는 진화유전학자인 Lewontin이다. 그는 정신병, 남녀 성차, 지능 등을 연구한 후 이렇게 말했다. "인간의 본성에 대해 확실히 말할 수 있는 딱 한 가지는 그 본성이 시대에 따라 다르게 평가되었다는 것이다."(*Not in Our Gens*, p. 14) Stephen Jay Gould 역시 이렇게 말했다. "우리의 뇌는 우리를 공격적 혹은 평화적으로 만들기도 하며, 지배적 혹은 복종적이게 도 만들고, 악의적으로 만들거나 관대함을 갖게도 한다. 그런데 왜 공격, 지배, 악의 같은 특수한 유전자를 더 중요시할까? 폭력, 성차별, 이기적 행동은 모두 생물학적 특성이다. 그러나 평화, 평등, 배려 역시 생물학적 특성이다. 그리고 어떤 특성들이 더 많이 드러나느냐는 우리를 둘러싼 사회구조에 따라 달라진다."("Biological Potential vs. Biological Determinism" p. 349) 또한 Gould의 "The Nonscience of Human Nature"도 참조할 것.
3 Richard Dawkins, *The Selfish Gene*, p. ix.
4 Konrad Lorenz는 이것을 증명하고자 했다. 이러한 시도에 대한 비판은 다음을 참조하라. *Man and Aggression*, edited by Ashley Montagu. 내가 인간의 공격성에 대해 자꾸 얘기하는 것은 그것이 경쟁과 밀접한 관련이 있기 때문이다.
5 윤리학자들은 이럴 경우 "당연히 할 수 있다"고 말할 것이다. 칸트가 말하길 "의무는 우리가 할 수 없는 것을 요구하지 않는다. 도덕 법칙이 우리에게 더 좋은 사람이 되어야 한다고 말하면, 당연히 우리는 더 좋은 사람이 될 수 있다."(*Religion Within the Limits of Reason Alone*, pp. 43, 46)
6 Leslie H. Farber, "Merchandising Depression", p. 64.
7 다음을 참조하라. "The Grand Inquisitor" chapter of Dostoyevsky's *Brother Karamazov*. 또는 Erich Fromm, *Escape from Freedom*.
8 Roger Caillois, *Man, Play and Games*, p. 55.
9 John Harvey et al., *Competition : A Study Human Motive*, p. 12.

10 James S. Coleman, *The Adolescent Society*, p. 318.

11 Harvey Ruben, *Competing*, p. ix.

12 Ibid., p. 22.

13 Ibid., p. 20.

14 Ibid., P. 39.

15 우호적인 행동을 적대적으로 해석하는 것은 보통 사람과 정신적으로 문
    제가 있는 사람을 나누는 분명한 기준이 된다.(Harold L. Raush, "Inter
    -action Sequences", p. 498)

16 Harold J. Vanderzwaag, *Toward a Philosophy of Sport*, p. 127.

17 Mary Ann O'Roark, "Competition Isn't Dirty Word", p. 66.

18 Garrett Hardin, *Promethean Ethics : Living with Death, Competit-
    ion and Triage*, p. 36.

19 경쟁의 불가피성을 주장하기 위해 다른 학술분야의 이론들을 이용하기도
    한다. 여기엔 다른 동물 종들에 대한 연구, 두 가지 심리학 이론—정신분
    석학과 사회적 비교론—이 포함된다. 그러나 이러한 분야에서도 경쟁이
    인간의 본성이라는 사실을 확실히 입증하지는 못했다.

20 David W. and Roger T. Johnson, "Instructional Goal Structure : Coope
    -rative, Competitive, or Individualistic"(이후 "Structure"로 표기)

21 Ashley Montagu, Johnson and Johnson, "Cooperation in Learning
    : Ignored But Powerful" p. 1.에 인용되어 있다. 정신의학자 Roderic
    Gorney도 이에 동의했다. "현대 인간들을 객관적으로 보자면 경쟁보다
    협력적인 상호작용이 훨씬 많다."(*Human Agenda*, pp.101-2) 또한 다음
    문헌도 참조하라. Arthur W. Combs, *Myth in Education*, pp. 15-17.

22 "공격성, 불안감, 죄의식, 그리고 이기심에 의한 동기와 행동에 대해서만
    연구해왔기 때문에 인간의 보다 '밝은 면'에 대한 문제는 과학적이지 않
    은 것으로 보이기까지 한다."(Marian Radke Yarrow et al., "Learning
    Concern for Others" p. 240)

23 이러한 예는 다음의 책들을 참조하라. H. L. Rheingold and D. F. Hay,
    "Prosocial Behavior of the Very Young", Marian Radke Yarrow and
    Carolyn Zahn Waxler, "The Emergence and Function of Prosocial
    Behaviors in Young Children", Yarrow et al., "Learning Concern",
    James H. Bryan, "Prosocial Beh-avior", Maya Pines, "Good Samaritans
    at Age Tow?", 그리고 나의 논문 "That Loving Feeling - When Does It
    Begin?"이 있다. Yarrow와 Waxler는 이렇게 말했다. "공감의 능력, 그
    리고 타인과 함께 하려는 다양한 종류의 행동들은 어렸을 때부터 이미
    갖고 있는 것이다. … 아주 어린아이들은 종종 다른 아이의 욕구를 정확
    히 알아내고 그 욕구에 맞게 반응한다."(pp. 78-79)

24 Rheingold and Hay, p. 101. 또한 Roderic Gorney는 "인간이 개인주

의적이고 경쟁적이기보다 사회적이고 협력적인 존재라는 사실은 사회생
물학과 진화론을 연구하는 이들이 대부분 인정한다"고 말했다.(*Human
Agenda*, p. 140) Martin L. Hoffman, "Is Altruism Part of Human
Nature?"도 참고할 것.

25 Richard Hofstadter, *Social Darwinism in American Thought*, p. 20
4.

26 Stephen Jay Gould, 필자와의 대화 중. 1984.

27 Charles Darwin, *The Origin of Species*, chapter III, p. 26. Patrick
Bateson 역시 "자연선택을 단지 투쟁 개념으로만 생각한다면 다윈의 이
론을 남용하는 것"이라고 주장했다.("Cooperation and Competition",
p. 55)

28 George Gaylord Simpson, *The Meaning of Evolution*, p. 222. 이와
비슷하게 Ashley Montagu는 이렇게 썼다. "자연선택은 우리가 흔히 생
각하듯 경쟁이 아니라 협력에 의해 더 많이 적용되어 왔다. … 경쟁을
통해 자연선택이 된 개체나 종들도 결국 생존을 위해서는 협력할 수밖에 없었
다."(*Darwin, Competition and Cooperation*, pp. 70. 72)

29 Pyotr Kropotkin, *Mutual Aid*, pp. 74-75.

30 Allee, *The Social Life of Animal*의 개정판.

31 Montagu는 약 50여 권의 도서와 논문을 엮어서 *Darwin*이라는 제목으로 출간했다.

32 Marvin Bates, *The Nature of Natural History*, Montagu에 의해 인
용. William Patten은 *The Grand Strategy of Evolution*에서 이렇게
말했다. "무기적, 유기적, 정신적, 사회적 진화의 모든 과정에 공통된 것
은 오직 하나뿐이다. 그것을 표현하는 가장 좋은 단어는 협력, 혹은 상
호 도움이다."(p. 33)

33 W. C. Allee, *Cooperation Among Animals*, p. 16. 그는 계속해서 이
렇게 말한다. "서로에 대한 도움은 뿌리 깊고 오래된 전통이며, 그것은
자연발생적이고 정상적인 상황이기 때문에 우리는 그것을 간과하기 쉽
다."(p. 176)

34 예를 들어 Richard Dawkins나 Garrett Hardin 같은 이들.

35 이와 비슷한 오류는 이타주의에 대한 사회생물학자들의 논의에도 나타난
다. '자연법칙'과 '자연선택'을 혼동해 쓰는 것과 같은 맥락이다. 이에 대
해서는 다음을 참조하라. Gunther Stent, "You Can Take the Ethics
Out of Altruism But You Can't Take the Altruism Out of Ethics." Mar
shall Sahlins, The Use and Abuse of Biology. Anthony Flew "From
Is to Ought"

36 John A. Wiens, "Competition or Peaceful Coexistence?" p. 34.

37 예를 들어 Sahlins, Montagu, Gorney 등이 있다. Elliot Aronson은 이
렇게 말했다. "크로포트킨의 작업은 별 주목을 받지 못했는데, 그것은

시대를 너무 앞섰거나, 산업혁명으로부터 이익을 얻는 당대의 사람들에게 별 필요가 없었기 때문이다."(p. 153)

38 Lewontin et al., p. 309, fn. 30에 인용되어 있다. 사회생물학자들 중 일부는 인간의 제도가 다른 종들에게도 나타난다고 생각한다. "장기적인 사회관계를 유지하는 종들은 인간과 마찬가지로 치밀한 구애 습성을 갖고 있다. 인간이 섹스를 하는 이유 중 하나가 사회적 유대감의 강화라는 사실을 보면 이해할 수 있을 것이다."(Edward O. Wilson, *On Human Nature*, pp. 146-47) 여기서 더 나아가 그는 인간의 '사랑'과 동물의 '유대감'을 똑같은 것으로 취급한다.

39 Montagu, *Darwin*, p. 72.

40 Mark A. May, "A Research Note on Cooperative and Competitive Beha -vior" p. 888.

41 May and Doob. Emmy A. Pepitone, *Children in Cooperation and Com -petition : Toward a Developmental Social Psychology*, p. 14에 인용되었음.

42 Deutsch, *Resolution of Conflict*, p. 89.

43 Thomas Tutko and William Bruns, *Winning Is Everything and Other American Myths*, p. 53.

44 David Riesman, "Football in America : A Study in Culture Diffusion" p. 252.

45 Aronson, pp. 153, 206.

46 Jules Henry, *Culture Against Man*, pp. 295-96.

47 Susan Schiffer Stautberg, "The Rat Race Isn't for Tots" 또한 뉴욕 타임스의 다음과 같은 기사를 보자. "로스쿨에 입학해야 한다는 압력은 유치원에서부터 시작된다."(Michael deCourcy Hinds "Private School : The First Step") "젊은 사람들은 최고를 원한다. 선망 받는 직업, 값비싼 자동차, 그리고 자랑할 만한 아이까지. 그들은 이를 위해 경쟁해야만 한다는 사실을 잘 알고 있다."(James Traub, "Good Bye Dr. Spock" p. 16.

48 Deutsch, "Education and Distributive Justice" p. 394. 그는 계속해서 이렇게 말한다. "학생들에 대한 평가가 경쟁적이지 않다면, 왜 그들에게 같은 시간, 같은 공간 속에서 똑같은 문제를 풀도록 요구하는가?… 인위적으로 만들어진 희소한 상장들과 메달들은 교육의 가치를 높이기 보다 더 추락시키며, 아이들의 실력을 올려준다는 표면상의 목표 역시 이루어지기 힘들 것이다."

49 Joan I. Robert, *Scene of the Battle : Group Behavior in the Urban Classroom*, p. 184 참조.

50 Peter L. and Brigitte Berger, *Sociology: A Biographical Approach*,

p. 189. Terry Orlick은 이렇게 말한다. "아이들은 승리가 중요하다고 배우는데, 왜냐하면 처음에는 그것이 중요한지 잘 모르기 때문이다. 아이들이 노는 목적은 재미와 즐거움 그리고 다른 아이들과 친하게 지내기 위해서이다. 아이들에게 승패는 중요하지 않으며 서로 재미있게 노는 것이 가장 중요하다."(*Winning Through Cooperation*, p. 133)

51 Jean Piaget, *The Moral Judgement of the Child*, p. 37.

52 Pepiton, p. 59. Nancy Chodorow 역시 키부츠, 중국, 쿠바의 아이들은 덜 경쟁적인 공동체 환경에서 양육된다고 말한다.(The Reproduction of *Mothering: Psychoanalysis and Sociology of Gender*, p. 217)

53 Ruben, *Competing*, pp. 66-67.

54 Deutsch, *Resolution of Conflict*, pp. 30-31. p. 365도 참조.

55 Robert Axelrod, *The Evolution of Cooperation*, p. 28.

56 Harold H. Kelly and Anthony J. Stahelski, "Social Interaction Basis of Cooperators' and Competitors' Beliefs About Others" 또한 다음도 참조하라. Alexander Mintz, "Non-adaptive Group Behavior" Morton Deutsch도 "협력에서 경쟁으로 옮겨가는 것이 다른 어떤 경우보다 더 쉽게 일어난다"는 것을 알아냈다.(*Distributive Justice*, p. 271)

57 Ibid, "물론 경쟁적인 사람들도 협력을 경험한다. 그러나 그들은 그러한 행동이 인간이 본래 협동적이어서가 아니라 어떤 상황 때문에 일어난다고 생각한다."(p. 89)

58 이에 대한 예는 다음 두 저서를 참조하라. Robyn M. Dawes et al., "Behavior, Communication, and Situation." Lewrence A. Messé and John M. Sivack, "Predictions of Others' Responses in a Mixed Motive Game : Self-Justification or False Consensus?"

59 Gerald Sagotsky et al,. "Learning to Cooperate"

60 Linden L. Nelson and Spencer Kagan, "Competition: The Star Spangled Scramble" p. 56. 이 연구는 열 살의 아동들을 여섯 쌍으로 나누어 실시되었다.

61 Nina B. Korsh, "Effects of Preaching, Practice, and Helpful Evaluations on Third Graders' Collaborative Work"

62 Harold B. Weingold and Ronald L. Webster, "Effects of Punishment on a Cooperative Behavior in Children"

63 Aronson, pp. 206-10.

64 Morton Deutsch and Robert M. Krauss, "The Effect of Threat Upon Interpersonal Bargaining"

65 David N. Campbell, "On Being Number One: Competition in Education" p. 145.

66 Orlick, *Winning Through Cooperation*, pp. 179-80. 이 실험에서 아

이들의 협력 행동을 기록한 사람들은 어떤 그룹이 협력을 배웠는지 전혀 모르는 상황에서 진행되었다.

67 Ibid, p. 177.

68 David W. Johnson and Brenda Bryant, "Cooperation and Competition in the Classroom" p. 177.

69 Johnson and Johnson, "Motivational Processes in Cooperative, Compe-titive, and Individualistic Learning Situation" (이후 "Processes"로 표기) p. 31. 다른 연구에서도 다음과 같은 사실을 알아냈다. 첫째, 6학년 학생들은 기존의 개인 성적을 통해 보상을 주는 방식보다 협력적 평가가 더 공정하다고 생각했다.(Johns-on and Johnson, "The Socialization and Achieve-ment Crisis" p. 151-52) 둘째, 대학생들을 대상으로 한 실험에서 학생들은 다양한 보상 분배 방법 중 '승리한 사람이 모든 것을 독차지하는' 방식에 가장 부정적인 반응을 보였다. 협력 작업을 경험한 학생들은 균등한 보상 분배를 선호했다.(Deutsch, *Distr-ibutive Justice*, pp. 157-59)

70 이는 Emmy Pepitone과 그녀의 동료들이 알아낸 사실이다. p. 245.

71 Donald Bruce Haines and W. J. McKeachie, "Cooperative versus Competitive Discussion Methods in Teaching Introductory Psychology" pp. 389-90

72 Piaget는 지적으로 성숙되어야 협력—자기중심적 생각에서 사회적 행동으로 전환하는 것—능력이 생긴다고 확신했으나, 내 생각에 그는 협력과 경쟁을 확실히 구분하지 못한 것으로 보인다. Deutsch가 설명한대로 경쟁과 협력은 모두 상호 작용이 필요하다. 즉 상호 작용 자체가 협력만을 뜻하는 것은 아니다. Piaget는 다른 놀이 연구가들과 마찬가지로 경쟁 구조가 없어야지만 협력 행동이 가능해진다는 사실을 잘 알지 못했다.

73 다음을 참조하라. Carolyn W. Sherif, "The Social Context of Competition" p. 22.

74 Nelson and Kagan (p. 54) Charles G. McClintock도 같은 지적을 했다. ("Development of Social Motives in Anglo-American and Mexican-American Children")

75 23번 주의 책들을 참조.

76 Rheingold and Hay, p. 99에 인용됨.

77 Orlick, *Winning Through Cooperation*, p. 176.

78 Millard C. Madsen "Developmental and Cross-Cultural Differences in the Cooperative and Competitive Behavior of Young Children" p. 369.

79 Sagotsky et al., p. 1041.

80 Beatrice B. and John W. M. Whiting, *Children of Six Cultures*, p. 64. 점수로 환산했을 때 미국 도시 아이들은 5.5점이었고, 나머지 5개 문화권의

평균은 9.2였다.

81 Jeanne Humphrey Block, "Conceptions of Sex Role : Some Cross -Cultural and Longitudinal Perspectives"

82 Spencer Kagan and Milard C. Madsen, "Experimental Analyses of Co-operation and Competition of Anglo-American and Mexican Child -ren"(이후 "Experimental Analyses"로 표기) pp. 57, 53.

83 Boyce Rensberger, "What Made Humans Human?"

84 George Edgin Pugh, The Biological Origin of Human Values, p. 2 67.

85 Marshall D. Sahlins, "The Origin of Society", pp. 80. 82.

86 이에 대한 예들은 다음의 책들을 참조하라. David Pilbeam, "An Idea We Could Without : The Naked Apes" esp. pp. 118-20. James Yost 는 "Nomads of the Rainforest"에서 와오라니 족의 사냥에 대해 이렇게 묘사했다. "소년들은 무기를 서로 나누었다. 그들에게 경쟁이란 너무나 낯선 말이었다. 자발적으로 협력하는 것이 그들이 아는 유일한 방법이었다."(p. 6)

87 Irving Goldman, "The Zuñi Indians of New Mexico" pp. 344-45.

88 Ibid., p. 338.

89 B. H. Quain, "The Iroquois" p. 256.

90 Irving Goldman, "The Bathonga of South Africa"(이후 "Bathonga" 로 표기) p. 380.

91 Margaret Mead, Cooperation and Competition Among Primitive Pe -oples, p. 16.

92 Anthony G. Miller and Ron Thomas, "Cooperation and Competition Among Blackfoot Indian and Urban Canadian Children" 이 연구는 8살의 어린이들 96명을 대상으로 실시되었다.

93 Ariella Shapira and Millard C. Madsen, "Cooperative and Competit ive Behavior of Kibbutz and Urban Children in Israel" 이 연구는 8 살 안팎의 아이들 80명을 대상으로 실시되었다.

94 Shapira and Madsen, "Between and Within Group Cooperation & Competition Kibbutz and Nonkibbutz Children" 이 연구는 8세에서 11세의 어린이 320명을 대상으로 실시되었다.

95 Robert L. and Ruth H. Munroe, "Cooperation and Competition A mong East African and American Children"

96 Kagan and Madsen, "Experimental Analyses" 이 연구는 7~9세, 10~ 11세 아이들 160명을 대상으로 실시되었다.

97 Kagan and Madsen, "Cooperation and Competition of Mexican, Mex ican-American, and Alglo-American Children of Two Ages Under

Four Instruct-ional Sets"(이후 "Four Instructional Sets"로 표기)

98 Nelson and Kagan, "Competition", p. 91.

99 Kimball and Romaine Romney, The Mexicans of Juxtlahuaca, Mexico, p. 21.

100 George B. Leonard, "Winning Isn't Everything, It's Nothing", p. 45.

101 Orlick, Winning Through Cooperation, pp. 41-54, 223-35.

102 Elizabeth A. Sommerlad and W. P. Bellingham, "Cooperation-Com petition : A Comparison of Australian, European, and Aboriginal School Children"

103 Gerald Marwell and David R. Schumitt, Cooperation : An Experimental Analysis, pp. 170-72.

104 Ruth Benedict, The Chrysanthemum and the Sword, pp. 154-55.

105 William K. Cummings, Education and Equality in Japan, p. 127.

106 Jack and Elizabeth Easley, Math Can Be Natural : Kitamaeno Priorities Introduced to American Teachers, Howard Gardner, Frames of Mi nd, p. 380에 부연 설명으로 인용. 이것은 물론 모든 면에서 일본의 학습 방식이 다른 문화에서보다 앞서있다는 뜻은 아니다. 적어도 한 연구자에 의하면 일본의 학교는 자유로운 질문과 자발적 참여, 개성 등을 억압하려는 경향이 있다고 한다.(Edward B. Fiske, "Japan's Schools Str ess Group and Discourage Individuality") 그러나 이러한 분위기와 더불어 협력학습이 공존하는 것은 사실이다.

107 Julian Baum, "Friendship No Longer Ranks Ahead of Winning for Chinese Olympians" 물론 Terry Orlick은 그래도 미국에 비해서 중국의 스포츠 선수들이나 팬들은 승리에 덜 집착한다고 말했지만(Winning Through Cooperation), 자본주의와 민족주의의 대두로 중국 역시 스포츠가 매우 경쟁적으로 변해가고 있는 것은 사실이다.

108 Susan L. Shirk, Competitive Comrades, p. 162.

109 Nelson and Kagan, "Competition", p. 90.

110 Margaret Mead, p. 495.

111 Gorney, Human Agenda, pp. 159-60.

112 Gorney, "Cultural Determinants of Achievement, Aggression, and Psychological Distress"

113 Margaret Mead, p. 511.

114 Ibid., pp. 481-82.

115 Ibid., p. 463.

116 William O. Johnson, "From Here to 2000", p. 443.

117 특히 스포츠 심리학에 대해 연구한 두 명의 정신분석학자는 Arnold R. Beiss er in The Madness in Sports("The Problem of Winner"라는 제목의

장)와 Robert A. Moore in *Sports and Mental Health*

118 Sigmund Freud, *Civilization and Its Discontents*, p. 58.

119 Ibid., p. 59.

120 Anna Freud, *Normality and Pathology in Childhood*, p. 150.

121 Ian Suttie, *The Origins of Love and Hate*, p. 20. 이는 경쟁 행위의 상호의존성에 대해 언급한 것인데, 앞서 Piaget 이론에 함축되어 있는 것과 같은 의미이다.

122 Gorney, *Human Agenda*, p. 472.

123 Herbert Hendin, *The Age of Sensation*, p. 97.

124 정신분석학자들과 마찬가지로 사회심리학자들도 경쟁은 불가피한 것이라고 명시적으로 말하진 않는다. 그 대신 다른 사람과 비교하는 사회 비교 이론을 사용하여 그들의 믿음을 드러낸다. 사회 비교 이론은 George Herbert Mead의 사상에서 간접적으로 볼 수 있으며(특히 *Mind, Self, and Society*), Leon Festinger의 고전적 논문인 "A Theory of Social Comparison Process"에서 명확하게 볼 수 있다.

125 Rainer Martens, "Competition : In Need of a Theory", p. 13.

126 Albert Bandura, *Social Learning Theory*, p. 132.

127 Jerome Kagan, *The Nature of the Child*, p. 273.

128 Joseph Veroff, "Social Comparison and the Development of Achieve -ment Motivation", p. 55.

129 Carl Rogers에 따르면 건강한 발전의 특징은 각 개인이 "평가의 기준은 자신에게 있다"고 느끼는 것이라고 말했다.(*On Becoming a Person*, p. 119)

130 Irving Goldman, "Bathonga", p. 360.

131 Harvey et al., pp. 176-77.

3장 경쟁은 더 생산적인가

1 Spiro Agnew, "In Defense of Sport", pp. 257-58. 다른 분야에서도 이와 비슷한 정서를 찾는 것은 어렵지 않다. 사회학자 Harry Edwards 는 어느 고등학교 교장의 말을 인용했다. "만약 이 나라가 경쟁심의 가치를 모르는 국민들로 가득하다면, 우리는 혼란과 무정부 상태 그리고 전혀 생산성 없는 국가가 될 것이다."(*Sociology of Sport*, p. 119)

2 Aronson, p. 152.

3 Johnson and Johnson, "Structure", p. 128. John Harvey도 이와 비슷한 말을 했다. "이기지 못했다는 것과 진짜 성공의 가치는 아무런 관련이 없다." (p. 14)

4 Margaret M. Clifford, "Effect of Competition as a Motivational Te
   -chnique in the Classroom" (1972)
5 Morton Goldman, et al., "Intergruop and Intragruop Competition and
   Cooperation" (1977)
6 Abaineh Workie, "The Relative Productivity of Cooperation and Com-
   petition" (1974)
7 Deutsch, *Resolution of Conflict.*
8 미네소타대학의 교육자이며 사회심리학자인 존슨 형제는 교실에서의 경
   쟁과 협력에 관해 미국에서 가장 많은 연구와 저술 활동을 했다. 이들은
   이 주제에 관해 약 100여 권의 책과 논문 대부분을 지난 10년간 발표했
   다. 이 외에도 그들은 교육자들에게 협력적 학습법을 가르치고 있다.
9 David W. Johnson et al., "Effects of Cooperative, Competitive, an
   d Individ-ualistic Goal Structure on Achievement : A Meta-Analysis"
   (이후 "Meta-An-alysis"로 표기)
10 Ibid., p. 53.
11 Ibid., p. 54. 또한 다음도 참조하라. Bryant J. Cratty, *Social Psychology in At
   -hletics*, p. 76. Johnson and Johnson, "Srtucture", p. 220.
12 Morton Goldman et al., 또한 David R. Schmitt, "Performance Under C
   ooper-ation or Competition", pp. 660-62도 참조. 어쨌든 Dorcas B
   utt에 따르면 "사람들이 상호의존을 하지 않아도 되는 상황은 거의 없
   다."(*Psychology of Sport*, p. 41n)
13 Johnson and Johnson, "The Socialization and Achievement Crisis : Are Coop-
   erative Learning Experiences the Solution?"(이후 'Crisis'로 표기)
14 Pepitone, p. 30.
15 Johnson and Johnson, *Learning Together or Alone*(이후 *Learning*
   으로 표기), p. 191. 몇 년이 지난 후 존슨 형제는 더 나아가 그들의 메
   타분석을 기초로 하여 "집단 간의 경쟁을 수반하지 않은 협력이 그것을
   수반하는 협력보다 더 높은 성과와 생산성을 가져왔다"라고 말했다.
   ("Meta-Analysis" p. 57)
16 Deutsch, *Distributive Justice*, p. 163. 이 연구와 결론에 대한 자세한 내용은
   chapter 10, "Experimental Studies of the Effects of Different Sys
   -tems of Distributive Justice"
17 Johnson and Johnson, "Structure", pp. 220-21 참조.
18 Irving C. Whittemore, "The Influence of Competition on Performance
   : An Experimental Study", p. 254 참조.
19 Pepitone, p. 234. 이 연구에는 5살에서 11살까지 거의 1천 명의 어린
   이들이 참여했다.
20 Johnson and Johnson, "Crisis", p. 146.

21 John C. Adams, Jr., "Effects of Competition and Open Receptivity on Creative Productivity", pp. 16-17.

22 H. J. Lerch and M. Rubensal, "Eine Analyse des Zusammenhangs zwischen Schulleistungen und dem Wetteifermotiv"

23 도이치는 미국 학교의 성적평가에 대해 다음과 같은 도발적인 논문을 썼다. 첫째, 실제 학업 성취도를 측정하는 것이 아니라 '주로 다른 학생들과의 비교 결과를 측정'함으로써 교육을 경쟁으로 변질시키는 경향이 있다. 둘째, 그러한 평가 방법은 협력 구조만큼 학생들에게 동기를 부여하지 못한다. 셋째, 학생들을 서로 대립하게 하려는 목적에 이바지하며, 그로 인해 공동체적인 행동을 억제하고, 경쟁적인 자본주의 문화를 받아들이도록 사회화한다. 넷째, 각 개인은 독자적으로 평가받을 수 있고 또 그래야 한다고 인식함으로써 개인을 둘러싼 사회적 환경을 무시하도록 한다. 그는 이렇게 결론 내린다. "학교의 경쟁적인 평가제도가—물론 더 큰 사회에서의 경쟁에 의한 성과제도보다는 덜 부패하지만—개인의 행복과 사회적 협력에 도움되는 사회적 환경을 만들지 못하는데, 어떻게 경쟁적 이데올로기가 지배하는 사회에서 이런 가치들이 실현되기를 바랄 수 있는가? 경쟁적인 계급제가 아이들에게 나쁘다면 어른들에게는 좋은 것이 될 수 있는가?"(Deutsch, "Education and Distributive Justice")

24 Aronson, pp. 206-10

25 Johnson and Johnson, Learning, pp. 79-80. 이 책은 교사들, 특히 초등 교사들이 유용하게 쓸 수 있는 협력적 교육방법으로 가득하다.

26 Johnson and Johnson, "Crisis" p. 122.

27 Johnson and Johnson, "Structure" p. 226.

28 Johnson and Johnson, "Crisis" p. 149. 사실 우리가 기꺼이 받아들이는 다음과 같은 추측, "비슷한 수준의 학생들끼리 공부해야 더 잘 배울 수 있다"는 추측은 결코 사실이 아니다." 수백 건의 연구를 살펴보면 심지어 아주 수준 높은 학생들끼리 모여 있는 교실에서도 위와 같은 추측을 입증하는 데 실패했다는 것을 알 수 있다. (Jeannie Oakes, Keeping Track : How Schools Structure Inequality, p. 7)

29 Johnson and Johnson, "The Internal Dynamics of Cooperative Learning Groups", p. 105.

30 Stuart Yager et al., "Oral Discussion, Group-to-Individual Transfer, and Achievement in Cooperative Learning Groups", p. 65.

31 John S. Wodarski et al., "Individual Consequences Versus Different Shared Consequences Contingent on the Performance of Low-Achieving Group Members" (1973), pp. 288-89.

32 Peter M. Blau, "Cooperation and Competition in a Bureaucracy"

33 Robert L. Helmreich et al,. "Making It in Academic Psychology : De-

mographic and Personality Correlates of Attainment", pp. 897, 902.

34 Helmreich et al., "Achievement Motivation and Scientific Attainment", p. 224.

35 Janet T. Spence and Robert L. Helmreich, "Achievement-related Motiv e and Behavior" (앞으로 "Achievement-related"로 표기)

36 Ibid., p. 52.

37 Helmreich, "Pilot Selection and Training."

38 Helmreich et al., "The Honeymoon Effect in Job Performance."

39 Georgia Sassen, "Sex Role Orientation, Sex Difference, and Concept of Success", pp. 38-39. 이 연구는 28명의 대학생들을 상대로 행해졌다. 학생들의 경쟁심은 그녀가 고안한 "성공 개념의 경쟁심(Competitiveness of Success-Conc ept)" 테스트에 의해 측정되었다.

40 Teresa M. Amabile, "Children's Artistic Creativity", p. 576. 평가에 참여한 7명의 예술가들의 판단은 매우 믿을 만한 기준으로 이루어졌다.

41 Will Crutchfield, "The Ills of Piano Competition". Béla Bartók은 이렇게 말했다. "경연은 예술가가 아니라 말들이 하는 것이다." (Carl Battaglia, "Piano Co -mpetitions : Talent Hunt or Sport?"에서 인용)

42 Sandra McElwaine은 이렇게 썼다. "워싱턴으로 입성하기 위해 경쟁이 필수 요소라면, 그중 가장 극심한 경쟁은 언론에서 발생한다. 수도에서 뉴스는 매우 큰 사업이며, 정부를 취재하는 수천 개의 언론들은 끊임없 이 뉴스를 만들어내기 위해 애를 쓴다. 이렇게 끊임없이 이어지는 경쟁 은 언론에 종사하는 사람들에게 심리치료가 필요할 만큼 우울증, 불안 감, 불안정 상태를 낳는다."("On the Couch in the Capital", p. 63.)

43 Jay Winsten, "Science and the Media: The Boundaries of Truth", p. 8.

44 "이러한 경쟁의 소용돌이는 과장된 주장들을 여과 없이 보도하도록 만드 는데, 전통적으로 논문을 통해 발표되던 과학의 연구 결과는 언론을 통 해 공개하는 방식으로 바뀌어가고 있다."(Ibid., pp. 14-15)

45 Stephen Klaidman, "TV's Collusive Rule". Klaidman은 조지타운 대 학교 케네디윤리학연구소의 선임 연구원이다.

46 이 말은 CBS 뉴스 보도국장을 역임했으며, 현재는 콜롬비아 대학의 언 론학과 교수로 있는 Fred Frriendly가 했는데, Adam Pertman의 논문인 "Media Observers Say News Coverage Is Pressuring U.S. to Act" 에 인용되어 있다.

47 Johnson and Johnson, "Process", p. 22.

48 Helmreich et al., "Making It in Academic Psychology", p. 907.

49 Spence and Helmreich, "Achievement-related", p. 55.

50 John McMurty. William O. Johnson, "From Here to 2000", p. 446에 인

용되어 있음. Robert N. Singer and Richard F. Gerson도 이렇게 말했다. "만약 선수들을 승리했느냐 아니냐의 관점에서만 평가한다면 그 선수의 훌륭한 경기력에 관심을 갖는 사람은 거의 없을 것이다."("Athletic Com-petition for Children", p. 253) 그리고 Frank Winer는 기술을 향상시키려고 노력하는 것과 남을 이기려고 애쓰는 것은 구별되어야 한다고 말했다. ("The Elderly Jock and How He Got That Way", p. 193. 이후 "Elderly Jock"으로 표기)

51 Lisa Belkin, "Young Albany Debaters Resolve Who's Best"
52 Marvin E. Frankel, "The Search for Truth", pp. 1037, 1039
53 I. Nelson Rose, "Litigator's Fallacy", pp. 92-93
54 Thurman Arnold. Anne Strick, *Injustice for All*, p. 19에서 인용. Strick은 이 책에서 대심제도의 소송을 설명하면서, 흔히 법제도 탓으로 돌리는 많은 문제들이 사실 "법조계 사람들의 타락이나 서투름보다는 서로 경쟁하게 하는 그 자체의 본성에 기인함"(p. 16)을 증명해 보였다. 또한 그녀는 "협력적으로 연구하여 합의에 이르는 것으로… 다툼을 통해 진실을 가르는 것을 대신해야 한다"고 주장했다.(p. 217) 한편 Rose는 좀 더 신중한 변화를 권했다. "자신의 의뢰인만을 옹호하는 것에서 공공의 이익을 고려하는 변호사가 되도록 윤리 규범을 강조해야 한다."
55 John Knowles, *A Separate Peace*, p. 46.
56 George B. Leonard, *Education and Ecstasy*, p. 129.
57 David N. Campbell, "On Being Number One", pp. 145-46, 모턴 도이치 또한 이렇게 말했다. "교실에서 희소한 무엇인가를 얻기 위해 경쟁적 투쟁을 반복하고 지속적으로 경험하면서 학생들은 이것이 올바른 길이며…자연스러우면서 불가피한 것이라는 믿음을 갖게 된다."("Education and Distributive Justice", p. 394)
58 "이를 간단히 표현하면 '아이를 고통 속에 놔두어라. 그래야 앞으로 고통을 견딜 수 있다. 아이에게 무슨 방법을 쓰던 이겨야 한다고 가르쳐라. 아이에게 자신을 제치고 승리한 사람, 그리고 패배해버린 스스로를 증오하도록 가르쳐라'라는 뜻이다."(Campbell, p. 144)
59 Clifford, pp. 134-35.
60 다음을 참고하라. Matina Hornor, "Performance of Men in Noncompetition and Interpersonal Competitive Achievement-Oriented Situation."
61 Edward L. Deci et al., "When Trying to Win : Competition and Intrinsic Mot-ivation", p. 79.
62 Johnson and Johnson, "Process", p. 16.
63 Edward L. Deci, "Effects of Externally Mediated Rewards on Intrinsic Motivation." p. 114. 그는 또 다른 책에서 이렇게 말했다. "아이들, 사원들, 학생들의 내적 동기를 증진하려면 어떤 일을 행할 때 금전적 보상 등의 직접

적인 외적 통제제도에 의존하지 말고, 본질적으로 흥미를 유발할 수 있는 상
황을 만드는 것이 중요하며 그러한 상태에서 사람들이 서로 돕고 보상을 나
눌 수 있도록 해야 한다."("Intrinsic Motivation, Extrinsic Reinforcement,
and Inequity", p. 119-20)

64 Deci et al., pp. 82-83.
65 Jenifer Levin, "When Winning Takes All", p. 94. 선수들의 경기력을
    포함하여 외적 동기가 낳는 폐해에 관해서는 다음을 참조하라. Wayne Hal
    liwell, "Intrinsic Motivation in Sports" 그리고 Singer and Gerson,
    pp. 255-57.
66 John Holt, *How Children Fail*, p. 274.
67 이에 대한 예는 다음을 참조. Johnson and Johnson, "Process", p. 6.
68 Deutsch, *Resolution of Conflict*, p. 26. 이와 관련한 내용은 도이치의
    여러 책에서 볼 수 있다.
69 Blau, pp. 533-34.
70 Spence and Helmreich, pp. 54-55. Helmreich는 또한 이렇게 말했다.
    "경쟁적인 사람들은 운동하는 동료나 공부하는 친구들과 협동적인 관계를 만
    드는 데에 어려움을 느낀다."(Helmreich, "Making It in Academic Psy-ch
    ology", p. 970)
71 Johnson and Johnson, "Structure", p. 1228.
72 Johnson and Johnson, "Crisis", p. 151. 7개의 연구를 통해 이와 같
    은 결론을 도출했다.
73 Benedict, pp. 153-54.
74 Blau, p. 534.
75 예를 들어 Donald Bruce Haines and W. J. McKeachie, p. 390에는
    이렇게 쓰여 있다. "경쟁의 긴장감으로 둘러싸여 있는 학생은 이미 매우
    바람직하지 않은 상황에 처해 있는 것과 마찬가지다. 연구에 의해 밝혀
    졌듯이 경쟁적인 환경에 있는 학생은 자신의 욕구가 채워지지 못할지도
    모른다는 압박을 받게 되고 불안을 느낀다. 그러한 불안한 예감은 제대
    로 실력 발휘를 하지 못하게 한다." 다음도 참조하라. Johnson and Joh
    nson, "Structure", pp. 227-28.
76 다음을 참조할 것. Michael K. Steigleder et al., "Drivelike Motivational P
    rop-erties of Competitive Behavior"
77 J. W. Atkinson, "The Mainsprings of Achievement-Oriented Activity",
    p. 16. 다음도 참조하라. Atkinson, *An Introduction to Motivation*, p
    p. 244-46. C. H. Patterson도 이렇게 썼다. "실패를 피하기 위해 취
    하는 많은 행동은 진정한 배움의 기회를 갖지 못하게 한다."(*Hum-anis
    tic Education*, p. 86)
78 Henry A. Davidson은 유달리 경쟁적으로 진행되는 어떤 부처의 공무원

선발에서 재능 있는 지원자의 낙담을 예로 든다. "많은 이들이 스스로 지원을 포기했다. 따라서 애당초 뛰어난 경력이 없기 때문에 잃을 것이 없는 이들만이 남았다. 이로써 경쟁적 환경은 우수한 사람들보다는 재능이 떨어지는 사람을 선호한다는 결론을 내릴 수 있다."("Competition, the Cradle of Anxiety", pp. 165-66)

79 Michael Novak, *The Joy of Sports*, p. 158.

80 Christopher Lasch, *The Culture of Narcissism*, p. 194.

81 Wynne Edward, *Animal Dispersion in Relation to Social Behaviour* (1962). 그는 이 책에서 집단 선택이라는 개념을 제시했다. 자신이 속한 종의 생존을 위해 개체들이 스스로 출산율을 줄이는 동물들의 예를 들었다. 집단과 개체 선택에 대해서는 진화생물학자들 사이에서 아직 논쟁 중이다.

82 Garrett Hardin, "The Tragedy of the Commons" Hardin은 이러한 사례를 강제적인 통제가 필요하다는 주장을 위해 제시했지만, 나는 이것이 우리가 갖고 있는 근시안적인 개인주의의 비극이라는 점에 초점을 맞추고 싶다.

83 Fred Hirsch, *Social Limits to Growth*, p. 5.

84 이는 Thomas Schelling이 말했는데, Robert H. Frank, *Choosing the Right Pond : Human Behavior and the Quest for Status*, p. 133에 인용되어 있다.

85 Joshua Cohen and Joel Rogers, *On Democracy*, p. 57.

86 Axelrod, pp. 189-90, 100.

87 다음을 참조하라. Robyn M. Dawes et al,. "Behavior, Communication, and Assumptions About Other People's Behavior in a Commons Dilemma Situation."

88 Douglas Hofstadter, "Irrationality Is the Square Root of All Evil", p. 758.

89 Mayor Ramon Aguirre Velazquez, Richard J. Meislin, "Mexico City Gets Too Big a Million Times a Year", p. E26에 인용되어 있음.

90 Horney는 *Neurotic Personality*, p. 160에서 이에 대해 논한다. Paul Wachtel은 "미국에서 경쟁적인 시장제도의 반공동체적(anticommunal) 성향은 일반적인 사회적 가치를 강화한다"고 말했다.(p. 168) 스포츠나 학교 제도는 이러한 경쟁적인 경제체제에 의해 영향을 받는다.

91 James Reston, "Politics and Taxes", p. E21. A Study by Citizens for Tax Justice에서 인용.

92 Michael Harrington, *The New American Poverty*, p. 88.

93 Paul Wachtel의 여러 책들을 참조. 또한 다음을 참조하라. E. F. Schumacher, *Small Is Beautiful : Economic as if People Mattered.*

94 John P. McKee and Florence B. Leader, "The Relationship of Socio-Economic Status and Aggression to the Competitive Behavior of Preschool Children."

95 Roberts, p. 184.

96 "전 지구적으로 볼 때 식량은 인류가 충분히 먹을 수 있을 만큼 있다. 또한 경작 가능한 토지 중 농작물을 기르고 있는 토지는 60% 이하다."(Frances Moore Lappé and Joseph Collins, *Food First*, pp. 13-14)

97 Wachtel, p. 58.

98 만들어진 희소성에 관한 논의는 다음을 참조하라. Herbert Marcuse, *One-Dim-ensional Man*, chapter 1.

99 Philip Slater, *The Pursuit of Loneliness*, pp. 103, 106-7, 110.

100 Pepitone, pp. 295-96.

101 Charles Derber, *The Pursuit of Attention : Power and Individualism in Everyday Life*, p. 17, n. 17.

102 Lawrence K. Frank, "The Cost of Competition", pp. 314-16.

103 John M. Culbertson, *Competition, Constructive and Destructive*, p. 3.

104 다음을 참조하라. Robert Lindsey, "Airline Deregulation Standing Some To -wns", pp. A1, B19.

105 Fred Pillsbury, "Bus Industry Slip Into a Lower Gear", p. A1. 또 다음도 참조하라. William Serrin, "How Deregulation Allowed Greyhound to Win Concessions from Strikers", p. A22.

106 Norman Lear, "Bottom Linemanship", p. E23.

107 Arthur W. Combs, "The Myth of Competition", p. 268.

108 Sinclair Lewis, *Babbitt*, p. 55.

109 Lawrence Gonzales, "Airline Safety : A Special Report", p. 210.

110 Frederick C. Thayer, "Can Competition Hurt?", p. A17. Paul Wach tel도 이렇게 말했다. "끊임없이 경쟁을 요구하는 곳에서 안전을 위한 설계, 공공을 위한 정보, 도덕성 등이 사라지는 것은 자연스럽기까지 하다."(p. 58) 항공 산업 분야의 규제 완화로 안전성이 위협받는 내용은 John J. Nance의 *Blind*. 참조.

111 Wachtel, pp. 68-71.

112 Harvey et al., p. 95.

113 Lawrence K. Frank, pp. 318-23. 개성이 억압된다는 주장은 경쟁적 구조에서 거의 당연해 보이는데, 이는 나중에 다시 살펴볼 것이다.

114 협력에 의해 더욱 즐겁게 생산성을 올린 사례는 John Simmons and William Mares, Working Together, Appendix I에서 찾아볼 수 있다. 또한 Morton Deutsch의 *Distributive Justice*의 "Suppose We Took Egalitarianism Seri ously"라는 제목의 장도 참조할 것.

4장 경쟁은 더 재미있는가

1 Harvey, et al., p. 13.
2 George Leonard, *The Ultimate Athlete*, p. 128.
3 Edwards, p. 4.
4 Johan Huizinga, *Homo Ludens*, "사람들이 서로의 우월함을 겨루는 방법은 너무나 다양하다 … 어떤 형태이든 그것은 놀이이다."(p. 105) 그리고 이렇게 말했다. "… 경쟁은 곧 놀이를 의미한다."(p. 133)
5 M. J. Ellis, *Why People Play*,이 책은 많은 연구자들이 제시한 놀이의 정의와 이론-해석하기 어려운 정의와 이론들-을 잘 추려서 검토하고 있긴 하지만, 매우 강한 행동주의의 편견을 가지고 있다.
6 Huizinga, pp. 13, 203.
7 Huizinga에 의해 재인용. p. 197, n. 2.
8 George Herbert Mead는 아이들이 놀면서 다양한 규칙들(성인들의)을 배운다고 생각했다.(esp. pp. 150, 364-65) 또한 Mihaly Csikszentmihalyi의 도서들을 참조할 것.("Play and Intrinsic Rewards", p. 42)
9 "아이들은 처음 접하는 것을 극복하기 위해 무의식 세계에서 조금 떨어진 외부에서 그것을 다룰 필요가 있다. 처음 접하는, 즉 아이가 다루기에는 복잡한 인형이나 장난감 같은 놀이 도구는 아이의 다양한 성격들을 구체화하는 데 이용될 수 있다."(Bruno Bettelheim, *The Uses of Enchantment*, p. 55)
10 Orlick은 놀이를 통해 정직함과 협동심을 가르칠 수 있다고 여겼다.(*Winning Through Cooperation*, pp. 138-39)
11 정신분석자나 행동주의자들은 인간을 움직이는 동기가 주로 긴장 완화와 관련되어 있다고 주장한다. 이는 인간 성격이론에서 논란이 되고 있는 문제인데, 인간은 "균형에 도전한다"고 주장하는 Gordon Allport 같은 사람들도 있다.(그의 저서 *Becoming*을 참조할 것)
12 Huizinga, pp. 197, 199.
13 이를테면 다음과 같은 책이 있다. Michael Novak, *The Joy of Sports*(1976), John Underwood, *Spoiled Sport*(1985).
14 Winer, p. 194.
15 Novak, p. 218.
16 Joseph Heller, *Something Happened*, p. 221-214.
17 Ellis, p. 140.
18 Günder Lüschen, "The Interdependence of Sport and Culture." p. 127.
19 Edwards, pp. 47-48.
20 Mihaly Csikszentmihalyi, *Beyond Boredom and Anxiety*, p. 182.

21 Sadler, p. 169.

22 이 말은 Brenda Jo Bredemeier and David L. Shields, "Values and Violence in Sports Today." p. 23에 인용되어 있다.

23 Gai Ingham Berlage, "Are Children's Competitive Team Sports So -cializing Agents for Corporate America?", pp.313-14, 331.

24 "스포츠는 젊은이들에게 미국의 가치관을 받아들이고 내면화하게 하는 주요 사회화 수단이다. 따라서 보수주의자들은 스포츠를 지지하며, 진보주의자들은 비판의 대상으로 생각한다"고 D. Stanley Eitzen은 말했다.(*Sport and Contemporary Society*, p. 90) Gerald Ford 역시 대통령 시절 "국가의 성장이나 행복을 위해 스포츠만한 것이 없다"고 말한 바 있다. 스포츠에 대한 평가가 지역별로 차이가 있다는 사실은 Edwards가 인용한 갤럽 여론조사 결과에 근거한 것이다.

25 George H. Sage, "American Values and Sports : Formation of a Bure -aucratic Personality." pp. 42, 44.

26 Tutko and Bruns, p. 42에서 Rieseman의 말을 인용.

27 이 주제에 대한 논의는 다음을 참조하라. Arnold V. Talentino, "The Spo -rts Record Mania : An Aspect of Alienation."

28 George W. Morgan, *The Human Predicament*, pp. 82-93. Morgan 에 따르면 인간은 자신이 무엇을 경험했든 그것을 분류하고 통제하려는 욕구를 느끼며, 자신의 능력이든 무능력이든 모든 것을 수량화시키려고 한다. 그러나 누군가 말했듯 "수량화시킬 수 있는 것 중에 좋은 것은 아무것도 없다."

29 Tutko and Bruns, p. 206에 인용되어 있음.

30 Ibid., p. 205.

31 Stuart H. Walker, *Winning*, p. 58

32 Leonard, p. 47. 그는 이어서 "그러나 양념을 잘못 썼을 경우 병에 걸릴 수도 있다."(ibid)

33 Betty Lehan Harragan, *Games Mother Never Taught you*, p. 78

34 이 주제에 관한 심리학자들의 논의들은 다음 책들을 참고하라. Maslow, *Religion, Values, and Peak-Experience*. Lifton, *The Life of the Self*, p p. 33-34. Csikszentmihalyi, "Play and Intrinsic Rewards."

35 Walker, p. 3.

36 Novak, pp. 222-31.

37 Gary Warner, *Competition*, p. 30.

38 Giamatti. John Underwood, "A Game Plan for America", p. 67에 인용되었음. Harold J. Vanderzberg는 *Toward a Philosophy of Sport* 에서 실존주의자의 입장에서 스포츠를 정당화하려고 했으나, 그는 실존주의가 개인주의 철학이라는 잘못된 견해를 바탕으로 이를 시도했다(이

문제에 대해 자세한 사항은 나의 논문 "Existentialism Here and Now"
를 참조할 것).
39 Sadler, pp. 173-74. 스포츠의 성취에 대해 어떻게 애기하든 거기에 경
쟁이 없다면 우리는 의심스러워한다. 그러나 새들러는 오락 활동 중의
하나, 혹은 즐거움을 추구하는 방법으로서의 스포츠에 대해 애기한다.
40 Russell, Conquest of Happiness, p. 55.
41 Orlick, Winning Through Cooperation, pp. 131, 129-30.
42 Johnson and Johnson, "Structure", p. 224.
43 Schmitt, p. 672.
44 Tutko and Bruns, p. 202. 이 책의 마지막 장인 "Alternate [sic] Models
and Approaches"에 이러한 주장이 실려 있다.
45 Howard S. Slusher, Man, Sport and Existence, p. 148.
46 Theodore F. Lentz and Ruth Cornelius "All Together : A Manual of Co
-operative Game", p. 12.
47 Lewis Carroll, Alice's Adventure in Wonderland, p. 33.
48 이에 대한 입증은 Rivka R. Eifermann이 1만 4천 명의 이스라엘 아동들을
대상으로 진행한 연구에서 볼 수 있는데, 그는 피아제의 "규칙과 경쟁은
항상 함께 따라다닌다"는 주장을 반박하면서, "규칙에 지배되는 개인적
게임"과 더불어 "규칙에 의한 협력적 게임" 역시 존재한다고 지적했다.
(pp. 276, 278) 그는 또한 "피아제가 주장했고 일반인들이 대체로 믿고
있는 바와 달리 아이들은 성장하면서, 4학년을 정점으로 하여 경쟁적이
며 규칙에 지배되는 게임 참여율이 상대적으로 떨어진다"고 말했다.
49 Carroll, p. 33.
50 Lentz and Cornelius, P. 4.
51 Orlick, The Cooperative Sports and Game Book, p. 52.

5장 경쟁은 인격을 키우는가

1 Horney, Neurosis and Human Growth, p. 86.
2 Harry Stack Sullivan, The Interpersonal Theory of Psychiatry, p. 3
51. 강한 자존감은 건전한 인간관계와 대립한다기보다 그 전제조건이 된
다. 자신을 먼저 사랑해야 남을 사랑할 수 있다는 말은 옳다. 프롬은 자
존감과 이기심은 서로 반대되는 것이라고 말했다.(Erich Fromm, Man for
Himself, pp. 124-45) 제2차 세계대전 중의 이타적 행동에 관한 연구를
진행한 Samuel Oliner는 이렇게 말했다. "자신의 가치를 높게 평가하는
것이 다른 사람을 도울 수 있는 심리적 기초가 된다." (Daniel Goleman,
"Great Altruists : Science Ponders Soul of Goodness")

3   Abraham Maslow, *Motivation and Personality*, p. 45. 또 다른 인본
    주의 심리학자 Carl Rogers는 무조건적인 자존감의 중요성을 강조하며,
    그것은 건전한 심리 상태를 가져온다고 했다. 또한 자존감은 타인에 의
    해 자신이 무조건적으로 받아들여질 때 발달한다고 말했다.("A Theory
    of Personality"를 참조할 것)

4   Miles Hewstone, *Attribution Theory : Social and Functional Extension*,
    p. 17. Marie Jahoda 역시 비슷한 말을 했다. "정신건강에 대한 여러
    저서들이 공통적으로 제안하는 바는 자기 자신을 있는 그대로 받아들이라
    는 것이다."(*Current Concepts of Positive Mental Health*, pp.28-29)

5   Lawrence K. Frank, p. 332.

6   Maslow, *Toward a Psychology of Being*, chapter 3. *The Father
    Reaches of Human Nature*, chapter 9 and 20.

7   Hal Gabriel. Susan Orlean의 인용-. "Taking It to the Limit", p. 45.

8   다음을 참조하라. John J. Vance and Bert O. Richmond, "Cooperative and
    Competitive Behavior as a Function of Self-Esteem", and Marianne W.
    DeVoe, "Cooperation as Function of Self-Concept, Sex and Race"

9. Morris Rosenberg, Society and the Adolescent Self-Image, p. 227

10 Bruce C. Ogilvie and Thomas A. Tutko, "Sport : If You Want to Build
    Char-acter, Try Something Else", p. 63.

11 Horney, *Neurotic Personality*, p. 173. 그러므로 "우리 문화에서 일어
    나는 경쟁적 투쟁은 정상적인 사람들까지 권력, 명성, 부를 강박적으로
    추구하는 파괴적 충동으로 이끈다."(p. 167)

12 이 책의 47~48쪽을 참조.

13 신학자 C. S. Lewis는 경쟁심이 교만의 죄와 깊이 관련되어 있다고 말
    했다. "교만은 본질적으로 경쟁적이며—즉 교만에는 경쟁심이 내재되어
    있으며—이에 반해 다른 죄들은 말하자면 우연히 경쟁적이다. 교만이란
    무엇인가를 갖는 데서 즐거움을 느끼는 것이 아니라 다른 사람보다 많
    이 갖는 데서 기쁨을 느낀다. 경쟁의 요소가 사라진다면 교만함도 없어
    질 것이다."(*Mere Christianity*, p. 95)

14 Dave Meggyesy, *Out of Their League*, pp. 79, 12.

15 Levin, p. 93.

16 Walker, p. 193.

17 다음을 참조하라. Spencer Kagan and George P. Knight, "Cooperation-
    Competition and Self-Esteem : The Case of Cultural Relativism"

18 Carole Ames, "Children's Achievement Attribution and Self-Reinfo
    rcement: Effect of Self-Concept and Competitive Reward Structure"
    (앞으로 "Achievement"로 표기) p. 353. 사회심리학에서 여전히 유용
    한 '통제위치(locus of control)'라는 개념은 Julian Rotter에 의해 명명

되었다.

19 Ardyth A. Norem-Hebeisen and D. W. Johnson, "The Relationship Between Cooperative, Competitive and Individualistic Attitudes and Differentiated Aspects of Self-Esteem", p. 420.

20 Johnson, Johnson, and Geoffrey Maruyama, "Interdependence and Interpersonal Attraction Among Heterogeneous and Homogeneous Individuals", p. 35.

21 Johnson and Johnson, "Crisis", p. 40. 협력적인 학생과 경쟁적인 학생들의 자존감이 어떻게 다른지에 대해 분석했다(p. 420 참조).

22 Johnson, Johnson and Linda Scott, "The Effects of Cooperative and In-dividualized Instruction on Student Attitudes and Achievement", p. 212. 이 연구에서 협력과 비교한 것은 독자적 학습 방법이었고, 경쟁은 포함되지 않았다.

23 Aronson, p. 210.

24 Ruth P. Rubinstein, "Changes in Self-Esteem and Anxiety in Competitive and Noncompetitive Camps"

25 Deutsch, "Distributive Justice", p. 399.

26 Orlick, Winning Through Cooperation, p. 121.

27 Walker, pp. 111, 250. 이는 운동선수에 관해 한 말이다. Rollo May는 시장에서의 경쟁에 대해 논하면서 이와 똑같은 결론을 내렸다. "경쟁적 투쟁에서의 모든 패배는 개인의 자존감에 위협이 된다. 그 패배는 무력감과 열등감을 불러온다."(The Meaning of Anxiety, p. 196)

28 Ames, "Achievement", p. 350.

29 Ibid., p. 353.

30 Frank Ryan, Sports and Psychology, p. 205.

31 Leonard, p. 46.

32 Ruben, p. 147. 경쟁을 연구한 다른 사람들도 비슷한 의견을 제시했다. 이에 대한 예는 다음과 같다. Lawrence Frank, "경쟁은 소위 마지막 지위라는 것을 인정하지 않으며, 경쟁하는 사람들은 항상 새로운 목표를 세우지만 그것을 달성하면 더 큰 목표를 세우고 자신이 이룬 것을 별거 아니라고 생각한다."(p. 320) 스포츠 심리학자 Tutko와 Bruns는 이렇게 말했다. "어떤 수준의 경쟁이든, 어떤 스포츠에서든, 목표를 이루고 나면 손에 닿지 않는 더 높은 목표를 세워 더 완벽함을 추구한다. 승리란 말하자면 소금물을 마시는 것과 같다. 절대 갈증을 해소할 수 없다. 경쟁의 추구는 만족을 모르는 탐욕과 같다. 승리는 여러 명이 나눌 수 없다. 프로이트라면 이러한 행동을 '반복적 강박'이라 정의했을 것이다. 승리자가 '이제 됐다'고 느끼는 순간은 없다."(pp. 2-3)

33 Mark Spitz. Walker의 책에서 인용. p. 38.

34 Walker, p. 37.

35 Luise Eichenbaum and Susie Orbach, *Understanding Women : A Feminist Psychoanalytic Approach*, p. 142

36 Butt, p. 54.

37 Edwards, p. 103.

38 Douglas MacArthur, Moore의 책에서 인용. p. 73.

39 Ogilvie and Tutko, pp. 61, 63.

40 Richard W. Eggerman, "Competition as a Mixed Good", p. 48. 이러한 의견에 대한 반박은 Alfie Kohn, "Why Competiton?"를 참조.

41 *New York Times* story : "Team Play Drawback for Young"

42 Johnson and Johnson, "Structuring Conflict in Science Classrooms", p. 12.

43 Rosenberg, p. 281.

44 Eggerman, p. 40.

45 Ibid., p. 50.

46 Ellen Sherberg, "The Thrill of Competition" in *Seventeen*.

47 Walker, p. 110.

48 May and Doob, Pepitone에 의해 인용. p. 16.

49 John R. Seeley et al., *Crestwood Heights : A Study of the Culture of Sub-urban Life*, pp. 229-30.

50 Vance and Richmond, p. 225.

51 Gregory Bateson이 제시한 이론으로, 다음을 참조하라. Bateson et al., "Toward a Theory of Schizophrenia"

52 Novak, p. 47. 정신분석학자인 Willard Gaylin 역시 이렇게 말했다. "경쟁은 게임을 활기차게 만들지도 모르지만, [패배의] 고통과 분노는 너무나 깊다."(*The Rage Within*, p. 35)

53 Harvey et al., pp. 74-75.

54 G. M. Vaught and S. F. Newman, 두 명이 한 이 연구의 제목은 "The Effect of Anxiety on Motor Steadiness in Competitive and Non-Competitive Condition"이다. Johnson and Bryant이 인용했다. p. 173.

55 Haines and McKeachie, pp. 389-90.

56 Tutko and Bruns, p. 79.

57 다음을 참조하라. Roy F. Baumeister, "Choking Under Pressure : Self-Consciousness and Paradoxical Effects of Incentives on Skillful Per-formance"

58 Horney, *Neurotic Personality*. p. 182.

59 Ibid, p. 167.

60 Rollo May, p. 173.

61 Ibid, p. 191.
62 Ibid, p. 233.
63 Ibid, pp. 233-34.
64 Walker, p. 235.
65 Rollo May, pp. 87-88.
66 Herbert Hendin, *Suicide in America*, p. 30.
67 Hendin, *Age of Sensation*, pp. 167-70.
68 Jane E. Brody, "Heart Attacks : Turmoil Beneath the Calm", p. C5.
69 Sadler, p. 172.
70 Butt, p. 41.
71 Srully Blotnick, *Otherwise Engaged : The Private Lives of Successful Career Women*, pp. 108-9.
72 Strick, pp. 83-84.
73 Michael Parenti, *Democracy for the Few*, p. 37.
74 Leonard, "Winning Isn't Everything. It's Nothing", p. 46. 또한 다음도 참조하라. Leonard, *Education and Ecstasy*, pp. 82, 121. Parenti 역시 복종적 개인주의자에 대해 이렇게 말했다. "만인이 만인과 경쟁하지만, 그들 마음속의 목표와 가치관은 획일적으로 똑같다."
75 Combs, *Myths in Education*, p. 19. Lawrence Frank도 경쟁적인 경제제도를 분석하면서 비슷한 말을 했다. "개인주의를 옹호하는 사람들은 경쟁이 독창성과 개성을 자극한다고 주장한다. 그러나 경쟁은 상대방에 의해 내가 규정되며, 획일적인 규칙을 따르도록 강제되기 때문에 개성은 억눌린다. 경쟁은 매우 한정된 행동양식 안에서 타인에게 승리를 거두는 것이므로 각 개인은 투쟁의 강도나 중요성, 또는 승리에 대한 망설임의 차이 정도를 제외하고는 획일성을 벗어날 수 없다."(p. 318)
76 Crutchfield, "Ills of Piano Competition"
77 Henry, p. 279.
78 Elin Schoen, "Competition : Can You Bear It When Your Friends Get Ahead?" p. 210.
79 Amabile, p. 577.
80 Lear, "Bottom Linemanship"

6장 서로에게 맞서는 사람들

1 Walter A. Weisskopf, "Industrial Institutions and Personality Structure", p. 4. 그는 또한 "경쟁이 경제적인 이익을 가져온다는 경제이론의 주장도, 그것이 개인주의와 공격적인 인간관계를 불러오며, 진정으로 중요한

따뜻함, 친밀감, 애정 등이 포함된 인간관계를 약화시킨다는 것을 부정할 수는 없을 것이다"라고 말했다.

2 Paul Watzlawick, *The Situation Is Hopeless, But Not Serious*, p. 120.

3 Henry, p. 135.

4 Mary-Lou Weisman, "Jousting for 'Best Marriage' on a Field of Hors d'Oe-uvres"

5 Horney, "Culture and Neurosis", p. 161.

6 Horney, *Neurotic and Personality*, p. 175.

7 Elizabeth Stark, "Women's Tennis : Friends vs. Foes" 이 말을 한 사람은 버지니아 슬림 국제테니스대회 임원을 했던 Ted Tinling이다. 스포츠심리학자인 Frank Ryan은 이렇게 말했다. "경쟁적이지 않은 선수들은 우호적인 분위기를 만드는 것을 좋아한다. … 경쟁에 집착하는 선수가 우호적인 태도를 취하면 그것은 아마도 속임수일 가능성이 크다. 그러나 별로 경쟁적이지 못한 선수는 진짜 경기를 하면서 좋은 분위기를 만들려고 노력한다."(*Sports and Psych-ology*, p. 205)

8 Ogilvie and Tutko, pp. 61-62.

9 Walter Kroll and Kay H. Peterson, "Study of Values Test and Collegiate Football Teams", p. 446. 이 연구에서는 자주 이기는 팀의 선수들과 별로 그렇지 못한 팀의 선수들을 비교하기 위해 비슷한 수준의 학교에서 6개 팀을 뽑아 대조하였다. 연구자들은 어떤 이유에서인지 승자들이 더 '사회성'이 높을 것이라 예상했다. 그러나 경쟁적인 선수들은 적극적인 인간관계를 대가로 치른다는 결론을 내렸다.

10 Lillian Rubin, *Just Friends : The Role of Friendship in Our Lives*, pp. 81-82

11 Ames, "Achievement", p. 353.

12 Rollo May, p. 173. Jeffrey Sobel은 이렇게 말했다. "경쟁적인 게임에서 승리에 이르는 방법은 상대방이 실패할 경우에만 가능하다.…승자는 다른 사람의 패배에 기뻐할 수밖에 없다."(*Everybody Wins*, pp. 1-2)

13 Henry, p. 153.

14 Kagan and Madsen, "Four Instructional Sets", p. 53.

15 Martin Buber, *The Knowledge of Man*, p. 74.

16 Ibid., p. 81.

17 이 두 명의 스포츠 심리학자는 Julie Anthony와 James Leohr이다. 이 내용은 Stark, "Woman's Tennis"에서 재인용했다.

18 Meggyesy, p. 28. Bredemeier and Shields는 이렇게 썼다. 스포츠는 참가자들을 "사람이 아니라 단지 하나의 대상으로 보게 만든다. 경쟁하는 스포츠에서는 이렇게 적을 대상화함으로써 인간적인 책임감을 덜어내고자 한다."(p. 29)

19 Johnson and Johnson, "Crisis", pp. 136-37. 그들은 8개의 연구를 인용했고, 이후 2개의 조사를 더 추가했다. 협력적, 경쟁적, 독자적인 학습 방법 3가지를 동시에 비교하지는 못했으며, 각기 2가지 방법을 나누어 비교한 것이지만, 전체적인 상황은 충분히 파악할 수 있다.

20 Dean Tjosvold et al., "Influence Strategy, Perspective-Taking, and Relationships Between High-and Low-Power Individuals in Cooperative and Competitive Context"

21 Mark Barnett et al., "Relationship Between Competitiveness and Empathy in 6-and 7-Year-Olds", p. 222.

22 공감과 이타주의의 관계에 대해서는 다음을 참조하라. Martin L. Hoffman, "Is Altruism Part of Human Nature?"(특히 pp. 130-32) 그리고 Jim Fultz et al., "Social Evaluation and the Empathy-Altruism Hypothesis"

23 Ames, "Competitive Versus Cooperative Reward Structures", pp. 284-85.

24 Eldred Rutherford and Paul Mussen, "Generosity in Nursery School Boys"

25 Mark Barnett and James Bryan, "Effects of Competition with Outcome Feed-back on Children's Helping Behavior"

26 Ibid., p. 838.

27 Pines, p. 73.

28 Horney, "Culture and Neurosis", p. 161.

29 Bertrand Russell, Why I Am Not a Christian, p. 82.

30 Horney, p. 296.

31 Richard Hofstadter, p. 57.

32 George Orwell, "Such, Such Were the Joys" p. 36. Tutko와 Bruns 역시 같은 점을 지적했다. "패배한 사람이나 1등을 못한 이들에게 자주 하는 얘기는, 최선을 다하지 않았으며 승리할 가치가 없는 사람이란 비난이다. 사람들은 보통 승자의 결점은 눈감아주며, 인간적인 과실 역시 덮어주려 한다. 그러나 그런 사람들도 패하기 시작하면 그의 인성까지 다르게 보기 시작한다. 우리는 승자와 패자를 좋은 사람과 나쁜 사람으로까지 확대해서 보는 것 같다."

33 심리학자 Sidney Jourard는 자신을 그대로 드러내는 행위가 심리적 건강에 좋으며, 또한 그 상태를 반영하는 기준이라고 주장했다. 그가 쓴 다음의 두 저서를 참조하라. Disclosing Man to Himself, 그리고 The Transparent Self.

34 Nathan W. Ackerman, The Psychodynamics of Family Life, p. 114.

35 Horney, Neurotic Personality, p. 164. 가족치료사인 Salvador Minuc

hin은 이렇게 주장했다. "폭력은 우월해야 한다는 생각에 고유하게 들어 있는 것이다."(*Family Kaleidoscope*, p. 191.)

36 Deutsch, *Distributive Justice*, p. 85. Theodore Caplow 역시 이와 비슷한 말을 했는데 "대부분의 경쟁에서 참가자들은 상대방의 존재를 인식하자마자 어느 정도 적대감을 품는다."

37 Richard I. Evans, "A Conversation with Konrad Lorenz" p. 93.

38 Bettelheim, "Violence : A Neglected Mode of Behavior", p. 194. 그는 또한 "우리 문화의 특징은 공격적인 행위 그 제체는 금기시하면서도 극도로 경쟁적인 정신을 강조함으로써 경쟁의 원동력이 되는 공격성이라는 감정을 중시한다는 것이다"라고 말한다.

39 이 두 가지 연구는 Michael B. Quanty에 의해 인용되었다. "Aggression Catharsis : Experimental Investigations and Implications" pp. 117 -18

40 Shahbaz Khan Mallick and Boyd R. McCandless, "A Study of Cath -arsis of Aggression"

41 Larry Leith and Terry Orlick가 행한 연구에서 밝혀졌으며, 이 내용은 Orlick의 *Winning Through Cooperation*, p. 92에 나와 있다.

42 Richard G. Sipes, "War, Sports and Aggression : An Empirical Test of Two Rival Theories", p. 71. Sipe는 또한 군사 활동과 매우 전투적인 스포츠(사냥과 미식축구)의 관계도 조사했는데, 이러한 스포츠가 전시 상황에서 더 많이 행해진다는 것을 밝혀냈다.(ibid., pp. 78-79)

43 Cratty, p. 146.

44 Quanty, p. 119.

45 Dolf Zillmann et al., "The Enjoyment of Watching Sport Contests", p. 299. 또한 다음 책도 참조할 것. Leonard Berkowitz, "Experiment -al Investigation of Hostility Catharsis"

46 George Gaskell and Robert Pearton, "Aggression and Sport", p. 2 76.

47 Novak, p. 213. 그는 경쟁의 참가자들이 종종 굴욕감을 느낀다는 말에 대해 "그것이 바로 모든 이들이 동등한 삶을 살지 못한다는 하나의 예"라고 대답했다.(p. 228) 또한 그는 여성들이 전투적인 스포츠에서 제외되는 것이 유감이라고 말하면서, 그들을 위해 "보다 육체적인 충돌이 있는" 게임을 만들어야 한다고 주장했다.

48 George Orwell, "The Sporting Spirit", p. 153.

49 Eisenhower의 이 말은 Warnor의 *Competition*, p. 171에 인용되어 있다.

50 Muzafer Sherif et al., *Intergroup Conflict and Cooperation : The Robbers' Cave Experiment*.

51 필자가 쓴 다음의 글을 참조할 것. "Soccer Riot : Competition Is the

Villain"

52 Orlick, Winning Through Cooperation, p. 92.
53 Joseph Wax, "Competition : Educational Incongruity", p. 197.
54 Theodor W. Adorno et al., *The Authoritarian Personality*, pp. 224 ff.
55 Kelly and Stahelski, "Social Interaction Basis of Cooperators' and Competitors' Beliefs About Others", p. 83.
56 욕구불만과 공격성에 대한 고전적 견해는 다음을 참조하라. John Dollard et al., *Frustration and Aggression*.
57 Janice D. Nelson et al., "Children's Aggression Following Competition and Exposure to an Aggressive Model", p. 1095.
58 Pauline R. Christy et al., "Effects of Competition-Induced Frustration on Two Classes of Modeled Behavior"
59 Ibid., p. 105.
60 Johnson, Johnson, and Maruyama, p. 23.
61 Johnson and Johnson, "The Internal Dynamics of Cooperative Learning Groups", pp. 112-113.
62 Brenda Bryant, "The Effects of the Interpersonal Context of Evaluation on Self-and Other-Enhancement Behavior", pp. 890-91
63 이에 관해 존슨 형제는 32건의 연구를 인용해 설명한다. ("Processes" p. 10)
64 Gillian King and Richard M. Sorrentino, "Psychological Dimensions of Goal-Oriented Interpersonal Situation", p. 159.
65 Pepitone et al., p. 209.
66 Deutsch, *Resolution of Conflict*, pp. 26, 353. 존슨 형제 역시 협력이 의사소통을 잘되게 한다고 말한다.("Structure" p. 229)
67 Tjosvold et al., p. 199. 또한 다음도 참조하라. Deutsch, *Resolution of Conflict*, p. 24.
68 Johnson, Johnson, and Maruyama, p. 7.
69 이에 대한 연구에 관해서는 Johnson 형제의 다음 논문들을 참조하라. "The Effects of Cooperative and Individualized Instruction on Student Attitudes and Achievement"(1978) and "Cross-Ethnic Relationship : The Impact of Intergroup Cooperation and Intergroup Competition"(1984) Elliot Aronson 역시 교실에서 '조각 퍼즐'을 이용한 협력 놀이 후에 그 효과에 대해 이렇게 말했다. "민족과 인종을 떠나 서로를 더 좋아하게 되었다."
70 "협력학습을 통해 만들어진 인종 및 남녀 간의 긍정적인 인간관계는 교실이나 학교, 가정에서 적극적인 상호작용을 유지하는 기초가 된다."(Douglas Warring et al., "Impact of Different Types of Cooperative Lear

ning on Cross-Ethnic and Cross-Sex Relationships", p. 58)

71 Robert E. Dunn and Morton Goldman, "Competition and Noncom petition in Relationship to Satisfaction and Feelings Toward Own -group and Nongroup Members" pp. 310-11.

72 Johnson, Johnson, and Maruyama. "그룹 간의 경쟁 유무에 따라 그룹 내의 협력이 어떤 영향을 받는지 살펴본 결과 80% 이상에서 그룹 간 경쟁이 없는 경우 사람들은 더 호감을 갖고 협력하는 것으로 나타났다."(p. 22)

73 Warring et al., p. 58.

74 이러한 집단 내부의 경쟁은 그것을 둘러싼 훨씬 큰 경쟁 구조에 의해 설명할 수 있다. Paul Hoch는 스포츠에서의 공격성에 대해 이렇게 설명한다. "우리와 같은 병영 사회에서 검투사들의 전투는 입장료 수입과 직결된다. … 프로 선수들은 다른 선수에게 큰 부상을 입히기도 하는데, 이는 마초적인 스포츠 해설가나 자신을 응원하는 팬들에 의해 조장될 뿐만 아니라, 자기 자리를 노리는 수천 명의 마이너리그와 대학 선수들의 존재에 압박감을 느끼며, 스스로 강해져야 한다고 생각하기 때문이다.

75 Sherif, p. 34.

76 Parenti, p. 38.

77 Frank Trippett, "Local Chauvinism : Long May It Rave"

78 Orwell, "The Sporting Spirit" pp. 152. 154-55.

79 Gorney, The Human Agenda, p. 8.

80 Deutsch, Distributive Justice, pp. 255-56, 265.

81 Johnson, Johnson, and Scott, "Effects of Cooperative and Individualized Instr -uction on Student Attitudes and Achievement", pp. 212.

82 Roger Johnson et al., "The Effects of Controversy, Concurrence See- king, and Individualistic Learning on Achievement and Attitude Cha -nge"(이후로 "Achievement"로 표기), pp. 203-4.

83 Johnson, Johnson, and Margaret Tiffany, "Structuring Academic Conflicts Between Majority and Minority Students : Hinderance or Help to Integra- tion?"(이후 "Structuring"으로 표기), p. 69.

84 Roger Johnson et al., "Achievement", p. 203.

85 Karl Smith, Johnson, and Johnson, "Can Conflict Be Constructive? Controversy Versus Concurrence Seeking in Learning Groups", p. 660. 그들은 또한 협력 상황에서의 갈등이 "문제를 해결하고, 좀 더 높은 수준의 결론을 도출하며…어떤 사물이나 사건에 대해 좀 더 포괄적인 인식을 할 수 있게 해준다"고 말한다.(ibid., pp. 652, 660)

86 Ibid., p. 661. 다음도 참조하라. Johnson, Johnson, and Tiffany, "Str -ucturing", p. 70.

7장 반칙을 저지르는 논리

1 Philip M. Boffey, "Rise in Science Fraud Is Seen ; Need to Win Cited as a Cause"

2 Mark Green and John F. Berry, "Cooperate Crime II", p. 732.

3 Irving Goldaber, 군중과 방관자 행동연구센터(Center for the Study of Crowd and Spectator Behavior)의 소장. Jack C. Horn, "Fan Violence : Fighting the Injustice of It All", p. 31에서 인용.

4 William Beausay(스포츠 심리학자). Gary Warner, *Competition*, p. 179에서 인용.

5 Irving Simon, "A Humanistic Approach to Sports", p. 25.

6 Tutko and Bruns, pp. xiii, 47.

7 Underwood, "A Game Plan for America", p. 70.

8 Underwood, *Spoiled Sport*, p. 83.

9 William J. Bennett, "In Defense of Sports", p. 69.

10 Hardin, *Promethean Ethics*, p. 38.

11 Michener, *Sports in America*, p. 47.

12 감옥이 범죄를 해결할 것이라는 믿음에 대한 반박과 범죄 문제에 대한 보다 상세하고 예리한 분석은 다음을 참조하라. Elliott Currie, *Confron -ting Crime*.

13 Comb, *Myths in Education*, p. 167.

14 Stick, pp. 57, 97, 117. Jane Mansbridge는 이렇게 말했다. "닉슨 전 대통령이 '적대자 목록'을 만든 것은 단지 편집증적인 집착이 아니다. 그것이 바로 적대적 민주주의의 핵심이다."(*Beyond Adversary Demo-cracy*, p. 301)

15 Lüschen, "Cheating in Sport", p. 71.

16 Orwell, "Sporting Spirit", p. 153.

17 Bredemeier and Shields, p. 25.

18 Johnson and Johnson, "Processes", p. 27.

19 Novak, pp. 311-12.

20 Russell, *Conquest of Happiness*, pp. 53-54.

21 "미식축구 같은 과격한 경기를 하는 선수들은 난투극이 벌어지면 먼저 공격해야 한다는 사실을 안다. 그런데 사람들은 실제로 선수들이 싸우면 충격적이라고 말한다. … 우리는 격렬한 경기 중의 선수들과 교회 성가대의 도덕성이 똑같을 것이라고 생각한다. 그러나 이제 우리는 스포츠의 본성에 관한 생각을 바꾸거나 어느 상황에서든 같은 정도의 도덕성을 발휘해야 한다는 위선적 생각을 그만두어야 할 때이다."(Slusher, p. 167)

22 이 연구는 초등학생부터 대학생들을 대상으로 이루어졌으며, 도덕발달에 관한 두 가지 테스트를 통해 밝혀진 사실이다. 자세한 내용은 다음을 보라.

Bredemeier and Shields, p. 29.

23 Sissela Bok, *Lying*, p. 258.

24 Tutko and Bruns, p. 84. 이는 앞서 5장에서 Stuart가 경쟁 중에 관용
을 베푸는 것을 '굴복'하는 것이라고 표현한 것과 일맥상통한다(166쪽
참조).

25 Amitai Etzioni, "After Watergate - What?", p. 7.

26 Frankel, "Search for Truth", p. 1051.

8장 여성과 경쟁

1 Ames, p. 353.

2 Eleanor Maccoby and Carol Jacklin, *The Psychology of Sex Differences*,
p. 249.

3 Andrew Ahlgren and David W. Johnson, "Sex Differences in Cooperati
ve and Competitive Attitudes from the Second Through the Twelf
-th Grades"

4 예를 들어 Robert Helmreich와 Janet Spence는 '일과 가정 지향성 질
문지(Work and Family Orientation Questionnaire)'를 만들어 조사했
는데, 여성보다 남성의 경쟁심이 더 높게 나타나는 것을 확인하였다.(Sp
ence and Helmreich, "Achievement-related", p. 45)

5 Bruce Mays, "In Fighting Trim", p. 28.

6 Robert W. Stock, "Daring to Greatness", p. 142.

7 Mark Fasteau의 말을 Jack W. Sattel이 "Men, Inexpressiveness, and
Powr", p. 122에서 요약하여 인용했다.

8 Matina Horner, "Sex Differences in Achievement Motivation and Perfor
-mance in Competitive and Noncompetitive Situation" 이 논문은
정식으로 출간되지 않았으나, 나중에 요약본을 "The Measurement and Be
havioral Implications of Fear of Success in Women"이라는 제목으
로 발표했다.

9 Miron Zuckerman and Ladd Wheeler, "To Dispel Fantasies About the
Fantasy-based Measure of Fear of Success", p. 943.

10 Zuckerman과 Wheeler는 "성공을 회피하는 일이 남성보다 여성에게 더
흔히 일어난다는 Hornor의 주장은 근거가 부족하다."(ibid., p. 935)라고
했으며, David Tresemer도 100건이 넘는 연구를 분석하여 같은 결론에
도달했다. 일본에서 행해진 연구에서도 이 주제에 대해 남녀 간의 차이는
없는 것으로 드러났다.(Hirotsugu Yamauchi, "Sex Differences in Motive
to Avoid Success on Competitive and Cooperative Action")

후주 395

11 "사회적으로 여성의 교육과 직업이 남성과 평등해지면, 성공을 피하려는 성향에 대한 남녀 간의 차이와 같은 연구 주제는 사라질 것이다."(Spence and Hel mreich, "Achievement-related", p. 37)

12 Hornor, "Femininity and Successful Achievement", p. 54.

13 Miron Zukerman과 S. N. Alison의 이 실험은 Georgia Sassen의 "Success A nxiety in Women : A Constructivist Interpretation of Its Source and Its Significance", p. 16에 인용되어 있다.

14 Sessen, ibid.

15 Sassen, "Sex Role Orientation, Sex Differences and Concept of Success", pp. 56-57.

16 Hornor, "Femininity and Successful Achievement", p. 67.

17 Maccoby and Jacklin, The Psychology of Sex Differences, p. 351.

18 Hornor, "Femininity and Successful Achievement", p. 61.

19 Sassen, "Success Anxiety in Women", p. 15.

20 Sherberg, "Thrill of Competition"

21 정신분석학자인 Carlotta Miles의 말을 Judy Bachrach가 "Rivality in the Sist -erhood", p. 58에서 인용했음.

22 여성들 사이의 전통적인 경쟁에 관한 논의는 다음을 참조할 것. Susan Brownmiller, Femininity.

23 Jane Gross, "Against the Odds : A Woman's Ascent on Wall Street", p. 18.

24 Ibid., p. 21. 발렌스타인은 이렇게 덧붙였다. "나도 그가 별로 좋은 사람이 아니란 걸 안다. 나 역시 그처럼 이익만을 생각할 뿐이다."(p. 68)

25 Sandra Salmans, "Women Dressing to Succeed Think Twice About the Suit", p. A1.

26 Anne Taylor Fleming, "Women and the Spoils of Success", p. 30.

27 Anita Diamant, "The Women's Sports Revolution", pp. 21, 20.

28 Nancy Chodorow는 The Reproduction of Mothering : Psychoanalysis and the Sociology of Gender에서 여성들이 인간관계를 중시하는 이유에 대해 설득력 있게 설명했다. 그녀의 이론은 Carol Gilligan과 Georgia Sassen에게 영향을 받았으며, 여성들이 어려서부터 경험하는 육아 사례 등을 통해 이를 설명한다.

29 Carol Gilligan, In a Different Voice, p. 26.

30 Ibid., p. 19.

31 Derber. chapter 2.

32 Don Zimmerman and Candace West, "Sex Roles, Interruptions, and Silences in Conversation"

33 Pamela Fishman, "Interaction : The Work Women Do"

34 Ibid., p. 405.

35 Robin Lakoff, 필자와의 대화 중. 1984.

36 Barrie Throne, 필자와의 대화 중. 1984.

37 Sassen, "Success Anxiety in Woman", pp. 21-22. Gilligan은 이렇게 말했다. "관계를 중시하는 여성들의 삶을 살펴보면, 그들은 상호의존을 추구하고, 성취나 경쟁적 투쟁을 통한 성공은 후순위처럼 보인다. 나이가 들수록, 위험을 무릅쓰고 자신의 이익을 추구하기보다 전체적인 사회적 관계를 고려하는 경향을 보인다."(pp. 170-71)

9장 경쟁을 넘어서

1 Deutsch, *Distributive Justice*, p. 196.

2 Wachtel, p. 114.

3 Ibid., p. 174.

4 Pillip G. Zimbardo et al., "The Psychology of Imprisonment : Privation, Power, and Pathology", pp. 282-85. 짐바르도는 여기서 비슷한 실험을 한 N. J. Orlando의 연구를 인용한다. 정신병원에 근무하던 사람에게 주말에는 정신병 환자 역할을 하게 하자 그는 곧 싸우고 불안정하게 걷거나 큰 소리로 울음을 터뜨리면서 환자처럼 행동했다.(p. 284)

5 Harvey et al., pp. 23, 95.

6 Sadler, p. 168.

7 Deutsch, *Distributive Justice*, p. 154.

8 Shirk, *Competitive Comrades*, esp. pp. 161-62.

9 미국에서 운전하기에 가장 위험한 도시로 통하는 보스턴이 이 사례에 가장 잘 맞는다. 이 주제에 대한 분석은 나의 에세이 "Stop!"을 참조.

10 Orlick, *Winning Through Cooperation*, pp. 155-56.

11 Paul E. Breer and Edwin C. Locke, *Task Experience as a Source of Attitudes*, p. 271.

12 Axelrod, chapter 4.

13 이 제목과 절(section)의 반어적 스타일은 Jay Haley의 에세이 "The Art of Being a Failure as a Therapist"에서 영감을 얻었다.

14 인본주의 심리학에 내재하는 보수주의에 관한 논의는 다음을 참조하라. Russell Jacoby, *Social Amnesia*, chapter3. "집단적 도움은 용납하지 못하므로 모든 것은 스스로 해야 한다. 사회나 정치 영역은 배제하므로 개인의 무력감은 증가하는데, 자조(self-help), 취미, 실용서 등에서 위안을 얻는다. … 심리적, 육체적 폭력과 파괴로 인해 해를 입은 인간의 실상에 대해선 다루지 않으며, 그런 것은 자아, 의미, 신빙성, 개성 등의 낯선 용어 속에 묻어버린다."(pp. 51, 57)

15 현실주의와 이상주의라는 주제에 대해 철학자인 Hazel Barnes는 이렇게
   말했다. "우리는 우리가 생각하는 이상을 두려워할 필요가 없다. 그것은
   아직 이루어지지는 않았지만 더 진보할 수 있다는 가능성에 대한 믿음이
   다. 우리의 목표에 대해 다시 생각하고, 모든 제도들에 의문을 가진다면,
   기초를 튼튼히 해야 할 벽에 단지 새로 페인트를 칠하는 것으로 문제를
   덮어버리려는 시도를 막을 수 있다."(An Existentialist Ethics, p. 306)
   다음도 참조할 것. Wright Mills, Power, Politics, and People, p. 402.
16 Fred M. Hechinger, "Experts Call a Child's Play Too Serious to Be
   Left to Adults" p. C4.
17 앞서 소개한 대화 중의 경쟁에 대해 연구한 Charles Derber는 이렇게
   말한다. "타인에 대한 배려가 무슨 배당이라도 되는 것처럼 생각하는 것
   은 그 사회의 기본적인 구조를 반영하는 것이다. 따라서 근본적인 변화
   가 있어야 이러한 행동이 바뀔 것이다.…자신의 이익만을 추구하는 규범
   이 경제적 행동을 지배한다면, 그 사회에서 살아가는 개인들의 행위는 항
   상 이기적이고 경쟁적이 될 것이다."(p. 88) Paul Hoch 역시 스포츠는 그
   보다 더 큰 사회적 구조를 반영한다고 말했다.(p.10) 또한 Robert Paul W
   olff는 "여러 분야에까지 사회적 변혁이 이루어져야만" 학교교육이 비경
   쟁적이 될 것이라고 주장했다.(The Ideal of the University, p. 68)
18 Orlick, Winning Through Cooperation, p. 138.
19 Wolff, 특히 pp. 143, 149.
20 Benjamin Barber, Strong Democracy. 다음도 참조하라. Jane J. Man
   -sbridge, Beyond Adversary Democracy.
21 Deutsch, Distributive Justice, p. 281.
22 Lawrence K. Frank, p. 322.
23 Edger Z. Friedenberg, R. D. Laing, p. 96.

10장 함께 배운다

1 교실에서 행해지는 경쟁적 게임의 불필요성과 해악에 관한 논의와 그러
   한 게임의 대안들은 다음을 참조하라. Mara Sapon-Shevin, "Cooperative
   Instructional Games : Alternatives to the Spelling Bee" 저자의 핵
   심은 경쟁적 게임을 하면서 분노와 피해의식을 느끼는 아이들이 생기는
   이유는 개인의 성격적 결함 때문이 아니라 게임 그 제체의 구조 때문이
   라는 것이다.
2 Spencer Kagan. Ron Brandt의 "On Cooperative Learning : A Con-
   versation with Spencer Kagan", p. 8에서 인용. Kagan은 성적을 공
   표하면, 그럴 의사가 전혀 없었더라도 학생들의 경쟁심을 불러일으킨다

고 말한다. 여기엔 채점한 시험지나 숙제, 이름과 성적이 공개된 자료를 벽에 붙이는 일 등이 포함된다.(Kagan et al., "Classroom Structural Bias", p. 279) 여기에 추가할 수 있는 불쾌한 관행은 채점한 시험지를 다시 나누어주면서 여러 학생들 앞에서 점수를 부르는 행위이다.

3   *Learning Together and Alone.* 1991년에 제3판이 출간되었다.

4   Lilya Wagner, *Peer Teaching : Historical Perspective.* 또한 다음도 참조하라. Shlomo Sharan, "The Group Investigation Approach to Cooperative Learning", p. 30.

5   협력과 이타주의의 차이에 관한 논의는 나의 논문 "Cooperation : What It Means and Doesn't Mean"을 참조할 것.

6   Shlomo Sharan은 이렇게 말했다. "전체 학급을 대상으로 하는 수업은 교수법의 주류 자리에서 물러나거나 시간을 대폭 줄여야 한다. 그러한 수업 방법은 학생들 간의 사회적 차이를 더 벌어지게 만들며, 서로 쉽게 비교하게 만든다. 또한 교실 내에 파벌이 생기게 만들고, 학습 의욕을 떨어트린다. 협력학습은 전통적인 학습법을 잠시 변경하는 것이 아니라 그 대안으로 활용되어야 한다."("Cooperative Learning" p. 298)

7   Robert Slavin, *Cooperative Learning*, p. 44.

8   David W. Johnson and Roger T. Johnson, *Cooperation and Compe-tition*, p. 158. 82건은 모두 자존감에 관해서만 측정된 것이다. 학습 성취도 면에서 차이를 보인 25건 중 협력이 유리한 경우는 24건이었으며, 경쟁이 유리한 경우는 단 1건 뿐이었다. 또한 협력과 독자적인 방법을 비교했을 경우, 39건은 협력적인 방식이, 3건은 독자적인 방식이 유리하다는 결론이 나왔다.

9   "자존감을 강화하기 위해서는 우리의 사회 환경이 개인의 안전을 보장하고 있는지를 먼저 점검해야 한다. 개인에게 아무리 자존감의 중요성을 역설한다고 하더라도 그를 둘러싼 환경이 좋지 못하다면 자존감의 싹은 잘려나갈 것이다.…더욱이 그러한 환경에 '대처 능력'을 키움으로써 자존감을 지켜야 한다고 말하는 것은 현재 상황을 그대로 인정하고 변화를 꿈꾸지 말아야 한다는 것과 같다."(James A. Beane, "Sorting Out the Self-Esteem Controversy", p. 27) 또한 다음을 참조하라. Ellen Herman, "Toward a Politics of Self-Esteem?"

10 자존감을 측정하는 여러 수단의 특징이나 결점에 대해선 Ruth C. Wylie의 저서들을 참조하라.

11 기존의 교육 방식이 학생들의 실패를 불러오는 이유와 학생들이 그러한 실패에서 무엇을 느끼는가에 대해선 다음을 참조하라. William Glasser, *Schools Without Failure.*

12 이 말은 내가 쓴 "It's Hard to Get Left Out of a Pair"라는 기사에 인용되어 있다.(p. 54)

13   Johnson & Johnson, Cooperative and Competition, chap. 7. Slavin,
     Cooperative Learning, chap. 3.
14   Johnson and Johnson, *Cooperation and Competition*, p. 122.
15   Carol Hymowitz, "Five Main Reasons Why Managers Fail"
16   Slavin, *Cooperative Learning*, chap. 2.
17   Johnson and Johnson, *Cooperation and Competition*, pp. 40-41.
     여기서 주의해야 할 점은 집단 내에서는 협력하더라도 집단 간에 경쟁
     을 한다면, 집단 간에도 협력하는 경우보다 이익이 줄어든다는 사실이
     다. 다른 7건의 연구에서도 집단 간의 협력이 더 성과가 좋다는 결론
     이 나왔다. 존슨 형제는 이렇게 결론을 내린다. 그룹 간에 서로 경쟁을
     한다면 "성과는 증대되지 않고 오히려 줄어드는 효과가 나온다."(p. 46)
18   Johnson and Johnson, *Learning Together and Alone*, p. 40.
19   Richard J. Light, *The Harvard Assessment Seminars*, pp. 6, 21, 6
     4-65. 여러 과학 과목 중 최고의 성적과 최하의 성적을 올린 과목에
     대한 학생들의 학습부담은 별 차이가 없었다. 성적이 낮은 과목의 특징
     은 다른 과목들보다 경쟁이 더 치열했다는 것이다.
20   외적 동기의 파괴적인 효과에 대해서는 내가 쓴 "Group Grade Grub
     -bing versus Cooperative Learning"(p. 59-61)을 참조할 것. 이 주
     제에 관해서는 다음 3권을 참고 바람. *The Hidden Costs of Rewards*
     (edit by Mark R. Lepper and David Greene), *Intrinsic Motivation and
     Self-Determination in Human Behavior* (by Edward L. Deci and
     Richard M. Ryan), *The Competitive Ethos and Democratic Educa
     -tion* (by John G. Nicholls).
21   이러한 사례는 Carole Ames와 그녀의 동료들의 연구에서 많이 찾아볼
     수 있다.
22   이러한 역학은 일찍이 1932년의 연구에서도 밝혀졌다. "보통 교실에서
     이용되는 동기 유발 방법은 몇몇 유능한 학생들만 최선을 다하게 만들
     며, 가능성이 별로 없는 대부분의 학생들은 최선을 다할 필요가 없게
     만든다."(Joseph Zubin, *Some Effects of Incentives*, p. 50)
23   R. E. Slavin, "Cooperative Learning and the Cooperative School", p. 9.
24   David W. Johnson and Roger T. Johnson, "Motivational Processes
     in Cooperative, Competitive, and Individualistic Learning Situations",
     p. 272. 반면 Slavin은 협력학습을 좋아하느냐는 설문에 대해 아이들의
     반응은 엇갈렸다고 말한다. 그런데 Slavin의 협력학습 모델은 성과에
     보상을 주는 것으로 상호의존관계를 조장했다. 앞서 말했듯 외적 동기
     가 주어지면 관심도와 집중력이 떨어진다. 오히려 아무런 보상이 주어
     지지 않는 협력학습이 학습에 대한 관심을 더 높일 수 있다.
25   Sharan, "Cooperative Learning", p. 28.

26 John I. Goodlad, *A Place Called School*, pp. 232, 233.

27 Ibid., pp. 229, 233.

28 "학생들이 학교에 싫증내고 과목들을 지루해하는 이유는 앞으로 체계적으로 연구해야 할 문제이다. 교육 전문가들은 이런 문제를 의도적으로 회피해온 것 같다."(Sharan, "Cooperative Learning", p. 287)

29 David W. Johnson, Roger T. Johnson, and Edythe Johnson Holub ec, *Circles of Learning*, p. 65.

30 이 문제를 연구한 책은 다음과 같다. Bonnie K. Nastasi and Douglas H. Clements, "Research on Cooperative Learning", pp. 117-20, 124-26. 그리고 Sharan, "Cooperative Learning", pp. 289-91. 또한 Noreen M. Webb, "Peer Interaction and Learning in Small Groups"

31 다음을 참조하라. Noreen M. Webb, "Student Interaction and Learning in Small Groups", "Peer Interaction and Learning in Small Groups" 친구에게 가르쳐줌으로써 서로 이익이 되는 내용에 대해선 그녀의 여러 논문과 저서에서 자세히 볼 수 있다.

32 Hugh C. Foot et al., "Theoretical Issues in Peer Tutoring", p. 72. 가르치는 학생은 또한 자존감, 인간관계, 학습에 대한 동기 등을 높일 수 있다.

33 Carl A. Benware and Edward L. Deci, "Quality of Learning with an Active Versus Passive Motivational Set"

34 Gerald W. Foster and John E. Penick, "Creativity in a Cooperative Group Setting"

35 Johnson and Johnson, *Cooperation and Competition*, p. 48.

36 대립하는 견해를 통해 배운다는 생각은 피아제 인지발달론의 핵심이며, 구성주의 학습모델에서 중요한 부분을 차지한다. 이 이론에 대해서는 다음을 참조하라. William Doise, "The Development of Individual Competencies through Social Interaction"

37 Michael Marland(영국의 교육자). Joan Green and John Myers, "Conversation", p. 30에서 인용.

38 Judy Clarke, "The Hidden Treasure of Co-operative Learning", p. 3.

39 Robert Bellah et al., *The Good Society*, pp. 172, 176.

40 이 주제에 대한 논의는 다음을 참조하라. Johnson and Johnson, *Learning Together and Alone*, p. 64.

41 Webb, "Student Interaction and Learning in Small Groups", pp. 165-67.

42 무작위로 팀을 나누는 구체적인 방법은 다음을 참조할 것. Dee Dishon & Pat Wilson O'Leary, "Tips for Heterogeneous Group Selection"

43 서로 다른 학습그룹에 관한 논의는 Judy Clarke et al., *Together We Learn*,

chaps. 3, 4를 참조할 것.

44 Johnson and Johnson, *Learning Together and Alone*, p. 146. 또한 그들의 *Circles of Learning*, pp. 80-85와 다음의 책들도 참조할 것. Clarke et al., *Together We Learn*, cahp. 5. Nancy B. Graves and Theodore D. Graves, "Creating a Cooperative Learning Environmemt" "Should We Teach Skills as a Part of Each Cooperative Lesson?"

45 Selma Wassermann, "Children Working in Groups? It Does't Work!", pp. 203-204.

46 Johnson and Johnson, *Learning Together and Alone*, pp. 58-59 참조. 그룹학습의 진행과정에 관한 연구는 Stuart Yager et al., "The Impact of Group Processing on Achievement in Cooperative Learning Groups"를 참조할 것.

47 Kipling D. Williams and Steven J. Karau, "Social Loafing and Social Compensation", p. 570.

48 "누구에게 책임이 있느냐"는 물음을 넘어 우리는 "무엇에 책임이 있는가?"라고 물을 수 있다. 어떤 연구자들은 개인의 책임을 "시험을 보고 그 성적으로 평가하는 방식보다는 교실과 각 그룹 내의 공동체 규범에 따라 자신의 역할을 다했는지"로 정의한다.(Erna Yackel et al., "Small Group Interactions as a Source of Learning Opportunities in Second-Grade Mathematics", p. 398)

49 Thomas L. Good et al., "Using Work-Groups in Mathematics Instuction", p. 60.

50 Slavin, "Cooperative Learning and Student Achievement", p. 31.

51 Johnson and Johnson, *Learning Together and Alone*, pp. 134, 143.

52 이 문제에 관해서는 Yael Sharan and Shlomo Sharan, "Group Investigation Expands Cooperative Learning"과 그들이 쓴 모든 논문들을 참조할 것.

53 이 센터의 가장 유명한 프로그램은 어린이 계발 프로젝트인데, 이에 관해서는 다음 자료를 참고하라. Daniel Solomon et al., "Cooperative Learning as Part of a Comprehension Program Designed to Promote Prosocial Development." 나의 저서 The Brighter Side of Human Nature, chapter 6. 논문 "The ABC's of Caring"

54 다음을 참조하라. Mark Brubacher et al., eds., *Perspectives on Sma-ll Group Learning*. 그리고 이 주제에 대해선 Judy Clarke(캐나다), Helen Cowie and Jean Rudduck(영국), Joan Dalton(호주) 등의 저서를 참조.

55 다음을 참조하라. Mara Sapon-Shevin and Nancy Schniedewind "Selling Cooperative Learning Without Selling in Short" 또한 Schniedewind and Ellen Davidson은 교사들을 위한 훌륭한 지침서인 Cooperative Learn

-ing, Cooperative Lives를 썼으며, Sapon-Shevin은 "Cooperative Learn
-ing, Cooperative Visions"를 집필했다.

56 나의 논문 "Group Grade Grubbing versus Cooperative *Learning*"과 저
서인 *Punished by Rewards*를 참조할 것.

57 Nastasi와 Clements는 학습을 위해선 보상이 필요하다고 주장하는 모든
연구는 협력학습을 기본적으로 "개인주의적이며 경쟁적 구조를 지닌 전
통적 교실"에서 부수적인 역할을 할 뿐이라고 여긴다고 말했다.("Research
on Cooperative Learning", p. 123) 협력학습에서 성취도를 높이기 위
해선 외적 동기가 필요하다는 주장에 대한 비판은 다음을 참조하라. Alfie
Kohn, "Group Grade Grubbing Versus Cooperative Learning"

58 Slavin은 협력의 '일반론'을 넘어서 '교사들이 어떻게 행동해야 하는지'를
강조'했으며, Spencer Kagan은 그의 주장을 바탕으로 협력학습 방법의
'구조'에 관해 생각했다.(Brandt, "On Cooperative Learning", p. 10)
학생들에게 외적 보상을 통해 협력을 가르치는 것은 교사들에게 외적 보
상을 주면서 협력학습을 시키라고 말하는 것과 같다. 거듭 말했지만 외
부 동기로는 협력학습이 될 수 없으며, 진정한 협력 또한 배울 수 없다.

59 Leann Lipps Birch et al., "Eating as the 'Means' Activity in a Con
-tingency"

60 "STAD(그룹에 외적 보상을 하는 방식의 학습 모델)이나 TGT(존홉킨스대
학에서 개발한 두 명의 학생을 한 팀으로 하여 진행하는 학습 방식)에서의
학습과 협력이 의미하는 것, 그 목표는 바로 승리"라고 Spencer Kagan
("Co-op Co-op", p. 439)은 말했다. Robert E, Slavin 역시 팀을 나
누어 경쟁하고 거기에 보상을 주는 방식은 협력학습이 될 수 없다고 말
했다.(*Using Student Team Learning*, 제3판) 이러한 방식은 진정 협
력에 관한 가치관을 심어주지 못하며, 오히려 집단 간의 경쟁을 통해
서로 이기는 법에 대한 기술을 가르칠 뿐이다.

61 Teresa M. Amabile and Judith Gitomer, "Children's Artistic Creative"
이에 대한 더 많은 사례는 Edward L. Deci의 연구와 Richard M. Ryan
과 함께 쓴 *Intrinsic Motivation and Self-Determination in Human
Behavior*를 참조할 것.

62 Shlomo Sharan, "Cooperative Learning and Helping Behaviour in the
Multiethnic Classroom", p. 158.

63 Yael Sharan and Shlomo Sharan, "Group Investigation Expands
Cooperative Learning", p. 20.

64 1986년 열린 협력학습 학술회의에서 Shlimo Sharan이 발표한 내용이다.("Co-
operative Learning : Problems and Promise", p. 4. 참조) Mara Sapon
-Shevin은 "어떤 협력학습 방법이 학생들의 시험 성적을 오르게 할 수
있을까?"라고 묻는 대신 "어떤 방법으로 협력학습을 해야 아이들이 스스

로를 관리하고, 스스로 배우고, 그 배움에서 진정한 의미를 찾으며, 다른
아이의 학습과 자신의 학습을 잘 연계시킬 수 있는가?"라고 물어야 한다고 말했
다.("Cooperative Learning, Cooperative Visions", pp. 26-27)
65 아이들이 학습에 흥미를 갖는 데 관한 논의는 다음을 참조하라. Thomas
W. Malone and Mark R. Lapper, "Make Learning Fun" 그리고 Ray-
mond J. Wlodkowski and Judith H. Jaynes, *Eager to Learn.*
66 Elizabeth G. Cohen, *Designing Groupwork*, p. 69. 그녀는 흥미를
떠나, 교과과정이 그 체제로 성공할 수 있는(시험이나 다른 학생과의
비교 없이) 구조로 이루어져 있어야만 한다는 것을 강조했다. 그러면
학생들 간에 존재하는 성적에 의한 차별도 줄어들 것이라고 말한다.(다음
도 참조하라. Cohen, "Continuing to Cooperate")
67 예를 들어 Spencer Kagan은 존슨 형제의 연구를 검토한 후, 교사들은
협력학습을 통해 무엇을 가르치든 성공적인 학습을 할 수 있을 것이라
고 말했다. 그는 협력 구조를 통한 학습 방법이 선택된다면, 특정 교육
과정이나 교재들은 별 상관이 없다고 말했다.(Ron Brandt, "On Coope
rative Learning", p. 10)
68 Mara Sapon-Shevin, "Cooperative Learning : Liberatory Praxis or Ha
mburger Helper?"
69 "나는 그룹을 만들어 배우는 법에 사용되는 교재에 대해 많은 논란과 논
쟁을 있는 것을 보고 종종 낙담했다."(Robert E. Slavin, "Here to Stay
-Or Gone Tomorrow?", p. 5)
70 Sapon-Shevin and Schniedewind, "Selling Cooperative Learning With
out Selling in Short" 다음도 참조하라. Eric Schaps and Catherine Le
wis, "Extrinsic Rewards Are Education's Past, Not Its Future"
71 표준 시험에 대한 비판은 다음을 참조하라. D. Monty Neil and Noe J.
Medina, "Standardized Testing : Harmful to Educational Health",
또한 표준 시험을 확대해야 한다는 주장에 대한 비판은 다음을 참조하라.
Susan Chira, "Prominent Educators Oppose National Tests" 표준 시
험을 비판하는 사람들 중에는 그 방법에 문제를 제기하는 이들도 있다.
그러나 나는 본질적인 문제, 즉 시험의 목적을 비판하고자 한다.(즉 아
이들을 제대로 평가하고 있는가.) 우리의 표준 시험은 아이들이 잘 이해
했는지를 효과적으로 측정하여 교육에 반영하려는 목적이 아니라 마치
농산물이나 어떤 물건을 선별하는 것처럼 아이들을 가려내려는 목적으
로 실시되고 있다.
72 Alfie Kohn, *The Brighter Side of Human Nature.* 이 책엔 이와 비슷
한 많은 사례들이 인용되어 있다.
73 이 프로젝트에서 강조된 것은 좋은 교과과정, 그리고 학생들에게 자신이
배우는 것에 대해 좀 더 많은 결정권을 주는 것이었다. 무엇보다 이 프

로젝트의 기획자는 벌이나 상에 의존하는 모든 방식들을 없앴다. 자세한 사항은 위의 53번 주에 나온 자료들을 참조할 것.

74 Alfie Kohn, "Caring Kids : The Role of the Schools"

75 Sapon-Shevin and Schniedewind, "Selling Cooperative Learning Without Selling in Short", p. 64.

76 Nan and Ted Graves, "Sue Smith : The Child Development Project in Action", p. 12.

77 Steven A. Gelb, "On Being Cooperative in Noncooperative Places", pp. 1-2. 대학교에서의 협력학습에 대한 유용한 정보는 David W. Johnson et al., *Active Learning*을 참조할 것.

78 Daniel Solomon et al., "Creating a Caring Community", pp. 13, 29.

79 다음을 참조하라. Paul Cobb et al., "Assessment of a Problem-Centered Second-Grade Mathematics Project" 그리고 Erna Yackel et al., "Small Group Interactions as a Source of Learning Opportunities in Second-Grade Math-ematics" 이 프로젝트에 참여한 아이들은 또한 다른 친구들을 이기고 더 우월해지려는 경향을 덜 보였다. 나아가 이 프로젝트는 잘하는 것과 경쟁에서 이기는 것이 서로 별개의 것임을 확인해 주었다. 즉 경쟁 없이 협력을 통해 학습한 아이들은 3학년에 올라가서도 경쟁적으로 배운 아이들보다 더 뛰어난 성적을 거두었다(Paul Cobb et al., "A Follow-Up Assessment of a Second-Grade Problem-Centered Mathematics Project").

80 협력학습에 반대하는 사람들은 대부분 아이들에게 협력을 가르치는 것 자체에 문제가 있다고 생각한다. 한 심리학자는 협력학습에 반대하는 이유를 이렇게 말했다. "미국적 가치에 반대된다. 교육이란 우리 문화에 아이들을 잘 적응하도록 만들어주는 것이다. 우리의 현실에서 가장 중요한 것은 경쟁이다."(Barbara Foorman, William J. Warren의 "New Movement Seeks to Replace Rivality in Class With Team Spirit"에서 인용)

81 다음을 참조하라. Samuel Totten et al., *Cooperative Learning : A Guide to Research*. 그리고 *Cooperative Learning Magazine*. IASCE news-letter The March 1987. 또한 Lewin, Deutsch, Deway 저서와 논문들.

82 Scott Willis, "Coop. Learning Show Staying Power", p. 1.

83 여러 학교에 퍼져 있는 이러한 관행이 학문적으로나 심리적으로 위험하고 해롭다는 사실이 많은 연구에 의해 밝혀졌다. 우열반 편성은 아이들의 수준에 맞게 수업한다는 명목으로 실시되지만 아이들의 수준을 비슷하게 만드는 일에는 거의 무관심하다(이 주제에 대해서는 다음을 참조하라. Jeannie Oarke, *Keeping Track*. 다른 경험적인 연구에 대한 내용은 Alfie Kohn, *You Know What They Say*, pp. 163-66, 223을 참조할 것). 우열반 문제에 대한 현명한 대응은 실력이 다른 아이들을 그냥 한

반에 같이 편성하는 것이 아니라, 그 학생들이 서로 긍정적인 상호작용을 할 수 있는 기회와 방법을 제공하는 것이다.

84 이 보고서는 Susan F. Wooley et al., "BSCS Cooperative Learning and Science Program", p. 32에 인용되어 있음.

85 "소규모 그룹은, 질문을 하고 각자의 생각을 토론하며, 물론 실수하기도 하지만 타인의 의견을 듣는 법과 건설적인 비판을 하는 법을 배우게 한다." (The National Council of Teachers of Mathematics, *Curriculum and Evaluation Standards for School Mathematics*, p. 87)

86 다음을 참조하라. Elizabeth Culotta, "The Calculus of Education Reform"

87 이 말은 전국영어교사협의회에서 발행한 소책자 속의 "The English Coaliti on Conference : Assumptions, Aims, and Recommendations of Secon-dary Strand"라는 기사에 인용되어 있다.

88 Helen Cowie and Jean Rudduck, "Learning from One Another", p. 236.

89 동료 교사들과 도움을 주고받으며 협력학습의 기술을 익히는 법에 대해서는 다음을 참고하라. Susan S. Ellis, "Introducing Cooperative Lear ning" 그리고 *Cooperative Learning Magazine*의 1991, 1992 겨울호.

90 Ron Brandt, "On Cooperation in Schools : A Conversation with David and Roger Johnson", p. 15. 더 자세한 사항은 존슨 형제의 *Leading the Coope -rative School* 참조.

91 Mary Male, "Cooperative Learning and Staff Development", p. 4.

92 Yisrael Rich, "Ideological Impediments to Instructional Innovation", p. 83.

93 이 문제에 관해서는 Alfie Kohn, "Resistance to Cooperative Learn-ing : Make Sense of Its Delection and Dilusion"을 참조할 것.

94 Goodlad, *A Place Called School*, pp. 239-42.

95 Rich, "Ideological Impediments to Instructional Innovation", p. 83.

96 Ibid., p. 89.

97 "협력적인 교실에서 교사는 감독자 역할이 아니라 학습의 조력자 역할을 하게 된다. 아이들은 교사의 명령이 아니라 상호 관계를 통해 학습한다는 것을 이해한다. 교사는 이 과정에 함께 참여하며, 큰 틀의 학습 전략을 마련하고, 아이들이 스스로 생각할 수 있는 발판을 마련해줘야 한다."(Nastasi and Clements, "Research on Cooperative Learning", p. 126)

98 이 문제에 관해서는 다음을 참조하라. James W. Stigler and Harold W. Steven son, "How Asian Teachers Polish Each Lesson to Perfection", Sharan, "Cooperative Learning : New Horizons, Old Threats"

99 Sharan, "Cooperative Learning: New Horizons, Old Threats", p. 5.

100 Sören Kierkegaard, *Concluding Unscientific Postscript*, pp. 165-66.

101 Yackel et al., "Small Group Interactions as a Source of Learning Opp-
ortunities in Second-Grade Mathematics", p. 396.
102 Eric Schaps, "Cooperative Learning: The Challenge in the '90s", p. 8.
103 이에 대한 예는 다음 두 권을 참조하라. Nancy Schniedewind and Ellen Davids
on, *Cooperative Learning, Cooperative Lives.* Ebba Hierta, *Building Co
-operative Societies.*

후기

1 다음을 참조하라. Lonnie Wheeler, "No-Cut Policy Prompts a Lot to C
heer About" 그리고 Michael Ryan, "Here, Everybody Gets to Play"
물론 모든 학생들이 이러한 특별활동을 할 수 있게 됐다고 해서 경쟁과
승리에 대한 기본 구조가 바뀌는 것은 아니다. 그러나 이렇게 한걸음씩
나아가는 것이 진보다.
2 뉴욕 타임즈(1988. 9. 20자) 한 면 전체에 리틀미스 선발대회가 소개되었는데,
Joanne Kaufman이 쓴 "Here She Is, Ms. Tiny Miss"라는 제목의 기
사 헤드라인 글귀는 다음과 같다. "승리란 모든 것이 아니라 유일한 것
이라는 사실을 배우기에 어린 나이는 없다."
3 Gary Putka, "Knowing Pi Now Could Mean a Shot at a Varsity Le
-tter"를 참조할 것.
4 Walter Bonime, "Competitiveness and Human Potential"
5 Dale Miller, "Creative Art vs. Competitions"
6 James R. Austin, "Competition : Is Music Education the Loser?"
7 Dewitt Jones, "No Contest"
8 Teen Magazine, "Compete, Don't Retreat!"
9 Associated Press, "Students Blame Stress Problems on Competition"
그리고 다음도 참조할 것. Haibin Jiu, "Science Contest Pressures Kids
Too Much"
10 Reuters, "Fright at Exit May Have Slowed Escape from Jet" 1991
년에 일어난 이 비행기 사고로 34명이 사망했다. 그 몇 달 전에도 디트
로이트에서 비행기가 추락하여 8명이 사망한 사건이 있었는데, 전국운송
안전위원회는 "승무원들의 합동 대처가 늦었기 때문"이라고 비판했다.(Lawrence
Knutson, "Cockpit Confusion Cited as Cause of Detroit Crash")
11 *Working Woman*이라는 잡지의 한 기사는 "인간 본성이 무엇이든 전문
가들은 같은 목표를 추구하는 누군가에게 양보하는 것은 정신 건강에 좋
지 않다고 경고한다."(Holloway McCandless, "Taking the Edge Off
Competition")

12 John T. Lanzetta and Basil G. Englis, "Expectations of Cooperation and Competition and Their Effects on Observers' Vicarious Emotional Responses"

13 David A. Wilder and Peter N. Shapiro, "Role of Competition-Induced Anxiety in Limiting the Beneficial Impact of Positive Behavior by an Out-Group Member" 이 실험에서는 사람들을 소규모 그룹으로 나누어 한 그룹이 맡은 특정 과제에 대해 다른 그룹이 평가를 내리는 방식으로 진행되었다. 몇 그룹에는 똑같은 과제가 주어졌는데, 그 과제에 대해선 그룹 간에 경쟁이 일어났다. 똑같이 완수해야 하는 과제에 대해 묻자 사람들은 상대방 그룹의 성과를 폄하했으며, 반대 그룹 역시 다른 그룹의 과제 수행 능력에 매우 부정적인 평가를 내렸다.

14 Kenny Hill. Frank Litsky, "Aggression Necessary, Hill Says", p. D30에 인용.

15 William Zimmerman, "On Negative Ads" 마이클 듀카키스(1988년 대선 후보)의 선거 관리 참모였던 Susan Estrich는 서로를 비방하는 선거에 대해 이렇게 말했다. "우리는 후보자들을 비난할 수 없다.…그들은 자신이 해야 할 일을 하는 것뿐이다."("Let the Mud Fly")

16 Gary Edwards. Paul Wilkes, "The Tough Job of Teaching Ethics", p. 24F에 인용.

17 Sheila Widnall. Fox Butterfield, "Scandal Over Cheating at M.I.T. Stirs Debate on Limits of Teamwork"에 인용.

18 나의 짧은 에세이 "Competition vs. Excellence"를 참조할 것.

19 Richard A. Knox, "Free-choice' Rhetoric Isn't the Answer"

20 James C. Robinson and Harold S. Luft, "Competition and the Cost of Hospital Care, 1972 to 1982." 약 6천여 개 병원을 대상으로 그들이 조사한 바에 따르면 병원들은 치료비를 낮추기보다는 최신 기기를 구입하는 것으로 환자(그리고 의사)들을 모으기 위해 경쟁했다.

21 지난 몇 년 동안 규제 철폐로 많은 항공사들이 문을 닫고 수많은 실직자들이 생겨났다. 그 결과로 남은 서너 개의 거대 항공사들은 시장점유율을 높이고 서비스 질을 떨어뜨렸으며 운임을 인상했다. 또한 항공사들은 이미 예약했으나 사용하지 않는 여분의 이착륙 활주로를 판매할 수 있지만, 일부 회사들은 오직 경쟁사들에게 이익이 될 수 있다는 이유만으로 빈 활주로의 이용을 막았다. 결과적으로 승객이 이용할 수 있는 항공기의 숫자가 줄어들었는데, 이것이 바로 경쟁의 논리이다.(이 문제에 대해선 다음을 참조하라. Bob Kuttner, "Air Fares That Reach to the Sky")

22 Don Tjosvold, *Working Together to Get Things Done*, pp. 29. 70. Tjosvold는 기업의 경영과 조직에 관한 심리학적 연구를 많이 진행했으며, 뛰어난 논문들을 발표했다. 조직심리학에 관심 있는 독자들은 그의 저서를 꼭 살펴보기 바란다.

23 원숭이들에게 간단한 비디오 게임을 시킨 이 실험에서는 혼자서 한 경우 와 다른 원숭이와 경쟁한 경우를 비교했다. 다른 원숭이가 옆에서 같이 게임을 하자 게임기 스틱을 움직이는 속도는 빨라졌으나 정확성은 현저 하게 떨어졌다. David A. Washburn et al., "Effects of Competition on Video-Task Performance in Monkeys"

24 이 말은 Deming의 경영법을 가르치는 "The Deming Library" 비디오 시리즈에 나온다. volume 18, "Competition Doesn't Work, Cooper- ation Does"

25 미국이든 소련이든 노동자들이 회사의 의사결정에 참여하는 것은 불가능 하다는 문제에 대해서는 다음을 참조하라. Thomas H. Naylor, "Rede- fining Corporate Motivation, Swedish Style", pp. 566, 568.

26 다음을 참조하라. David Warsh, "A Financial World in Dark Until It Finds Bottom Line"

27 국가 간의 경제적 경쟁에 관한 비판적 고찰은 다음을 참조하라. Samuel Bowles, "Economic Justice - For Us and Them" 그리고 David M. Gordon, "Do We Need to Be No.1?"

28 Teresa M. Amabile, "The Motivation to Be Creative", pp. 242-43.

29 Robert J. Vallerand et al., "Negative Effects of Competition on Child -ren's Intrinsic Motivation"

30 Edward L. Deci and Richard M. Ryan, *Intrinsic Motivation and Self -Deter-mination in Human Behavior*, p. 85.

31 Joan L. Duda, "The Relationship Between Goal Perspective, Persistence, and Behavioral Intensity Among Male and Female Recreational Sport Part-icipants"

32 UCLA Sports Psychology Laboratory, "Playing On", p. 39.

33 Deci and Ryan, *Intrinsic Motivation*, p. 325.

34 Bil Gilbert, "Competition : Is It What Life's All About?"

35 Laura Fraser, "Super Bowl Violence Comes Home"

Ackerman, Nathan W. *The Psychodynamics of Family Life.* New York : Basic Books, 1958.

Adams, John C., Jr. "Effects of Competition and Open Receptivity on Creative Productivity" *Catalogue of Selected Documents in Psychology* 3 (1973) " 16-17

Adorno, T. W., Else Frankel-Brunswik, Daniel J. Levinson, and R. Nevitt Sanford. *The Authoritarian Personality.* New York : Harper, 1950.

Agnew, Spiro. "In Defense of Sports" In *Sports and Contemporary Society : An Anthology,* edited by D. Stanley Eitzen. New York : St. Martin's, 1979.

Ahlgren, Andrew, and David W. Johnson. "Sex Differences in Cooperative and Competitive Attitudes from the Second Through the Twelfth Grades" *Developmental Psychology* 15 (1979) : 45-49

Allee, W. C. *Cooperation Among Animals.* New York : Henry Schuman, 1951.

Allport, Gordon W. *Becoming : Basic Considerations for a Psychology of Personality.* New Heaven : Yale University Press, 1955.

Amabile, Teresa M. "Children's Artistic Creativity : Detrimental Effects of Competition in a Field Setting" *Personality and Social Psychology Bulletin* 8 (1982) : 573-78.

— "The Motivation to Be Creative" In *Frontiers in Creativity,* edited by S. Isaksen. Buffalo, N.Y. : Bearly, 1987.

Amabile, Teresa M., and Judith Gitomer. "Children's Artistic Creativity : Effects of Choice in Task Materials" *Personality and Social Psychology Bulletin* 10 (1984) : 209-15.

Ames, Carole. "Children's Achievement Attributions and Self-reinforcement : Effects of Self-concept and Competitive Reward Structure" *Journal of Educational Psychology* 70 (1978) : 345-55.

— "Competitive Versus Cooperative Reward Structures : The Influence of Individual and Group Performance Factors on Achievement Attributions and Affect" *American Educational Research Journal* 18 (1981) : 273-87.

— "An Examination of Children's Attributions and Achievement Related Evaluations in Competitive, Cooperative, and Individualistic Reward Structures" *Journal of Educational Psychology* 71 (1979) : 413-20.

Ames, Carole, and Russell Ames. "Competitive Versus Individualistic Goal Structures : The Salience of Past Performance Information for Casual Attributions and Affect" *Journal of Educational Psychology* 73 (1981) : 411-18.

Archer, Dane, and Rosemary Gartner. "Violent Acts and Violent Times : A Comparative Approach to Postwar Homicide Rates" *American Sociological Review* 41 (1976) : 973-63.

Aronson, Elliot. *The Social Animal.* 2d ed. San Francisco : W. H. Freeman, 1976.

Associated Press. "Students Blame Stress Problems on Competition" *Boston Globe,* 19 November 1987 : 41.

Atkinson, John W. An Introduction to Motivation. Princeton, N.J. : Van Nostrand, 1964.

— "The Mainsprings of Achievement-Oriented Activity" In *Motivation and Achievement,* edited by John W. Atkinson and Joel O. Raynor. New York : John Wiley and Sons, 1974.

Augros, Robert, and George Stanciu. *The New Biology : Discovering the Wisdom in Nature.* Boston : New Science Library, 1988.

Austin, James R. "Competition : Is Music Education the Loser?" *Music Educators Journal,*

February 1990 : 21-25.

Axelrod, Robert. *The Evolution of Cooperation*. New York : Basic, 1984.

Azrin, Nathan H., and Ogden R. Lindsley. "The Reinforcement of Cooperation Between Children" *Journal of Abnormal and Social Psychology* 52 (1956) : 100-102.

Bachrach, Judy. "Rivalry in the Sisterhood" *Boston Globe*, 18 January 1984 : 57-58.

Bandura, Albert. *Social Learning Theory*. Englewood Cliffs, N.Y. : Prentice Hall, 1977.

Barber, Benjamin. *Strong Democracy : Participatory Politics for a New Age*. Berkely and Los Angeles : University of California Press, 1984.

Barnes, Hazel. *An Existentialist Ethics*. Chicago : University of Chicago Press, 1967.

Barnett, Mark A., and James H. Bryan. "Effects of Competition with Outcome Feedback on Children's Helping Behavior" *Developmental Psychology* 10 (1974) : 838-42.

Bateson, Patrick. "Cooperation and Competition" *World Press Review*, August 1984 : 55.

Battaglia, Carl. "Piano Competitions : Talent Hunt or Sport?" *Saturday Review*, 25 August 1962 : 31-33, 39.

Baum, Julian. "Friendship No Longer Ranks Ahead of Winning for Chinese Olympians" *Christian Science Monitor*, 26 July 1984 : 1.

Baumeister, Roy F. "Choking Under Pressure : Self-Consciousness and Paradoxical Effects of Incentives on Skillful Performance" *Journal of Personality and Social Psychology* 46 (1984) : 610-20.

Beane, James A. "Sorting Out the Self-Esteem Controversy" *Educational Leadership*, September 1991 : 25-30.

Beisser, Arnold R. *The Madness in Sports : Psychosocial Observations on Sports*. New York : Appleton, 1967.

Belkin, Lisa. "Young Albany Debaters Resolve Who's Best" *New York Times*, 29 April 1985 : A1, B4.

Bellah, Robert N., Richard Madsen, William M. Sullivan, Ann Swidler, and Steven M. Tipton. *The Good Society*. New York : Knopf, 1991.

—*Habits of the Heart : Individualism and Commitment in American Life*. Berkely and Los Angeles : University of California Press, 1985.

Benedict, Ruth. *The Chrysanthemum and the Sword : Patterns of Japanese Culture*. 1946. Reprint. New York : New American Library, 1974.

Bennett, William J. "In Defense of Sports" *Commentary*, February 1976 : 68-70.

Benware, Carl A., and Edward L. Deci. "Quality of Learning with an Active Versus Passive Motivational Set" *American Educational Research Journal* 21 (1984) : 755-65.

Berger, Peter L. *The Sacred Canopy : Elements of a Sociological Theory of Religion*. Garden City, N.Y. : Anchor Books, 1969.

Berger, Peter L, and Brigitte Berger. *Sociology : A Biographical Approach*. 2d ed. New York : Basic, 1975.

Berkowitz, Leonard. *Aggression : A Social Psychological Analysis*. New York : McGrow-Hill, 1962.

Berlage, Gai Ingham. "Are Children's Competitive Team Sports Socializing Agents for Corporate America?" In *Studies in the Sociology of Sport*, edited by Aidan O. Dunleavy et al. Texas Christian University Press, 1982.

Bettelheim, Bruno. *The Uses of Enchantment : The Meaning and Importance of Fairy Tales*. New York : Vintage, 1977.

— "Violence : A Neglected Mode of Behavior" 1966. Reprinted in *Surviving and Other*

Essays. New York : Knopf, 1979.

Birch, Leann Lipps, Diane Wolfe Marlin, and Julie Rotter. "Eating as the 'Means' Activity in a Contingency : Effects on Young Children's Food preference" *Child Development* 55(1984) : 431-39.

Blau, Peter. "Cooperation and Competition in a Bureaucracy." *American Journal of sociology* 59 (1954) : 530-35.

Block, Jeanne Humphrey. "Conceptions of Sex Role : Some Cross-Cultural and Longitudinal perspectives" *American Psychologist* 28 (1973) : 512-26.

Blotnick, Srully. *Otherwise Engaged: The Private Lives of Successful Career Women.* New York : Facts on File, 1985.

Boffey, Philip M. "Rise in Science Fraud Is Seen : Need to Win Cited as a cause" *New York Times,* 30 May 1985 : B5.

Bok, Sissela. *Lying : Moral Choice in Public and Private Life.* New York : Vintage, 1979.

Bonime, Walter. "Competitiveness and Human Potential" *Journal of the American Academy of Psychoanalysis* 14 (1986) : 149-66.

BosLooper, Thomas, and Marcia Hayes. *The Femininity Game.* New York : Stein and Day, 1973.

Bowles, Samuel. "Economic Justice—For Us and Them" *Harper's Magazine,* December 1988 : 29-32.

Branden, Nathaniel. *The psychology of Self-Esteem.* New York : Bantam, 1971.

Brandt, Ron. "On cooperation in Schools : A conversation with David and Roger Johnson" *Educational Leadership,* November 1987 : 14-19.

— "On Cooperative Learning : A Conversation with Spencer Kagan" *Educational Leadership ,* December 1989/January 1990 :8-11.

Bredemeier, Brenda Jo, and David l. Shields. "Values and Violence in Sports Today" *Psychology Today,* October 1985 : 23-32.

Breer, Paul E., and Edwin C. Locke. *Task Experience as a Source of Attitudes.* New York : Dorsey Press, 1965.

Brody, Jane E. "Heart Attacks : Turmoil Beneath the Calm" *New York Times,* 21 June 1983 : C5.

Brownmiller, Susan. *Femininity.* New York : Simon and Schuster, 1984.

Brubacher, Mark, Ryder Payne, and Kemp Rickett. *Perspectives on Small Group Learning : Theory and Practice.* Oakville, Ontario : Rubicon Publishing, 1990.

Bryan, James H. "Prosocial Behavior" In *Psychological Processes in Early Education,* edited by Harry L. Hom, Jr., and Paul A. Robinson. New York : Academic press, 1977.

Bryant, Brenda K. "The Effects of the Interpersonal Contex of Evaluation on self-and Other-Enhancement Behavior." *Child Development* 48(1977) : 885-92.

Buber, Martin. *The Knowledge of man : A Philosophy of the Interhuman.* New York : Harper Torchbooks, 1966.

Butt, Dorcas Susan. *Psychology of Sport : The Behavior, Motivation, Personality, and Performance of Athletes.* New York : Van Nostrand Reinhold, 1976.

Butterfield, Fox. "Scandal Over Cheating at M.I.T. Stirs Debate on Limits of Teamwork" *New York Times,* 22 May 1991 : A23.

Caillois, Roger. *Man, Play, and Games.* Translated By Meyer Barash. New York : Free Press, 1961.

Campbell, David N. "On Being Number One : Competition in Education" *Phi Delta Kappan,*

October 1974 : 143-46.

Caplow, Theodore. *Principles of Organization*. New York : Harcourt, Brace & World, 1964.

Carroll, Lewis. *Alice's Adventures in Wonderland*. New York : New American Library, 1960.

Chira, Susan. "Prominent Educators Oppose National Tests" *New York Times*, 29 January 1992 : B9.

Chodorow, Nancy. *The Reproduction of Mothering : Psychoanalysis and the Sociology of Gender*. Berkeley and Los Angeles : University of California Press, 1978.

Christy, Pauline R., Donna M. Gelfand, and Donald P. Hartmann. "Effects of Competition-Induced Frustration on Two Classes of Modeled Behavior" *Developmental Psychology* 5 (1971) : 104-11.

Clarke, Judy, Ron Wideman, and Susan Eadie. *Together We Learn*. Scarborough, Ontario : Prentice-Hall Canada, 1990.

Clifford, Margaret M. "Effects of Competiton as a Motivational Technique in the Classroom" *American Educational Research Journal* 9 (1972) : 123-37.

Cobb, Paul, Terry Wood, Erna Yackel, and Marcella Perlwitz. "A Follow-Up Assessment of Second-Grade Problem Centered Mathematics Project" *Educational Studies in Mathematics*. In Press.

Cohen, Elizabeth G. "Continuing to Cooperate : Prerequisites for Persistence" *Phi Delta Kappan*, October 1990 : 134-38.

— *Designing Groupwork : Strategies for the Heterogeneous Classroom*. New York : Teachers College Press, 1968.

Cohen, Joshua, and Joel Rogers. *On Democracy : Toward a Transformation of American Society*, New York : Penguin, 1983.

Coleman, James S. "Academic Achievement and the Structure of Competition" *Harvard Educational Review* 29 (1959) : 330-51.

— *The Adolescent Society*. New York : Free Press of Glencoe, 1961.

Comb, Arthur W. "The Myth of Competition" *Childhood Education* 33 (1957) : 264-69

— *Myth in Education*. Boston : Allyn and Bacon, 1979.

Cratty, Bryant J. *Social Psychology in Athletics*. Englewood Cliffs, N.J. : Prentice- Hall, 1981.

Crockenberg, Susan B., Brenda K. Bryant, and Lee S. Wilce. "The Effects of Cooperatively and Competitively Structured Learning Environment on Inter- and Intrapersonal Behavior" *Children Development* 47 (1976) : 386-96.

Crutchfield, Will. "The Ills of Piano Competitions" *New York Times*, 16 May 1985 : C25.

Csikszentmihalyi, Mihaly. *Beyond Boredom and Anxiety : The Experience of Play in Work and Games*. San Francisco : Jossey-Bass, 1975a.

— "Play and Intrinsic Rewards" *Journal of Humanistic Psychology* 15 (1975b) : 41-63.

Culbertson, John M. *Competition, Constructive and Destructive*. Madison, Wis. : Twenty-First Century Press, 1985.

Culotta, Elizabeth. "The Calculus of Education Reform" *Science* 255 (1992) : 1060-62.

Cummings, William K. *Education and Equality in Japan*. Princeton, N.J. : Princeton University Press, 1980.

Currie, Elliott. *Confronting Crime : An American Challenge*. New York : Pantheon, 1985.

Darwin, Charles. *The Origin of Species*. London : John Murray, 1859.

Davidson, Henry A. "Competition, the Cradle of Anxiety" *Education* 76 (1995) : 162-66.

Dawkins, Richard. *The Selfish Gene*. New York : Oxford University Press, 1976.

Deci, Edward L. "Effects Of Externally Mediated Rewards on Intrinsic Motivation" *Journal of*

Personality and Social Psychology 18 (1971) : 105-15.
- "Intrinsic Motivation, Extrinsic Reinforcement, and Inequity" *Journal of Personality and Social Psychology* 22 (1972) : 113-20.
Deci, Edward L., Gregory Betley, James Kahle, Linda Abrams, and Joseph Porac. "When Trying to Win : Competition and Intrinsic Motivation" *Personality and Social Psychology Bulletin* 7 (1981) : 79-83.
Deci, Edward L., and Richard M. Ryan. *Intrinsic Motivation and Self-Determination in Human Behavior*. New York : Plenum, 1985.
Derber, Charles. *The Pursuit of Attention : Power and Individualism in Everyday Life*. New York : Oxford University Press, 1983.
Deutsch, Morton. "A Critical Review of 'Equity Theory' : An Alternative Perspective on the Social Psychology of Justice" *International Journal of Group Tension* 9 (1979a) : 20-49.
- *Distributive Justice : A Social-Psychological Perspective*. New Haven : Yale University Press, 1985.
- "Education and Distributive Justice : Some Reflections on Grading Systems" *American Psychologist* 34 (1979b) : 391-401.
- *The Revolution of Conflict : Constructive and Destructive Processes*. New Heaven : Yale University Press, 1973.
Deutsch, Morton, and Robert M. Krauss. "The Effect of Threat Upon Interpersonal Bargaining" Journal of Abnormal and Social Psychology 61 (1960) : 181-89.
DrVoe, Marianne W. "Cooperation as a Function of Self-Concept, Sex and Race" *Educational Research Quarterly* 2 (1977) : 3-8.
Diamant, Anita. "The Women's Sports Revolution : Change for the Better? Or Only for the Best?" *The Real Paper*, 24 March 1979 : 20-21, 24-25.
Dishon, Dee, and Pat Wilson O'Leary. "Tips for Heterogeneous Group Selection" *Cooperative Learning*, October 1991 : 42-43.
Doig, Stephen. "Ecology May Never Be the Same After Daniel Simberloff" *Science Digest*, June 1984 : 17.
Dollard, John, Neal E. Miller, Leonard W. Doob, O. H. Mowrer, and Robert R. Sears. *Frustration and Aggression*. New Heaven : Yale University Press, 1939.
Duda, Joan L. "The Relationship Between Goal Perspectives, Persistence, and Behavioral Intensity Among Male and Female Recreational Sport Participants" *Leisure Sciences* 10 (1988) : 95-106.
Dunn, Robert E., and Morton Goldman. "Competition and Noncompetition in Relationship to Satisfaction and Feelings Toward Own-group and Nongroup Members" *Journal of Social Psychology* 68 (1966) : 229-311.
Edward, Harry. *Sociology of Sports*. Homewood, Ill. : Dorsey Press, 1973.
Eggerman, Richard W. "Competition as a Mixed Good" The Humanist, July/August 1982 : 48-51.
Eichenbaum, Luise, and Susie Orbach. *Understanding Women : A Feminist Psychoanalytic Approach*. New York : Basic, 1983.
Eiferman, Rivka R. "Social Play in Childhood" In *Child's Play*, edited by R. E. Herron and Brian Sutton-Smith. New York : John Wiley and Sons, 1971.
Etizen, D. Stanley, ed. *Sport and Contemporary Society : An Anthology*. New York : St. Martin's, 1979.
Elleson, Vera J. "Competition : A Cultural Imperative" *The Personnel and Guidance Journal*,

December 1983 : 195-98.

Ellis, M. J. Why People Play. Englewood Cliffs, N.J. : Prentice-Hall. 1973.

Ellis, Susan S. "Introducing Cooperative Learning" Educational Leadership, December 1989/January 1990 : 34-37.

Estrich, Susan. "Let the Mud Fly" New York Times, 20 March 1992 : A33.

Etzioni, Amitai. "After Watergate — What? : A Social Science Perspective" Human Behavior, November 1973 : 7-9.

Evans, Richard I. "A Conversation with Konrad Lorenz" Psychology Today, November 1974 : 82-93.

Faber, Adele, and Elaine Mazlish. Siblings Without Rivalry. New York : Norton, 1987.

Faber, Leslie H. "Merchandising Depression" Psychology Today, April 1979 : 63-64.

Festinger, Leon. "A Theory of Social Comparison Processes" Human Relations 7 (1954) : 117-40.

Fishman, Pamela. "Interaction : The Work Women Do" Social Problems 25 (1978) : 397-406.

Fiske, Edward B. "Japan's Schools Stress Group and Discourage Individuality" New York Times, 11 July 1983 : A1, A6.

Fleming, Anne Taylor. "Women and the Spoils of Success" New York Times Magazine, 2 August 1981 : 30-31

Flew, Anthony. "From Is to Ought" In The Sociobiology Debate, edited by Arthur L. Caplan. New York : Harper & Row, 1978.

Ford, Gerald R. "In Defense of the Competitive Urge" Sports Illustrated, 8 July 1974 : 16-23.

Foster, Gerald W., and John E. Penick. "Creativity in a Group Setting" Journal of Research in Science Teaching 22 (1985) : 89-98.

Frank, Lawrence K. "The Cost of Competition" Plan Age 6 (1940) : 314-24.

Frank, Robert H. Choosing the Right Pond : Human Behavior and the Quest for Status. New York : Oxford University Press, 1985.

Frankel, Marvin E. Partisan Justice. New York : Hill and Wang, 1980.

— "The Search for Truth : An Umpireal View" University of Pennsylvania Law Review 123 (1975) : 1031-59.

Fraser, Laura. "Super Bowl Violence Comes Home" Psychology Today, January 1987 : 15.

Freud, Anna. Normality and Pathology in Childhood : Assessments of Development. New York : International University Press, 1965.

Freud, Sigmund. Civilization and Its Discontents. Translated by James Strachey. New York : Norton, 1961.

Friedenberg, Edgar Z. R. D. Laing. New York : Viking, 1974.

Fromm, Erich. Escape from Freedom, 1941. Reprint. New York : Avon, 1965.

— Man for Himself : An Inquiry into the Psychology of Ethics. 1947. Reprint. Greenwich, Conn. : Fawcett Premier, 1970.

Fultz, Jim, C. Daniel Batson, Victoria A. Furtenbach, Patricia M. McCarthy, and Laurel L. Varney. "Social Evaluation and the Empathy-Altruism Hypothesis" Journal of Personality and Social Psychology 50 (1986) : 761-69.

Gardner, Howard. Frames of Mind : The Theory of Multiple Intelligences. New York : Basic, 1983.

Gaskell, George, and Robert Pearton. "Aggression and Sport" In Sports, Games and Play : Social and Psychological Viewpoints, edited by Jeffrey H. Goldstein. Hillsdale, N.J. : Lawrence Erlbaum Associates, 1979.

Gaylin, Willard. *The Rage Within : Anger in Modern Life*. New York : Simon and Schuster, 1984.

Gilbert, Bil. "Competition : Is It What Life's All About?" *Sports Illustrated*, 16 May 1988 : 86-100.

Gilligan, Carol. *In Different Voice : Psychological Theory and Women's Development*. Cambridge, Mass. : Harvard University Press, 1982.

Glasser, William. *Schools Without Failure*. New York : Harper & Row, 1969.

Goldman, Irving. "The Bathonga of South Africa" In *Cooperation and Competition Among Primitive Peoples*, edited by Margaret Mead. Boston : Beacon, 1961.

— "The Zuni Indians of New Mexico" In *Cooperation and Competition Among Primitive Peoples*, edited by Margaret Mead. Boston : Beacon, 1961.

Goldman, Morton, Joseph W. Stockbauer, and Timothy G. McAuliffe. "Intergroup and Intragroup Competition and Cooperation" *Journal of Experimental Social Psychology* 13 (1977) : 81-88.

Goleman, Daniel. "Great Altruists : Science Ponders Soul of Goodness" *New York Times*, 5 March 1985 : C1-2.

Good, Thomas L., Barbara J. Rays, Douglas A. Grouws, and Catherine M. Mulryan. "Using Work-Groups in Mathematics Instruction" Educational Leadership, December 1989/January 1990 : 56-62.

Goodlad, John I. *A Place Called School : Prospects for the Future*. New York : McGrow-Hill, 1984.

Gordon, David M. "Do We Need to Be No.1?" *The Atlantic*, April 1986 : 100-108.

Gorney, Roderic. "Cultural Determinants of Achievement, Aggression, and Psychological Distress" *Archives of General Psychiatry* 37 (1980) : 452-59.

— *The Human Agenda*. New York : Simon and Schuster, 1972.

Gould, Stephen Jay. "Biological Potential vs. Biological Determinism" In *The Sociobiology Debate*, edited by Arthur L. Caplan. New York : Harper & Row, 1978.

— "The Nonscience of Human Nature" In *Ever Since Darwin : Reflections in Natural History*. New York : Norton, 1977.

Graves, Nancy B. and Theodore D. Graves. "Creating a Cooperative Learning Environment : An Ecological Approach" In *Learning to Cooperate, Cooperating to Learn*, edited by Robert Slavin et al. New York : Plenum, 1985.

— "Should We Teach Cooperative Skills as a Part of Each Cooperative Lesson?" *Cooperative Learning*, October 1989 : 19-20.

Green, John, and John Myers. "Conversations : Observations an the Implementation of Interactive Learning" In *Perspective on Small Group Learning : Theory and Practice*, edited by Mark Brubacher, Ryder Payne, and Kemp Rickett. Oakville, Ontario : Rubicon Publishing, 1990.

Green, Mark, and John F. Berry. "Corporate Crime II" *The Nation*, 15 June 1985 : 731-34.

Gross, Jane. "Against the Odds : A Woman's Ascent on Wall Street" *New York Times Magazine*, 6 January 1985 : 16-27, 55, 60, 68.

Grossack, Martin M. "Some Effects of Cooperation and Competition Upon Small Group Behavior" *Journal of Abnormal and Social Psychology* 49. (1954) : 341-48.

Haines, Donald Bruce, and W. J. McKeachie. "Cooperative Versus Competitive Discussion Methods in Teaching Introductory Psychology" *Journal of Educational Psychology* 58 (1967) : 386-90.

Haley, Jay. "The Art of Being a Failure as a Therapist." In *The Power Tactics of Jesus Christ and Other Essays*. New York : Avon, 1969.

Halliwell, Wayne. "Intrinsic Motivation in Sport." In *Sport Psychology : An Analysis of Athlete Behavior*, edited by William F. Straub. Ithaca, N.Y. : Movement Publication, 1978.

Hardin, Garrett. *Promethean Ethics : Living with Death, Competition, and Triage*. Seattle : University of Washington Press, 1980.

— "The Tragedy of the Commons." *Science*, 13 December 1968 : 1243-48.

Harragan, Betty Lehan. *Games Mother Never Taught You : Corporate Gamesmanship for Women*. New York : Warner, 1978.

Harrington, Micheal. *The New American Poverty*. New York : Holt, Rinehart and Winston, 1984.

Harvey, John J. St. G. C. Heath, Malcolm Spencer, William Temple, and H. G. Wood. *Competition : A Study in Human Motive*. London : Macmillan and Co., 1971.

Hechinger, Fred. "Experts Call a Child's Play Too Serious to Be Left to Adults." *New York Times*, 21 October 1980 : C4.

Heller, Joseph. *Something Happened*. New York : Ballantine, 1975.

Helmreich, Robert L. "Pilot Selection and Training." Paper presented at the annual meeting of the American Psychological Association, Washington, D.C. : August 1982.

Helmreich, Robert L., William Beane, G. William Lucker, and Janet T. Spence. "Achievement Motivation and Scientific Attainment." *Personality and Social Psychology Bulletin* 4 (1978) : 222-26.

Helmreich, Robert L., Linda L. Sawin, and Alan L. Carsrud. "The Honeymoon Effect in Job Performance : Temporal Increases in the Predictive Power of Achievement Motivation." *Journal of Applied Psychology* 71 (1986) : 185-88.

Hendin, Herbert. *The Age of Sensation : A Psychoanalytic Exploration*. New York : Norton, 1975.

— *Suicide in America*. New York : Norton, 1983.

Henry, Jules. *Culture Against Man*. New York : Vintage, 1963.

Herman, Ellen. "Toward a Politics of Self-Esteem?" *Z Magazine*, July-August 1991 : 42-46.

Hewstone, Miles. *Attribution Theory : Social and Functional Extensions*. Oxford, England : Basil Blackwell, 1983.

Hierta, Ebba. *Building Cooperative Societies : A Curriculum Guide for Grade 6-9 on Social and Economic Cooperation*. Ann Arbor : Michigan Alliance of Cooperative, 1984.

Hirsch, Fred. *Social Limits to Growth*. Cambridge, Mass. : Harvard University Press, 1976.

Hoch, Paul. *Rip Off the Big Game : The Exploitation of Sports by the Power Elite*. Garden City, N.Y. : Anchor Books, 1972.

Hoffman, Martin L. "Is Altruism Part of Human Nature?" *Journal of Personality and Social Psychology* 40 (1981) : 121-37.

Hofstadter, Douglas R. "Irrationality Is the Square Root of All Evil." 1983. Reprinted in *Metamagical Themas : Questing for the Essence of Mind and Pattern*. New York : Basic, 1985.

Holland, Bernard. "The Well-Tempered Tenor." *New York Times Magazine*, 30 January 1983 : 28-29, 44-45, 51-54.

Holt, John. *How Children Fail*. Revised edition. New York : Delacorte, 1982.

Horn, Jack C. "Fan Violence : Fighting the Injustice of It All." *Psychology Today*, October 1975 : 30-31.

Horner, Matina S. "Femininity and Successful Achievement : A Basic Inconsistency" In *Feminine Personality and Conflict*, edited by Judith M. Bardwick et al. Belmont, Calif. : Brooks/Cole, 1970.

— "The Measurement and Behavioral Implications of Fear of Success in Women" In *Motivation and Achievement*, edited by John W. Atkinson and Joel O. Raynor. Washington, D.C. : V. H. Winston and Sons, 1974a.

— "Sex Differences in Achievement Motivation and Performance in Competitive and Noncompetitive Situations" Ph.D. Dissertation, University of Michigan, 1968.

Horney, Karen. "Culture and Neurosis" 1936. Reprinted in Theories of Psychopathology and Personality, edited by Theodore Millon. 2d ed. Philadelphia : W. B. Saunders, 1973.

— *Neurosis and Human Growth : The Struggle Toward Self-Realization*. New York : Norton, 1950.

— *The Neurotic Personality of Our Time*. New York : Norton, 1937.

Howe, Alan. "A Climate for Small Group Talk" In *Perspectives on Small Group Learning : Theory and Practice*, edited by Mark Brubacher, Ryder Payne, and Kemp Rickett. Oakville, Ontario : Rubicon Publishing, 1990.

Huizinga, Johan. *Homo Ludens : A Study of the Play Element in Culture*. Reprinted. Boston : Beacon, 1955.

Hymowitz, Carol. "Five Main Reasons Why Managers Fail" *Wall Street Journal*, 2 May 1988 : 27.

Jacoby, Russell. *Social Amnesia : A Critique of Comtemporary Psychology from Adler to Laing*. Boston : Beacon, 1975.

Jahoda, Marie. *Current Concepts of Positive Mental Health*. New York : Basic, 1958.

Jui, Haibin. "Science Contest Pressures Kids Too Much" *New York Times*, 19 February 1992 : A20.

Johnson, David W., and Brenda Bryant. "Cooperation and Competition in the Classroom" *Elementary School Journal* 74 (1973) : 213-40.

Johnson, David W., and Roger T. Johnson. *Cooperation and Competition : Theory and Research*. Edina, Minn. : Interaction Book Co., 1989.

— "Instructional Goal Structure : Cooperative, Competitive, or Individualistic" *Review of Educational Research* 44 (1974) : 213-40.

— "The Internal Dynamics of Cooperative Learning Groups" In Learning to Cooperate, Cooperating to Learn, edited by Robert Slavin, Shlomo Sharan, Spencer Kagan, Rachel Hertz Lazarowitz, Clark Webb, and Richard Schmuck. New York : Plenum Press, 1985.

— *Leading the Cooperative School*. Edina, Minn. : Interaction Book Co., 1989.

— *Learning Together and Alone : Cooperative, Competitive, and Individualistic Learning*. 3d ed. Englewood Cliffs N.J. : Prentice-Hall, 1991.

— "Motivational Processes in Cooperative, Competitive, and Individualistic Learning Situations" In *Research on Motivation in Education*, vol. 2, edited by Carole and Russell Ames. Orlando, Fla. : Academic Press, 1985.

— "The Socialization and Achievement Crisis : Are Cooperative Learning Experiences the Solution?" In *Applied Social Psychology Annual 4*, edited by L. Bickman. Beverly Hills, Calif. : Sage, 1983.

Johnson, David W., and Roger T. Johnson, and Edythe Johnson Holubec. Circles of Learning : Cooperation in Classroom. Rev. ed. Edina, Minn. : Interaction Book Co., 1986.

Johnson, David W., and Roger T. Johnson, Jeanette Johnson, and Douglas Anderson. "Effects of

Cooperative versus Individualized Instruction on Student Prosocial Behavior, Attitudes Toward Learning, and Achievement" *Journal of Educational Psychology* 68 (1976) : 446-52.

Johnson, David W., and Roger T. Johnson, and Geoffrey Maruyama. "Interdependence and Interpersonal Attraction Among Heterogeneous and Homogeneous Individuals : A Theoretical Formulation and a Meta-analysis of the Research" *Review of Educational Research* 53 (1983) : 5-54.

Johnson, David W., and Roger T. Johnson, and Linda Scott. "The Effects of Cooperative and Individualized Instruction on Student Attitudes and Achievement" *Journal of Social Psychology* 104 (1978) : 207-16.

Johnson, David W., and Roger T. Johnson, and Karl A. Smith. *Active Learning : Cooperation in the College Classroom.* Edina, Minn. : Interaction Book Co., 1991.

Johnson, David W., and Roger T. Johnson, and Margaret Tiffany, and Brian Zaidman. "Cross-Ethnic Relationships : The Impact of Intergroup Cooperation and Intergroup Competition" *Journal of Experimental Education* 78 (1984) : 75 -79.

Johnson, David W., Geoffrey Maruyama, Roger Johnson, Deborah Nelson, and Linda Skon. "Effects of Cooperative, Competitive, and Individualistic Goal Structure on Achievement : A Meta-Analysis" Psychological Bulletin 89 (1981) : 47-62.

Johnson, Roger T., Charlotte Brooker, James Stutzman, Donald Hultman, and David W. Johnson. "The Effects of Controversy, Concurrence Seeking, and Individualistic Learning on Achievement and Attitude Change" Journal of Research on Science Teaching 22 (1985) : 197-205.

— "Structuring Conflict in Science Classroom" Paper presented at the annual meeting of the National Association of Research in Science Teaching, French Lick, Ind., April 1985.

Johnson, William O. "From Here to 2000" In *Sport and Contemporary Society : An Anthology*, edited by D. Stanley Etizen. New York : St. Martin's, 1979.

Jones, Dewitt. "No Contest!" *Outdoor Photographer*, April 1992 : 18-21.

Jourard, Sidney. *Disclosing Man to Himself*. New York : Van Nostrand Reinhold, 1968.

— *The Transparent Self*. Rev. ed. New York : D. Van Nostrand, 1971.

Kagan, Jerome. *The Nature of the Child*. New York : Basic, 1984.

Kagan, Spencer. "Co-op Co-op" In *Learning to Cooperate, Cooperating Learn*, edited by Robert Slavin et al., New York : Plenum, 1985.

Kagan, Spencer, and George P. Knight. "Cooperation-Competition and Self-Esteem : A Case of Cultural Relativism" *Journal of Cross-Cultural Psychology* 10 (1979) : 457-67.

Kagan, Spencer, and Millard C. Madsen. "Cooperation and Competition of Mexican, Mexican-American, and Anglo-American Children of Two Ages Under Four Instructional Sets" *Developmental Psychology* 5 (1971) : 32-39.

— "Experimental Analysis of Cooperation and Competition of Anglo-American and Mexican Children" *Developmental Psychology* 6 (1972) : 49-59.

Kant, Immanuel. *Religion Within the Limits of Reason Alone*. New York: Harper Torchbooks, 1960.

Kaufman, Joanne. "Here She Is, Ms. Tiny Miss" *People*, 26 September 1988 : 46 -49.

Kelley, Harold H., and Anthony J. Stahelski. "Social Interaction Basis of Cooperators' and Competitors' Beliefs About Others" Journal of Personality and Social Psychology 16 (1970) : 66-91.

Kierkegaard, Sören. *Concluding Unscientific Postscript*. Translated by David F. Swenson, and

Walter Lowrie. Princeton, N.J. : Princeton University Press, 1941.

Kilpatrick, William H. "The Project Method" *Teachers College Method* 19 (1918) : 319-35.

King, Gillian A. and Richard M. Sorrentino. "Psychological Dimensions of Goal- Oriented Interpersonal Situations" Journal of Personality and Social Psychology 44 (1983) : 140-62.

Klaidman, Stephen. "TV's Collusive Role" *New York Times*, 27 June 1985 : A23.

Knowles, John. *A Separate Peace*. New York, Bantam, 1966.

Knox, Richard A. "Free-Choice' Rhetoric Isn't the Answer" *Boston Globe*, 17 February 1991 : 75.

Knutson, Lawrence. "Cockpit Confusion Cited as Cause of Detroit Crash" *Boston Globe*, 26 June 1991 : 11.

Kohn, Alfie. "The ABC's of Caring" *Teacher Magazine*, January 1990 : 52-58.

— *The Brighter Side of Human Nature : Altruism and Empathy in Everyday Life*. New York : Basic Books, 1990.

— "Caring Kids : The Role of the Schools" *Phi Delta Kappan*, March 1991 : 496 -506.

— "Competition vs. Excellence" *New York Times*, 26 April 1991 : A29.

— "Competition : What It Means and Doesn't Mean" In *Cooperation : Beyond the Age of Competition*, edited by Allan Combs. Philadelphia : Gordon and Breach, 1992.

— "Existentialism Here and Now" *The Georgia Review* 38 (1984) : 381-97.

— "Group Grade Grubbing versus Cooperative *Learning*" *Educational Leadership*, February 1991 : 83-87.

— "It's Hard to Get Left Out of a Pair" Psychology Today, October 1987 : 52-57.

— "Resistance to Cooperative Learning : Making Sense of Its Deletion and Dilution" *Journal of Education*.

— "Soccer Riot : Competition Is the Villain" *Los Angeles Times*, 5 June 1985 : II/5.

— "Stop!" *Boston Magazine*, September 1985 : 109-17.

— "That Loving Feeling—When Does It Begin?" *Boston Globe*, 28 April 1986 : 45-46.

— "Why Competition?" *The Humanist*, January/February 1980, 14-15, 49.

— *You Know What They Say···: The Truh About Popular Beliefs*. New York: HarperCollins, 1990.

Korsh, Nina B. "Effects of Preaching, Practice, and Helpful Evaluations on Third Graders' Collaborative Work" In *Children in Cooperation and Competition : Toward a Developmental Social Psychology* by Emmy A. Pepitone. Lexington, Mass. : Lexington Books, 1980.

Kropotkin, Petr. Mutual Aid : A Factor of Evolution. 1902. Reprint. Boston : Extending Horizons Books, 1995.

Kuttner, Bob. "Air Fares That Reach to the Sky" *Boston Globe*, 10 February 1992 : 15.

— "A Time for Shared Trade Growth" *Boston Globe*, 16 March 1987 : 15.

Lanzetta, John T., and Basil G. Englis. "Expectations of Cooperation and Competition and Their Effects on Observers' Vicarious Emotional Responses" *Journal of Personality and Social Psychology* 56 (1989) : 153-54.

Lappé, Frances Moore, and joseph Collins. *Food First : Beyond the Myth of Scarcity*. Revised. New York : Ballantine, 1978.

Lasch, Christopher. *The Culture of Narcissism : American Life in an Age of Diminishing Expectation*. New York : Warner, 1979.

Lauterbach, Albert. *Man, Motives, and Money : Psychological Frontiers of Economics*. Ithaca, N.Y. : Cornell University Press, 1954.

Lear, Norman. "Bottom Linemanship" *New York Times*, 20 May 1984 : E23.

Lentz, Theo. F., and Ruth Cornelius. "All Together : A Manual of Cooperative Games" Photocopy. Attitude Research Laboratory, St. Louis, Mo., 1950.

Leonard, George B. *Education and Ecstasy*. New York : Dell, 1968.

― *The Ultimate Athlete*. New York : Viking, 1975.

― "Winning Isn't Everything. It's Nothing" *Intellectual Digest*, October 1973, 45-47.

Lepper, Mark R., and David Greene, eds. *The Hidden Costs of Rewards*. Hillsdale, N.J. : Lawrence Erlbaum, 1978.

Lerch, H. J., and M. Rubensal. "Eine Analyse des Zusammenhangs zwischen Schulleistungen und dem Wetteifermotiv" *Psychologische Beitrage* 25 (1983) : 512-31.

Levin, Jenifer. "When Winning Takes All" *Ms.*, May 1983 : 92-94, 138-39.

Lewis, C. S. *Mere Christianity*. New York : Macmillan, 1952.

Lewis, Sinclair. *Babbitt*. New York : Harcourt Brace, 1922.

Lewontin, R. C., Steven Rose, and Leon J. Kamin. *Not in Our Genes : Biology, Ideology, and Human Nature*. New York : Pantheon, 1984.

Liftton, Robert Jay. *The Harvard Assessment Seminars : Explorations with Students and Faculty about Teaching, Learning, and Student Life*. 2d report. Cambridge, Mass. : Harvard University, 1992.

Lindsey, Robert. "Airline Deregulation Stranding Some Towns" *New York Times*, 25 November 1983 : A1, B19.

Lüschen, Günther. "Cheating in Sport" In *Social Problems in Athletics: Essays in the Sociology of Sport*, edited by Daniel M. Landers. Urbana : University of Illinois Press, 1976.

― "Cooperation, Association, and Contest" *Journal of Conflict Resolution* 14 (1970) : 21-34.

― "The Interdependence of Sport and Culture" *International Review of Sport Sociology* 2 (1967) : 127-41.

Maccoby, Eleanor Emmons, and Carol Nagy Jacklin. *The Psychology of Sex Differences*. Stanford, Calif. : Stanford University Press, 1974.

Madsen, Millard C. "Developmental and Cross-Cultural Differences in the Cooperative and Competitive Behavior of Young Children" *Journal of Cross-Cultural Psychology* 2 (1971) : 365-71.

Male, Mary. "Cooperative Learning and Staff Development" Cooperation in Education (newsletter of the International Association for the Study of Cooperation in Education), May 1989 : 4-5.

Mallick, Shahbaz Khan, and Boyd R. McCandless. "A Study of Catharsis of Aggression" *Journal of Personality and Social Psychology* 4 (1966) : 591-96.

Mallone, Thomas W., and Mark R. Lepper. "Making Learning Fun : A Taxonomy of Intrinsic Motivations for Learning" In *Aptitude, Learning, and Instruction, vol. 3 : Conative and Affective Process Analyses*, edited by Richard E. Snow and Marshall J. Farr. Hillsdale, N.J. : Lawrence Erlbum, 1987.

Mansbridge, Jane J. *Beyond Adversary Democracy*. Chicago : University of Chicago Press, 1983.

Marcuse, Herbert. *One-Dimensional Man*. Boston : Beacon, 1964.

Martens, Rainer. "Competition : In Need of a Theory" In *Social Problems in Athletics : Essays in the Sociology of Sport*, edited by Daniel M. Landers. Urbana : University of Illinois Press, 1976.

Marwell, Gerald, and David R. Schmitt. *Cooperation : An Experimental Analysis*. New York : Academic Press, 1975.

Maslow, Abraham. *The Farther Reaches of Human Nature.* New York : Penguin, 1976.
— *Motivation and Personality.* 2d ed. New York : Harper & Row, 1970.
— *Religion, Values, and Peak-Experiences.* New York : Viking, 1964.
— *Toward a Psychology of Being.* 2d ed. New York : D. Van Nostrand, 1968.
May. Mark A. "A Research Note on Cooperative and Competitive Behavior" *American Journal of Psychology* 42 (1937) : 887-91.
May. Mark A., and Leonard Doob. *Cooperation and Competition.* New York : Social Science Research Council, 1937.
May, Rollo. *The Meaning of Anxiety.* Rev. ed. New York : Norton, 1977.
Mays, Bruce. "In Fighting Trim" *New York Times Magazine,* 2 September 1984 : 28.
McCandless, Holloway. "Taking the Edge Off Competition" *Working Women,* September 1989 : 110.
McClintock, Charles G. "Development of Social Motives in Anglo-American and Mexican-American Children" *Journal of Personality and Social Psychology* 29 (1974) 348-54.
McElwaine, Sandra. "On the Couch in the Capital" *New York Times Magazine,* 22 May 1983 : 58-63.
McKee, John P., and Florence B. Leader. "The Relationship of Socio-Economic Status and Aggression to the Competitive Behavior of Preschool Children" *Child Development* 26 (1955) : 135-42.
McLanahan, Jack, and Connie McLanahan, eds. *Cooperative/Credit Union Dictionary and Reference.* Richmond, Kent. : Cooperative Alumni Association, 1990.
Mead, George Herbert. *Mind, Self, and Society from the Standpoint of a Social Behaviorist.* vol. 1 of *Works of George Herbert Mead,* edited by Charles W. Morris. Chicago : University of Chicago Press, 1934.
Mead, Margaret. Introduction and "Interpretative Statement" In *Cooperation and Competition Among Primitive Peoples,* edited by Margaret Mead. Boston : Beacon, 1961.
Meggyesy, Dave. *Out of Their League.* Berkeley, Calif. : Ramparts Press, 1970.
Meislin, Richard J. "Mexico City Gets Too Big a Million Times a Year" *New York Times,* 8 September 1985 : E26.
Messé, Lawrence A., and John M. Sivacek. "Predictions of Others' Responses in a Mixed-Motive Game : Self-Justification or False Consensus?" *Journal of Personality and Social Psychology* 37 (1979) : 602-7.
Michener, James A. *Sports in America.* New York : Random House, 1976.
Miller, Anthony G., and Ron Thomas. "Cooperation and Competition Among Blackfoot Indian and Urban Canadian Children" *Child Development* 43 (1972) : 1104-10.
Miller, Dale. "Creative Art vs. Competitions" *Guitar Player,* February 1989 : 10.
Mills, C. Wright. *Power, Politics, and People : The Collected Essays of C. Wright Mills.* New York : Ballantine, n.d.
Mintz, Alexander. "Non-adaptive Group Behavior" *Journal of Abnormal and Social Psychology* 46 (1951) : 150-59.
Minuchin, Salvador. *Family Kaleidoscope.* Cambridge, Mass. : Harvard University Press, 1984.
Mirsky, Jeannette. "The Dakota" In *Cooperation and Competition Among Primitive Peoples,* edited by Margaret Mead. Boston : Beacon, 1961.
Montagu, Ashley. *Darwin, Competition and Cooperation.* 1952. Reprint. Westport, Conn. : Greenwood Press, 1973.

─ ed. *Man and Aggression*. 2d ed. New York : Oxford Univ. Press, 1973.

Moore, Robert A. *Sports and Mental Health*. Springfield, Ill. : Charles C. Thomas, 1966.

Morgan, George W. *The Human Predicament : Dissolution and Wholeness*. New York : Delta, 1970.

Moulton, Janice. "A Paradigm of Philosophy : The Adversary Method" In *Discovering Reality*, edited by Sandra Harding and Merrill B. Hintikka. Dordrecht, Holland : D. Reidel, 1983.

Moyer, K. E. *The Psychology of Aggression*. New York : Harper & Row, 1976.

Munroe, Robert L., and Ruth H. Munroe. "Cooperation and Competition Among East African and American Children" *Journal of Social Psychology* 101 (1977) : 145-46.

Nance, John J. *Blind Trust*. New York : William Morrow, 1986.

Nastasi, Bonnie K., and Douglas H. Clements. "Research on Cooperative Learning : Implications for Practice" *School Psychology Review* 20 (1991) : 110-31.

Naylor, Thomas H. "Redefining Corporate Motivation, Swedish Style" *The Christian Century*, 30 May-6 June 1990 : 566-70.

Neill, D. Monty, and Noe J. Medina. "Standardized Testing : Harmful to Educational Health" *Phi Delta Kappan*, May 1989 : 688-97.

Nelson, Janice D., Donna M. Gelfand, and Donald P. Hartmann. "Children's Aggression Following Competition and Exposure to an Aggressive Model" *Child Development* 40 (1969) : 1085-97.

Nelson, Linden L., and Spencer Kagan. "Competition : The Star-Spangled Scramble" *Psychology Today*, September 1972 : 53-56, 90-91.

Nicholls, John G. *The Competitive Ethos and Democratic Education*. Cambridge, Mass. : Harvard University Press, 1989.

Norem-Hebeisen, Ardyth A., and David W. Johnson. "The Relationship Between Cooperative, Competitive, and Individualistic Attitudes and Differentiated Aspects of Self-Esteem" *Journal of Personality* 49 (1981) : 415-26.

Novak, Michael. *The Joy of Sports : End Zones, Bases, Baskets, Balls, and the Consecration of the American Spirit*. New York : Basic, 1976.

Oakes, Jeannie. *Keeping Track : How Schools Structure Inequality*. New Heaven : Yale University Press, 1985.

Ogilvie, Bruce C., and Thomas A. Tutko. "Sport : If You Want to Build Character, Try Something Else" *Psychology Today*, October 1971 : 61-63.

Orlean, Susan. "Taking It to the Limit" *Boston Globe Magazine*, 19 June 1983.

Orlick, Terry. *The Cooperative Sports and Game Book*. New York : Pantheon, 1978b.

─ *The Second Cooperative Sports and Games Book*. New York : Pantheon, 1982.

─ *Winning Through Cooperation : Competitive Insanity, Cooperative Alternatives*. Washington D.C. : Acropolis Books, 1978a.

O'Roark, Mary Ann. "Competition' Isn't a Dirty World" *McCall's*, January 1984 : 66, 121.

Orwell, George. "The Sporting Spirit" In *Shooting an Elephant and Other Essays*. New York : Harcourt, Brace and World, 1950.

─ "Such, Such Were the Joys" In *A Collection of Essays by George Orwell*. New York : Harcourt Brace Jovanovich, n.d.

Parenti, Michael. *Democracy for the Few*. 2d ed. New York : St. Martin's, 1977.

Patten, William. *The Grand Strategy of Evolution : The Social Philosophy of a Biologist*. Boston : Gorham Press, 1920.

Petterson, C. H. *Humanistic Education*. Englewood Cliffs, N.J. : Prentice-Hall, 1973.

Pepitone, Emmy A. *Children in Cooperation and Competition : Toward a Developmental Social Psychology.* Lexington, Mass. : Lexington Books, 1980.

Percy, Walker. "Questions They Never Asked Me" 1977. Reprinted in *Conversation with Walker Percy,* edited by Lewis A. Lawson and Victor A. Kramer. Jackson : University Press of Mississippi, 1985.

Pertman, Adam. "Media Observers Say News Coverage Is Pressuring U.S. to Act" *Boston Globe,* 26 June 1985 : 14.

Piaget, Jean. *The Moral Judgement of the Child.* Translated by Marjorie Gabain. New York : Free Press, 1965.

Pilbeam, David. "An Idea We Could Live Without : The Naked Ape" In *Man and Aggression,* edited by Ashley Montagu. 2d ed. New York : Oxford University Press, 1973.

Pillsbury, Fred. "Bus Industry Slips Into a Lower Gear" *Boston Globe,* 15 September 1985 : A1.

Pines, Maya. "Good Samaritans at Age Two?" *Psychology Today,* June 1979 : 66-77.

Pugh, George Edgin. *The Biological Origin of Human Values.* New York : Basic, 1977.

Putka, Gary. "Knowing Pi Now Could Mean a Shot at a Varsity Letter : Even Kindergarteners Vie in Academic Contests ; Healthy or Demoralizing?" Wall Street Journal, 23 March 1990 : A1, A9.

Quain, B. H. "The Iroquois" In *Cooperation and Competition Among Primitive Peoples,* edited by Margaret Mead. Boston : Beacon, 1961.

Quanty, Michael B. "Aggression Catharsis : Experimental Investigations and Implications" In *Perspective on Aggression,* edited by Russell G. Green and Edgar C. O'Neal. New York : Academic Press, 1976.

Rauch, Harold L. "Interaction Sequences" *Journal of Personality and Social Psychology* 2 (1965) : 487-99.

Rensberger, Boyce. "What Made Hunmans Human?" *New York Times Magazine,* 8 April 1984 : 80-81, 89-95.

Reston, James. "Politics and Taxes" *New York Times,* 16 December 1984 : E4.

Rheingold, H. L., and D. F. Hay. "Prosocial Behavior of the Very Young" In *Morality as a Biological Phenomenon : The Presuppositions of Sociobiological Research,* Chicago : University of Chicago Press, 1980.

Rich, Yisrael. "Ideological Learning" *Teaching and Teacher Education* 6 (1990) : 81-91.

Riesman, David. "Football in America : A Study in Culture Diffusion" In *Individualism Reconsidered and Other Essays.* Glencoe, Ill. : Free Press, 1953.

Robert, Joan I. *Scene of Battle : Group Behavior in Urban Classroom.* Garden City, N.Y. : Doubleday, 1970.

Robinson, Ann. "Cooperation or Exploitation : The Argument against Cooperative Learning for Talented Students" *Journal for the Education of the Gifted* 14 (1990) : 9-36.

Robinson, James C., and Harold S. Luft. "Competition and the Cost of Hospital Care, 1972 to 1982" *Journal of American Medical Association* 257 (1987) : 3241-45.

Rogers, Carl R. *On Becoming a Person.* Boston : Houghton Mifflin, 1961.

— "A Theory of Personality" 1959. Reprinted in *Theories of Psychopathology and Personality,* edited by Theodore Millon. 2d ed. Philadelphia : W. B. Saunders, 1973.

Romney, Kimbell, and Romaine Romney. *The Mixtecans of Juxlahuaca, Mexico.* Six Cultures Series, edited by Beatrice B. Whiting, vol. 4. New York : John Wiley and Sons, 1966.

Rose, I. Nelson. "Litigator's Fallacy" *Whittier Law Review* 6 (1984) : 85-98.

Rosenberg, Morris. *Society and the Adolescent Self-Image.* Princeton, N.J. : Princeton

University Press, 1965.

Ruben, Harvey L. *Competing.* New York : Pinnacle Books, 1981.

Rubin, Lillian B. *Just Friends : The Role of Friendship in Our Lives.* New York : Harper & Row, 1985.

Rubinstein, Ruth P. "Changes in Self-Esteem and Anxiety in Competitive and Noncompetitive Camps" *Journal of Social Psychology* 102 (1977) : 55-57.

Russell, Bertrand. *The Conquest of Happiness.* New York : Horace Liverights, 1930.

— *Why I Am Not a Christian.* New York : Touchstone, 1957.

Rutherford, Eldred, and Paul Mussen. "Generosity in Nursery School Boys" *Child Development* 39 (1968) : 755-65.

Ryan, Frank. *Sports and Psychology.* Englewood Cliffs, N.J. : Prentice-Hall, 1981.

Ryan, Michael. "Here, Everybody Gets to Play" *Parade Magazine,* 15 March 1992 : 10.

Sadler, William A., Jr. "Competition Out of Bounds : Sports in American Life" In *Sport in the Sociocultural Process,* edited by Marie Hart. 2d ed. Dubuque, Ia. : William C. Brown, 1976.

Sage, George H. "American Values and Sport : Formation of a Bureaucratic Personality" *Journal of Physical Education and Recreation,* October 1978 : 42-44.

Sagotsky, Gerald, Mary Wood-Schneider, and Marian Konop. "Learning to Cooperate : Effects of Modeling and Direct Instruction" *Child Development* 52 (1981) : 1037-42.

Sahlins, Marshall D. "The Origin of Society" *Scientific American,* September 1960 : 76-87.

— *The Use and Abuse of Biology : An Anthropological Critique of Sociobiology.* Ann Arbor : University of Michigan Press, 1976.

Salmans, Sandra. "Women Dressing to Succeed Think Twice About the Suit" *New York Times,* 4 November 1985 : A1, D4.

Sapon-Shevin, Mara. "Cooperative Instructional Games : Alternatives to the Spelling Bee" Elementary School Journal 79 (1978) : 81-87.

— "Cooperative Learning, Cooperative Visions" *Holistic Educational Review,* Winter 1991 : 25-28.

— "Cooperative Learning : Liberatory Praxis or Hamburger Helper?" *Educational Foundations* 5 (1991) : 5-17.

Sapon-Shevin, Mara, and Nancy Schniedewind. "Selling Cooperative Learning Without Selling It Short" Educational Leadership, December 1989/January 1990 : 63-65.

Sassen, Georgia. "Sex Role Orientation, Sex Differences and Concept of Success" Master's thesis, University of Massachusetts, 1981.

— "Success Anxiety in Women : A Constructivist Interpretation of Its Source and Its Significance" *Harvard Educational Review* 50 (1980) : 13-24.

Sattel, Jack W. "Men, Inexpressiveness, and Power" In *Language, Gender and Society,* edited by Barrie Thorne, Cheris Kramarae, and Nancy Henley. Rowley, Mass. : Newbury House, 1983.

Schaps, Eric. "Cooperative Learning : The Challenge in the '90s" *Cooperative Learning,* June 1990 : 5-8.

Schaps, Eric, and Catherine Lewis. "Extrinsic Rewards Are Education's Past, Not Its Future" *Educational Leadership,* April 1991 : 81.

Schmitt, David R. "Performance Under Cooperation and Competition" American Behavioral Scientist 24 (1981) : 649-79.

Schniedewind, Nancy, and Ellen Davidson. *Cooperative Learning, Cooperative Lives.* Dubuque,

Iowa : William C. Brown, 1987.

Schoen, Elin. "Competition : Can You Bear It When Your Friends Get Ahead?" *Mademoiselle*, April 1981 : 210-11, 244-46.

Schumacher, E. F. *Small Is Beautiful : Economic as if People Mattered*. New York : Harper Perennial, 1975.

Seeley, John R., R. Alexander Sim, and Elizabeth W. Loosley. *Crestwood Heights : A Study of the Culture of Suburban Life*. New York : Basic, 1956.

Serrin, William. "How Deregulation Allowed Greyhound to Win Concessions from Strikers" *New York Times*, 7 December 1983 : A22.

Shaffer, Thomas L. "The Unique, Novel, and Unsound Adversary Ethic" *Vanderbilt Law Review* 41 (1988) : 687-715.

Shapira, Ariella, and Millard C. Madsen. "Between- and Within-Group Cooperation and Competition Among Kibbutz and Nonkibbutz Children" *Developmental Psychology* 10 (1974) : 140-45.

— "Cooperative and Competitive Behavior of Kibbutz and Urban Children in Israel" *Child Development* 40 (1968) :609-17.

Sharan, Shlomo. "Cooperative Learning : A Perspective on Research and Practice" In *Cooperative Learning : Theory and Research*, edited by Shlomo Sharan. New York : Praeger, 1990.

— "Cooperative Learning and Helping Behaviour in the Multi-ethnic Classroom" In *Children Helping Children*, edited by Hugh C. Foot, Michelle J. Morgan, and Rosalyn H. Shute. Chichester, England : John Wiley and Sons, 1990.

— "Cooperative Learning : New Horizons, Old Threats" *The International Association for the Study of Cooperation in Education, Newsletter*, December 1987/ January 1988 : 3-6.

— "Cooperative Learning : Problems and Promise" *The International Association for the Study of Cooperation in Education, Newsletter*, December 1986 : 3-4.

— "The Group Investigation Approach to Cooperative Learning : Theoretical Foundations" In *Perspectives on Small Group Learning : Theory and Practice*, edited by Mark Brubacher, Ryder Payne, and Kemp Rickett. Oakville, Ontario : Rubicon Publishing, 1990.

Sharan, Yael, and Shlomo Sharan. "Group Investigation Expands Cooperative Learning" *Educational Leadership*, December 1989/January 1990 : 17-21.

Sherberg, Ellen. "The Thrill of Competition" *Seventeen*, June 1982 : 73.

Sherif, Carolyn. "The Social Context of Competition" In *Social Problems in Athletics : Essays in the Sociology of Sport*, edited by Daniel M. Landers, Urbana : University of Illinois Press, 1976.

Shirk, Susan L. *Competitive Comrades : Career Incentives and Student Strategies in China*. Berkeley and Los Angeles : University of California Press, 1982.

Simmons, John, and William Mares. *Working Together*. New York : Knopf, 1983.

Simon, Irving. "A Humanistic Approach to Sports" *The Humanist*, July 1983, 25- 26, 32.

Simson, George Gaylord. *The Meaning of Evolution*, New Haven : Yale University Press, 1949.

Singer, Robert N., and Richard F. Gerson. "Athletic Competition for Children : Motivational Considerations" *International Journal of Sports Psychology* 11 (1980) : 249-62.

Sipes, Richard G. "War, Sports and Aggression : An Empirical Test of Two Rival Theories" *American Anthropologist* 75 (1973) : 64-86.

Slater, philip. *The Pursuit of Loneliness : American Culture at the Breaking Point*. Boston : Beacon, 1970.

Slavin, Robert E. "Cooperative Learning and Student Achievement" *Educational Leadership,* October 1988 : 31-33.

— "Cooperative Learning and the Cooperative School" *Educational Leadership,* November 1987 : 7-13.

— *Cooperative Learning : Theory, Research, and Practice.* Englewood Cliffs, N.J. : Prentice-Hall, 1990.

— "Group Rewards Make Groupwork Work : Response to Kohn" *Educational Leadership,* February 1991 : 89-91.

— "Here to Stay - Or Gone Tomorrow?" *Educational Leadership,* December 1989/January 1990 : 5.

— *Using Student Team Learning.* 3d ed. Baltmore : Johns Hopkins Team Learning Project, 1986.

Slusher, Howard S. *Man Sport and Existence : A Critical Analysis.* Philadelphia : Lea and Febiger, 1967.

Smith, Karl, David W. Johnson, and Robert T. Johnson, "Can Conflict Be Constructive? Controversy Versus Concurrence Seeking in Learning Groups" *Journal of Educational Psychology* 73 (1981) : 651-63.

Sobel, Jeffrey. *Everybody Wins.* New York : Walker & Co., 1982.

Soloman, Daniel, Marilyn Watson, Eric Schaps, Victor Battistich, and Judith Solomon. "Cooperative Learning as Part of a Comprehensive Classroom Program Designed to Promote Prosocial Development" In Cooperative Learning : Theory and Research, edited by Shlomo Sharan. New York : Praeger, 1990.

Sommerlad, Elizabeth A., and W. P. Bellingham. "Cooperation-Competition : A Comparison of Australian, European, and Aboriginal School Children" *Journal of Cross-Cultural Psychology* 3 (1972) : 149-57.

Spence, Janet T., and Robert L. Helmreich. "Achievement-related Motives and Behavior" In *Achievement and Achievement Motives : Psychological and Sociological Approaches,* edited by Janet T. Spence. San Francisco : W. H. Freeman, 1983.

Stent, Gunther S. "You Can Take the Ethics Out of Altruism But You Can't Take the Altruism Out of Ethics" Review of The Selfish Gene, by Richard Dawkins. Hastings Center Report 7 (1977) : 33-36.

Stiger, James W., and Harold W. Stevenson. "How Asian Teachers Polish Each Lesson to Perfection" *American Educator,* Spring 1991 : 12-20, 43-47.

Stock, Robert W. "Daring to Greatness" *New York Times Magazine,* 11 September 1983 : 142.

Strick, Anne. *Injustice for All.* New York : Penguin, 1978.

Sullivan, Harry Stack. *The Interpersonal Theory of Psychiatry.* New York : Norton, 1953.

Suttie, Ian D. *The Origins of Love and Hate.* New York : Julian Press, 1952.

Talentino, Arnold V. "The Sports Records Mania : An Aspect of Alienation" Photocopy, n.d.

Thayer, Frederick. "Can Competition Hurt?" *New York Times,* 18 June 1979 : 17

Thomas Lewis. *The Lives of a Cell : Notes of a Biology Watcher,* New York : Bantam, 1975.

Tjosvold, Dean. *Work Together Get Things Done.* Lexington. Mass. : Lexington Books, 1986.

Tjosvold, Dean, and David W. Johnson, and Roger T. Johnson. "Influence Strategy, Perspective-Taking, and Relationships Between High- and Low-Power Individuals in Cooperative and Competitive Contexts" *Journal of Psychology* 116 (1984) : 187-202.

Totten, Samuel, Toni Sills, Annette Digby, and Pamela Russ. *Cooperative Learning : A Guide to Research.* New York : Garland Publishing, 1991.

Traub, James. "Goodbye, Dr. Spock" *Harper's*, March 1986 : 57-64.
Tresemer, David. "The Culmulative Record of Research on 'Fear of Success'" *Sex Roles* 2 (1976) : 217-36.
Trippett, Frank. "Local Chauvinism : Loving May It Rave" *Times*, 20 August 1979 : 34.
Tutko, Thomas, and William Bruns. *Winning Is Everything and Other American Myths.* New York : Macmillan, 1976.
UCLA Sport Psychology Laboratory. "Playing On : Motivations for Continued Involvement in Youth Sport Programs" Unpublished manuscript. 1990.
Underwood, John. "A Game Plan for America" *Sports Illustrated*, 23 February 1981 : 66-80.
Vallerand, Robert J., Lise I. Gauvin, and Wayne R. Halliwell. "Negative Effects of Competition on Children's Intrinsic Motivation" *Journal ++++++++++of Social Psychology* 126 (1986) : 649-56.
Vance, John J., and Bert O. Richmond. "Cooperative and Competitive Behavior as a Function of Self-Esteem" *Psychology in the Schools* 12 (1975) : 225-29.
Vanderzwaag, Harold J. *Toward a Philosophy of Sport.* Reading, Mass. : Addison -Wesley, 1972.
Veroff, Joseph. "Social Comparison and the Development of Achievement Motivation" In *Achievement-Related Motive in Children.* edited by Charles P. Smith. New York : Russell Sage Foundation, 1969.
Wachtel, Paul L. *The Poverty of Affluence : A Psychological Portrait of the American Way of Life.* New York : Free Press, 1983.
Wagner, Lilya. *Peer Teaching : Historical Perspectives.* Westport, Conn. : Green Wood Press, 1982.
Walker, Stuart H. *Winning : The Psychology of Competition.* New York : Norton, 1980.
Warner, Gary. *Competition.* Elgin, Ill. : David C. Cook, 1979.
Warsh, David. "A Financial World in Dark Until It Finds Bottom Line" *Boston Globe*, 20 October 1987 : 34.
Washburn, David A., William D. Hopkins, and Duane M. Rumbaugh. "Effects of Competition on Video-Task Performance in Monkeys (Macaca mulatta)" *Journal of Comparative Psychology* 104. (1990) : 115-21.
Wassermann, Selma. "Children Working in Groups? It Doesn't Work!" *Childhood Education*, Summer 1989 : 201-5.
Watzlawick, Paul. *The Situation Is Hopeless, But Not Serious.* New York : Norton, 1983.
Wax, Joseph. "Competition : Educational Incongruity" *Phi Delka Kappan*, November 1975 : 197-98.
Webb, Noreen M. "Peer Interaction and Learning in Small Groups" *International Journal of Educational Research* 13 (1989) : 21-39.
— "Student Interaction and Learning in Small Groups" In *Learning to Cooperate, Cooperating to Learn*, edited by Robert Slavin et al., New York : Plenum, 1985.
Weisman, Mary-Lou. "Jousting for 'Best Marriage' on a Field of Hors d'Oeuvres" *New York Times*, 10 November 1983 : C2.
Weisskopf, Walter A. "Industrial Institutions and Personality Structure" *Journal of Social Issues* 7 (1951) : 1-6.
Wheeler, Lonnie. "No-Cut Policy Prompts a Lot to Cheer About" *New York Times*, 6 November 1991 : A18.
Whiting, Beatrice B., and John W. M. Whiting. *Children of Six Cultures : A Psyco-Cultural*

Analysis. Cambridge, Mass. : Harvard University Press, 1975.

Whittemore, Irving C. "The Influence of Competition on Performance : An Experimental Study" *Journal of Abnormal and Social Psychology* 19 (1924) : 236-54.

Weins, John A. "Competition or Peaceful Coexistence?" *Natural History,* March 1983 : 30-34.

Wilkes, Paul. "The Tough Job of Teaching Ethics" *New York Times,* 22. January 1989 : F1, F24.

William, Kipling D., and Steven J. Karau. "Social Loafing and Social Compensation : The Effects Expectations of Co-Worker Performance" *Journal of Personality and Social Psychology* 61 (1991) : 570-81.

Willis, Scott. "Coop. Learning Show Staying Power" *ASCD Update,* March 1992 : 1-2.

Wilson, Edward O. *On Human Nature.* New York : Bantam, 1979.

Winer, Frank. "The Elderly Jock and How He Got That Way" In *Sports, Games, and Play : Social and Psychological Viewpoints,* edited by Jeffrey H. Goldstein. Hillsdale, N.J. : Lawrence Erlbaum Associates, 1979.

Winsten, Jay. "Science and the Media : The Boundaries of Truth" *Health Affairs,* Spring 1985 : 5-23.

Wloodkowski, Raymond J., and Judith H. Jaynes. *Eager to Learn.* San Francisco : Jossey-Bass, 1990.

Wodarski, John S., and Robert L. Hamblin, David R. Buckholdt, and Daniel E. Ferritor. "Individual Consequences Versus Different Shared Consequences Contingent on the Performance of Low-Achieving Group Members" *Journal of Applied Social Psychology* 3 (1973) : 276-90.

Wolff, Robert Paul, *The Ideal of the University.* Boston : Beacon, 1969.

Wooley, Susan F., Terry G. Switzer, Gail C. Foster, Nancy M. Landes, and William C. Robertson. "BSCS Cooperative Learning and Science Program" *cooperative Learning,* April 1990 : 32-33.

Workie, Abaineh. "The Relative Productivity of Cooperation and Competition" *Journal of Social Psychology* 92. (1974) : 225-30.

Wynne-Edwards, V. C. *Animal Dispersion in Relation to Social Behaviour.* Edinburgh, Scotland : Oliver and Boyd, 1962.

Yackel, Erna, Paul, Cobb, and Terry Wood. "Small-Group Interactions as a Source of Learning Opportunities in Second-Grade Mathematics" *Journal for Research in Mathematics Education* 22 (1991) : 390-408.

Yager, Stuart, David W. Johnson, and Roger T. Johnson. "Oral Discussion Group-to-Individual Transfer, and Achievement in Cooperative Learning Groups" *Journal of Educational Psychology* 77 (1985) : 60-66.

Yamauchi, Hirotsugu. "Sex Differences in Motive to Avoid Success on Competitive or Cooperative Action" *Psychological Reports* 50 (1982) : 55-61.

Yarrow, Marian Radke, Phyllis M. Scott, and Carolyn Zahn Waxler. "Learning Concern for Others" *Developmental Psychology* 8. (1973) : 240-60.

Yarrow, Marian Radke, and Carolyn Zahn Waxler. "The Emergence and Functions of Prosocial Behaviors in Young Children" In *Readings in Children Development and Relationships,* edited by Rusell C. Smart and Mollie S. Smart. 2d ed. New York : Macmillan, 1977.

Zillmann, Dolf, Jennings Bryant, and Barry S. Sapolsky. "The Enjoyment of Watching Sport Contests" In *Sports, Games, and Play : Social and Psychological Viewpoints,* edited by Jeffrey H. Goldstein. Hillsdale, N.J. : Lawrence Erlbaum Associates, 1979.

Zimbardo, Philip G., Craig Haney, W. Curtis Banks, and David Jaffe. "The Psychology of Imprisonment : Privation, Power, and Pathology", In *Theory and Research in Abnormal Psychology*, edited by David Rosenhan and Perry London. 2d ed. New York : Holt, Rinehart and Winston, 1975.

Zimmerman, Don H., and Candace West. "Sex Roles, Interruptions, and Silences in Conversation" In *Language and Sex : Difference and Dominance*, edited by Barrie Thorne and Nancy Henley. Rowley, Mass. : Newbury House, 1975.

Zimmerman, William. "On Negative Ads" *New York Times*, 13 November 1986 : A31.

Zubin, Joseph. *Some Effects of Incentives*. New York : Teachers College, 1932.

Zukerman, Miron, and Ladd Wheeler. "To Dispel Fantasies About the Fantasy-Based Measure of Fear of Success" *Psychological Bulletin* 82 (1975) : 932-46.

경쟁에 반대한다

초판 1쇄 발행 2019년 8월 5일 초판 4쇄 발행 2024년 5월 30일
지은이 알피 콘 옮긴이 이영노 펴낸이 현병호 펴낸곳 도서출판 민들레
출판등록 1998년 8월 28일 제10-1632호 주소 서울시 성북구 동소문로 47-15
전화 02-322-1603 이메일 mindlebook@gmail.com 홈페이지 www.mindle.org

ISBN 978-89-88613-81-8(03370) 잘못 만들어진 책은 바꿔 드립니다.

이 도서의 국립중앙도서관 출판예정도서목록(CIP)은 서지정보유통지원시스템
홈페이지(http://seoji.nl.go.kr)와 국가자료공동목록시스템(www.nl.go.kr/
kolisnet)에서 이용하실 수 있습니다.(CIP 제어번호: CIP2019029498)